I0768897

WHARTON. PARDO BAZÁN. PERKINS.
OLIPHANT Y MÁS

TRECE CUENTOS DE TERROR POR MUJERES

astria

TRECE CUENTOS DE TERROR POR MUJERES
WHARTON. PARDO BAZÁN. PERKINS. OLIPHANT Y MÁS

©Colección Erandique
Supervisión Editorial: Óscar Flores López
Diseño de portada: Andrea Rodríguez—Mariana Turcios
Administración: Tesla Rodas—Jessica Cordero
Director Ejecutivo: José Azcona Bocock
Primera Edición
Tegucigalpa, Honduras—Noviembre 2025

SOBRE LOS 13 CUENTOS DE ESTA ANTOLOGÍA

LA CAMPANILLA DE LA DONCELLA

Una joven pareja llega a una posada donde se rumorea que aparece el fantasma de una doncella asesinada; cuando la campanilla de su habitación suena sola en mitad de la noche, la protagonista descubre que la leyenda es verdadera y que la víctima busca revelar la identidad de su asesino, aún impune.

La autora: La autora: Edith Wharton (1862–1937)

Nacionalidad: estadounidense

Profesión: Novelista, cuentista, dramaturga, ensayista

Género literario: Realismo psicológico, literatura gótica, cuento de fantasmas, crítica social

Obras destacadas: The House of Mirth (1905), Ethan Frome (1911), The Age of Innocence (1920), The Lady's Maid's Bell (1902)

Notas relevantes: Edith Wharton fue la primera mujer en ganar el Premio Pulitzer de ficción y una de las grandes maestras de la literatura norteamericana. Aunque es conocida por sus novelas sociales sobre la alta sociedad neoyorquina, también cultivó con maestría el cuento de fantasmas, creando atmósferas inquietantes donde lo sobrenatural surge de la culpa, el silencio y las tensiones psicológicas. La campanilla de la doncella destaca como uno de sus relatos más inquietantes, con una visión moderna del terror que combina lo espectral con la opresión doméstica y el aislamiento emocional.

EL ESPECTRO

Durante un viaje en tren, un hombre conoce a un misterioso pasajero que le advierte sobre un peligro mortal; solo después descubrirá que el extraño ha muerto hace tiempo y que su aparición fue una advertencia fantasmal para evitar una tragedia.

La autora: Edith Wharton

LA RESUCITADA

Una mujer muere súbitamente y es velada por su esposo, quien queda destrozado; pero al amanecer la supuesta muerta regresa a la vida de manera inexplicable, revelando un resquicio estremecedor entre la muerte y la conciencia que cambia para siempre a quienes la rodean.

La autora: Emilia Pardo Bazán.

Emilia Pardo Bazán (1851–1921)

Nacionalidad: Española

Profesión: Novelista, periodista, crítica literaria, catedrática

Género literario: Naturalismo, realismo, cuento gótico y fantástico

Obras destacadas: Los pazos de Ulloa (1886), La madre naturaleza (1887), Cuentos de amor, Cuentos de misterio, Cuentos crueles

Notas relevantes: Una de las escritoras más influyentes de la literatura española. Introdujo el naturalismo en su país y fue pionera en la defensa de los derechos de la mujer. Su obra cuentística incluye piezas de terror psicológico, simbolismo y superstición rural.

LA GOTA DE CERA

En una iglesia, una mujer observa cómo una gota de cera de un cirio cae sobre la mano de un hombre, provocando un giro macabro en los acontecimientos y desatando una cadena de coincidencias que parecen obra del destino o de una fuerza sobrenatural.

La autora: Emilia Pardo Bazán.

EL INDULTO

Una campesina violenta y temida, condenada por matar a su esposo, es liberada por un indulto real; su regreso al pueblo desata el miedo entre quienes conocieron su crimen, especialmente en el hijo de la víctima, que teme que la madre vuelva para completar su obra.

La autora: Emilia Pardo Bazán.

EL PAPEL PINTADO DE AMARILLO

Una mujer, recluida por su esposo en una habitación para "curar" su nerviosismo, comienza a obsesionarse con el extraño papel pintado que cubre las paredes. Mientras pasan los días, la textura, el olor y los patrones del papel parecen cobrar vida propia: figuras que reptan, sombras que se mueven detrás del diseño y una presencia femenina atrapada dentro de él. El encierro y la incomprensión se transforman lentamente en una espiral de locura, hasta que la protagonista ya no distingue entre la realidad y aquello que el papel le susurra desde su amarillenta cárcel.

La autora: Charlotte Perkins Gilman (1860–1935)

Nacionalidad: estadounidense

Profesión: Escritora, ensayista, conferencista, activista por los derechos de las mujeres

Género literario: Cuento gótico, terror psicológico, literatura feminista, ensayo social

Obras destacadas: Women and Economics (1898), The Yellow Wallpaper (1892), Herland (1915)

Notas relevantes: Gilman fue una de las pensadoras feministas más influyentes de su época. El papel pintado de amarillo nació de su propia experiencia con la "cura del reposo", un tratamiento médico que aislaba a las mujeres bajo pretexto de cuidar su salud mental. Su cuento denuncia la opresión doméstica, el control masculino sobre el cuerpo y la mente femeninos, y es considerado una obra fundacional del terror psicológico moderno.

AMOUR DURE (HISTORIA DE SPIRIDION)

Presentado como el diario de Spiridion Trepka, un joven académico polaco becado para estudiar en Italia, Amour Dure narra cómo su investigación en los archivos de Urbania lo conduce a obsesionarse con la figura histórica de Medea da Carpi, una seductora y despiadada noble renacentista, acusada de traiciones y muertes. A medida que Spiridion profundiza en su vida, la fascinación se convierte en un hechizo que lo arrastra hacia una presencia femenina tan hermosa como mortal. El cuento explora el poder seductor del pasado, la atracción fatal y la frontera difusa entre investigación histórica y posesión sobrenatural.

La autora: Vernon Lee (Violet Paget) (1856–1935)

Nacionalidad: Británica (nacida en Francia)

Profesión: Ensayista, narradora, crítica de arte

Género literario: Literatura fantástica, relatos de terror estético, ensayo cultural

Obras destacadas: Hauntings (1890), Dionea (1890), A Wicked Voice (1890), The Enchanted Woods

Notas relevantes: Figura del movimiento decadentista. Sus relatos combinan arte, música, psicología y lo sobrenatural, creando un estilo único entre lo gótico y lo intelectual. Fue además una voz destacada en debates sobre estética y ética.

DIONEA

Una niña náufraga criada en un convento crece hasta convertirse en una mujer hermosa y perturbadora, cuya presencia desencadena pasiones destructivas y eventos inexplicables; pronto surge la sospecha de que Dionea no pertenece del todo al mundo humano, sino a un plano pagano más oscuro.

La autora: Vernon Lee.

UNA VOZ MALVADA

Un joven compositor queda obsesionado con la figura de un legendario cantante castrato del siglo XVIII, cuya voz parece embrujarlo desde el pasado; la fascinación se vuelve una maldición que invade su arte, su mente y su destino, mezclando decadencia musical y terror psicológico.

La autora: Vernon Lee

LAS SOMBRAS EN LA PARED

Tras la muerte violenta de un hombre, una misteriosa sombra permanece fijada en la pared de su casa, ignorando cualquier intento de borrarla; la familia, envuelta en silencios y culpas, se ve obligada a enfrentar el crimen oculto que la sombra parece delatar.

La autora: Mary E. Wilkins Freeman (1852–1930)

Nacionalidad: Estadounidense

Profesión: Narradora, dramaturga

Género literario: Realismo regionalista de Nueva Inglaterra, cuento de terror doméstico

Obras destacadas: A New England Nun (1891), The Revolt of "Mother" (1890), The Wind in the Rose-Bush (1903)

Notas relevantes: Conocida por su habilidad para retratar la vida rural y las tensiones familiares en Nueva Inglaterra. Sus cuentos de terror se distinguen por su atmósfera doméstica y su crítica social a los roles femeninos.

LUELLA MILLER

En un pequeño pueblo, la hermosa y frágil Luella Miller ejerce un poder inexplicable sobre quienes la ayudan: todos terminan enfermando y muriendo por agotamiento; con el tiempo, los habitantes sospechan que la joven posee una naturaleza vampírica o parasitaria que consume la vitalidad de quienes la rodean.

La autora: Mary E. Wilkins Freeman

EL CUENTO DE LA VIEJA NIÑERA

Una anciana niñera relata la historia de una joven madre acosada por un espíritu vengativo que intenta llevarse a su hijo; la narración mezcla experiencias reales y supersticiones campestres, mostrando cómo el pasado puede volver para reclamar lo que cree suyo.

La autora: Elizabeth Gaskell (1810–1865).

Nacionalidad: Británica

Profesión: Novelista y cuentista

Género literario: Novela social victoriana, cuento gótico

Obras destacadas: Mary Barton (1848), Cranford (1853), North and South (1855), Cuentos de fantasmas (varios)

Notas relevantes: Amiga íntima de Charles Dickens, publicó varios relatos en sus revistas. Sus cuentos fantásticos exploran lo sobrenatural desde una perspectiva moral, psicológica y social. Fue también biógrafa de Charlotte Brontë.

LA VENTANA DE LA BIBLIOTECA

Una joven convaleciente observa a través de una antigua ventana una escena inquietante en la casa de enfrente, donde parece asomarse el espíritu de una muchacha desaparecida; a medida que investiga, descubre que la visión revela un episodio trágico oculto por la familia durante generaciones.

La autora: Margaret Oliphant (1828–1897)

Nacionalidad: Escocesa

Profesión: Novelista, crítica, ensayista

Género literario: Fantasía victoriana, novela doméstica, crítica social

Obras destacadas: The Library Window (1896), A Beleaguered City (1879), The Chronicles of Carlingford

Notas relevantes: Escritora prolífica con más de 120 obras. Sus cuentos de fantasmas se centran en lo emocional y lo espiritual, explorando temas como la memoria, el duelo y la vida interior de las mujeres.

LA CAMPANILLA DE LA DONCELLA

I

Era el otoño, después de haber pasado el tifus. Había estado en el hospital, y cuando salí tenía un aspecto tan endeble y vacilante que las dos o tres damas a las que pedí trabajo no me aceptaron, por temor. Se me había agotado casi todo el dinero, y después de vivir de la pensión durante dos meses, frecuentando agencias de colocaciones y escribiendo a todos los anuncios que me parecían respetables, casi perdí las esperanzas, porque el andar de un lado para otro no me había permitido recuperar peso; así que no veía cómo podía cambiar mi suerte. Pero cambió…, o así lo creí yo entonces. Un día me tropecé con una tal señora Railton, amiga de la señora que me había traído a Estados Unidos, y me paró para saludarme; era de esas personas que hablan siempre con mucha familiaridad. Me preguntó qué me pasaba que estaba tan pálida, y cuando se lo conté, dijo:

—Vaya, Hartley; creo que tengo precisamente el puesto que necesitas. Ven mañana a verme y hablaremos de esto.

Al día siguiente, cuando fui a visitarla, me contó que se había acordado de una sobrina suya, una dama joven, aunque algo delicada, que vivía todo el año en su finca de Hudson, ya que no soportaba el ajetreo de la vida ciudadana.

—Ahora escúchame, Hartley —señaló la señora Railton con esa jovialidad que toda la vida me hacía sentir que las cosas iban a mejorar—: no es alegre el lugar al que te mando. La casa es grande y lúgubre; mi sobrina es una mujer nerviosa y melancólica; y su marido… bueno, generalmente está fuera; y dos hijos que tenían se les han muerto. Hace un año me lo habría pensado antes de encerrar en esa cripta a una muchacha activa y risueña como tú; pero ahora no te encuentras especialmente rozagante, ¿verdad?, y nada mejor para ti que un lugar tranquilo, con el aire del campo, buenos alimentos y la posibilidad de acostarte temprano. No me digas que me equivoco —añadió, porque supongo que debí poner cara de decepción—; puede que lo encuentres deprimente, pero no te sentirás desamparada.

Mi sobrina es un ángel. Su anterior doncella, que murió la primavera pasada, la sirvió veinte años, y besaba el suelo que ella pisaba. Es un ama bondadosa con todos; y donde la señora es bondadosa, como sabes, los criados son generalmente joviales; de manera que probablemente te llevarás muy bien con el resto de la servidumbre. Eres justamente la chica que necesito para mi sobrina: tranquila, de buenos modales y educada por encima de tu condición social. ¿Lees bien en voz alta? Eso está bien; a mi sobrina le gusta que le lean. Necesita una doncella que pueda ser un poco su compañera: la anterior lo era, y no te puedes hacer idea de cuánto la echa de menos. Lleva una vida solitaria… Bueno, ¿qué decides?

—Por supuesto, señora —dije—, a mí no me da miedo la soledad.

—Bien, entonces ve; mi sobrina te aceptará con mi recomendación. Le telegrafiaré en seguida, y podrás coger el tren de esta tarde. No tiene a nadie que la atienda ahora y no quiero que pierdas tiempo.

Yo siempre estaba dispuesta a ponerme en marcha; sin embargo, había algo en mí que me retenía. Y para ganar tiempo pregunté:

—¿Y el señor, señora?

—Te repito que el señor casi siempre está fuera —dijo la señora Railton rápidamente—. Y cuando está en casa —exclamó de repente— no tienes más que evitar su presencia.

Cogí el tren de la tarde y llegué a la estación alrededor de las cuatro. Me esperaba un criado en una calesa, y partimos a buen paso. Era un oscuro día de octubre, con la lluvia suspendida a poca altura, y cuando ya nos adentrábamos en el bosque de Brympton Place, la luz casi se había ido. El camino cruzó serpenteante el bosque durante una milla o dos, y salió a un espacio de grava, cerrado por una espesura de arbustos altos y oscuros. No había luces en las ventanas, y la casa tenía efectivamente un aspecto algo lúgubre.

No le hice preguntas al criado, ya que nunca he sido partidaria de formarme una idea de mis señores a través de los compañeros: prefiero esperar, y ver por mí misma. Pero podía decir, por el aspecto de todo, que había entrado en una buena casa y que las cosas se hacían con gusto. Una cocinera de rostro afable me recibió en la puerta de atrás y llamó a la criada para que subiese a enseñarme mi habitación.

—Ya verás al ama más tarde —dijo—: la señora Brympton tiene visita.

No había supuesto que la señora Brympton fuese dama que recibiera muchas visitas, y estas palabras me alegraron en cierto modo. Seguí a la criada escalera arriba y vi, a través de una puerta del descansillo, que la parte principal de la casa estaba bien amueblada, con las paredes revestidas de madera oscura y varios retratos antiguos. Era ahora casi de noche, y la criada se excusó por no haber traído una luz.

—Pero hay fósforos en tu habitación —dijo—; y si caminas con precaución no tropezarás. Ten cuidado con el escalón del fondo. Tu cuarto está justo a continuación.

Miré en esa dirección mientras hablaba ella, y en mitad del pasillo vi a una mujer. Se retiró a una puerta al pasar nosotras, y la criada no pareció advertir su presencia. Era una mujer delgada, de cara pálida y con el vestido y el delantal oscuros. La tomé por el ama de llaves y me pareció raro que no dijese nada, aunque me miró largamente al pasar junto a ella. Mi dormitorio daba a un vestíbulo que había al final del pasillo. Frente a mi puerta había otra que estaba abierta; la criada exclamó al verla así:

—¡Vaya, la señora Blinder se ha dejado esta puerta abierta otra vez! —y la cerró.

—¿La señora Blinder es el ama de llaves?

—Aquí no hay ama de llaves; la señora Blinder es la cocinera.

—¿Es esa su habitación?

—¡No, por Dios! —dijo la criada vivamente—. Ésta no es de nadie. Está vacía, quiero decir; y no debería estar abierta. La señora Brympton quiere que esté siempre cerrada con llave.

Abrió mi puerta y me pasó a una habitación limpia, amueblada con gusto, y con un cuadro o dos en las paredes. Y tras encender una vela se despidió, diciéndome que el té en el salón de la servidumbre era a las seis y que la señora Brympton me vería después.

Encontré una agradable tertulia en el salón de los criados, y por lo que comentaban deduje que, como había dicho la señora Railton, la señora Brympton era la más bondadosa de las damas; pero no presté demasiada atención a lo que hablaban, ya que estaba atenta a ver si entraba la mujer pálida del vestido oscuro. No apareció, y me pregunté si comería aparte. Pero si no era el ama de llaves, ¿por qué había de hacerlo? De pronto se me ocurrió que podía ser una enfermera, en cuyo caso, naturalmente, se le serviría la comida en su habitación. Si la señora Brympton estaba inválida era lo más probable que tuviera una enfermera. La idea me contrarió, lo confieso, porque no siempre son personas con las que una se sienta a gusto; y de haberlo sabido, no habría aceptado el puesto. Pero ya estaba allí y de nada servía poner cara larga. Y dado que no tenía a quién hacerle preguntas, esperé a ver qué ocurría.

Terminado el té, la criada le dijo al lacayo:

—¿Se ha ido el señor Ranford?

Y al contestar éste que sí, me dijo que subiese con ella a ver a la señora Brympton.

La señora Brympton se hallaba en cama; al lado había una lámpara con pantalla. Era una dama de aspecto delicado, pero cuando sonrió comprendí que no habría nada que no hiciera yo por ella. Con voz dulce, y baja, me preguntó el nombre y la edad y demás, y si tenía todo lo que necesitaba, y si no temía sentirme sola en el campo.

—No. Con usted no lo estaré, señora —dije; y a mí misma me sorprendieron estas palabras, ya que no soy impulsiva. Pero fue exactamente como si hubiese pensado en voz alta.

Ella pareció complacida, y dijo que esperaba que siguiese pensando lo mismo; luego me dio algunas instrucciones sobre su tocador, y dijo que Agnes, la criada, me enseñaría dónde estaban las cosas.

—Esta noche estoy cansada y cenaré arriba —dijo—. Agnes me traerá la bandeja, así que puedes disponer de tiempo para deshacer el equipaje y acomodarte; después puedes venir a desvestirme.

—Muy bien, señora —dije—. ¿Tocará la campanilla, supongo?

Me miró con extrañeza.

—No. Te mandará a Agnes —dijo rápidamente, y cogió su libro otra vez.

Bueno, indudablemente, era de lo más raro: ¿cada vez que la señora necesitaba a su doncella, iba a llamarla la criada? Me pregunté si es que no había campanillas en la casa, pero al día siguiente comprobé que había en todas las habitaciones, y que había una especial que llamaba de la habitación de mi señora a la mía. Así que me pareció rarísimo que cada vez que la señora Brympton quisiera algo me mandase a Agnes, que tenía que recorrer todo el ala de los criados para venir a avisarme.

Pero no era esto lo único extraño en la casa. Al día siguiente mismo descubrí que la señora Brympton no tenía enfermera; entonces le pregunté a Agnes quién era la mujer que había visto en el pasillo la tarde anterior. Agnes dijo que ella no había visto ninguna mujer, y me di cuenta de que pensaba que eran imaginaciones mías. Desde luego, estaba oscuro cuando recorrimos el pasillo, y se había disculpado por no traer una luz; pero yo había visto a la mujer con suficiente claridad para reconocerla si volvía a verla. Concluí que debía ser alguna amiga de la cocinera o de alguna criada; quizá había venido del pueblo de visita, por la noche, y querían que no se supiese. Algunas señoras son muy estrictas en cuanto a albergar a los amigos de los criados en la casa por la noche. Fuera lo que fuese, decidí no preguntar más.

Un día o dos después sucedió otra cosa extraña. Estaba hablando una tarde con la señora Blinder, que era una mujer servicial y llevaba en la casa más tiempo que el resto de la servidumbre, cuando me preguntó si me sentía a gusto y tenía cuanto me hacía falta. Le dije que ninguna falta encontraba en mi trabajo ni en mi señora, aunque me extrañaba que en una casa tan grande no hubiese una habitación de costura para la doncella de la señora.

—¡Cómo! —dijo ella—. Hay una: la habitación donde tú duermes es la antigua habitación de costura.

—¡Ah! —dije—, ¿y dónde dormía la anterior doncella de la señora?

Aquí se quedó confundida, y dijo apresuradamente que habían cambiado todas las habitaciones de los criados el año anterior y que no recordaba bien. Esto me sonó raro, pero proseguí como si no lo hubiera advertido:

—Bueno, hay una habitación vacía enfrente de la mía y pienso preguntarle a la señora Brympton si puedo utilizarla como cuarto de costura.

Ante mi asombro, la señora Blinder palideció y me dio una especie de apretón en la mano.

—No hagas eso, querida —dijo, como temblando—. Para ser sincera, ésa era la habitación de Emma Saxon; y la señora la ha tenido cerrada desde su muerte.

—¿Y quién era Emma Saxon?

—La anterior doncella de la señora Brympton.

—¿Qué clase de mujer era?

—No había otra mejor en la faz de la tierra —dijo la señora Blinder—. Mi señora la quería como a una hermana.

—Me refiero a cómo era físicamente.

La señora Blinder se levantó y me lanzó una mirada furiosa.

—No tengo muy buenas dotes para describir —me dijo—, y creo que mis pastas están subiendo —y se fue a la cocina y cerró la puerta tras de sí.

II

Llevaba casi una semana en la casa de los Brympton, y aún no había visto al señor, cuando una tarde corrió la voz de que iba a llegar, y se operó un cambio en toda la servidumbre. Estaba claro que no era querido abajo. La señora Blinder puso un cuidado especial en la cena esa noche, pero regañó a la fregonera de manera totalmente inusual en ella; y el mayordomo, el señor Wace, hombre serio y de habla premiosa, atendió a sus obligaciones como si preparase un funeral. El señor Wace era un gran aficionado a la Biblia, y tenía un buen repertorio de citas a las que solía recurrir, pero ese día empleó un lenguaje espantoso; y ya iba yo a levantarme de la mesa, cuando me aseguró que era todo de Isaías. Más tarde observé que cada vez que venía el señor, el señor Wace recurría invariablemente a los profetas.

Alrededor de las siete, Agnes vino a decirme que fuese a la habitación de la señora; y allí encontré al señor Brympton. Estaba de pie junto a la chimenea. Era un hombre corpulento, de cuello grueso, cara colorada y unos ojos azules furibundos: la clase de hombre que una pánfila podría haber considerado guapo, y después habría pagado caro haberlo juzgado así. Se dio la vuelta al entrar yo y me miró de arriba abajo en un segundo. Comprendí lo que significaba esa mirada por haberla experimentado una o dos veces en mis anteriores colocaciones. Luego me volvió la espalda y siguió hablando con su esposa; y comprendí lo que eso significaba también: no era el bocado que le apetecía. El tifus me había beneficiado bastante en ese sentido: mantenía a distancia a esa clase de hombres.

—Ésta es Hartley, la nueva doncella —dijo la señora Brympton con su voz dulce; él asintió con la cabeza y siguió con lo que estaba diciendo.

Un minuto o dos después se marchó y dejó que mi señora se vistiese para la cena; y observé, mientras la ayudaba, que estaba pálida y fría al tacto.

El señor Brympton se fue a la mañana siguiente, y toda la casa exhaló un gran suspiro al verlo marchar. En cuanto a mi señora, se puso el sombrero y el abrigo de pieles (era una agradable mañana de invierno), salió a dar un paseo por el parque, y regresó completamente fresca y sonrosada; con lo que durante un minuto, antes de que se le apagasen los colores, pude darme cuenta de lo bonita que debía de haber sido; y no hacía mucho, por cierto.

Se había encontrado con el señor Ranford en el parque y regresaron los dos juntos, recuerdo, sonriendo y charlando mientras cruzaba la terraza por debajo de mi ventana. Ésa fue la primera vez que vi al señor Ranford, aunque había oído mencionar su nombre muchas veces en nuestro comedor. Era un vecino que vivía a una milla o dos de la propiedad de los Brympton, a la salida del pueblo, y como tenía costumbre de pasar los inviernos en el campo, era casi la única compañía que mi señora tenía en esa época del año. Era un caballero delgado, alto, de unos treinta años, y su aspecto me pareció algo melancólico; hasta que vi su sonrisa, en la que había una especie de sorpresa, como el primer día cálido de la primavera.

Era muy aficionado a la lectura, oí decir, igual que mi señora, y los dos se estaban prestando libros continuamente; a veces (me contó el señor Wace) le leía a la señora Brympton en voz alta durante sus visitas, en la oscura y enorme biblioteca donde ella pasaba las tardes de invierno. Todos los criados le tenían simpatía, y quizá sea esto más que el simple cumplido que podrían suponer los amos. Siempre tenía una palabra amable para cada uno de nosotros, y a todos nos alegraba que la señora Brympton tuviera la compañía de un caballero tan simpático y sociable cuando el señor se ausentaba.

El señor Ranford parecía estar en excelentes relaciones con el señor Brympton, también; aunque no me explicaba cómo dos caballeros tan distintos podían ser amigos. Pero luego supe que dos personas de verdadera distinción son capaces de guardar para sí sus sentimientos.

En cuanto al señor Brympton, venía y se iba sin quedarse más de un día o dos, y durante ese tiempo maldecía la monotonía y la soledad, gruñía por todo y (como no tardé en enterarme) bebía más de lo que le convenía. Después de abandonar la mesa la señora Brympton, él seguía hasta la medianoche, tomándose el madeira y el oporto del viejo Brympton; y una de las veces en que salía yo de la habitación de mi señora un poco más tarde de lo usual y me crucé con él, subía la escalera en un estado que me horrorizó al pensar en lo que algunas señoras tienen que soportar y mantener callado.

Los criados hablaban muy poco del señor, pero por las palabras que inadvertidamente se les escapaban pude deducir que el matrimonio había sido desgraciado desde el principio. El señor Brympton era un hombre grosero, violento y amante de los placeres. Mi señora, apacible, modesta y quizá un poquito fría; no es que ella no le hablase siempre con afabilidad: a mí me parecía maravillosamente indulgente. Pero para un caballero licencioso como el señor Brympton, diría que resultaba un poco irritable.

Bien, pues las cosas siguieron tranquilas durante varias semanas. Mi señora era amable, mis obligaciones, ligeras, y me llevaba bien con los demás criados. En resumen, no tenía queja; sin embargo, notaba constantemente un peso sobre mí. No sabía decir cuál era el motivo, pero estaba segura de que no era la soledad. Pronto me acostumbré a esa opresión: y dado que aún me notaba débil por el tifus, agradecía la tranquilidad y el aire del campo. Pese a todo, no acababa de sentirme completamente a gusto por dentro.

Mi señora, sabedora de que había estado enferma, me instaba a que diese paseos regulares, y muchas veces se inventaba algún mandado para mí: unos metros de cinta que traer del pueblo, una carta que enviar o un libro que devolver al señor Ranford. Y tan pronto como salía de la casa, se me alegraba el ánimo, y acogía con satisfacción el paseo por el bosque pelado y perfumado de húmeda fragancia. Pero en cuanto veía la casa otra vez, el corazón se me caía como una piedra en un pozo. No era exactamente un edificio lúgubre;

sin embargo, jamás entraba en él sin que me invadiese una sensación de tristeza.

La señora Brympton salía raramente en invierno; sólo los días más agradables paseaba una hora, hacia mediodía, por la terraza sur. Aparte del señor Ranford, no teníamos más visitas que la del doctor, que venía del pueblo una vez a la semana. A mí me mandó llamar un par de veces para darme alguna pequeña instrucción sobre mi señora; y aunque no me dijo nunca qué enfermedad la aquejaba, me parecía, por el aspecto céreo que tenía algunos días por la mañana, que padecía del corazón.

La época era suave, aunque nociva para la salud, y en enero tuvimos una larga temporada de lluvia. Fue una penosa prueba para mí, lo confieso, ya que no podía salir; y sentada ante mi labor todo el día, oyendo el constante gotear de los aleros, me ponía tan nerviosa que el menor ruido me causaba un sobresalto. No sé por qué, me dio por pensar que aquella habitación cerrada del otro lado del pasillo comenzaba a pesar sobre mí. Una o dos veces, en las largas noches lluviosas, me pareció oír ruidos en ella; pero era una estupidez, por supuesto, y la luz del día disipaba semejantes figuraciones de mi cabeza.

Pues bien, una mañana, la señora Brympton me dio lo que se dice una gratísima sorpresa al decirme que deseaba que fuese al pueblo de compras. Hasta entonces no me había dado cuenta de cuánto había decaído mi ánimo. Emprendí el camino contentísima, y mi primera visión de las calles transitadas y del alegre aspecto de las tiendas me embargó en parte. Por la tarde, sin embargo, el ruido y la confusión empezaron a cansarme, y me hicieron desear la tranquilidad de Brympton, y pensar cómo disfrutaría regresando a través del bosque sombrío. Entonces me tropecé con una antigua conocida, una doncella con la que había estado sirviendo una vez. No nos habíamos visto desde hacía años, y tuve que entretenerme con ella, contándole qué había sido de mí en todo ese tiempo.

Cuando le dije dónde vivía ahora abrió los ojos y puso cara larga.

—¡Cómo! ¿Con la Brympton que vive todo el año en esa propiedad junto al Hudson? Querida, no durarás tres meses.

—¡Oh!, pero a mí no me desagrada el campo —dije, un poco ofendida por su tono—. Desde que he tenido el tifus, prefiero la tranquilidad. Mi amiga meneó la cabeza.

—No me refiero al campo. Yo lo único que sé es que ha tenido cuatro doncellas en los seis últimos meses; y la última, que era amiga mía, me dijo que nadie podía soportar la casa.

—¿Te dijo por qué? —pregunté.

—No, no me dijo el motivo… Pero me dijo: «Ansey, si ves a alguna joven como tú que piense ir allí, dile que no se moleste en deshacer el equipaje».

—¿Es joven y bonita? —pregunté, pensando en el señor Brympton.

—¡Qué va! Es la clase de chica que las madres contratan cuando tienen alegres jovencitos en la universidad.

Bueno, aunque sabía que esta mujer era una charlatana, sus palabras me afectaron bastante, y el alma se me encogió más que nunca al llegar a Brympton, ya anocheciendo. Había algo en la casa, ahora estaba segura… Cuando entré a tomar el té, oí decir que el señor Brympton había llegado, y me bastó una mirada para darme cuenta de que había ocurrido algo. La mano de la señora Blinder temblaba de tal manera que apenas podía servir té, y el señor Wace citó los más espantosos textos cargados de azufre. Nadie me dijo una palabra entonces, pero cuando subí a mi habitación, la señora Blinder me siguió.

—¡Ay, querida! —dijo, cogiéndome la mano—. ¡Qué contenta y agradecida estoy de que hayas vuelto con nosotros!

Esto me extrañó, como es de suponer.

—¿Por qué? —dije—. ¿Creíais que iba a marcharme para siempre?

—No, no; claro que no —dijo un poco confundida—. Es que no soporto tener que dejar sola a la señora ni por un solo día —me apretó fuertemente la mano y— ¡Ay, Hartley! —dijo—. Sé buena con la señora, como cristiana que eres —y dicho esto salió precipitadamente, dejándome boquiabierta.

Un momento después, Agnes me avisó de que fuese a ver a la señora Brympton. Al oír la voz de la señora Brympton en su habitación, di la vuelta por la trasalcoba, pensando que debía sacarle el vestido para la cena, antes de entrar. La trasalcoba es una amplia habitación de vestirse, con una ventana abierta sobre el pórtico que mira hacia el parque. Las habitaciones de la señora Brympton están al lado. Al entrar, la puerta que daba al dormitorio estaba entornada, y oí que el señor Brympton decía irritado:

—¿Debe suponerse que es la única persona apropiada para conversar contigo?

—No tengo muchas visitas en invierno —contestó la señora Brympton serenamente.

—¡Me tienes a mí! —le soltó él, con desprecio.

—Tú no estás aquí casi nunca —dijo ella.

—Bueno, ¿de quién es la culpa? Tú animas la casa casi tanto como el panteón de la familia.

Entonces moví los objetos del tocador para advertir de mi presencia a mi señora, y ella se levantó y me dijo que pasara.

Cenaron los dos solos, como de costumbre, y comprendí, por la actitud del señor Wace durante nuestra cena, que las cosas andaban mal. Citó algo terrible de los profetas, lo que afectó de tal modo a la fregona, que se marchó, pretextando que iba a guardar el fiambre en la nevera. Yo estaba nerviosa, y después de acostar a mi señora me sentí medio tentada de bajar a convencer a la señora Blinder de que se quedase un rato a jugar una partida de cartas. Pero la oí cerrar su puerta al retirarse, así que continué hacia mi habitación. La lluvia había empezado otra vez; y me parecía que el ploc, ploc, ploc del goteo me golpeaba el cerebro. Permanecí despierta, escuchándola, y dándole vueltas a lo que me había dicho mi amiga en el pueblo. Lo que me tenía perpleja era que fuesen siempre las doncellas las que se marchaban.

Un rato después me dormí; pero súbitamente me despertó un fuerte ruido: acababa de sonar mi campanilla. Me incorporé aterrada ante el inusitado tintineo, que parecía prolongar su estridencia en la oscuridad. Me temblaban las manos de tal manera que no conseguía encontrar los fósforos. Por último, encendí una luz y salté de la cama. Empezaba a pensar que debía de haberlo soñado, pero miré la campanilla adosada a la pared y allí estaba el pequeño macillo estremeciéndose aún.

Había empezado a vestirme atropelladamente cuando oí otro ruido. Esta vez fue la puerta de la habitación cerrada de enfrente al abrirse y cerrarse quedamente. Oí el ruido con claridad, y me asusté tanto que me quedé paralizada. Luego oí unos pasos apresurados por el pasillo, en dirección al cuerpo principal de la casa. Dado que el piso estaba alfombrado, el ruido de los pasos era muy apagado; sin embargo, estaba segura de que eran pasos de mujer. Este pensamiento me heló, y durante un minuto no me atreví a moverme ni a respirar siquiera. Luego recobré los sentidos.

«Alice Hartley —me dije a mí misma—, alguien acaba de salir de esa habitación ahora mismo y se aleja corriendo por el pasillo. La idea no es agradable, pero tienes que afrontarla: tu ama te ha llamado, y para responder a la campanilla tienes que recorrer el mismo trayecto que esa otra mujer».

Así que lo recorrí. Jamás he caminado más deprisa en mi vida, aunque pensé que nunca llegaría al otro extremo del pasillo y a la habitación de la señora Brympton. En el trayecto no oí nada ni vi nada: todo estaba oscuro y tranquilo como una tumba. Al llegar a la puerta de mi señora, el silencio era tan profundo que empecé a pensar que lo había soñado todo, y estaba medio decidida a regresar. Entonces el pánico se apoderó de mí, y llamé.

No obtuve respuesta, y llamé otra vez, fuerte. Para mi asombro, abrió la puerta el señor Brympton. Al verme, dio un salto atrás; su rostro, a la luz de mi vela, parecía encendido, salvaje.
—¿Tú? —dijo, con voz extraña—. Pero ¿cuántas sois, en nombre de Dios?

Al oírlo sentí que el suelo cedía bajo mis pies; pero me dije a mí misma que había estado bebiendo, y contesté lo más firmemente que pude:
—¿Puedo pasar, señor? La señora Brympton me ha llamado con la campanilla. —Por mí podéis pasar todas —dijo, y empujándome a un lado, bajó al salón y se metió en su propio dormitorio. Lo vi alejarse y, para mi sorpresa, noté que caminaba tan derecho como un hombre sobrio.

Encontré a mi señora muy débil e inmóvil, pero forzó una sonrisa cuando me vio y me hizo seña de que le sirviese unas gotas. Después siguió echada, sin hablar. Su respiración se hizo más acelerada y cerró los ojos. De pronto, buscó a tientas con la mano.
—Emma —dijo, desmayadamente.

—Soy Hartley, señora —dije—. ¿Desea algo?

Abrió unos ojos dilatados y me miró con asombro.

—Estaba soñando —dijo—. Ya puedes irte, Hartley; y gracias por tu amabilidad. Me siento completamente bien otra vez, como ves — y se volvió hacia el otro lado.

III

No volví a conciliar el sueño esa noche, y agradecí la llegada del día.

Poco más tarde, Agnes me avisó de que fuese a ver a la señora Brympton. Temí que se hubiese vuelto a poner mala, ya que raramente me mandaba llamar antes de las nueve. Pero la encontré sentada en la cama, pálida y desencajada, aunque completamente dueña de sí.

—Hartley —dijo con rapidez—, ¿quieres arreglarte y llegarte al pueblo por mí? Necesito que me preparen esta receta… —vaciló un momento, y se ruborizó—; me gustaría que estuvieses de regreso antes de que se levantase el señor Brympton.

—Por supuesto, señora —dije.

—Y… otra cosa —me hizo volver, como si acabara de ocurrírsele una idea—; mientras esperas a que la preparen, te da tiempo a acercarte a casa del señor Ranford y entregarle esta nota.

El pueblo estaba a unas dos millas, y durante el trayecto tuve tiempo de darles vueltas a mis pensamientos. Me pareció extraño que mi señora quisiera esta medicina a espaldas del señor Brympton. Y al relacionar esto con la escena de la noche anterior y con muchas otras cosas que había notado y sospechado, empecé a preguntarme si la pobre no estaría cansada de la vida y habría llegado a la insensata decisión de ponerle fin. La idea se apoderó de mí de tal manera que llegué al pueblo a la carrera, y me dejé caer en una silla ante el mostrador de boticario. El buen hombre, que estaba abriendo los postigos, se quedó mirándome tan severamente que me hizo volver en mí.

—Señor Limmel —dije, tratando de hablar con indiferencia—, ¿querría echar una mirada a esto y decirme si es completamente normal?

Se puso los lentes y examinó la receta.

—Vaya, es del doctor Walton —dijo—. ¿Qué podría tener de anormal?

—Bueno… ¿es peligrosa de tomar?

Habría sacudido a este hombre por su estupidez.

—Quiero decir que… si una persona toma demasiada, por equivocación, naturalmente… —dije, con el corazón en un puño.

—¡Dios bendito, no! Es sólo agua de cal. Podría administrarle un frasco entero a un niño de pecho.

Di un gran suspiro de alivio y corrí a casa del señor Ranford. Pero por el camino me vino otro pensamiento: si no había nada que ocultar sobre mi visita al boticario, ¿sería el otro recado lo que la señora Brympton quería mantener en secreto? De alguna manera, esta idea me asustó más que la otra. Sin embargo, los dos caballeros parecían ser grandes amigos, y habría sido capaz de apostar mi cabeza sobre la virtud de mi señora. Me avergoncé de mis sospechas y concluí que aún estaba alterada por los extraños sucesos de la noche anterior. Dejé la nota en casa del señor Ranford, regresé apresuradamente a Brympton y entré por una puerta de servicio sin ser vista, según creía yo.

Una hora más tarde, sin embargo, cuando llevaba el desayuno a mi señora, me detuvo el señor Brympton en el vestíbulo.

—¿Qué hacías fuera tan temprano? —me preguntó, mirándome con severidad.

—¿Temprano… yo, señor? —dije con un estremecimiento.

—Vamos, vamos —dijo él, al tiempo que le surgía una mancha rojiza de ira en la frente—. ¿Acaso no te he visto volver corriendo por los arbustos hace una hora o más?

Soy sincera por naturaleza, pero en esta ocasión me salió una mentira sin pensar:

—No señor, eso no es verdad —dije, y le devolví la mirada con firmeza.

Él se encogió de hombros y soltó una horrible risotada.

—Supongo que anoche pensaste que estaba borracho —me preguntó de pronto.

—No señor, no lo pensé —contesté, esta vez con sinceridad.

Se alejó con otro encogimiento de hombros:

—¡Bonita idea tienen de mí mis criados! —le oí murmurar mientras se alejaba.

Hasta que no me senté ante mi labor, por la tarde, no me di cuenta de hasta qué punto me habían alterado los acontecimientos de la noche. No podía pasar por delante de aquella puerta cerrada sin un estremecimiento. Sabía que había oído a alguien salir de ella y avanzar por el corredor delante de mí. Pensé hablar con la señora Blinder o con el señor Wace, los únicos de la casa que parecían tener alguna noción de lo que ocurría, pero me daba la impresión de que si les preguntaba lo negarían todo, y que averiguaría más si mantenía la boca cerrada y los ojos abiertos.

La idea de pasar otra noche enfrente de aquella habitación cerrada me producía malestar, y una de las veces me dieron ganas de meter mis cosas en el baúl y coger el primer tren para la ciudad; pero no me sentía capaz de dejar plantada de ese modo a una señora tan amable, y traté de reanudar mi labor como si nada hubiese ocurrido.

No llevaba ni diez minutos trabajando cuando se estropeó la máquina de coser. Era una que había encontrado en la casa; aunque algo averiada, funcionaba: la señora Blinder dijo que no se había usado desde la muerte de Emma Saxon. Me puse a ver qué le pasaba, y cuando la estaba manipulando se abrió un cajón que yo no había podido abrir nunca, y cayó de él una fotografía.

La cogí y me quedé mirándola, perpleja. Era de una mujer; y me di cuenta de que había visto aquella cara en alguna parte: los ojos tenían una mirada interrogante que yo había sentido antes sobre mí. Súbitamente, recordé a la pálida mujer del corredor.

Me levanté impresionada, y salí corriendo de la habitación. Me parecía como si el corazón me latiese en lo alto de la cabeza, y pensé que no iba a escapar nunca de la mirada de esos ojos. Fui directamente a ver a la señora Blinder. Se había echado un rato, y se incorporó vivamente al entrar yo.

—Señora Blinder —dije—, ¿quién es ésta? —le tendí la fotografía.

Se frotó los ojos y la miró.

—¡Vaya, es Emma Saxon! —dijo—. ¿Dónde la has encontrado?

La miré seriamente un minuto.

—Señora Blinder —dije—, yo he visto esa cara antes.

La señora Blinder se levantó y se dirigió al espejo:

—¡Válgame Dios! Me he quedado dormida —dijo—. Tengo el postizo caído sobre una oreja. Y debo salir corriendo, Hartley, querida; he oído dar las cuatro y tengo que bajar ahora mismo a sacar el jamón de Virginia para la cena del señor Brympton.

IV

A todos los efectos, las cosas siguieron de costumbre durante una semana o dos. La única diferencia estaba en que el señor Brympton se había quedado, en vez de marcharse como hacía habitualmente, y que el señor Ranford no se dejaba ver. Oí el comentario del señor Brympton a propósito de esto una tarde, sentado en la habitación de mi señora antes de la cena:

—¿Dónde está Ranford? —dijo—. No se acerca a la casa desde hace una semana. ¿Se mantiene alejado porque estoy yo aquí?

La señora Brympton habló tan bajo que no conseguí entender lo que decía.

—Bien —prosiguió él—. Dos es compañía y tres, engaño. Siento cruzarme en el camino de Ranford. Creo que marcharé otra vez, dentro de un día o dos, para darle una oportunidad —y se rió de su propia gracia.

Al día siguiente, casualmente, vino a visitarlos. El lacayo contó que los tres estaban muy contentos tomando el té en la biblioteca, y el señor Brympton acompañó hasta la verja al señor Ranford cuando éste se marchó.

He dicho que las cosas siguieron como de costumbre. Y así era en lo que se refiere al resto de la casa. En cuanto a mí, no había vuelto a ser la misma desde que había sonado la campanilla. Noche tras noche permanecía despierta, atenta a si volvía a sonar y a si se abría furtivamente la puerta de la habitación cerrada. Pero ni sonaba la campanilla, ni se oía ruido alguno en el corredor.

Por último, el silencio empezó a hacérseme más espantoso que los más misteriosos ruidos. Sentía que había alguien agazapado, detrás de la puerta cerrada, vigilando y escuchando mientras yo vigilaba y escuchaba. Y casi me daban ganas de gritar: «¡Quienquiera que seas, sal y deja que te mire cara a cara, y no te escondas ahí a espiarme en la oscuridad!».

Puesto que me hallaba en ese estado, quizá les extrañe que no dijera a nadie lo que ocurría. Una vez estuve a punto de hacerlo; pero en el último instante algo me contuvo. No sé si fue por compasión a mi señora, que cada vez confiaba más en mí, o por las pocas ganas que tenía de buscar otra colocación, el caso es que vivía como hechizada, aunque las noches me resultaban espantosas y los días muy poco mejores.

En primer lugar, no me gustaba el semblante de la señora Brympton. Al igual que yo, no volvió a ser la misma desde esa noche. Pensé que reviviría cuando se fuese el señor Brympton; pero aunque parecía más tranquila, su ánimo no se restableció, ni sus fuerzas tampoco. Me había tomado afecto, y parecía gustarle tenerme cerca. Agnes me contó un día que desde la muerte de Emma Saxon, yo era la única doncella a la que la señora había cobrado cariño. Esto despertó en mí un cálido sentimiento hacia la pobre dama, aunque en realidad era poco lo que yo podía hacer para ayudarla.

Después de marcharse el señor Brympton, el señor Ranford comenzó a venir otra vez, aunque con menos frecuencia que antes. Lo encontré una vez o dos en el parque, o en el pueblo, y no pude por menos de pensar que había cambiado también. Pero lo atribuí a mi imaginación trastornada.

Pasaron las semanas, y hacía un mes que el señor Brympton estaba ausente. Oímos decir que había emprendido un viaje a las Antillas con un amigo, y el señor Wace dijo que eso era muy lejos, pero que aunque tuviese alas de paloma y volase a la región remota del mundo, no podría huir del Todopoderoso. Agnes dijo que ya podía el Todopoderoso llamarlo y acogerlo en su seno, y así mantenerlo lejos de Brympton, comentario que nos hizo reír, aunque la señora Blinder trató de mostrarse enfadada y el señor Wace dijo que los osos nos iban a devorar.

Todos nos alegramos de saber que las Antillas eran un lugar tan lejano; y recuerdo que, a pesar de las miradas solemnes del señor Wace, tuvimos una cena muy distendida ese día en la casa. No sé si era que me sentía más animada, pero me daba la impresión de que la señora Brympton tenía mejor color, también, y parecía más alegre. Había salido a dar un paseo por la mañana y después de comer se retiró a su habitación, a echarse. Yo le leí en voz alta.

Cuando me despidió, subí a mi cuarto totalmente contenta y feliz; y por primera vez desde hacía semanas pasé por delante de la puerta cerrada sin reparar en ella. Al sentarme en mi labor, miré hacia la ventana y vi que caían algunos copos de nieve. Esta visión era más agradable que la sempiterna lluvia, e imaginé lo precioso que estaría el parque desnudo con su manto blanco. Me parecía como si la nieve cubriese todas las tristezas, tanto las de fuera como las de dentro de casa.

Apenas me cruzó esta idea por la cabeza, cuando oí pasos detrás de mí. Alcé los ojos, convencida de que era Agnes.

—Hola, Agnes… —dije, y las palabras se me helaron en los labios; porque allí, en la puerta, estaba Emma Saxon.

No sé cuánto rato hacía que estaba allí. Sólo sé que yo no podía moverme ni apartar los ojos de ella. A continuación me sentí terriblemente asustada; pero al mismo tiempo, no era miedo lo que sentía, sino algo más hondo y sosegado. Me miró larga, severamente, y su rostro era una muda súplica dirigida a mí. Pero ¿cómo podía ayudarla? De pronto dio media vuelta y la vi alejarse por el corredor. Esta vez no tuve miedo de seguirla… Comprendí que quería que supiese algo.

Me levanté de un salto y salí deprisa. Estaba ya en el otro extremo del corredor y pensé que se dirigía a la habitación de mi señora. Pero en vez de eso, abrió la puerta que conducía a la escalera de atrás. Bajé tras ella y la seguí por el pasillo que conducía a la puerta trasera. La cocina y el comedor estaban desiertos a estas horas, ya que los criados habían salido de servicio, salvo el lacayo, que estaba en la despensa.

Se detuvo en la puerta un instante y me dirigió una mirada; luego hizo girar el pomo, y salió. Vacilé un minuto. ¿Adónde me llevaba? La puerta se había cerrado suavemente; la abrí y me asomé, casi esperando que hubiera desaparecido. Pero la vi unos metros más allá, que cruzaba el patio rápidamente, y se alejaba por el sendero que se adentraba en el bosque. Su figura destacaba oscura y solitaria y pensé volver. Pero seguí tras ella. Cogí un viejo mantón de la señora Blinder y salí a toda prisa.

Emma Saxon estaba ahora en el sendero del bosque. Caminaba decidida. La seguí al mismo paso y cruzamos la verja y salimos al camino real. Entonces echó a andar a campo traviesa, hacia el pueblo.

El suelo estaba blanco, y cuando subía por la ladera de una colina pelada que se alzaba delante de mí, observé que sus pies no dejaban huellas. Al darme cuenta de ese detalle, el corazón me dio un vuelco y me flojearon las rodillas.

En cierto modo, era peor aquí que dentro de la casa: hacía que el campo entero pareciese una tumba, sin nadie más que nosotras dos, y sin ayuda ninguna del ancho mundo.

Una vez intenté dar media vuelta, pero ella se volvió y me miró, y fue como si tirase de mí con una cuerda. A partir de ese instante la seguí como un perro. Llegamos al pueblo y me guio a través de él; pasamos la iglesia y la herrería y nos metimos por la calle donde se encuentra la casa del señor Ranford, cerca ya de la carretera: es un edificio visiblemente antiguo, con un sendero enlosado entre dos bordes de boj que conduce a la puerta.

La calle estaba desierta, y al meterme en ella vi que Emma Saxon se detenía bajo un viejo olmo que había junto a la entrada. Ahora me asaltó otro temor. Comprendí que habíamos llegado al final de nuestro camino y que me tocaba actuar. Durante todo el trayecto, desde Brympton, me había estado preguntando qué querría de mí; pero la había seguido en estado de trance, por así decir, y hasta que no la vi detenerse ante la verja del señor Ranford no empezó a aclararse mi cerebro.

Me detuve a cierta distancia, en medio de la nieve, con el corazón palpitándome con dolorosa violencia y los pies helados en el suelo; Emma Saxon estaba inmóvil al pie del olmo y me miraba.

Yo sabía muy bien que no me había traído aquí en vano. Me daba cuenta de que iba a hacer o decir algo… Pero ¿cómo podía adivinar el qué? Jamás se me habría ocurrido causar daño a mi señora y al señor Ranford, pero ahora estaba segura de que, por una u otra razón, se cernía sobre ellos algo espantoso. Emma Saxon sabía qué era; me lo diría si podía. Quizá contestase si le preguntaba.

La idea de hablar con ella me produjo vértigo; pero haciendo acopio de todo mi valor, avancé las pocas yardas que nos separaban. En ese instante oí abrirse la puerta de la casa y vi acercarse al señor Ranford. Su aspecto era hermoso y alegre, igual que el de mi señora por la mañana. Y al verlo, la sangre volvió a circularme por las venas.

—Hola, Hartley —dijo—. ¿Qué ocurre? Te he visto venir por la calle y salgo a ver si has echado raíces en la nieve —se detuvo, y se quedó mirándome—. ¿Qué miras? —dijo.

Me volví hacia el olmo mientras me hablaba, y sus ojos me siguieron, pero allí no había nadie. La calle estaba vacía en todo lo que alcanzaba la vista.

Me invadió una sensación de desamparo. Emma Saxon se había ido, y yo no era capaz de adivinar qué quería. Su última mirada me había traspasado hasta el tuétano. ¡Y sin embargo, no me había hablado! De repente me sentí más desolada que cuando la tenía delante, vigilándome. Era como si me hubiese dejado para que llevase yo sola el peso del secreto que no podía adivinar. La nieve me envolvió en grandes círculos y el suelo cedió debajo de mí...

Una gota de coñac y el calor de la chimenea del señor Ranford me ayudaron a volver en mí, y supliqué que me llevasen inmediatamente a Brympton. Era casi de noche y tenía miedo de que mi señora me necesitara. Le expliqué al señor Ranford que había salido a dar un paseo y que me había dado un mareo al pasar por delante de su verja. Era bastante cierto; sin embargo, jamás me he sentido más mentirosa.

Cuando vestí a la señora Brympton para la cena se dio cuenta de la palidez de mi cara y me preguntó qué me pasaba. Le contesté que me dolía la cabeza; entonces dijo que no iba a necesitarme más esa noche, y me aconsejó que me acostase.

Era cierto que apenas podía tenerme de pie; sin embargo, no me hacía ninguna gracia pasar la noche sola en mi habitación. Permanecí abajo, en el salón, todo el tiempo que fui capaz de mantener levantada la cabeza; pero a las nueve subí, demasiado cansada para importarme lo que sucediera, con tal de apoyar la cabeza en la almohada.

El resto de la servidumbre se fue a acostar poco después. Antes de las diez oí cerrarse la puerta de la señora Blinder y poco después la del señor Wace.

Fue una noche tranquila, con la tierra y el aire acolchados de nieve. Una vez en la cama me sentí mejor y me puse a escuchar los extraños ruidos que se producen en una casa después de oscurecer. Una de las veces me pareció oír abrirse y cerrarse una puerta, abajo: podía ser la cristalera que daba al jardín. Me levanté y me asomé a la ventana; pero no había luna y no se veía nada, salvo los rociones de nieve en los cristales.

Me volví a meter en la cama y debí adormilarme, ya que me sobresalté con el tintineo furioso de la campanilla. Antes de despertarme del todo había saltado de la cama y estaba buscando mi ropa. «Va a ocurrir ahora», me sorprendí diciéndome a mí misma; pero no tenía ni idea de lo que quería decir.

Mis manos parecían pringadas de engrudo, me daba la sensación de que jamás acabaría de vestirme. Finalmente abrí la puerta y me asomé al corredor. Hasta donde alumbraba la llama de mi vela no vi nada fuera de lo normal ante mí.

Seguí andando apresuradamente, sin aliento; pero al empujar la puerta batiente que daba al salón principal, el corazón me dio un vuelco: porque allí, en lo alto de la escalera, estaba Emma Saxon mirando aterrada hacia la oscuridad de abajo.

Durante un segundo fui incapaz de moverme. Pero mi mano se soltó de la puerta y, al cerrarse, desapareció la figura. En ese mismo instante sonó otro ruido abajo; un ruido furtivo, misterioso, como el girar de una llave en la puerta de la entrada. Corrí a la habitación de la señora Brympton y llamé.

No obtuve respuesta, y volví a llamar. Esta vez oí a alguien en la habitación; se descorrió el cerrojo y apareció mi señora ante mí. Para mi sorpresa, no se había desvestido. Me dirigió una mirada sobresaltada.

—¿Qué te pasa, Hartley? —susurró—. ¿Te encuentras mal? ¿Qué haces aquí a estas horas?

—No me siento mal, señora. Es que ha sonado mi campanilla.

Al oír esto palideció y pareció a punto de desmayarse.

—Te has equivocado. Yo no te he llamado. Debes de haberlo soñado.

Nunca la había oído hablar en ese tono.

—Vete a dormir —dijo, al tiempo que cerraba la puerta.

Pero mientras hablaba, oí otra vez ruido abajo en el vestíbulo, pasos de hombre esta vez. Y comprendí toda la verdad.

—Señora —dije, empujándola para entrar—, alguien acaba de llegar a casa...

—¿Alguien?

—Me parece que el señor Brympton… He oído pasos abajo.

Una expresión de terror afloró en su rostro y, sin proferir una sola palabra, se desplomó a mis pies. Caí de rodillas para incorporarla. Por la forma en que respiraba comprendí que no se trataba de un desmayo corriente. Pero mientras le levantaba la cabeza, oí unos pasos rápidos que cruzaban el vestíbulo y subían la escalera; se abrió la puerta de golpe, y allí estaba el señor Brympton con ropa de viaje, y goteándole la nieve. Retrocedió con sorpresa y alarma al verme arrodillada junto a mi señora.

—¿Qué demonios es esto? —exclamó. Estaba menos colorado de lo normal y se le había ido la mancha roja de la frente.

—La señora Brympton se ha desmayado, señor —dije.

Soltó una risotada y me apartó a un lado.

—Es una pena que no haya escogido un momento más oportuno. Siento molestar, pero…

Me levanté horrorizada ante la reacción de este hombre.

—¡Señor! —dije—, ¿está loco? ¿Qué va a hacer?

—Voy a saludar a un amigo —dijo, e hizo ademán de dirigirse a la trasalcoba.

El corazón se me paralizó. No sé en qué pensé ni qué temí, pero me levanté de un salto y lo cogí de la manga.

—¡Señor, señor —dije—; por piedad, mire a su esposa!

Se zafó de mí furiosamente.

—Parece que esto se ha acabado para mí —dijo, y agarró la puerta de la trasalcoba.

En ese instante oí un leve ruido en el interior. Aunque fue muy ligero, él lo oyó también, y abrió de golpe. Pero al hacerlo dio un paso atrás: en el umbral estaba Emma Saxon. Todo estaba oscuro detrás, pero a ella la vi claramente, y él también; y alzó las manos como para ocultar su visión. Cuando volví a mirar, había desaparecido.

Él se había quedado inmóvil, como si sus fuerzas le hubiesen abandonado; y en medio de esta quietud, se incorporó súbitamente mi señora y, abriendo los ojos, clavó una mirada en él. Luego se desplomó, y vi aletear la muerte en su rostro…

La enterramos al tercer día, en medio de una fuerte nevada. Había poca gente en la iglesia, ya que hacía mal tiempo para venir desde el pueblo, y me da la impresión de que mi señora no era de las que tienen muchas amistades.

El señor Ranford fue de los últimos en llegar, poco antes de que la trasladaran a la nave. Acudió de negro, naturalmente, dado que era íntimo de la familia. Jamás vi a un caballero tan pálido. Al pasar junto a mí observé que se apoyaba un poco en un bastón que llevaba.

Creo que el señor Brympton lo vio también, porque le apareció la mancha roja de la frente, y durante todo el oficio permaneció con la mirada fija en el señor Ranford, en vez de seguir las oraciones, como sería lo propio en una persona afligida.

Cuando terminó la ceremonia y nos dirigimos al cementerio, el señor Ranford se había ido; y tan pronto como el cuerpo de mi infortunada señora estuvo bajo tierra, el señor Brympton subió al coche más cercano a la entrada y se fue sin decirnos una palabra a ninguno de nosotros. Le oí gritar «A la estación»; y los criados regresamos solos a casa.

EL ESPECTRO

I

—Sí; hay uno, por supuesto; pero no sabréis que lo es.

La aseveración, lanzada alegremente seis meses antes en un radiante jardín de junio, volvió a Mary Boyne con una nueva dimensión de su significado, en la oscuridad de diciembre, mientras esperaba a que trajesen las lámparas a la biblioteca.

Estas palabras las había pronunciado su amiga Alida Stair, cuando tomaba el té en su jardín de Pangbourne, refiriéndose a la misma casa cuyo «elemento» principal era la biblioteca en cuestión. A su llegada a Inglaterra, Mary Boyne y su marido, buscando un rincón apartado en uno de los condados del sur o el sureste, habían confiado esta misión a Alida Stair, quien lo había resuelto perfectamente; aunque no sin que antes hubiesen rechazado, casi caprichosamente, varias sugerencias prácticas y prudentes que les brindó:

«Bueno, está Lyng, en Dorsetshire. Pertenece a los primos de Hugo, y podéis conseguirla por un precio de ganga».

Las razones que dio por las que podían comprarla tan barata —estar lejos de la estación, no tener luz eléctrica ni instalación de agua caliente y demás necesidades vulgares—, eran exactamente las que concurrían a favor para una pareja de románticos americanos que buscaban perversamente aquellas gangas que se asociaban, en su tradición, con la inusitada gracia arquitectónica.

—Jamás creeré que vivo en una casa vieja, a menos que sea completamente incómoda —había insistido en broma Ned Boyne, el más extravagante de los dos—; el más pequeño indicio de comodidad me haría pensar que la había comprado en una exposición, con las piezas numeradas y vueltas a montar.

Y se habían puesto a recitar con humorística precisión la lista de sus diversas dudas y exigencias, negándose a creer que la casa que la prima les recomendaba fuese realmente de estilo Tudor, hasta que se enteraron de que carecía de calefacción central, y de que la iglesia del pueblo estaba literalmente en su terreno, además de recalcarles la lamentable incertidumbre en cuanto al abastecimiento de agua.

—¡Es demasiado incómoda para ser cierto!

Edward Boyne se había ido animando a medida que le sonsacaban la confesión de un nuevo inconveniente, y de repente interrumpió su rapsodia para preguntar, con súbita desconfianza:

—¿Y el fantasma? ¡Nos estás ocultando que no tiene fantasma!

Mary, en ese momento, se había reído con él; aunque, casi mientras reía, dotada como estaba de dotes perceptivas independientes, había captado una nota de sequedad en la respuesta alegre de Alida.

—Bueno, Dorsetshire está lleno de fantasmas.

—Sí, sí; pero eso no me vale. Yo no quiero tener que viajar diez millas para ver el fantasma de otro. Lo que quiero es uno que sea mío particular. ¿Hay alguno en Lyng?

La respuesta había hecho reír a Alida otra vez; y fue entonces cuando había exclamado tentadoramente:

—¡Sí, hay uno, por supuesto; pero no sabréis que lo es!

—¿No lo sabremos? —la atajó Boyne—. ¿Pero qué demonios da razón de ser a un fantasma sino el hecho de aparecerse a alguien?

—No sé; pero ésa es la historia.

—¿Que hay un fantasma, pero nadie sabe que es un fantasma?

—Bueno, en todo caso, hasta después.

—¿Hasta después?

—Hasta mucho, mucho después.

—Pero si ha sido identificado alguna vez como tal visitante extramundano, ¿por qué no se ha transmitido ese signalementen la familia? ¿Cómo se las ha arreglado para conservar su anonimato?

Alida solo pudo negar con la cabeza:

—No me preguntes; pero lo hay.

—Y luego, de repente —dijo Mary como desde las profundidades cavernosas de la adivinación—, de repente, mucho tiempo después, te dices a ti misma, ¿era él?

Se estremeció ante el sonido sepulcral con que la pregunta cayó sobre el humorismo de los otros dos, y vio cruzar fugazmente la sombra de la misma sorpresa en las pupilas de Alida.

—Supongo que sí. El único remedio es esperar.

—¡Bah, al diablo la espera! —interrumpió Ned—. La vida es demasiado corta para tener un fantasma del que solo se puede disfrutar retrospectivamente. ¿No podríamos conseguir algo mejor, Alida?

Pero al parecer no pudieron, porque a los tres meses de su conversación con la señora Stair habían tomado posesión de Lyng, y la vida por la que habían suspirado, hasta el punto de planearla con todos sus detalles cotidianos, había empezado realmente para ellos.

Estar sentada, en la espesa oscuridad de diciembre, junto a una chimenea como ésta, de ancha campana, bajo unas vigas de roble ennegrecido, y con la sensación de que, más allá de los cristales, las llanuras se entenebrecían en una soledad más profunda: por permitirse el goce último de tales sensaciones era por lo que Mary Boyne, precipitadamente exiliada de Nueva York por los negocios de su marido, había soportado durante casi catorce años la desoladora fealdad del Medio Oeste, y por lo que había luchado Boyne tenazmente en su ingeniería, hasta que, de una manera tan repentina que aún le hacía parpadear, la prodigiosa bicoca de la mina Blue Star les había puesto de golpe en situación de disponer de su vida y de los medios para saborearla.

Jamás se les había ocurrido ni por un instante, en este nuevo estado, entregarse a la ociosidad; pero se habían hecho el propósito de dedicarse solo a actividades amables. Ella pensaba en la pintura y la jardinería (sobre un fondo de muros grises); él soñaba con escribir su largamente planeado libro sobre el «fundamento económico de la cultura»; y con tan absorbente obra por delante, ninguna existencia podía ser demasiado aislada: no podrían alejarse lo suficiente del mundo, ni sumergirse lo suficiente en el pasado.

Dorsetshire les había atraído desde el principio por su aire de lejanía, independientemente de su situación geográfica. Para los Boyne, una de las maravillas de toda la increíblemente apretujada isla —nido de condados, como ellos la llamaban—, era que una pequeña cantidad de una cualidad dada tuviera tanto efecto: que tan pocas millas produjesen una distancia, y tan poca distancia una diferencia.

—Es —había explicado una vez Ned con entusiasmo— lo que da esa profundidad a sus efectos, ese relieve a sus contrastes. Han sido capaces de poner una buena capa de mantequilla en cada bocado delicioso.

A decir verdad, habían puesto buena cantidad de maquillaje en Lyng: la vieja casa, oculta bajo el lomo de las colinas, reunía casi todos los signos hermosos del comercio con un pretérito dilatado. El mero hecho de que no fuese grande ni extraordinaria hacía, para los Boyne, más perfecto su encanto especial: el de haber sido durante siglos un profundo y oscuro depósito de vida.

Probablemente no había sido una vida de las más animadas: durante largos períodos, indudablemente, se había ido hundiendo silenciosamente en el pasado mientras la apacible llovizna del otoño caía, hora tras hora, en el estanque de peces entre los tejos; pero estos remansos de existencia alimentaban a veces, en sus perezosas profundidades, extrañas sacudidas de emoción; y Mary Boyne había sentido desde el principio la misteriosa agitación de unos recuerdos más intensos.

Nunca había sido más grande esta impresión que una tarde en que, esperando en la biblioteca a que trajesen las lámparas, se levantó de la butaca y se quedó de pie entre las sombras del hogar. Su marido había salido después de comer a dar uno de sus largos paseos por las colinas. Había observado que últimamente prefería ir solo; y con la probada seguridad de sus relaciones personales, se había visto obligada a concluir que le tenía preocupado su libro, y que necesitaba las tardes para meditar en soledad los problemas surgidos durante el trabajo de la mañana.

Ciertamente, el libro no marchaba tan bien como había creído, y entre sus ojos aparecieron unas arrugas de perplejidad que nunca habían existido en sus tiempos de ingeniero. En aquel entonces traía a casa muchas veces un aspecto fatigado que rayaba en la enfermedad; pero el demonio innato de la preocupación jamás había marcado su entrecejo. Sin embargo, las pocas páginas que habían llegado a leerle —la introducción y un resumen del capítulo primero— mostraban un firme dominio del tema y una creciente confianza en sus fuerzas.

El hecho le sumió en una perplejidad aún mayor, porque, ahora que había dejado los negocios y sus enojosas contingencias, la otra posible fuente de ansiedad quedaba eliminada. A menos que fuese su salud, entonces. Pero físicamente había mejorado desde que se habían venido a Dorsetshire: estaba más fuerte, con mejor color y tenía aspecto más sano. Solo desde hacía una semana había notado en él ese cambio indefinible que la llenaba de inquietud cuando estaba ausente y la enmudecía en su presencia, como si fuese ella quien ocultara un secreto.

El pensamiento de que había un secreto entre los dos le sobrevino como un golpe inesperado; y miró a su alrededor, por toda la habitación.

—¿Será la casa? —pensó.

La misma habitación podía estar llena de secretos. Parecían acumularse, mientras caía la tarde, como las capas y capas de sombras aterciopeladas que colgaban del bajo techo, las filas de libros, los relieves ahumados de la chimenea.

—¡Pues claro, la casa está encantada! —reflexionó.

El fantasma —el fantasma inaprensible de Alida—, tras figurar abundantemente en las bromas de los primeros meses en Lyng, se había ido quedando arrinconado poco a poco por su influencia como estimulante imaginativo: Mary, convertida en moradora de una casa encantada, había hecho las habituales preguntas a la gente campesina de la vecindad; pero aparte de un vago «eso dicen, señora», los lugareños no pudieron añadir más.

Al parecer, el escurridizo espectro nunca había tenido identidad suficiente para que cristalizase una leyenda a su alrededor; y al cabo de un tiempo los Boyne tomaron el asunto a beneficio de inventario, conviniendo en que Lyng era una de las pocas casas lo bastante buenas en sí mismas para necesitar de aditamentos sobrenaturales.

—Y supongo que por eso el pobre demonio inocuo bate inútilmente sus alas en el vacío —había concluido Mary alegremente.

—O tal vez —había contestado Ned en el mismo tono humorístico—, en un ambiente tan fantasmal como éste no logra afirmar su existencia separada como el fantasma.

Y a partir de entonces el invisible compañero de residencia había quedado definitivamente al margen de sus conversaciones, que eran suficientemente abundantes para hacerles olvidar dicha pérdida.

Ahora, de pie junto al hogar, el tema de su anterior curiosidad revivió en ella con un sentido nuevo de su significado, un sentido adquirido poco a poco a través del contacto con el escenario del misterio oculto. Era la casa misma, por supuesto, que poseía el don de la evocación fantasmal, y conversaba visual aunque secretamente con su propio pasado. Si consiguiese entrar en íntima comunión con la casa, podría sorprender la visión del fantasma. Quizá su marido lo había visto ya en sus largas horas pasadas en esta misma habitación, donde jamás se demoraba ella después del atardecer, y sobrellevaba en silencio el peso de lo que le hubiese revelado.

Mary conocía demasiado bien el código del mundo espectral para ignorar que uno puede ver fantasmas y no hablar con ellos: hacerlo suponía una falta de tacto casi tan grande como mencionar a una dama en un club. Pero esta explicación no le satisfacía verdaderamente.

«Al fin y al cabo —pensó—, ¿qué interés puede tener para él un viejo fantasma, aparte de proporcionarle algún divertido escalofrío?». Y volvió una vez más al dilema fundamental: al hecho de que la mayor o menor susceptibilidad a los influjos espectrales no tenía que ver con el caso, ya que, cuando uno veía al fantasma de Lyng, no lo sabía.

«Al menos hasta mucho después», había dicho Alida Stair. Bueno, ¿y si Ned lo había visto al principio de llegar, y se había enterado hacía apenas una semana de lo que le había pasado?

Sumida cada vez más en el hechizo de la hora, se retrotrajo a los primeros días de mudarse; al principio, solo para recordar una viva confusión de deshacer equipajes, instalarse, ordenar libros, y llamarse el uno al otro desde los remotos rincones de la casa cada vez que descubrían alguno de sus tesoros. Precisamente en relación con esto recordaba ahora cierta tarde suave del octubre anterior en que, al pasar del entusiasmo de las primeras exploraciones a la inspección detallada del viejo edificio, había presionado (como una heroína de novela) un entrepaño, y se había abierto el acceso a una escalera de caracol que conducía a una plataforma hacia la que, visto desde abajo, el tejado subía desde todos los lados con demasiada pendiente para poder escalar hasta ella, a menos que uno tuviese los pies avezados.

La vista desde esta meseta era espléndida; y había corrido a arrancar a Ned de sus papeles para hacerlo participar de su descubrimiento. Aún recordaba cómo, al ponerse a su lado, la había rodeado con su brazo mientras sus miradas se extendían hasta la línea ondulada del horizonte de lomas, y luego retrocedían tranquilamente para recorrer el arabesco de setos de tejo alrededor del estanque de los peces, y la sombra del cedro en el prado.

—Y ahora, en la otra dirección —había dicho él, volviéndola con el brazo que la rodeaba; y fuertemente apretada con él, había absorbido, como un largo trago reparador, el cuadro del patio de muros grises, los leones sentados en la entrada, y el paseo de tilos que llegaba hasta la carretera, al pie de las lomas.

Fue precisamente entonces, mientras contemplaban cogidos el uno del otro, cuando notó que se aflojaban los brazos de su marido, y oyó un agudo «¡caramba!», que hizo que se volviera hacia él.

Sí; ahora recordaba claramente que había visto, al mirar fugazmente, que una sombra de ansiedad —de perplejidad, más bien— ensombrecía su rostro; y, siguiendo la dirección de sus ojos, había visto la figura de un hombre —un hombre vestido con ropas sueltas y grises, según le pareció— andando por el paseo de tilos hacia el patio, con el paso vacilante del extraño que trata de encontrar el camino.

Los ojos miopes de Mary habían captado una imagen confusa, indistinta y gris, de aspecto extranjero, o al menos no local, en la silueta de la figura o en su ropa. Pero su marido había visto más, al parecer: había visto lo bastante para apartarla con un enérgico «¡espera!», y echar a correr escaleras abajo sin detenerse a ayudarla.

Su ligera propensión al vértigo la obligó, tras agarrarse momentáneamente a la chimenea contra la que se había estado apoyando, a seguir con precaución; y cuando llegó al rellano, se detuvo otra vez por un motivo menos definido, se inclinó sobre la barandilla, y se asomó a las silenciosas y oscuras profundidades rayadas de sol. Se demoró allí hasta que, en algún lugar de abajo, oyó cerrarse una puerta; entonces, movida por un impulso maquinal, bajó los breves tramos de escalera hasta que llegó al vestíbulo de la planta baja.

La puerta de la entrada estaba abierta al sol del patio, y tanto el vestíbulo como el patio estaban desiertos. La puerta de la biblioteca estaba abierta también; y tras escuchar en vano, por si oía voces en el interior, cruzó el umbral, y encontró a su marido solo, hojeando vagamente los papeles de su escritorio.

Levantó la vista como sorprendido de verla entrar, pero la sombra de ansiedad había desaparecido de su rostro, dejándolo sereno, según le pareció a ella, y algo más animado y alegre de lo habitual.

—¿Qué ha pasado? ¿Quién era? —preguntó ella.

—¿Quién? —repitió él, sorprendido todavía.

—Ese hombre que hemos visto venir hacia la casa.

Boyne pareció reflexionar.

—¿El hombre? Bueno, me pareció que era Peters; he echado a correr tras él para hablarle de los desagües del establo, pero había desaparecido antes de llegar yo.

—¿Había desaparecido? Pero si parecía caminar muy despacio cuando lo hemos visto.

Boyne se encogió de hombros.

—Eso me ha parecido a mí; pero debe de haber espesado la niebla en ese momento.

—¿Qué te parece si subimos al Meldon Steep antes de la puesta del sol?

Eso fue todo. En aquel momento, el incidente no había tenido la menor trascendencia; había sido olvidado ante la magia del panorama que se desplegaba ante ellos desde el Meldon Steep, una cima que siempre habían soñado con escalar desde la primera vez que contemplaron su pico desnudo alzándose por encima del tejado de Lyng. Sin duda fue la coincidencia de que el otro incidente ocurriera el mismo día de la subida al Meldon lo que hizo que este quedara arrumbado en un rincón de la memoria, de donde ahora emergía; porque en sí mismo no tenía ningún detalle presagioso.

En aquel momento, nada podía haber sido tan natural como que Ned bajara corriendo del tejado en persecución de un operario premioso. En esos días andaban siempre detrás de algún técnico del lugar, siempre esperando a que viniese, y acosándolo con preguntas, reproches o advertencias. Y, desde luego, de lejos la figura gris parecía Peters.

Ahora, en cambio, al evocar el incidente, se daba cuenta de que la explicación de su marido la desmentía la expresión de ansiedad de su rostro. ¿Por qué el aspecto familiar de Peters le había despertado tanta inquietud? ¿Por qué, sobre todo, si corría tanta prisa hablar con él de los desagües del establo, el hecho de no encontrarle le había producido tanto alivio?

Mary no podía decir que ninguna de estas preguntas se le hubiera ocurrido entonces; sin embargo, por la facilidad con que ahora surgían ante su evocación, le parecía que habían estado allí, aguardando su momento.

II

Cansada de sus propios pensamientos, se acercó a la ventana. La biblioteca estaba ahora totalmente a oscuras, y se sorprendió al ver la luz que había aún en el mundo exterior.

Al mirar hacia el patio, vio recortarse una figura a lo lejos, en la perspectiva de tilos desnudos: parecía un borrón de un gris más oscuro en la grisalla del paisaje; y al verlo venir hacia ella, el corazón le latió con fuerza ante el pensamiento: «¡Es el fantasma!».

Tuvo tiempo, en ese instante largo, de comprender de pronto que el hombre que había visto a lo lejos, dos meses antes, desde el tejado, estaba ahora, en su hora predestinada, a punto de revelar que no era Peters; y el alma se le encogió de terror ante esta inminente revelación. Pero casi al segundo siguiente marcado por el reloj, la figura, aumentando en consistencia y definición, se mostró a sus ojos debilitados como la de su marido; y salió a su encuentro al oírlo entrar, y le confesó su quimérica tontería.

—Es realmente absurdo —rió ella—; ¡pero nunca consigo acordarme!

—¿Acordarte de qué? —preguntó Boyne, al tiempo que ella llegaba a su lado.

—De que cuando ves al fantasma de Lyng, no lo sabes.

Había posado una mano sobre su manga, y él la retuvo allí, pero sin que asomara una respuesta a su gesto ni a las arrugas de su rostro preocupado.

—¿Creías que lo habías visto? —preguntó al cabo de bastante rato.

—¡Bueno, en realidad te he tomado por él!, en mi insensata decisión de desacreditarlo.

—¿A mí... ahora? —su brazo cayó y se apartó de ella con una débil risita—. Verdaderamente, cariño, deberías dejar eso; es lo mejor que puedes hacer.

—¡Ah, sí; lo dejaré! ¿Y tú? —preguntó, volviéndose hacia él de repente.

La criada había entrado con la correspondencia y una lámpara, y la luz iluminó de lleno el rostro de Boyne al inclinarse sobre la bandeja que le presentaban.

—¿Y tú? —insistió Mary perversamente, cuando la criada hubo desaparecido, cumplida la orden de traer la lámpara.

—¿Y yo qué? —replicó él ensimismado, mientras la luz ponía de relieve la profunda huella de preocupación entre sus cejas, mientras examinaba las cartas.

—Que si has renunciado a intentar ver al fantasma —el corazón se le aceleró un poco ante la prueba que estaba haciendo.

Su marido, dejando las cartas a un lado, fue a situarse a la sombra del lugar.

—Nunca lo he intentado —dijo, rompiendo la faja de un periódico.

—Bueno, naturalmente —persistió Mary—. Lo exasperante es que no sirve intentarlo, ya que uno no puede estar seguro hasta mucho tiempo después.

Comenzó a desdoblar el periódico como si no la hubiese oído; pero tras una pausa, durante la cual las hojas susurraron espasmódicamente entre sus manos, alzó los ojos para preguntar:

—¿Tienes alguna idea de cuánto después?

Mary se había hundido en una butaca baja junto a la chimenea. Alzó la mirada desde su asiento y se estremeció al ver el perfil de su marido recortado contra el círculo de luz de la lámpara.

—No, ninguna. ¿Y tú? —replicó ella, repitiendo su anterior frase cargada de intención.

Boyne arrugó el periódico en una pelota y luego, inconsecuentemente, se volvió con él hacia la lámpara.

—¡Dios mío, no! Solo me refería —exclamó, con un atisbo de impaciencia— si hay alguna leyenda, alguna tradición sobre eso.

—Que yo sepa, no —contestó ella; pero cuando iba a añadir: «¿qué te hace preguntarlo?», entró la criada con el té y una segunda lámpara, y se contuvo.

Con la disipación de las sombras y la repetición de la rutina doméstica, Mary Boyne se sintió menos oprimida por esa sensación de algo inminente y solapado que había ensombrecido la tarde. Durante unos momentos se entregó a los pormenores de su labor; y cuando alzó la vista se sorprendió hasta el desconcierto ante el cambio operado en el semblante de su marido. Se había sentado cerca de la lámpara más alejada y estaba absorto leyendo las cartas.

Pero ¿había encontrado algo en ellas, o era meramente un cambio de su propio punto de vista lo que había devuelto a sus facciones su aspecto normal? Cuanto más lo miraba, más veía afirmarse el cambio mismo. Se le habían disipado las arrugas de la tensión; y las huellas de cansancio que perduraban eran de naturaleza fácilmente atribuible a un esfuerzo intelectual continuado.

—Me muero de ganas de tomar el té; y aquí hay una carta para ti —dijo.

Cogió la carta que él le tendía a cambio de la taza que ella le ofrecía y, regresando a su asiento, rompió el sello con el gesto lánguido del lector cuyos intereses se circunscriben a la presencia de la persona querida.

Su siguiente movimiento consciente fue levantarse de golpe, con lo que se le cayó la carta al suelo, y mostrarle a su marido un recorte de periódico.

—¡Ned! ¿Qué es esto? ¿Qué significa?

Él se había levantado también, así como si hubiese oído el grito antes de que ella lo profiriese. Y durante un espacio de tiempo perceptible se estudiaron mutuamente como dos adversarios que esperan una ventaja, a través del trecho que se abría entre la butaca de ella y la mesa de él.

—¿Qué es? ¡Me has hecho dar un salto! —dijo Boyne por fin, acercándose con una risa súbita y semiforzada. La sombra del recelo había asomado a su rostro otra vez; ahora no era una mirada de firme presentimiento, sino una cambiante vigilancia de labios y ojos que le hizo comprender que su marido se sentía invisiblemente asediado.

Le temblaba tanto la mano que le costó darle el recorte.

—Es un artículo de Waukesha Sentinel en el que se dice que un hombre llamado Elwell ha presentado una demanda judicial contra ti... y que algo va mal en la mina Blue Star. Solo he entendido la mitad.

Seguían mirándose mientras ella hablaba y, para su asombro, vio que sus palabras habían producido el efecto casi inmediato de disipar la tensa expectación de sus ojos.

—¡Ah, es eso! —Echó una mirada a la tira impresa y luego la plegó con el gesto del que maneja algo inofensivo y familiar—. ¿Qué te ocurre esta tarde, Mary? Creí que habías tenido malas noticias.

Mary estaba de pie delante de él; su indefinible terror se fue apaciguando lentamente ante la confianza de su tono.

—Tú sabías esto, entonces... ¿Va todo bien?

—Desde luego que lo sabía; y todo está bien.

—Pero ¿qué pasa? No lo entiendo. ¿De qué te acusa ese hombre?

—De casi todos los crímenes del código —Boyne había arrojado el recorte y se había dejado caer en una butaca junto al fuego—. ¿Quieres saber la historia? No es especialmente interesante... Se trata de una querella sobre los intereses de la Blue Star.

—Pero ¿quién es ese Elwell? No me suena el nombre.

—Es un individuo al que metí en el negocio, al que cedí la dirección. Te hablé de él en su día.

—Seguramente. Debo de haberlo olvidado —trató de rebuscar en vano entre sus recuerdos—. Pero si lo ayudaste, ¿por qué te lo paga de ese modo?

—Probablemente lo ha cogido por banda algún abogado picapleitos, y lo ha convencido. Es todo un poco técnico y complicado. Pensé que era la clase de cosas que te aburren.

Su esposa sintió una punzada de remordimiento. En teoría, lamentaba la indiferencia de la mujer americana respecto a los intereses profesionales del marido; pero en la práctica, siempre encontraba difícil fijar su atención en lo que Boyne le contaba sobre las operaciones en las que le metían sus diversos intereses. Además, había notado, durante los años que llevaba gozando del éxito, que en una comunidad en la que las dulzuras de la vida se conseguían a costa de esfuerzos tan arduos como los agobios profesionales de su marido, un descanso tan breve como este que habían llegado a alcanzar,

debían aprovecharlo para evadirse de las preocupaciones inmediatas
y disfrutar de la vida que siempre habían soñado vivir.

Una o dos veces, ahora que esta nueva vida había trazado
efectivamente su círculo mágico en torno a ellos, se había preguntado
si había hecho bien; pero hasta entonces, tales conjeturas no habían
sido otra cosa que excursiones retrospectivas de una imaginación
activa. Ahora, por primera vez, le sobresaltó descubrir lo poco que
sabía acerca de los cimientos materiales sobre los que se asentaba su
felicidad.

Miró a su marido, y nuevamente se tranquilizó ante la expresión
serena de su rostro; sin embargo, sentía la necesidad de una base más
concreta para su confianza.

—Pero ¿no te preocupa ese pleito? ¿Por qué no me has hablado
nunca de él?

Contestó a las dos preguntas a un tiempo.

—No te hablé de él al principio porque me preocupaba... Me
atormentaba, más bien. Pero eso es ya agua pasada. La persona que
te escribe ha debido de echar mano de un número atrasado del
Sentinel.

Mary sintió un vivo estremecimiento de alivio:

—¿Quiere decir que está todo arreglado? ¿Ha perdido el caso?

Hubo una demora perceptible en la respuesta de Boyne:

—La demanda ha sido retirada... eso es todo.

Pero ella insistió, como para descargarse de la culpa interior de
ser tan fácilmente apartada:

—¿La ha retirado porque ha visto que no tenía ninguna
posibilidad?

—¡Ah!, no tenía ninguna —contestó Boyne.

Aún siguió ella luchando con una sensación de oscura perplejidad
en el fondo de su cerebro.

—¿Cuánto tiempo hace que la ha retirado?

Él guardó silencio, como si volviese levemente a su anterior
incertidumbre:

—Acabo de recibir la noticia ahora mismo, pero la estaba
esperando.

—¿Ahora mismo... en una de tus cartas?

—Sí. En una de mis cartas.

Mary no contestó, y solo se enteró, tras un breve intervalo de espera, de que se había levantado y cruzado la habitación, al notar que se acomodaba en el sofá, a su lado. Sintió cómo la rodeaba con el brazo, cómo las manos de él buscaban las suyas y se las apretaban; y volviéndose lentamente, atraída por el calor de su mejilla, se encontró con sus ojos sonrientes.

—¿Va todo bien... todo bien? —preguntó, en medio de un mar de dudas cada vez más brumosas.

—¡Te doy mi palabra de que nunca ha ido todo tan bien! —le contestó él con una risa, y la atrajo hacia sí.

III

Una de las cosas más extrañas que habría de recordar después, de todas las que ocurrieron al día siguiente, fue la súbita y completa recuperación de su propia sensación de seguridad.

La notó en el aire, al despertar en su habitación oscura, la acompañó cuando bajó a desayunar, la iluminó desde el fuego y se multiplicó desde los flancos de la olla y las vigorosas estrías de la tetera georgiana. Era como si, indirectamente, todos sus vagos temores del día anterior, con su instante de suprema concentración en el artículo de periódico, como si este oscuro interrogante del futuro y sobresaltado retorno al pasado, hubieran liquidado las deudas de alguna obsesionante obligación moral.

Si efectivamente había sido indiferente a los negocios de su marido era, como su nuevo estado parecía probar, porque su fe en él justificaba instintivamente tal indiferencia; y el derecho de Boyne a la confianza de su esposa quedaba afirmado ahora ante el mismo rostro de la amenaza y la sospecha. Jamás había visto a su marido ser más despreocupado, natural e inconscientemente él mismo, que después del interrogatorio a que lo había sometido: era casi como si hubiera estado enterado de sus dudas y hubiese deseado despejar la atmósfera tal como ella había hecho.

Estaba tan limpia ahora, gracias al cielo, como la radiante luz exterior que la sorprendió con una pincelada casi veraniega, al salir de la casa para dar su paseo diario por el parque. Había dejado a Boyne ante su mesa, tras dirigir —al pasar por delante de la biblioteca— una última mirada a su rostro tranquilo, inclinado sobre sus papeles, con la pipa en la boca. Y ahora emprendía sus tareas de la mañana. Las tareas incluían en estos días encantadores de invierno deambular por los diferentes rincones de sus dominios, casi tan feliz como si la primavera hubiese empezado ya a hacerse sentir. Tenía tal cantidad de posibilidades ante sí, tantas oportunidades de sacar a la luz los encantos latentes del viejo lugar, sin infligirle una sola alteración irreverente, que el invierno resultaba demasiado corto para planear lo que la primavera y el otoño ejecutarían. Y su recuperada sensación de seguridad confería, en esta mañana particular, un incentivo especial a sus progresos en el paisaje dulce y apacible.

Primero visitó el huerto, donde los perales de espaldera trazaban formas complicadas en los muros y las palomas revoloteaban y ordenaban sus plumas sobre la techumbre plateada del palomar. Ocurría algo con la calefacción del invernadero, y esperaba a una autoridad de Dorchester, que debía venir en un tren y marcharse en el siguiente, para que emitiese su diagnóstico sobre la caldera. Pero cuando se sumergió en el húmedo calor de los invernaderos, entre olores aromáticos y los rosas y rojos de cera de anticuadas plantas exóticas —¡incluso la flora de Lyng conservaba su fragancia!—, se enteró de que el gran hombre no había llegado; y dado que el día era demasiado extraordinario para pasarlo en una atmósfera artificial, salió otra vez y se dirigió por el esponjoso césped del campo de bolos, a la parte del parque que quedaba detrás de la casa. En el último extremo se elevaba una terraza de hierba que asomaba, por encima del estanque de los peces y de los setos de tejo, a la larga fachada de la casa con sus retorcidas chimeneas y los ángulos azules del tejado relucientes con la humedad pálida y dorada del aire.

Vista así, por encima del trazado horizontal del parque, sintió que le transmitía, desde las ventanas abiertas y las acogedoras chimeneas humeantes, un mensaje de cálida presencia humana, de espíritu lentamente madurado en un soleado muro de experiencia. Nunca había sentido esa impresión de intimidad con la casa, esa convicción de que sus secretos eran todo benévolos, guardados «por el bien de uno», como se decía a los niños; esa confianza en su capacidad de acoger su vida y la de Ned en el armonioso esquema de la larga, larga historia que la casa iba tejiendo al sol.

Oyó pasos detrás, y se volvió, esperando ver al jardinero acompañado del técnico de Dorchester. Pero solo vio una figura: la de un hombre de aspecto joven y delgado, y que por alguna razón que de momento no podía precisar, no encajaba ni remotamente con la idea que ella se hacía de una autoridad en invernaderos. El recién llegado, al verla, se quitó el sombrero y se detuvo con el ademán del caballero —quizá del viajero— que desea dar a entender que su intromisión es involuntaria. De vez en cuando, Lyng atraía al viajero cultivado, y Mary medio esperó ver al desconocido disimular una cámara o justificar su presencia sacándola. Pero no hizo gesto alguno en ese sentido, y un momento después preguntó ella, en tono acorde con la cortés vacilación de su actitud:

—¿Desea ver a alguien?

—He venido a ver al señor Boyne —contestó. Su entonación, más que su acento, era ligeramente americana, y Mary, al notarlo, lo miró con más atención. El ala de su sombrero de fieltro proyectaba una sombra sobre su rostro que, oscurecido de ese modo, adoptaba para su mirada miope un aspecto serio, como una persona que llegaba en misión de negocios, cortés aunque claramente consciente de sus derechos.

La experiencia del pasado la había vuelto igualmente sensible a tales peticiones; pero era celosa con las horas matinales de su marido, indecisa en cuanto a conceder a nadie el derecho a molestarlo durante ese tiempo.

—¿Tiene cita con mi marido? —preguntó.

El visitante vaciló, como si no estuviese preparado para esta pregunta.

—Creo que me espera —replicó.

Ahora le tocó vacilar a Mary:

—Estas horas suele dedicarlas a trabajar; no recibe nunca por la mañana.

El desconocido la miró un instante sin contestar; luego, como aceptando su decisión, se dispuso a irse. Al darse la vuelta, Mary lo vio dirigir una mirada a la fachada pacífica de la casa. Había algo en él que sugería cansancio y desencanto, el desaliento del viajero que ha venido de muy lejos y cuyo tiempo está limitado por el horario. Se le ocurrió entonces que si era ese el caso, su negativa podía hacer infructuosa su misión, y un súbito remordimiento le impulsó a correr tras él.

—¿Puedo preguntarle si ha venido de lejos?

El desconocido le dirigió la misma mirada grave.

—Sí… he venido de lejos.

—Entonces, si va a la casa, seguro que mi marido le recibe. Lo encontrará en la biblioteca.

No sabía por qué había añadido la última frase, a no ser por un vago deseo de reparar su anterior falta de hospitalidad. El visitante pareció a punto de darle las gracias; pero la atención de ella se distrajo al ver acercarse al jardinero con un acompañante con toda la pinta de ser el experto de Dorchester.

—Por ahí —dijo, indicándole la casa al desconocido; y un instante después se había olvidado de él, atenta como estaba al caldero.

La revisión dio tan amplio resultado que el técnico acabó por considerar más conveniente olvidarse de su tren, y Mary estuvo distraída el resto de la mañana en absorta confabulación entre tiestos de flores. Cuando el coloquio terminó, se sorprendió al descubrir que era casi la hora de comer; y medio esperó, mientras regresaba a la casa apresuradamente, ver salir a su marido a su encuentro. Pero no encontró a nadie en el patio, salvo al ayudante del jardinero que rastrillaba la grava. El vestíbulo, al entrar, estaba tan silencioso que pensó que Boyne aún seguía trabajando.

Como no quería molestarlo, se dirigió al salón; y allí, en su escritorio, se enfrascó en nuevos cálculos de los gastos que le iba a suponer la consulta de la mañana. El poder permitirse tales caprichos no había perdido su novedad; y de alguna manera, en contraste con los temores indefinidos de los días anteriores, ahora parecía formar parte de su recuperada seguridad, de esa sensación de que, como Ned había dicho, las cosas en general nunca habían ido «mejor».

Aún estaba disfrutando con el juego fastuoso de las cifras, cuando la criada, desde la puerta, la interrumpió con una pregunta sobre la conveniencia de servir la comida. Una de sus bromas consistía en comentar que Trimmle anunciaba la comida como si divulgase un secreto de Estado; y Mary, absorta en sus papeles, murmuró unas abstraídas palabras de aquiescencia.

Notó que Trimmle vacilaba en el umbral, como si reprochase tan desconsiderado asentimiento; luego, al retirarse, sonaron sus pasos en el corredor, y Mary, apartando los papeles, cruzó el vestíbulo y fue a la puerta de la biblioteca. Aún seguía cerrada, y vaciló a su vez: no le gustaba molestar a su marido, ni que se excediese en su habitual jornada de trabajo. Mientras estaba allí sopesando sus impulsos, volvió Trimmle con el anuncio de la comida. Y Mary, así apremiada, abrió la puerta.

Boyne no estaba ante su mesa. Miró a su alrededor, esperando descubrirlo junto a las estanterías, en algún lugar de la habitación. Pero su llamada no obtuvo respuesta, y poco a poco se le hizo evidente que no estaba allí.

Se volvió a la criada.

—El señor Boyne debe de estar arriba. Por favor, dile que la comida está servida.

Trimmle pareció vacilar entre el claro deber de la obediencia y la igualmente clara convicción del sinsentido de la orden que se le daba. El debate acabó al manifestar:

—Con su permiso, señora, el señor Boyne no está arriba.

—¿No está en su habitación? ¿Estás segura?

—Sí, señora.

Mary consultó su reloj:

—¿Dónde está, entonces?

—Ha salido —anunció Trimmle con el aire superior de quien ha aguardado respetuosamente a la pregunta que un espíritu ordenado habría formulado en primer lugar.

La suposición de Mary había sido correcta, entonces: Boyne debió de salir al parque en su busca, y al no encontrarla, evidentemente, había escogido el camino más corto por la puerta sur, en vez de dar la vuelta al patio. Así que cruzó el vestíbulo y se dirigió a la cristalera que daba directamente al jardín de tejos. Pero la criada, tras otro momento de conflicto interior, decidió manifestar:

—Con su permiso, señora, el señor Boyne no ha salido por ahí.

Mary se volvió:

—¿Adónde ha ido? ¿Y cuándo?

—Ha salido por la puerta principal, al paseo de coches.

Para Trimmle era cuestión de principios no contestar más de una pregunta cada vez.

—¿Al paseo de coches? ¿A estas horas?

Mary se dirigió a la puerta y miró, más allá del patio, hacia el túnel de tilos desnudos. Pero su perspectiva estaba tan vacía como cuando la había visto al entrar.

—¿No ha dejado el señor ningún recado?

Trimmle pareció renunciar a una última batalla con las fuerzas del caos.

—No, señora. Salió con el caballero.

—¿El caballero? ¿Qué caballero? —Mary dio media vuelta como para afrontar este nuevo factor.

—El caballero que ha venido, señora —dijo Trimmle resignadamente.

—¿Cuándo ha venido un caballero? ¡Explícate, Trimmle!

Solo el hecho de que Mary estaba hambrienta y que necesitaba consultar a su marido sobre los invernaderos, podían moverla a imponer tan inusitada orden a su sirvienta; y aun ahora se sentía lo bastante despegada para notar en los ojos de Trimmle el creciente desafío de la respetuosa subordinada que ha sido presionada en exceso.

—No puedo decirle la hora exacta, señora, porque yo no dejé pasar al caballero —replicó, con aire de ignorar discretamente la irregularidad del rumbo de la señora.

—¿No lo has pasado tú?

—No, señora. Cuando sonó la campanilla yo estaba ocupada, y Agnes...

—Ve a preguntarle a Agnes, entonces —dijo Mary.

Trimmle siguió con su expresión de paciente magnanimidad:

—Agnes no lo sabe, señora, porque desgraciadamente se ha quemado la mano cuando arreglaba la luz de la nueva lámpara que han traído del pueblo —Trimmle, como Mary sabía, se había opuesto siempre a utilizar la nueva lámpara—. Así que la señora Dockett tuvo que mandar abrir a la fregona.

Mary miró otra vez el reloj.

—¡Son las dos pasadas! Ve y pregúntale a la fregona si el señor Boyne ha dejado algún recado.

Entró a comer sin esperar y, poco después, Trimmle le trajo la información de la fregona de que el caballero había llegado sobre las once y que el señor Boyne había salido con él sin dejar ningún recado. La fregona no sabía siquiera el nombre del visitante, ya que lo había escrito en una tira de papel, que después dobló y la tendió, con el ruego de que la entregase inmediatamente al señor Boyne.

Mary tomó su almuerzo, extrañada todavía, y cuando hubo terminado, y Trimmle le hubo servido el café en el salón, su extrañeza se convirtió en una débil sombra de inquietud. No era propio de Boyne ausentarse sin dar explicaciones a una hora tan inoportuna, y la dificultad de identificar al visitante a cuyo requerimiento había obedecido al parecer, hacía su desaparición más inexplicable.

La experiencia de Mary Boyne como esposa de un atareado ingeniero, sujeto a llamadas repentinas y obligado a tener un horario irregular, le había ejercitado para una filosófica aceptación de las sorpresas. Pero desde que Boyne se había retirado de los negocios, había adoptado una regularidad benedictina de vida. Como para compensar los años de agobio y agitación, con sus comidas «de pie» y sus cenas en los traqueteantes coches-comedor, cultivaba los últimos refinamientos de la puntualidad y la monotonía, desalentando la afición de su esposa a lo inesperado y declarando que para un paladar delicado había infinitas gradaciones de placer en la repetición de los hábitos.

Sin embargo, como ninguna vida puede defenderse de lo imprevisible, era evidente que, tarde o temprano, las precauciones de Boyne iban a acabar revelándose ineficaces; y Mary concluyó que había querido abreviar una molesta visita dando un paseo con su visitante hasta la estación, o al menos acompañándolo un trecho.

Esta conclusión la liberó de la preocupación, y salió a celebrar su conferencia con el jardinero. De aquí se dirigió a la oficina de correos del pueblo, que distaba una milla más o menos, y cuando emprendió el regreso empezaba ya a declinar la tarde.

Había cogido un sendero que cruzaba las colinas; y como Boyne, entretanto, habría regresado de la estación por la carretera, era muy poco probable que se encontraran. Estaba segura, no obstante, de que había llegado a casa antes que ella. Tan segura se sentía, que al entrar, sin pararse a preguntarle a Trimmle, fue directamente a la biblioteca.

Pero la biblioteca seguía vacía; y con una insólita precisión de memoria visual observó que los papeles de la mesa de su marido estaban exactamente como los había visto al entrar a llamarlo para comer.

Luego, de pronto, le sobrevino un vago temor a lo desconocido. Había cerrado la puerta al entrar, y al encontrarse sola en la larga habitación silenciosa su temor pareció adquirir forma y sonido, estar allí respirando y acechando entre las sombras. Esforzó sus ojos miopes, medio distinguiendo una presencia real, algo apartada, que vigilaba y sabía.

Y para rechazar esta presencia intangible, corrió al cordón de la campanilla y dio un enérgico tirón.

La violenta llamada hizo acudir a Trimmle precipitadamente con una lámpara; y Mary respiró otra vez ante esta tranquilizadora reaparición de lo habitual.

—Puede traer el té, si el señor Boyne está en casa —dijo, para justificar su llamada.

—Muy bien, señora, pero el señor Boyne no está —dijo Trimmle, dejando la lámpara.

—¿No está? ¿Quieres decir que ha regresado y ha salido otra vez?

—No, señora; no ha regresado.

El miedo se agitó en ella otra vez, y se dio cuenta de que ahora la había atenazado.

—¿No ha vuelto desde que salió con... el caballero?

—No ha vuelto desde que salió con el caballero.

—Pero, ¿quién era ese caballero? —insistió Mary, con el agudo acento del que intenta que le oigan en medio de una confusión de ruidos.

—Eso no se lo puedo decir, señora.

Trimmle, de pie junto a la lámpara, pareció de pronto menos rozagante y sonrosada, como si la hubiese eclipsado la misma solapada sombra de aprensión.

—Pero la fregona sí lo sabe... ¿No ha sido ella quien le ha abierto?

—Pero no lo sabe, señora, porque escribió su nombre en un papel y luego lo dobló.

Mary, en medio de su agitación, se dio cuenta de que las dos designaban al desconocido con un pronombre vago, en vez de la fórmula convencional que hasta entonces había mantenido sus ilusiones dentro de los límites de la conformidad. Y en ese mismo instante su cerebro se fijó en la alusión al papel doblado.

—¡Pero debe tener un nombre! ¿Dónde está el papel?

Se dirigió a la mesa del escritorio y empezó a examinar los documentos que la cubrían. Lo primero que captaron sus ojos fue una carta inacabada con la letra de su marido y la pluma puesta encima como dejada allí por una súbita interrupción.

«Querido Parvis (¿quién era Parvis?): Acabo de recibir tu carta anunciándome la muerte Elwell, y aunque supongo que ahora ya no hay peligro de que surjan nuevos problemas, sería más seguro...».

Apartó la carta y siguió buscando. Pero no apareció ningún papel doblado entre las cartas y las páginas manuscritas ordenadas en un montón, como por un gesto apresurado o nervioso.

—Pero la fregona lo ha visto. Dile que venga —ordenó, asombrándose de su torpeza al no haber pensado antes en una solución tan sencilla.

Trimmle desapareció al instante, como agradecida de salir de la habitación; y cuando reapareció, trayendo a la aturrullada fregona, Mary había recobrado su dominio de sí y tenía preparadas las preguntas.

El caballero era extranjero, sí; eso había notado ella. Pero ¿qué había dicho? Y sobre todo, ¿cómo era? La primera pregunta fue contestada con bastante facilidad por la sencilla razón de que había dicho muy poco: había preguntado tan solo por el señor Boyne. Y tras garabatear algo en un trozo de papel, había pedido que se lo entregase inmediatamente.

—Entonces, ¿no sabes qué escribió? ¿No estás segura de si fue un nombre?

La fregona no estaba segura, pero creía que sí, ya que lo había escrito cuando ella le preguntó a quién debía anunciar.

—Y cuando le llevaste el papel al señor Boyne, ¿qué dijo él?

La fregona creía que el señor Boyne no había dicho nada; aunque estaba segura, porque en cuanto le pasó el papel y lo abrió, se dio cuenta de que el visitante había entrado tras ella en la habitación. Así que salió y dejó a los dos caballeros reunidos.

—Pero entonces, si los dejaste en la biblioteca, ¿cómo sabes que salieron de la casa?

Esta pregunta sumió a la testigo en un mutismo momentáneo, del que fue rescatada por Trimmle, quien por medio de ingeniosos circunloquios le sacó la declaración de que antes de haber tenido ella tiempo de cruzar el vestíbulo en dirección al corredor, había oído a los dos caballeros detrás de ella y los había visto salir juntos por la puerta principal.

—Entonces, si viste al extranjero dos veces, podrás decirme cómo era.

Pero esta última prueba puso de manifiesto que la capacidad de expresión de la fregona había llegado al límite.

La obligación de ir a la puerta principal a abrirla a un visitante era en sí misma tan subversiva del orden natural de las cosas, que había sumido sus facultades en un caos desesperado, y solo fue capaz de tartamudear, tras agitados esfuerzos:

—Su sombrero, señora, era diferente. Podría decirse…

—¿Diferente? ¿Cómo diferente? —a Mary le vino de pronto al cerebro una imagen grabada esa mañana y sepultada luego bajo las capas de las impresiones siguientes—: ¿Que era de ala ancha, quieres decir; tenía la cara pálida… una cara joven? —la apremió Mary, con los labios blancos por la intensidad de la pregunta.

Pero si la ayudante de la cocinera encontró una respuesta adecuada a esta prueba, quedó borrada por la impetuosa corriente de las convicciones de su interlocutora.

¡El desconocido…, el desconocido del jardín! ¿Por qué no había caído Mary en él antes? Ahora no necesitó que nadie le dijese que era él quien había venido a buscar a su marido y se lo había llevado.

Pero ¿quién era, y por qué Boyne le había obedecido?

IV

Se le ocurrió de repente, como una mueca surgida de la oscuridad, que a menudo habían llamado a Inglaterra «un maldito lugar para perderse».

¡Un maldito lugar para perderse! La frase era de su marido. Y ahora, con toda la maquinaria de la investigación oficial barriendo con sus linternas el país de costa a costa y los estrechos que la separaban; ahora, con el nombre Boyne difundido en las paredes de cada pueblo y ciudad, y su retrato (¡cómo le angustiaba eso!) multiplicado por todas partes como la imagen de un criminal perseguido; ahora la pequeña y densamente poblada isla, tan ordenada, vigilada y administrada, se revelaba como una esfinge guardiana de misterios insondables, devolviendo la mirada de los angustiados ojos de la esposa como con un gozo perverso de saber algo que ellos ignoraban.

En las dos semanas transcurridas desde la desaparición de Boyne, no se había sabido una palabra de él, ni se había descubierto el menor rastro de sus movimientos. Incluso las habituales informaciones erróneas a que da lugar la expectación de los pechos torturados habían sido escasas y efímeras. Nadie más que la fregona había visto a Boyne salir de casa, y nadie más había visto al «caballero» que lo acompañaba. Ninguna de las averiguaciones en la vecindad había logrado dar con alguien que recordase haber visto a un extranjero ese día en las proximidades de Lyng. Y nadie había visto tampoco a Edward Boyne solo o acompañado en ninguno de los pueblos cercanos ni en la carretera que cruzaba las colinas, ni en las estaciones de ferrocarril de esas localidades. El británico y soleado mediodía se lo había engullido tan completamente como si se hubiese sumergido en la noche cimeria.

Mientras todos los medios oficiales de investigación trabajaban con la mayor diligencia, Mary había examinado los papeles de su marido en busca de alguna pista: anteriores complicaciones, problemas u obligaciones desconocidos por ella, que pudiesen arrojar luz sobre esa oscuridad. Pero si había existido algo en la anterior vida de Boyne, había desaparecido tan completamente como la tira de papel en la que el visitante había escrito su nombre: no quedaba ningún otro hilo, a excepción —si efectivamente era una excepción— de la carta que al parecer había estado escribiendo cuando recibió la misteriosa visita. Esa carta, leída y releída por su esposa, y entregada por ella a la policía, aportaba lo imprescindible para alimentar conjeturas.

«Acabo de recibir tu carta anunciándome la muerte de Elwell; y aunque supongo que ahora ya no hay peligro de que surjan nuevos problemas, sería más seguro…».

Eso es todo. El «peligro de que surjan problemas» se explicaba fácilmente por el recorte de periódico que había informado a Mary de la demanda presentada contra su marido por uno de los socios de la empresa Blue Star. El único dato nuevo que proporcionaba la carta era que Boyne, en el momento en que le estaba escribiendo, tenía aún recelos sobre el resultado del litigio, aunque había dicho a su esposa que habían retirado la demanda, y a pesar de que la carta misma probaba que el demandante había muerto. Transcurrieron varios días entre unos cablegramas y otros, hasta establecer la identidad del Parvis al que iba dirigida la carta inacabada; pero aun después de averiguar que se trataba de un abogado de Waukesha, no se sacó en claro ningún nuevo dato sobre la demanda de Elwell. Al parecer, este abogado no tenía relación directa con el caso, sino que se había interesado solo en calidad de amigo, y posiblemente intermediario; y se confesó incapaz de adivinar con qué objeto pretendía Boyne pedirle ayuda.

Esta información negativa, fruto único de la indagación de los primeros quince días, no se incrementó un ápice durante las lentas semanas que siguieron. Mary sabía que las investigaciones continuaban, pero tenía la vaga sensación de que languidecían gradualmente, a medida que la marcha real del tiempo parecía aminorar; era como si los días, huyendo horrorizados de la amortajada imagen del día inescrutable, ganaran seguridad a medida que aumentaba la distancia, hasta alcanzar finalmente su paso normal. Y lo mismo ocurrió con las imaginaciones humanas centradas en el enigmático suceso. Evidentemente, aún las ocupaba; pero, semana tras semana, y hora tras hora, se iba volviendo menos absorbente, recibía menos tiempo e iba siendo lenta pero inexorablemente desplazado del primer plano de la conciencia por nuevos problemas que perpetuamente burbujean en el humeante caldero de la experiencia humana.

Incluso la conciencia de Mary Boyne sentía el aumento gradual de esa lentitud. Aún basculaba con las incesantes oscilaciones de las conjeturas; pero se habían vuelto más leves, más rítmicas en sus

latidos. Aún había momentos de cansancio en que, como la víctima
de un veneno que deja lúcido el cerebro pero inmoviliza el cuerpo, se
sentía ya acostumbrada al horror, y aceptaba su constante presencia
como una de las condiciones estables de la vida.

Estos momentos se prolongaban horas y días, hasta que entró en
una fase de imperturbable aquiescencia. Observaba la rutina diaria
con los ojos indiferentes de un salvaje al que los procesos sin sentido
de la civilización dejan escasísima huella.

Había llegado a considerarse a sí misma parte de esa rutina, el
rayo de una rueda que gira con el movimiento de esta. Se sentía casi
como el mueble de la habitación en el que estaba sentada, un objeto
insensato al que había que limpiar el polvo y correr junto con las sillas
y las mesas. Y esta honda apatía la ataba fuertemente a Lyng, a pesar
de los ruegos de los amigos y de las habituales recomendaciones
médicas de un «cambio». Sus amigos pensaban que su negativa a
mudarse se debía a la creencia de que su marido regresaría un día al
lugar del que había desaparecido, lo que dio lugar a una hermosa
leyenda sobre este imaginario estado de espera. Pero en realidad no
creía tal cosa: las profundidades de la angustia que la enclaustraban
no se iluminaban ya con los destellos de la esperanza. Estaba segura
de que Boyne no volvería, que había desaparecido de su vida como si
la propia Muerte hubiese aguardado ese día en el umbral. Había
renunciado incluso, una tras otra, a las diversas teorías sobre su
desaparición que la prensa, la policía y su propia imaginación
angustiada habían sugerido. Por puro agotamiento, su espíritu había
desechado estas alternativas de horror y se había sumido de nuevo en
el hecho simple de que se había ido.

No, nunca sabría qué había sido de él... Nadie lo sabía. Pero la
casa sí lo sabía. Porque era aquí donde se había desarrollado la última
escena, aquí donde había venido el desconocido y había pronunciado
la palabra que había hecho que Boyne se levantara y lo siguiera. El
suelo que ella pisaba había sentido sus pisadas; los libros de las
estanterías habían visto su rostro; y había momentos en que la intensa
conciencia de las viejas paredes polvorientas parecía a punto de
prorrumpir en alguna audible revelación de su secreto. Pero esta
revelación no llegaba, y sabía que nunca llegaría. Lyng no era una de
esas viejas casas locuaces que traicionaban los secretos que se les

confían. Su misma leyenda demostraba que había sido siempre cómplice muda, guardiana incorruptible de los misterios que había sorprendido. Y Mary Boyne, sentada frente a frente con el silencio, sentía la inutilidad de tratar de romperlo por medio humano ninguno.

V

—No digo que fuese correcto ni que no. Eran negocios.

Ante estas palabras, Mary irguió la cabeza con sobresalto y miró atentamente a su interlocutor.

Cuando, media hora antes, le pasaron la tarjeta de un tal «señor Parvis», se dio cuenta en el acto de que había tenido ese nombre en la conciencia desde que lo leyera en el encabezamiento de la carta inacabada de Boyne. En la biblioteca había encontrado esperándola a un hombre menudo, cetrino, de cabeza calva y lentes de oro, que le transmitió una vibración por la que supo que era la persona a la que su marido había dirigido el último pensamiento conocido.

Parvis, cortésmente pero sin preámbulos inútiles —a la manera del hombre que tiene el reloj en la mano—, había expuesto el objeto de su visita. Había «pasado» por Inglaterra por cuestiones de negocios y, dado que se encontraba cerca de Dorchester, no había querido marcharse sin presentar sus respetos a la señora Boyne; y preguntarle, si tenía ocasión, qué pensaba hacer por la familia de Bob Elwell.

Estas palabras tocaron el resorte de algún oscuro temor en el pecho de Mary. ¿Sabía el visitante, en definitiva, lo que Boyne quiso decir en su frase incompleta? Le pidió una aclaración de la pregunta, y observó inmediatamente que lo sorprendía por su ignorancia del asunto. ¿Era posible que supiese tan poco como decía?

—No sé nada… debe contármelo —balbuceó; así que el visitante pasó a contarle la historia. Arrojó, aun para sus confusas percepciones y su visión imperfecta, una luz lívida sobre todo el brumoso episodio de la mina Blue Star: su marido había hecho su fortuna en esa brillante especulación a costa de «ganarle la delantera» a alguien menos atento a aprovechar la oportunidad; y la víctima de su ingenio había sido el joven Robert Elwell, al que había «engañado» con el proyecto de la Blue Star.

Parvis, a la primera exclamación de Mary, le había lanzado una mirada grave a través de sus lentes imparciales.

—Bob Elwell no fue lo bastante listo, eso es todo; de haberlo sido, podía haberse resuelto y haber utilizado a Boyne del mismo modo. Esas cosas pasan a diario en los negocios. Creo que es lo que los científicos llaman la supervivencia del más apto… ¿comprende? —dijo el señor Parvis, evidentemente complacido con la oportunidad de su analogía.

Mary sintió un encogimiento físico ante la siguiente pregunta que trató de formular: era como si las palabras tuviesen en sus labios un gusto que le producía náuseas.

—Pero entonces, ¿acusa usted a mi marido de haber hecho algo deshonroso?

El señor Parvis meditó la pregunta desapasionadamente.

—¡Ah, no; yo no he dicho eso! Ni siquiera he dicho que no fuese correcto —miró de arriba abajo las filas de libros, como si alguno de ellos pudiese proporcionarle la definición que buscaba—. No digo que no fuera correcto, aunque tampoco que lo fuera. Era una cuestión de negocios —en realidad, ninguna definición podía ser más esquemática que esta.

Mary se quedó mirándolo con expresión de terror. Le parecía el emisario indiferente de algún poder maligno.

—Pero parece que los abogados del señor Elwell no lo consideraron como usted, ya que supongo que la demanda fue retirada por consejo de ellos.

—¡Ah, sí!; ellos sabían que técnicamente no tenía ninguna posibilidad. Cuando le aconsejaron que retirase la demanda, él se sintió desesperado. Verá, había pedido prestada la mayor parte del dinero que perdió en la Blue Star, y se encontraba entre la espada y la pared. Fue por eso por lo que se pegó un tiro, cuando le dijeron que no tenía ninguna posibilidad.

El horror invadió a Mary a grandes oleadas ensordecedoras.

—¿Se pegó un tiro? ¿Se mató por eso?

—Bueno, no se mató exactamente. Siguió viviendo de mala manera un par de meses, hasta que murió.

Parvis refirió el hecho con la misma falta de emoción que el gramófono arañando un disco.

—¿Quiere decir que intentó suicidarse y no pudo? ¿Y que lo intentó otra vez?

—No, no tuvo necesidad de intentarlo otra vez —dijo Parvis, espantosamente.

Se quedaron en silencio, sentados el uno frente al otro, él balanceando sus lentes pensativamente en torno a su dedo; y ella, inmóvil, con los brazos extendidos hasta las rodillas, en una actitud de rígida tensión.

—Pero si sabía usted todo esto —empezó Mary finalmente, incapaz de levantar la voz por encima del susurro—, ¿cómo es que cuando le escribí en las fechas de la desaparición de mi marido dijo que no entendía la carta que él estaba escribiendo?

Parvis encajó la pregunta sin el menor embarazo.

—Bueno, no la entendía… estrictamente hablando. Y aunque la hubiese entendido, no era el momento de hablar de eso. El asunto de Elwell quedó resuelto cuando se retiró la demanda. Nada de lo que hubiese podido decir habría ayudado a encontrar a su marido.

Mary seguía escrutándolo.

—Entonces, ¿por qué me lo dice ahora?

Tampoco vaciló Parvis.

—Bueno, para empezar, suponía que usted sabía más de lo que aparentaba… Me refiero a las circunstancias de la muerte de Elwell. Por otro lado, la gente empieza a hablar ahora; ha vuelto a salir el asunto a la luz. Y he considerado que si no estaba usted al tanto, debía estarlo.

Mary siguió callada, y él prosiguió:

—Mire, recientemente se ha averiguado lo mal que se encontraban los negocios de Elwell. Su esposa es una mujer con orgullo, y ha luchado todo lo que ha podido, saliendo a trabajar y cosiendo en casa, hasta que ha caído enferma… del corazón creo. Pero tenía a su cargo a la madre de él, además de los hijos. Y se desmoronó; al final se vio obligada a pedir ayuda. Eso ha llamado la atención sobre el caso; los periódicos lo han aireado, y han iniciado una suscripción. Todo el mundo quería a Bob Elwell; la mayoría de los nombres más prominentes del lugar se encuentran en esa lista, y la gente empieza a preguntarse por qué…

Parvis se interrumpió para hurgarse en el bolsillo interior:

—Aquí —prosiguió—; aquí tengo una información de todo el asunto, aparecida en el Sentinel... Un poco sensacionalista, por supuesto; pero creo que es mejor que le eche usted una ojeada.

Le tendió el periódico, y Mary lo desplegó despacio, recordando, al hacerlo, la noche en que, en esta misma habitación, la lectura de un recorte del Sentinel había sacudido por primera vez los cimientos de su seguridad.

Al abrir el periódico sus ojos, rehuyendo los deslumbrantes titulares: «La viuda de la víctima de Boyne obligada a suplicar ayuda», descendieron por la columna hasta los retratos insertos en el texto. El primero era el de su marido, sacado de una fotografía hecha el año en que se habían venido a Inglaterra. Era la foto de Edward que a ella más le gustaba, la que tenía en el escritorio de su propia habitación. Al encontrarse los ojos de la fotografía con los suyos, sintió que le iba a ser imposible leer lo que se decía de él, y cerró los párpados con la fuerza del dolor.

—Pensé que si estuviera usted dispuesta a suscribir... —oyó que seguía diciendo Parvis.

Abrió los ojos con esfuerzo, y cayeron sobre el otro retrato. Era el de un joven delgado, con el semblante semioculto por la sombra que proyectaba el ala del sombrero. ¿Dónde había visto ella esta cara anteriormente? Siguió mirándolo, confundida, con el pulso latiéndole en los oídos. Entonces dio un grito.

—¡Es el hombre... el hombre que se llevó a mi marido!

Oyó a Parvis ponerse de pie, y tuvo conciencia, confusamente, de que su propio cuerpo se había derrumbado hacia una esquina del sofá, y que él se inclinaba sobre ella alarmado. Mary se sobrepuso y recogió el periódico que había dejado caer.

—¡Es el hombre! ¡Lo habría reconocido en cualquier parte! —insistió con una voz que sonó en sus propios oídos como un grito.

La respuesta de Parvis le pareció llegar de muy lejos, desde infinitas volutas de espesa niebla.

—Señora Boyne, no se encuentra bien. ¿Llamo a alguien? ¿Le traigo un vaso de agua?

—¡No, no, no! —se abalanzó sobre él, empuñando frenéticamente el periódico—. ¡Le digo que es el hombre! ¡Le conozco! ¡Habló conmigo en el jardín!

Parvis le cogió el periódico y enfocó sus lentes hacia el retrato.

—No puede ser, señora Boyne. Es Robert Elwell.

—¿Robert Elwell? —su mirada vacía pareció desplazarse en el espacio—. Entonces fue Robert Elwell el que vino a por él.

—¿Que se llevó a Boyne? ¿El día que Boyne se fue de aquí? —la voz de Parvis se apagó, al tiempo que se elevó la de ella. Se inclinó y posó una mano fraternal sobre la de Mary, como para apaciguarla—. ¡Pero si Elwell había muerto! ¿No se acuerda?

Mary siguió con los ojos fijos en el retrato, sin enterarse de lo que le decían.

—¿No recuerda la carta que Boyne dejó inacabada… la que encontró usted en su escritorio ese día? La estuvo escribiendo justo después de enterarse de la muerte de Elwell —ella notó una extraña inflexión en la voz neutra de Parvis—. ¡Sin duda lo recuerda! —le apremió.

Sí, lo recordaba; eso era lo más espantoso de todo. Elwell había muerto el día antes de la desaparición de su marido; y este era el retrato de Elwell; el del hombre que había hablado con ella en el jardín. Alzó la cabeza y miró lentamente la biblioteca. La biblioteca podía haber atestiguado que era también el retrato del hombre que había entrado aquel día a arrancar a Boyne de su carta inacabada. A través de las brumosas agitaciones de su cerebro, oyó el débil bordoneo de frases semiolvidadas… de frases pronunciadas por Alida Stair en el prado de Pangbourne, antes de que Boyne y ella hubiesen visto la casa de Lyng ni pensasen que un día vivirían en ella.

—Éste fue el hombre que habló conmigo —repitió.

Miró otra vez a Parvis. Él trataba de ocultar su turbación bajo lo que probablemente imaginaba que era una expresión de indulgente conmiseración; pero las comisuras de sus labios estaban azules. «Me cree loca, pero no lo estoy», reflexionó; y de súbito se le ocurrió un modo de justificar su extraña afirmación.

Guardó silencio, dominando el temblor de sus labios, en espera de poder confiar en su voz; luego dijo, mirando directamente a Parvis:

—¿Podría contestarme a una pregunta, por favor? ¿Cuándo intentó Robert Elwell quitarse la vida?

—¿Cuándo… cuándo? —tartamudeó Parvis.

—Sí, la fecha; por favor, trate de recordar —veía que cada vez la miraba con más recelo—. Lo pregunto por un motivo —insistió.

—Sí, sí. Solo que no recuerdo. Unos dos meses antes, creo.

—Necesito saber la fecha —replicó ella.

Parvis cogió el periódico.

—Podríamos verla aquí —dijo, siguiéndole la corriente. Recorrió la página con la mirada—. Aquí está. A finales de octubre... el...

Mary le quitó las palabras de la boca.

—El veinte, ¿no?

Tras dirigirle una mirada penetrante, confirmó:

—Sí, el veinte. ¿Así que lo sabía usted?

—Lo sé ahora —los ojos de Mary seguían fijos por encima de él—. El domingo, veinte... fue el día que vino por primera vez.

La voz de Parvis se hizo casi inaudible.

—¿Que vino aquí por primera vez?

—Sí.

—¿Lo vio usted dos veces, entonces?

—Sí, dos veces —dijo con un suspiro—. La primera fue el veinte de octubre. Recuerdo la fecha porque fue el día que subimos al Meldon Steep por primera vez —sintió un débil acceso de risa en su interior, al pensar que, de no ser por eso, lo habría olvidado.

Parvis seguía mirándola, como tratando de interceptar su mirada.

—Lo vimos desde el tejado —prosiguió—. Bajaba por el paseo de los tilos en dirección a la casa. Iba vestido tal como está en el retrato. Mi marido lo vio primero. Se asustó y echó a correr hacia abajo, delante de mí; pero no vio a nadie. Se había desvanecido.

—¿Elwell se había desvanecido? —balbuceó Parvis.

—Sí —los susurros de ambos parecieron buscarse a tientas mutuamente—. No podía imaginar qué había sucedido. Ahora lo veo. Trató de venir entonces; pero no había muerto del todo... No pudo llegar hasta nosotros. Tuvo que esperar dos meses para morir; entonces vino otra vez... y se llevó a Ned.

Hizo un gesto de asentimiento a Parvis, con la expresión de triunfo del niño que ha logrado completar un difícil rompecabezas. Pero de repente, alzó las manos con gesto desesperado, apretándose las sienes.

—¡Dios mío! ¡Fui yo quien se lo envió; le dije dónde estaba! ¡Se lo envié a esta habitación! —gritó.

Sintió que las paredes de libros se precipitaban sobre ella, como el derrumbamiento de unas ruinas, y oyó a Parvis, muy distante, a través de las ruinas, que le gritaba y luchaba por llegar hasta ella. Pero Mary era insensible a su tacto; no sabía qué le decía. A través del tumulto solo oyó una nota distinta; la voz de Alida Stair, que decía en el prado de Pangbourne:

—No lo sabrás hasta después. Hasta mucho, mucho después.

LA RESUCITADA

Ardían los cuatro blandones soltando gotazas de cera. Un murciélago, descolgándose de la bóveda, empezaba a describir torpes curvas en el aire. Una forma negruzca, breve, se deslizó al ras de las losas y trepó con sombría cautela por un pliegue del paño mortuorio. En el mismo instante abrió los ojos Dorotea de Guevara, yacente en el túmulo.

Bien sabía que no estaba muerta; pero un velo de plomo, un candado de bronce le impedían ver y hablar. Oía, eso sí, y percibía —como se percibe entre sueños— lo que con ella hicieron al lavarla y amortajarla. Escuchó los gemidos de su esposo, y sintió lágrimas de sus hijos en sus mejillas blancas y yertas. Y ahora, en la soledad de la iglesia cerrada, recobraba el sentido, y le sobrecogía mayor espanto. No era pesadilla, sino realidad. Allí el féretro, allí los cirios…, y ella misma envuelta en el blanco sudario, al pecho el escapulario de la Merced.

Incorporada ya, la alegría de existir se sobrepuso a todo. Vivía. ¡Qué bueno es vivir, revivir, no caer en el pozo oscuro! En vez de ser bajada al amanecer, en hombros de criados a la cripta, volvería a su dulce hogar, y oiría el clamoreo regocijado de los que la amaban y ahora la lloraban sin consuelo. La idea deliciosa de la dicha que iba a llevar a la casa hizo latir su corazón, todavía debilitado por el síncope. Sacó las piernas del ataúd, brincó al suelo, y con la rapidez suprema de los momentos críticos combinó su plan. Llamar, pedir auxilio a tales horas sería inútil. Y de esperar el amanecer en la iglesia solitaria, no era capaz; en la penumbra de la nave creía que asomaban caras fisgonas de espectros y sonaban dolientes quejumbres de ánimas en pena… Tenía otro recurso: salir por la capilla del Cristo.

Era suya: pertenecía a su familia en patronato. Dorotea alumbraba perpetuamente, con rica lámpara de plata, a la santa imagen de Nuestro Señor de la Penitencia. Bajo la capilla se cobijaba la cripta, enterramiento de los Guevara Benavides. La alta reja se columbraba a la izquierda, afiligranada, tocada a trechos de oro rojizo, rancio.

Dorotea elevó desde su alma una deprecación fervorosa al Cristo. ¡Señor! ¡Que encontrase puestas las llaves! Y las palpó: allí colgaban las tres, el manojo: la de la propia verja, la de la cripta —a la cual se descendía por un caracol dentro del muro— y la tercera llave, que abría la portezuela oculta entre las tallas del retablo y daba a estrecha calleja, donde erguía su fachada infanzona el caserón de Guevara, flanqueado de torreones. Por la puerta excusada entraban los Guevara a oír misa en su capilla, sin cruzar la nave. Dorotea abrió, empujó… Estaba fuera de la iglesia, estaba libre.

Diez pasos hasta su morada… El palacio se alzaba silencioso, grave, como un enigma. Dorotea cogió el aldabón, trémula, cual si fuese una mendiga que pide hospitalidad en una hora de desamparo. «¿Esta casa es mi casa, en efecto?», pensó, al secundar el aldabonazo firme… Al tercero, se oyó ruido dentro de la vivienda muda y solemne, envuelta en su recogimiento como en larga faldamenta de luto. Y resonó la voz de Pedralvar, el escudero, que refunfuñaba:

—¿Quién? ¿Quién llama a estas horas, que comido le vea yo de perros?

—Abre, Pedralvar, por tu vida… ¡Soy tu señora, soy doña Dorotea de Guevara!… ¡Abre presto!…

—Váyase enhoramala el borracho… ¡Si salgo, a fe que lo ensarto!…

—Soy doña Dorotea… Abre… ¿No me conoces en el habla?

Un reniego, enronquecido por el miedo, contestó nuevamente. En vez de abrir, Pedralvar subía la escalera otra vez. La resucitada pegó dos aldabonazos más. La austera casa pareció reanimarse; el terror del escudero corrió al través de ella, como un escalofrío por un espinazo. Insistía el aldabón, y en el portal se escucharon taconazos, corridas y cuchicheos. Rechinó, al fin, el claveteado portón entreabriendo sus dos hojas, y un chillido agudo salió de la boca sonrosada de la doncella Lucigüela, que elevaba un candelabro de plata con vela encendida, y lo dejó caer de golpe: se había encarado con su señora, la difunta, arrastrando la mortaja y mirándola de hito en hito…

Pasado algún tiempo, recordaba Dorotea —ya vestida de acuchillado terciopelo genovés, trenzada la crencha con perlas y sentada en un sillón de almohadones, al pie del ventanal— que también Enrique de Guevara, su esposo, chilló al reconocerla; chilló y retrocedió. No era de gozo el chillido, sino de espanto… De espanto, sí; la resucitada no lo podía dudar. Pues ¿acaso sus hijos, doña Clara, de once años, y don Félix, de nueve, no habían llorado de puro susto cuando vieron a su madre que retornaba de la sepultura? Y con llanto más afligido, más congojoso que el derramado al punto en que se la llevaban… ¡Ella que creía ser recibida entre exclamaciones de intensa felicidad! Cierto que días después se celebró una función solemnísima en acción de gracias; cierto que se dio un fastuoso convite a los parientes y allegados; cierto, en suma, que los Guevara hicieron cuanto cabe hacer para demostrar satisfacción por el singular e impensado suceso que les devolvía a la esposa y a la madre… Pero doña Dorotea, apoyado el codo en la repisa del ventanal y la mejilla en la mano, pensaba en otras cosas.

Desde su vuelta al palacio, disimuladamente, todos le huían. Dijérase que el soplo frío de la huesa, el hálito glacial de la cripta, flotaba alrededor de su cuerpo. Mientras comía, notaba que la mirada de los servidores, la de sus hijos, se desviaba oblicuamente de sus manos pálidas, y que cuando acercaba a sus labios secos la copa del vino, los muchachos se estremecían. ¿Acaso no les parecía natural que comiese y bebiese la gente del otro mundo? Y doña Dorotea venía de ese país misterioso que los niños sospechan aunque no lo conozcan… Si las pálidas manos maternales intentaban jugar con los bucles rubios de don Félix, el chiquillo se desviaba, descolorido él a su vez, con el gesto del que evita un contacto que le cuaja la sangre. Y a la hora medrosa del anochecer, cuando parecen oscilar las largas figuras de las tapicerías, si Dorotea se cruzaba con doña Clara en el corredor del patio, la criatura, despavorida, huía al modo con que se huye de una maldita aparición…

Por su parte, el esposo —guardando a Dorotea tanto respeto y reverencia que ponía maravilla— no había vuelto a rodearle el fuerte brazo a la cintura… En vano la resucitada tocaba de arrebol sus mejillas, mezclaba a sus trenzas cintas y aljófares, y vertía sobre su corpiño pomitos de esencias de Oriente. Al trasluz del colorete se transparentaba la amarillez cérea; alrededor del rostro persistía la forma de la toca funeral, y entre los perfumes sobresalía el vaho húmedo de los panteones. Hubo un momento en que la resucitada hizo a su esposo lícita caricia: quería saber si sería rechazada. Don Enrique se dejó abrazar pasivamente; pero en sus ojos —negros y dilatados por el horror que, a pesar suyo, se asomaba a las ventanas del espíritu; en aquellos ojos un tiempo galanes, atrevidos y lujuriosos— leyó Dorotea una frase que zumbaba dentro de su cerebro, ya invadido por rachas de demencia:

—De donde tú has vuelto no se vuelve...

Y tomó bien sus precauciones. El propósito debía realizarse por tal manera, que nunca se supiese nada; secreto eterno. Se procuró el manojo de llaves de la capilla y mandó fabricar otras iguales a un mozo herrero que partía con el tercio a Flandes al día siguiente. Ya en poder de Dorotea las llaves de su sepulcro, salió una tarde sin ser vista, cubierta con un manto; se entró en la iglesia por la portezuela, se escondió en la capilla de Cristo, y al retirarse el sacristán cerrando el templo, Dorotea bajó lentamente a la cripta, alumbrándose con un cirio prendido en la lámpara; abrió la mohosa puerta, cerró por dentro, y se tendió, apagando antes el cirio con el pie...

LA GOTA DE CERA

Aunque los historiadores apenas le nombran, Higinio fue de los más íntimos amigos de Alejandro Magno. No se menciona a Higinio, tal vez porque no tuvo la trágica muerte de Filotas, de Parmeion, y de aquel Clitos a quien Alejandro amaba entrañablemente, y a quien así y todo, en una orgía atravesó de parte a parte; y sin embargo (si no mienten documentos descubiertos por el erudito Julios Tiefenlehrer), Higinio gozó de tanta privanza con el conquistador de Persia, como demostrarán los hechos que voy a referir, apoyándome, por supuesto, en la respetabilísima autoridad del sabio alemán antes citado.

Compañero de infancia de Alejandro, Higinio se crió con el héroe. Juntos jugaron y se bañaron en Pela, en los estanques del jardín de Olimpias, y juntos oyeron las lecciones de Aristóteles. La leche y la miel de la sabiduría la gustaron, así puede decirse, en un mismo plato; y en un mismo cáliz libaron el néctar del amor, cuando deshojaron la primera guirnalda de rosas y mirto en Corinto, en casa de la gentil hetera Ismeria. Grabó su afecto con sello más hondo el batirse juntos en la memorable jornada de Queronea, en la cual quedó toda Grecia por Filipo, padre de Alejandro. Los dos amigos, que frisaban en los diecinueve años entonces, mandaron el ala izquierda del ejército, y destruyeron por completo la famosa «legión sagrada» de los tebanos. La noche que siguió a tan magnífica victoria, Higinio pudo haber conseguido el generalato; Alejandro se lo brindaba, con hartos elogios a su valor. Pero Higinio, cubierto aún de sangre, sudor y polvo, respondió dulcemente a los ofrecimientos de su amigo y príncipe:

—No acepto el generalato, porque habiéndome portado bien hoy, tal recompensa y tan alta dignidad me obligarían en conciencia a portarme todavía mejor en otras ocasiones que sobreviniesen, y no puedo comprometerme a amanecer cada día con más valor y más fortuna. Además, de las enseñanzas de nuestro maestro Aristóteles saco yo en limpio que el hombre, habitualmente, debe vivir en paz y no en guerra. Queda demostrado que no soy ningún medroso. El que ha combatido a tu lado en Queronea ya tiene derecho a plantar un laurel en el sagrado bosque de Marte. Déjame de batallas y dame otro puesto cerca de ti, Alejandro, porque te quiero bien y te serviré fielmente.

Alejandro, cuya sangre hervía pidiendo luchas y glorias, se conformó mal de su grado a los deseos de Higinio, y le nombró su gran copero. Era cargo en extremo descansado y de alta confianza, pues sus funciones consistían en custodiar y servir la copa de oro reservada al príncipe, a fin de que nadie pudiese depositar en ella ponzoña. El oficio de Higinio le permitía vivir en constante comunicación con Alejandro, y cuando éste subió al trono, sucediendo a su padre, asesinado por Pausanias, los cortesanos auguraron a Higinio brillante carrera. Poco tardaron en verse desmentidos tales pronósticos: Higinio continuó presentando, recogiendo y custodiando la ya regia copa, sin mezclarse en intrigas ni aspirar a otras grandezas.

Mientras tanto, Alejandro asombraba al universo con sus campañas y triunfos, y ofrecía a Grecia, en compensación de la perdida libertad, páginas de luz para la Historia.

Conteniendo a los bárbaros y sojuzgando el inmenso Imperio de Asia, bien pronto se vio dueño del mundo Alejandro. Cuando, después de dejar trazado el emplazamiento de Alejandría, y de entrar vencedor en Babilonia y Ecbatana, el hijo de Filipo se declaró «hijo de Júpiter» y decretó su propia apoteosis, Higinio —que hacía mucho tiempo no departía con su rey, limitándose a servirle la copa en silencio— fue despertado a las altas horas de la noche de orden de Alejandro que le llamaba a su cabecera. La recién hecha deidad no podía dormir, y reclamaba cuidados y consuelos...

—Señor —dijo Higinio—, celebro poder hablarte sin testigos, como antaño. Justamente deseaba rogarte que me consientas dejar tu servicio y retirarme a mi casita del Ática, donde poseo olivos y colmenas.

—¡Bonita ocasión escoges para abandonarme! —exclamó furioso Alejandro—. ¡Por el intento merecías que te mandase crucificar! ¿Deseas riquezas? Pide cuanto se te antoje... Pero ¿marcharte? Ni lo sueñes. ¿Y de dónde nace esa manía?

—Ya que lo preguntas —contestó Higinio—, lo vas a saber. Yo fui amigo y servidor de un hombre; pero ahora parece que ese hombre se ha vuelto dios. No tengo vocación al sacerdocio. Desde que has ascendido a hijo de Júpiter Hammon, hermano de Apolo, me inspiras temor y frialdad. El Alejandro que yo amaba no existe. Has ascendido al Olimpo. Él es inmortal, yo mortal. No nos entendemos. Por otra parte, la idea que me he formado de un dios, según la sublime doctrina de Aristóteles…

—¡Dale con Aristóteles! —interrumpió el conquistador—. ¡Como le atrape, a ese sí que le crucifico! ¡Y alto, para que todos lo vean!

—Crucifica, pero escucha. Prescindamos de Aristóteles y supongamos que, en efecto, eres dios. Pues si eres dios, yo no puedo cometer sacrilegio; yo no puedo seguir envenenándote.

—¿Envenenarme tú? —gritó Alejandro incorporándose convulso sobre su lecho de marfil incrustado de oro—. ¡Ahora comprendo por qué un fuego constante abrasa mis venas; ahora comprendo por qué no descanso sino en horrible modorra; ahora me explico las visiones y las pesadillas que de noche me asaltan y empapan mis sienes en sudor frío! ¡Envenenarme tú! —y con súbito acceso de ternura suspiró—. ¿Y por qué quieres mi muerte, tú, mi amigo de la niñez, mi hermano de armas en Queronea?

Higinio, conmovido, se arrojó a los pies de Alejandro, y éste abrió los brazos; los dos amigos juntaron sus rostros y mezclaron sus cabelleras, y el copero declaró, en tono muy diverso del de antes:

—Señor, dulce amado mío, si te enveneno, es contra mi voluntad y por orden tuya… Esas visiones, esas torturas de que te quejas proceden de la doble embriaguez en que vives: estás ebrio de poder y de vino añejo… Antes sólo me pedías la copa dos o tres veces en cada comida; desde que el Asia te ha inoculado su molicie y sus vicios, me duelen las manos de tanto recoger la copa vacía y extendértela colmada… Tu alma se ha turbado, la demencia te ronda, te habitúas a la crueldad, hieres a tus leales y morirás joven, sin que nadie necesite pegarte una puñalada, como a tu padre. No quiero ser cómplice, y me voy.

Alejandro, pensativo, seguía estrechando el cuello y la cabeza de su amigo contra su pecho.

—Tienes razón, amado —murmuró al fin con sinceridad generosa—. Pero el hábito de beber se ha arraigado en mí, y si no bebo, me caigo a pedazos. ¿Qué haré? Aconséjame.

—No puedo —declaró Higinio— curarte la borrachera del poder; pero trataré de salvarte de la otra sin que te prives de tu gusto. Fíate en mí y verás.

En efecto, los días que siguieron a esta conversación, Alejandro continuó bebiendo copas tan rebosantes y tantas en número como siempre. No obstante, poco a poco notó con placer gran mejoría. Gradualmente se despejaba su cabeza, se tranquilizaban sus nervios, volvía a sus miembros el vigor y la alegría a su espíritu. Vastos planes maduraban en su cerebro, sobrehumanas empresas bullían en su imaginación heroica. Pasmado y enajenado preguntó a Higinio el secreto, sin que éste se prestase a revelarlo. Pero un cierto Arsotas, juglar persa, adulador y afeminado, que divertía mucho al rey, le dio la clave del enigma.

—Tu gran copero, ¡oh divino Alejandro!, echa cada día una gota de cera en el fondo de tu copa. Así, insensiblemente, reduce su cabida y acorta tus libaciones. Bebes cada día una gota menos. ¡El osado Higinio se atreve a engañar a su soberano y a cercenar sus deleites!

Quedó Alejandro sorprendido; después su sorpresa se convirtió en enojo. ¡Tratarle como a un chiquillo! ¡Embaucarle con un artificio así! ¡Ah! No lo consentiría. ¿Qué se figuraba Higinio? Y una mañana mandó registrar y limpiar la copa, y a la tarde estableció sus famosos certámenes de intemperancia, apostando a beber con los más pellejos de su ejército. Higinio entonces desapareció; probablemente se retiraría al Ática. En cuanto a Alejandro, nadie ignora la ocasión y modo de su muerte: después de vaciar, con alarde jactancioso, no su propia copa, sino la enorme llamada de Hércules, cayó redondo, dando un grito. La fiebre que allí mismo se apoderó de él le arrebató del mundo a los treinta y dos años de edad, en la plenitud de la vida y de la gloria.

EL INDULTO

De cuantas mujeres enjabonaban ropa en el lavadero público de Marineda, ateridas por el frío cruel de una mañana de marzo, Antonia la asistenta era la más encorvada, la más abatida, la que torcía con menos brío, la que refregaba con mayor desaliento. A veces, interrumpiendo su labor, pasábase el dorso de la mano por los enrojecidos párpados, y las gotas de agua y las burbujas de jabón parecían lágrimas sobre su tez marchita.

Las compañeras de trabajo de Antonia la miraban compasivamente, y de tiempo en tiempo, entre la algarabía de las conversaciones y disputas, se cruzaba un breve diálogo, a media voz, entretejido con exclamaciones de asombro, indignación y lástima. Todo el lavadero sabía al dedillo los males de la asistenta, y hallaba en ellos asunto para interminables comentarios. Nadie ignoraba que la infeliz, casada con un mozo carnicero, residía años antes, en compañía de su madre y de su marido, en un barrio extramuros, y que la familia vivía con desahogo, gracias al asiduo trabajo de Antonia y a los cuartejos ahorrados por la vieja en su antiguo oficio de revendedora, baratillera y prestamista. Nadie había olvidado tampoco la lúgubre tarde en que la vieja fue asesinada, encontrándose hecha astillas la tapa del arcón donde guardaba sus caudales y ciertos pendientes y brincos de oro. Nadie, tampoco, el horror que infundió en el público la nueva de que el ladrón y asesino no era sino el marido de Antonia, según esta misma declaraba, añadiendo que desde tiempo atrás roía al criminal la codicia del dinero de su suegra, con el cual deseaba establecer una tablajería suya propia. Sin embargo, el acusado hizo por probar la coartada, valiéndose del testimonio de dos o tres amigotes de taberna, y de tal modo envolvió el asunto, que, en vez de ir al palo, salió con veinte años de cadena.

No fue tan indulgente la opinión como la ley: además de la declaración de la esposa, había un indicio vehementísimo: la cuchillada que mató a la vieja, cuchillada certera y limpia, asestada de arriba abajo, como las que los matachines dan a los cerdos, con un cuchillo ancho y afiladísimo, de cortar carne. Para el pueblo no cabía duda de que el culpable debió subir al cadalso. Y el destino de Antonia comenzó a infundir sagrado terror cuando fue esparciéndose el rumor de que su marido «se la había jurado» para el día en que saliese del presidio, por acusarle. La desdichada quedaba encinta, y el asesino la dejó avisada de que, a su vuelta, se contase entre los difuntos.

Cuando nació el hijo de Antonia, esta no pudo criarlo, tal era su debilidad y demacración y la frecuencia de las congojas que desde el crimen la aquejaban. Y como no le permitía el estado de su bolsillo pagar ama, las mujeres del barrio que tenían niños de pecho dieron de mamar por turno a la criatura, que creció enclenque, resintiéndose de todas las angustias de su madre. Un tanto repuesta ya, Antonia se aplicó con ardor al trabajo, y aunque siempre tenían sus mejillas esa azulada palidez que se observa en los enfermos del corazón, recobró su silenciosa actividad, su aire apacible.

¡Veinte años de cadena! En veinte años —pensaba ella para sus adentros—, él se puede morir o me puedo morir yo, y de aquí allá falta mucho todavía.

La hipótesis de la muerte natural no la asustaba, pero la espantaba imaginar solamente que volvía su marido. En vano las cariñosas vecinas la consolaban indicándole la esperanza remota de que el inicuo parricida se arrepintiese, se enmendase o, como decían ellas, «se volviese de mejor idea». Meneaba Antonia la cabeza entonces, murmurando sombríamente:

—¿Eso él? ¿De mejor idea? ¡Como no baje Dios del cielo en persona y le saque aquel corazón perro y le ponga otro…!

Y, al hablar del criminal, un escalofrío corría por el cuerpo de Antonia.

En fin: veinte años tienen muchos días, y el tiempo aplaca la pena más cruel. Algunas veces figurábasele a Antonia que todo lo ocurrido era un sueño, o que la ancha boca del presidio, que se había tragado al culpable, no le devolvería jamás; o que aquella ley que al cabo supo castigar el primer crimen sabría prevenir el segundo. ¡La ley! Esa entidad moral, de la cual se formaba Antonia un concepto misterioso y confuso, era sin duda fuerza terrible, pero protectora; mano de hierro que la sostendría al borde del abismo. Así es que a sus ilimitados temores se unía una confianza indefinible, fundada sobre todo en el tiempo transcurrido y en el que aún faltaba para cumplirse la condena.

¡Singular enlace el de los acontecimientos!

No creería de seguro el rey, cuando vestido de capitán general y con el pecho cargado de condecoraciones daba la mano ante el ara a una princesa, que aquel acto solemne costaba amarguras sin cuenta a una pobre asistenta, en lejana capital de provincia. Así que Antonia supo que había recaído indulto en su esposo, no pronunció palabra, y la vieron las vecinas sentada en el umbral de la puerta, con las manos cruzadas, la cabeza caída sobre el pecho, mientras el niño, alzando su cara triste de criatura enfermiza, gimoteaba:

—Mi madre… Caliénteme la sopa, por Dios, que tengo hambre.

El coro benévolo y cacareador de las vecinas rodeó a Antonia. Algunas se dedicaron a arreglar la comida del niño; otras animaban a la madre del mejor modo que sabían. ¡Era bien tonta en afligirse así! ¡Ave María Purísima! ¡No parece sino que aquel hombrón no tenía más que llegar y matarla! Había Gobierno, gracias a Dios, y Audiencia y serenos; se podía acudir a los celadores, al alcalde…

—¡Qué alcalde! —decía ella con hosca mirada y apagado acento.

—O al gobernador, o al regente, o al jefe de municipales. Había que ir a un abogado, saber lo que dispone la ley…

Una buena moza, casada con un guardia civil, ofreció enviar a su marido para que le «metiese un miedo» al picarón; otra, resuelta y morena, se brindó a quedarse todas las noches a dormir en casa de la asistenta. En suma, tales y tantas fueron las muestras de interés de la vecindad, que Antonia se resolvió a intentar algo, y sin levantar la sesión, acordóse consultar a un jurisperito, a ver qué recetaba.

Cuando Antonia volvió de la consulta, más pálida que de costumbre, de cada tenducho y de cada cuarto bajo salían mujeres en pelo a preguntarle noticias, y se oían exclamaciones de horror. ¡La ley, en vez de protegerla, obligaba a la hija de la víctima a vivir bajo el mismo techo, maritalmente, con el asesino!

—¡Qué leyes, divino Señor de los cielos! ¡Así los bribones que las hacen las aguantaran! —clamaba indignado el coro—. ¿Y no habrá algún remedio, mujer, no habrá algún remedio?

—Dice que nos podemos separar... después de una cosa que le llaman divorcio.

—¿Y qué es divorcio, mujer?

—Un pleito muy largo.

Todas dejaron caer los brazos con desaliento: los pleitos no se acaban nunca, y peor aún si se acaban, porque los pierde siempre el inocente y el pobre.

—Y para eso —añadió la asistenta— tenía yo que probar antes que mi marido me daba maltrato.

—¡Aquí de Dios! ¿Pues aquel tigre no le había matado a la madre? ¿Eso no era maltrato? ¿Eh? ¿Y no sabían hasta los gatos que la tenía amenazada con matarla también?

—Pero como nadie lo oyó... Dice el abogado que se quieren pruebas claras...

Se armó una especie de motín. Había mujeres determinadas a hacer, decían ellas, una exposición al mismísimo rey, pidiendo contraindulto. Y, por turno, dormían en casa de la asistenta, para que la pobre mujer pudiese conciliar el sueño. Afortunadamente, el tercer día llegó la noticia de que el indulto era temporal, y al presidiario aún le quedaban algunos años de arrastrar el grillete. La noche que lo supo Antonia fue la primera en que no se enderezó en la cama, con los ojos desmesuradamente abiertos, pidiendo socorro.

Después de este susto, pasó más de un año y la tranquilidad renació para la asistenta, consagrada a sus humildes quehaceres. Un día, el criado de la casa donde estaba asistiendo creyó hacer un favor a aquella mujer pálida, que tenía su marido en presidio, participándole cómo la reina iba a parir, y habría indulto, de fijo.

Fregaba la asistenta los pisos, y al oír tales anuncios soltó el estropajo, y descogiendo las sayas que traía arrolladas a la cintura, salió con paso de autómata, muda y fría como una estatua. A los recados que le enviaban de las casas respondía que estaba enferma, aunque en realidad solo experimentaba un anonadamiento general, un no levantársele los brazos a labor alguna. El día del regio parto contó los cañonazos de la salva, cuyo estampido le resonaba dentro del cerebro, y como hubo quien le advirtió que el vástago real era hembra, comenzó a esperar que un varón habría ocasionado más indultos. Además, ¿por qué le había de coger el indulto a su marido? Ya le habían indultado una vez, y su crimen era horrendo; ¡matar a la indefensa vieja que no le hacía daño alguno, todo por unas cuantas tristes monedas de oro! La terrible escena volvía a presentarse ante sus ojos: ¿merecía indulto la fiera que asestó aquella tremenda cuchillada? Antonia recordaba que la herida tenía los labios blancos, y parecíale ver la sangre cuajada al pie del catre.

Se encerró en su casa, y pasaba las horas sentada en una silleta junto al fogón. ¡Bah! Si habían de matarla, mejor era dejarse morir.

Solo la voz plañidera del niño la sacaba de su ensimismamiento.

—Mi madre, tengo hambre. Mi madre, ¿qué hay en la puerta? ¿Quién viene?

Por último, una hermosa mañana de sol se encogió de hombros, y tomando un lío de ropa sucia, echó a andar camino del lavadero. A las preguntas afectuosas respondía con lentos monosílabos, y sus ojos se posaban con vago extravío en la espuma del jabón que le saltaba al rostro.

¿Quién trajo al lavadero la inesperada nueva, cuando ya Antonia recogía su ropa lavada y torcida e iba a retirarse? ¿Inventóla alguien con fin caritativo, o fue uno de esos rumores misteriosos, de ignoto origen, que en vísperas de acontecimientos grandes para los pueblos o los individuos palpitan y susurran en el aire? Lo cierto es que la pobre Antonia, al oírlo, se llevó instintivamente la mano al corazón, y se dejó caer hacia atrás sobre las húmedas piedras del lavadero.

—Pero ¿de veras murió? —preguntaban las madrugadoras a las recién llegadas.

—Sí, mujer…

—Yo lo oí en el mercado…

—Yo, en la tienda…

—¿A ti quién te lo dijo?

—A mí, mi marido.

—¿Y a tu marido?

—El asistente del capitán.

—¿Y al asistente?

—Su amo…

Aquí ya la autoridad pareció suficiente y nadie quiso averiguar más, sino dar por firme y valedera la noticia. ¡Muerto el criminal, en víspera de indulto, antes de cumplir el plazo de su castigo! Antonia la asistenta alzó la cabeza y por primera vez se tiñeron sus mejillas de un sano color y se abrió la fuente de sus lágrimas. Lloraba de gozo, y ninguno de los que la miraban se escandalizó. Ella era la indultada; su alegría, justa. Las lágrimas se agolpaban a sus lagrimales, dilatándole el corazón, porque desde el crimen se había «quedado cortada», es decir, sin llanto. Ahora respiraba anchamente, libre de su pesadilla. Andaba tanto la mano de la Providencia en lo ocurrido que a la asistenta no le cruzó por la imaginación que podía ser falsa la nueva.

Aquella noche, Antonia se retiró a su cama más tarde que de costumbre, porque fue a buscar a su hijo a la escuela de párvulos, y le compró rosquillas de «jinete», con otras golosinas que el chico deseaba hacía tiempo, y ambos recorrieron las calles, parándose ante los escaparates, sin ganas de comer, sin pensar más que en beber el aire, en sentir la vida y en volver a tomar posesión de ella.

Tal era el enajenamiento de Antonia que ni reparó en que la puerta de su cuarto bajo no estaba sino entornada. Sin soltar de la mano al niño entró en la reducida estancia que le servía de sala, cocina y comedor, y retrocedió atónita viendo encendido el candil. Un bulto negro se levantó de la mesa, y el grito que subía a los labios de la asistenta se ahogó en la garganta.

Era él. Antonia, inmóvil, clavada al suelo, no le veía ya, aunque la siniestra imagen se reflejaba en sus dilatadas pupilas. Su cuerpo yerto sufría una parálisis momentánea; sus manos frías soltaron al niño, que, aterrado, se le cogió a las faldas. El marido habló:

—¡Mal contabas conmigo ahora! —murmuró con acento ronco, pero tranquilo.

Y al sonido de aquella voz donde Antonia creía oír vibrar aún las maldiciones y las amenazas de muerte, la pobre mujer, como desencantada, despertó, exhaló un ¡ay! agudísimo, y cogiendo a su hijo en brazos echó a correr hacia la puerta.

El hombre se interpuso.

—¡Eh…, chst! ¿Adónde vamos, patrona? —silabeó con su ironía de presidiario—. ¿A alborotar el barrio a estas horas? ¡Quieto aquí todo el mundo!

Las últimas palabras fueron dichas sin que las acompañase ningún ademán agresivo, pero con un tono que heló la sangre de Antonia. Sin embargo, su primer estupor se convertía en fiebre, la fiebre lúcida del instinto de conservación. Una idea rápida cruzó por su mente: ampararse del niño. ¡Su padre no le conocía; pero, al fin, era su padre! Levantóle en alto y le acercó a la luz.

—¿Ese es el chiquillo? —murmuró el presidiario, y descolgando el candil llególo al rostro del chico.

Éste guiñaba los ojos, deslumbrado, y ponía las manos delante de la cara, como para defenderse de aquel padre desconocido, cuyo nombre oía pronunciar con terror y reprobación universal. Apretábase a su madre, y esta, nerviosamente, le apretaba también, con el rostro más blanco que la cera.

—¡Qué chiquillo tan feo! —gruñó el padre, colgando de nuevo el candil—. Parece que lo chuparon las brujas.

Antonia, sin soltar al niño, se arrimó a la pared, pues desfallecía. La habitación le daba vueltas alrededor, y veía lucecitas azules en el aire.

—A ver: ¿no hay nada de comer aquí? —pronunció el marido.

Antonia sentó al niño en un rincón, en el suelo, y mientras la criatura lloraba de miedo, conteniendo los sollozos, la madre comenzó a dar vueltas por el cuarto, y cubrió la mesa con manos temblorosas. Sacó pan, una botella de vino, retiró del hogar una cazuela de bacalao, y se esmeraba sirviendo diligentemente, para aplacar al enemigo con su celo. Sentóse el presidiario y empezó a comer con voracidad, menudeando los tragos de vino. Ella permanecía de pie, mirando, fascinada, aquel rostro curtido, afeitado y seco que relucía con este barniz especial del presidio. Él llenó el vaso una vez más y la convidó.

—No tengo voluntad… —balbució Antonia; y el vino, al reflejo del candil, se le figuraba un coágulo de sangre.

Él lo despachó encogiéndose de hombros, y se puso en el plato más bacalao, que engulló ávidamente, ayudándose con los dedos y mascando grandes cortezas de pan. Su mujer le miraba hartarse, y una esperanza sutil se introducía en su espíritu. Así que comiese, se marcharía sin matarla. Ella, después, cerraría a cal y canto la puerta, y si quería matarla entonces, el vecindario estaba despierto y oiría sus gritos. ¡Solo que, probablemente, le sería imposible a ella gritar! Y carraspeó para afianzar la voz. El marido, apenas se vio saciado de comida, sacó del cinto un cigarro, lo picó con la uña y encendió sosegadamente el pitillo en el candil.

—¡Chst!... ¿Adónde vamos? —gritó viendo que su mujer hacía un movimiento disimulado hacia la puerta—. Tengamos la fiesta en paz.

—A acostar al pequeño —contestó ella sin saber lo que decía. Y refugióse en la habitación contigua llevando a su hijo en brazos. De seguro que el asesino no entraría allí. ¿Cómo había de tener valor para tanto? Era la habitación en que había cometido el crimen, el cuarto de su madre. Pared por medio dormía antes el matrimonio; pero la miseria que siguió a la muerte de la vieja obligó a Antonia a vender la cama matrimonial y usar la de la difunta. Creyéndose en salvo, empezaba a desnudar al niño, que ahora se atrevía a sollozar más fuerte, apoyado en su seno; pero se abrió la puerta y entró el presidiario.

Antonia le vio echar una mirada oblicua en torno suyo, descalzarse con suma tranquilidad, quitarse la faja y, por último, acostarse en el lecho de la víctima. La asistenta creía soñar. Si su marido abriese una navaja, la asustaría menos quizá que mostrando tan horrible sosiego. Él se estiraba y revolvía en las sábanas, apurando la colilla y suspirando de gusto, como hombre cansado que encuentra una cama blanda y limpia.

—¿Y tú? —exclamó dirigiéndose a Antonia—. ¿Qué haces ahí quieta como un poste? ¿No te acuestas?

—Yo... no tengo sueño —tartamudeó ella, dando diente con diente.

—¿Qué falta hace tener sueño? ¡Si irás a pasar la noche de centinela!

—Ahí... ahí..., no... cabemos... Duerme tú... Yo aquí, de cualquier modo...

Él soltó dos o tres palabras gordas.

—¿Me tienes miedo o asco, o qué rayo es esto? A ver cómo te acuestas, o si no...

Incorporóse el marido, y extendiendo las manos, mostró querer saltar de la cama al suelo. Mas ya Antonia, con la docilidad fatalista de la esclava, empezaba a desnudarse. Sus dedos apresurados rompían las cintas, arrancaban violentamente los corchetes, desgarraban las enaguas. En un rincón del cuarto se oían los ahogados sollozos del niño…

Y el niño fue quien, gritando desesperadamente, llamó al amanecer a las vecinas que encontraron a Antonia en la cama, extendida, como muerta. El médico vino aprisa, y declaró que vivía, y la sangró, y no logró sacarle gota de sangre. Falleció a las veinticuatro horas, de muerte natural, pues no tenía lesión alguna. El niño aseguraba que el hombre que había pasado allí la noche la llamó muchas veces al levantarse, y viendo que no respondía echó a correr como un loco.

EL PAPEL PINTADO DE AMARILLO

No suele ocurrir que gente común y corriente, como John y yo, pueda habitar antiguas mansiones durante el verano. Una residencia colonial, una finca heredada; es más, podría decirse que es una casa encantada y llegar al colmo de la felicidad romántica, ¡pero eso sería pedirle demasiado a la suerte!

Sigo pensando con orgullo que en esta casa hay algo raro. Si no, ¿por qué la rentaban tan barata, y por qué había permanecido tanto tiempo sin ser alquilada?

John se ríe de mí por supuesto, pero eso es de esperar en cualquier matrimonio.

John es excesivamente práctico. No le tiene paciencia a la fe, manifiesta un intenso horror frente a la superstición y se burla abiertamente de cualquier charla que trate sobre cosas que no se palpen, vean o traduzcan en cifras. John es médico y quizá (no debiera confesarlo a nadie, pero se lo confío a un papel inerte, cosa que me tranquiliza), quizá esa sea una de las razones por las que no logro mejorar más rápido.

¡No ven que no quiere creer que estoy enferma!

¿Qué puede uno hacer?

Si un médico muy famoso, que es además el marido de uno, les asegura a todos —tanto a amigos como a parientes— que uno padece una simple y pasajera depresión nerviosa — una leve tendencia a la histeria—, ¿qué puede uno hacer?

Mi hermano, también médico y también célebre, piensa lo mismo que mi marido. Por eso tomo fosfatos o fosfitos —lo que quiera que sean—, y tónicos y paseos y aire y ejercicio y se me ha prohibido terminantemente que «trabaje», hasta que mejore.

Personalmente, discrepo de sus ideas. Personalmente, pienso que si tuviera un trabajo agradable, excitante y novedoso, me sentiría mejor.

Pero ¿qué puede uno hacer? Escribo a pesar suyo, pero me agota en exceso hacerlo a hurtadillas o enfrentarme a una fuerte oposición.

A veces se me ocurre que en mi condición nerviosa, si no tuviera tanta oposición y más compañía y más estímulos... pero John asegura que lo peor que me puede pasar es pensar en mi salud; debo confesar que siempre me hace sentir mal (aunque no hacerlo me perjudica mucho más).

Por eso cambio de tema y hablo sobre la casa. ¡Qué lugar tan hermoso! Es solitario, alejado de la carretera, a casi tres millas del pueblo. Me recuerda las viejas mansiones inglesas sobre las que tanto se escribe, con sus muros, setos y rejas que separan y muchas casitas desperdigadas para uso de los jardineros y la gente.

¡Hay un jardín delicioso! Nunca antes había visto un jardín como este, ancho y sombreado, con varios arriates y bordeado de pérgolas coronadas de viñas y bancas para descansar.

Hay también invernaderos, ya dilapidados. He oído que hubo problemas legales con los herederos o los coherederos: de cualquier forma, el lugar ha estado deshabitado durante largo tiempo.

Y aunque temo que eso estropee mis fantasmagorías, no me importa, hay algo extraño en esta casa, puedo sentirlo.

Una noche de luna hasta se lo comenté a John, pero me contestó que era sólo una corriente de aire y cerró la ventana.

Suelo enojarme de manera irracional con él. Estoy segura de que antes no era yo tan susceptible. Quizá se deba a esta condición nerviosa.

John piensa que si me dejo llevar por lo que siento no me controlaré lo suficiente; por eso hago esfuerzos para controlarme, por lo menos delante de él, lo que me provoca un gran cansancio.

Nuestra habitación me disgusta sobremanera. Hubiera preferido una que está en la planta baja y da sobre el pórtico; alrededor de la ventana crecen rosas y ¡las anticuadas cortinas de percal son deliciosas!, pero John no ha querido ni oír hablar de esa posibilidad.

Adujo que solo tenía una ventana, poco espacio para colocar dos camas, y ninguna habitación cercana por si tenía ganas de utilizarla.

Se porta muy amable y cariñoso conmigo y casi no me deja mover si no es bajo su dirección.

Ha trazado rigurosamente mis horarios. Me evita cualquier problema, por eso me siento mezquina y desagradecida por no apreciarlo como debiera.

Dice que solo ha venido aquí por mí, para que descanse y tome todo el aire que necesito. «Puedes hacer ejercicio si tienes fuerzas, querida —me dijo—, y la comida depende más o menos de tu apetito, pero el aire puedes aprovecharlo todo el tiempo». Esa es la razón por la que ocupamos el cuarto que antes fuera de los niños, situado en la parte superior de la casa.

Es una habitación espaciosa, ventilada, llena de sol, ocupa casi todo el piso, tiene muchas ventanas desde las que se abarca gran parte del paisaje. Deduzco que, al principio, era la habitación destinada a los niños, luego cuarto de juegos y gimnasio; las ventanas están protegidas con barrotes y hay argollas y cosas de ese tipo en las paredes.

A juzgar por la pintura y el papel tapiz parece que fueron usados cuando esta era una escuela para muchachos. El papel tapiz ha sido arrancado alrededor de la cabecera de la cama, hasta donde alcanza la vista, y allá abajo, al final del cuarto, hay un gran fragmento dañado. Nunca había visto un tapiz tan desagradable en mi vida.

Es uno de esos diseños extravagantes y extensos que atentan contra el más elemental sentido artístico. Es lo bastante monótono como para que los ojos se confundan al seguirlo, lo suficientemente acentuado como para irritar e incitar a examinarlo; y si se siguen atentamente con los ojos sus torpes e inciertas curvas, se advierte que de repente se suicidan, se precipitan en perspectivas atroces y se destruyen de la manera más contradictoria e inusitada.

El color es repelente, casi nauseabundo, un amarillo sucio y brillante, que se desvanece extrañamente a medida que se pone el sol.

Es un anaranjado sombrío aunque chillón a retazos y que, de pronto, adquiere una tonalidad sulfurosa y enfermiza.

¡Es lógico que los niños lo odiaran! Yo lo odiaría también si tuviera que permanecer mucho tiempo en esta habitación.

Viene llegando John, tengo que esconder esto, se altera mucho cuando me ve escribir.

Ya llevamos aquí dos semanas, y no había tenido muchas ganas de escribir, desde ese primer día.

Estoy sentada junto a la ventana en esta habitación atroz destinada a los niños, y no hay nada que impida mi escritura, excepto la falta de fuerzas.

John se pasa el día fuera y hasta algunas noches cuando tiene casos graves que atender.

¡Me alegra que mi caso no sea serio!

Pero estos problemas nerviosos producen una gran depresión.

John no sabe realmente cuánto estoy sufriendo. Sabe que no existe ninguna razón para que sufra y eso le basta.

Por supuesto que se trata solamente de mis nervios. ¡Me pesa tanto no poder hacer lo que debiera!

¡Deseaba serle muy útil a John, servirle de descanso, darle tranquilidad y aquí estoy convertida en un peso muerto!

Nadie creería el esfuerzo enorme que me cuesta hacer lo poco que hago: vestirme, recibir y ordenar algunas cosas.

¡Qué bueno que Mary sea tan buena con el bebé! ¡Qué bebé tan adorable!

Y sin embargo no puedo estar con él, me pone muy nerviosa. Supongo que John nunca se ha sentido nervioso en toda su vida. Se burla mucho de mí cuando le hablo del tapiz amarillo.

Al principio pensó en retapizar el cuarto, pero luego dijo que estaba yo permitiendo que se apoderara de lo mejor de mí y que no hay nada más nefasto para un paciente que sufre de los nervios que dejarse llevar por sus fantasías.

Una vez que haya cambiado el tapiz —dijo—, será la cama que es muy pesada, luego los barrotes de las ventanas o la reja de protección que está al final de las escaleras y así, al infinito.

«Sabes que este lugar te sienta bien —me dijo—, y realmente, querida, sería absurdo renovar la casa si la hemos rentado solo por tres meses».

«Entonces, mudémonos abajo —contesté—, hay cuartos tan hermosos en esa planta».

Entonces me abrazó, me dijo nombres tiernos, que era su querida conejita, y que si quería podríamos mudarnos hasta el sótano y de remate blanquear las paredes.

Pero tiene razón acerca de las camas, las ventanas y otras cosas. Se trata de un cuarto ventilado y cómodo que satisface todos los deseos y, por supuesto, no voy a ser tan estúpida como para crearle problemas por un simple capricho. Empiezo a encariñarme con este gran cuarto, si no fuera por ese horrible tapiz.

Puedo ver el jardín desde una de las ventanas, las pérgolas, profundamente sombreadas y misteriosas, las desenfrenadas y anticuadas flores, los arbustos y los árboles retorcidos.

Desde otra de las ventanas gozo de una vista encantadora de la bahía y de un pequeño muelle privado que pertenece a la finca. Hay un sendero sombreado que baja desde la casa. Siempre me imagino que veo gente caminando por los numerosos caminos y pérgolas, pero John me ha advertido que no debo dejarme llevar por mis fantasías. Dice que, con mi poder de imaginación y mi tendencia a fabular, se agravará mi condición nerviosa, me libraré a toda suerte de fantasías morbosas, por lo que debo usar mi voluntad y mi sentido común para contrarrestarlas.

Trato de hacerlo. Pienso que si por lo menos me sintiera bien para escribir un poco podría descargar la tensión nerviosa que este tropel de ideas me causa.

Pero la verdad es que me canso mucho cuando lo intento.

Me desanima no tener ningún apoyo o compañía para hacer mi trabajo. Dice John que cuando me ponga realmente bien, invitaremos al primo Henry y a Julia para que se queden una larga temporada aquí, pero que por lo pronto sería como poner fuegos de artificio debajo de mi almohada si permitiera que ahora me visite gente tan estimulante.

Me gustaría mejorar pronto. Pero no debo pensar en ello. ¡Me da la impresión de que este papel se diera cuenta de la mala influencia que ejerce sobre mí!

Hay un lugar recurrente donde el diseño cuelga como si se le hubiera roto el cuello y dos ojos saltones lo miran a uno de manera desafiante y patas arriba. Me da mucha rabia su impertinente persistencia. Esos ojos absurdos que nunca parpadean y que suben, bajan y se arrastran por todas partes. Hay un lugar en donde dos de los bordes no se ajustan y los ojos ascienden y descienden sobre la línea, uno un poco más alto que el otro.

Nunca antes había visto tanta intensidad en la mirada de un ser inanimado y bien sabemos cuán expresivos son.

Cuando era niña, a menudo permanecía despierta; me aterrorizaba y me entretenía más que la mayoría de los niños en una juguetería si solamente contemplaba las paredes desnudas y los muebles comunes y corrientes.

Recuerdo perfectamente el amable guiño con que me miraban las perillas de nuestro grande y antiguo escritorio y había una silla que siempre me pareció un amigo protector.

Sentía que, si algunas de las otras cosas me parecían demasiado temibles, siempre podía treparme a esa silla para sentirme a salvo.

El mobiliario de esta habitación es, para decir lo menos, poco armónico; tuvimos que subir todos los muebles de los cuartos de la planta baja. Me imagino que, cuando se utilizaba como cuarto de juegos, tuvieron que sacar los muebles infantiles ¡y no es sorprendente! Nunca he visto una habitación que haya sido tan deteriorada por los niños como esta.

Como antes dije, el tapiz está destruido en varias secciones: se adhieren entre sí aun más que si fueran hermanos: debieron haber tenido tanta perseverancia como odio.

El piso está rayado, además arrancado y astillado; el yeso mismo tiene agujeros por todas partes y esta gran cama pesada —lo único que encontramos aquí cuando llegamos— tiene el aspecto de haber sobrevivido a varias guerras.

Pero no me importa nada, solo me importa el papel tapiz. Ahí viene la hermana de John. ¡Es muy linda y se preocupa mucho por mí! No debo permitir que me descubra escribiendo.

Es un ama de casa perfecta y entusiasta y no desea tener ninguna otra profesión. ¡Cree, estoy segura, que es la escritura la que me ha hecho daño!

Pero puedo escribir cuando se va y mirarla desde la ventana cuando se aleja.

Una de las ventanas da sobre el camino, un camino largo, sinuoso y sombreado y otro que apenas mira hacia el campo.

Hermosa región también, colmada de grandes olmos y pastos aterciopelados.

El tapiz tiene una especie de subtrama de diferente tonalidad, un color particularmente irritante, que solo puede verse con cierta iluminación y no demasiado bien.

Pero en los lugares donde no está decolorado y cuando el sol lo ilumina se puede advertir una especie de informe figura extraña y provocativa que parece merodear detrás de la estúpida y llamativa trama de enfrente.

¡Ahí está la cuñada subiendo las escaleras!

Bueno, ¡ya pasó el 4 de julio! Ya se fueron todos y estoy exhausta. John pensó que me haría bien ver alguna gente, por lo que estuvieron aquí mi madre, Nellie y los niños durante una semana.

No moví ni un dedo, por supuesto. Jennie se ocupa ahora de todo.

Pero de cualquier modo me cansé. John dice que si no mejoro pronto, me mandará al sanatorio de Weir Mitchell en el otoño.

¡Pero no quiero ir allí! Una amiga estuvo en sus manos una vez y dice que ese médico se parece tanto a John como a mi hermano, pero que es aún más severo.

Además, es tan complicado viajar tan lejos. No siento que valga la pena hacer ningún esfuerzo y me he vuelto excesivamente fastidiosa e inquieta.

Lloro por nada y lloro la mayor parte del tiempo. Por supuesto que no lo hago cuando está John conmigo o cuando está otra persona, lloro cuando estoy a solas. Ahora estoy sola casi todo el tiempo. John se queda muy a menudo en la ciudad porque tiene casos graves y Jennie es buena y me deja en paz cuando se lo pido.

Por eso camino un poco por el jardín o desciendo por el encantador sendero, me siento en el porche bajo las rosas o a menudo me echo aquí arriba sobre la cama.

Empiezo a tenerle cariño a la habitación, a pesar del papel tapiz. O quizá sea por el tapiz.

¡Lo tengo tan presente siempre!

Yazgo en la cama, es enorme e inamovible, me parece que está clavada al suelo; sigo con los ojos el diseño de la pared. Les aseguro que es tan bueno como hacer gimnasia.

Digamos que empiezo por el principio, allá abajo en la esquina donde no ha sido tocado y me determino por milésima vez a seguir con los ojos su inútil recorrido, para buscar una especie de solución.

Conozco un poco las leyes del dibujo y me doy cuenta de que esta cosa no ha sido concebida siguiendo las leyes de la radiación, ni de la alternancia, la repetición o la simetría, ni nada que remotamente se le parezca.

Por supuesto que se repite en cada sección, pero no de otra forma.

Si se mira de cierta manera, cada sección es independiente, las curvas florecen y se hinchan siguiendo un estilo «romántico desclasado», como si sufrieran de delirium tremens, se contonean de arriba a abajo y forman columnas aisladas de fatuidad.

Pero si se observa desde otro ángulo, se conectan entre sí de forma diagonal y los contornos derramados huyen como olas oblicuas que causan horror cuando se observan, y se revuelcan como un montón de algas marinas que alguien persiguiese.

La cosa corre también horizontalmente, o por lo menos así me lo parece, por lo que me fatigo enormemente cuando trato de descubrir cuál es la dirección que toma.

Han colocado una sección de manera horizontal a modo de friso, lo cual aumenta aún más la confusión.

En cierto ángulo del cuarto hay un fragmento casi intacto y cuando las luces que lo iluminan disminuyen su intensidad y el sol poniente cae sobre él puedo imaginar una radiación después de todo: los interminables grotescos parecen formarse alrededor de un centro común y se precipitan en picada con el mismo frenesí.

Me cansa observarlo. Creo que dormiré una siesta.

No sé por qué tengo que escribir esto.

No quiero.

No me siento capaz.

Y sé que John lo considerará absurdo. Pero debo decir de alguna manera lo que siento y pienso, ¡me causa tanto alivio!

Pero el esfuerzo empieza a ser mayor que el alivio. La mitad del tiempo siento una enorme pereza y me quedo acostada cada vez más largo rato.

John dice que no debo perder mis fuerzas y me da aceite de bacalao, muchos tónicos y otras cosas más, y eso sin tomar en cuenta la cerveza, el vino y la carne medio cruda.

¡Querido John!, me ama tanto y odia tanto verme enferma. El otro día traté de entablar una conversación razonable con él y decirle cuánto necesito que me deje ir a visitar a mi primo Henry y a Julia.

Pero me aseguró que no podía hacerlo, y que no lo aguantaría cuando estuviese allí y no logré convencerlo porque empecé a llorar antes de exponer mis argumentos.

Me está costando un gran esfuerzo pensar correctamente.

Me imagino que es a causa de esta debilidad nerviosa.

Y mi querido John me cargó en sus brazos y me subió por las escaleras, me echó sobre la cama, se sentó a mi lado y me leyó en voz alta hasta que me dolió la cabeza.

Me dijo que yo era su amor y su consuelo, lo único que tenía y que yo debía ocuparme de mi salud y ponerme bien por él.

Dice que soy la única que puede ayudarme a salir de este problema, que debo tener más voluntad y ejercer mi autocontrol para evitar que fantasías estúpidas me dominen.

Estoy tranquila porque el bebé está bien y feliz y no tiene que dormir en este cuarto con su espantoso papel tapiz.

Si nosotros no lo hubiésemos ocupado, ¡ese precioso niño hubiese tenido que dormir aquí! ¡Qué suerte! Por nada del mundo hubiese permitido que un hijo mío, un pequeño ser impresionable, viviese en un cuarto como este.

Nunca antes lo había pensado, pero creo que ha sido buena suerte que John me haya puesto aquí después de todo, yo puedo soportarlo mejor que un bebé, ¿no es cierto?

Por supuesto que ya no hablo de ello. Me he vuelto astuta, aunque siempre tengo que estar alerta.

Hay cosas en el tapiz que solo yo conozco y que nadie más conocerá.

Cada vez son más visibles los tonos más opacos que se encuentran detrás del tramado principal.

Tienen la misma forma pero es más abundante.

Es como si una mujer se inclinase y se arrastrase furtivamente detrás del tramado. No me gusta nada. Me pregunto —empiezo a pensar— ¡si no preferiría que John me sacase de aquí!

Es muy difícil hablar con John sobre mi caso, porque es muy sabio y porque me quiere mucho.

Pero traté de hacerlo anoche.

Había luna llena. La luna brilla y lo ilumina todo como si fuera el sol.

En ocasiones me da miedo verla, se arrastra lentamente y se desliza de una ventana hacia la otra.

John estaba dormido y no quise despertarlo, me mantuve quieta y observé el claro de luna y sus efectos sobre el tapiz ondulante hasta que me produjo terror.

Parecía como si la tenue figura que vive detrás sacudiese el tramado como si quisiera escapar.

Me levanté sigilosamente y me acerqué a observar si en verdad el tapiz se movía; y cuando regresé a la cama advertí que John estaba despierto.

«¿Qué te pasa, pequeña? —me preguntó—, no andes caminando por la habitación, te vas a resfriar».

Creí llegado el momento oportuno para hablar con él y le dije que en verdad no estaba mejorando allí y que deseaba que me sacase de ese lugar.

«Pero, querida —contestó—, nuestro contrato se termina en tres semanas y no veo cómo nos podemos ir antes».

«No se ha concluido la reparación de nuestra casa y yo no puedo irme de la ciudad ahora. Por supuesto que si estuvieras en peligro, lo querría y lo haría de inmediato, pero en verdad ya estás mejor, querida, aunque no te hayas dado cuenta. Soy médico, mi vida, y lo sé bien. Estás más robusta and tienes mejor color, tu apetito ha mejorado y me siento mucho más tranquilo respecto a ti».

«No he aumentado ni un solo gramo —contesté—, y tampoco ha mejorado mi apetito; quizá coma mejor en la noche cuando estás aquí, pero me siento peor en las mañanas cuando ya te has ido».

«¡Mi pequeña adorada —dijo, abrazándome fuerte—, ella estará tan enferma como le plazca, pero ahora tratemos de aprovechar las horas dichosas para dormir y hablemos de ello mañana!».

«¿Y no te irás?», le pregunté con melancolía.

«¿Cómo podría hacerlo, querida mía? Solo faltan tres semanas, y entonces nos iremos de viaje, un viaje corto y agradable, mientras Jennie arregla la casa. Te aseguro, querida, que te ves mucho mejor».

«Quizá me vea mejor físicamente…», pero no pude continuar porque me dirigió una mirada tan severa y tan cargada de reproche que ya no pude pronunciar una sola palabra más.

«¡Te ruego, querida mía —me dijo—, te ruego por mi salud, por la de nuestro niño, así como por la tuya, que no dejes que ni por un instante esas ideas se apoderen de tu mente! No existe nada tan peligroso ni tan fascinante para un temperamento como el tuyo. Es una fantasía absurda y necia. ¿No me puedes tener confianza, a mí que soy médico?».

Por supuesto que no dije nada más y pronto nos dispusimos a dormir. Él pensó que yo estaba dormida, pero no lo estaba, permanecí acostada, tratando de decidir durante horas si los tramados delantero y trasero del tapiz se estaban moviendo aislados o de manera conjunta.

Durante el día, este tramado no tiene continuidad, desafía todas las leyes, lo que para una gente normal produce una constante irritación.

El color es de por sí bastante horrendo, muy poco confiable y bastante irritante, pero el tramado es lo que más me tortura.

Crees entonces que lo has domeñado, pero cuando uno logra seguirlo desde abajo, da de repente una maroma y ahí estamos. Te da una bofetada en la cara, te derriba y te pisotea. Es una verdadera pesadilla. El tramado exterior es como un arabesco florido que te recuerda a los hongos.

Como si uno pudiera imaginar una interminable hilera de hongos venenosos floreciendo y brotando en eterna circunvolución. Sí, es a veces como eso.

Es decir, a veces. Este tapiz tiene un rasgo muy marcado, algo que solo yo parezco advertir: es decir, muda de color cuando cambia la luz.

Cuando entran los rayos del sol por la ventana que da hacia el oriente —siempre observo ese primer rayo largo y recto— cambia tan vertiginosamente que apenas puedo creerlo.

Por eso lo vigilo siempre.

Durante el claro de luna —la luna brilla toda la noche cuando hay luna— no podría asegurar que se trata del mismo tapiz.

¡Durante la noche y bajo cualquier tipo de luz, al atardecer, o a la luz de una vela o la de una lámpara, y aun peor a la luz de la luna, se convierte en barrotes! Me refiero al tramado exterior y entonces aparece plenamente la mujer que está detrás.

Durante largo tiempo no pude precisar de qué se trataba, qué era aquella forma que aparecía detrás —esa desvaída subtrama—, pero ahora casi puedo asegurar que se trata de una mujer.

Durante el día es muy tenue y permanece quieta.

Supongo que es el tramado lo que la mantiene inmóvil. Es un enigma. También yo permanezco quieta durante horas.

Estoy casi todo el tiempo en la cama. John dice que es lo mejor que puedo hacer y que debo tratar de dormir lo más que pueda.

En realidad, él es el culpable de que tenga ese hábito, empezó exigiéndome que durmiera una siesta después de cada comida.

Es una mala costumbre, porque —¿ven ustedes?— en verdad nunca logro dormir.

Y eso engendra el engaño, pero no les digo a ellos que estoy despierta. ¡No, eso no!

La verdad es que empiezo a tenerle miedo a John.

Se comporta de manera muy extraña, a veces, y hasta Jennie me mira de manera inexplicable.

De repente pienso —es solamente una hipótesis científica— ¡que quizá sea culpa del tapiz!

He observado a John cuando no se da cuenta de ello, entro al cuarto de repente con las excusas más simples y lo he descubierto varias veces ¡mirando el tapiz! Y en una ocasión también vi que Jennie lo estaba tocando.

No había advertido que me encontraba en la habitación, y cuando le pregunté con una voz muy suave, de la manera más cuidadosa posible, lo que hacía con el tapiz, se dio vuelta como si la hubiese descubierto robando y, muy enojada, me preguntó que ¡por qué la asustaba así!

Me dijo luego que el papel manchaba y que había detectado manchas amarillas en mi ropa y en la de John y ¡me rogaba que fuera más cuidadosa!

¿A poco no suena inocente? Pero yo sé bien que estudiaba el tramado y estoy decidida a impedir que los demás descubran lo que yo he descubierto.

La vida es ahora mucho más excitante de lo que era antes. Tengo más que esperar, algo que vigilar, un objetivo. Como mucho mejor y me siento más tranquila.

John está feliz de verme tan mejorada. El otro día estuvo muy contento, rió de buena gana y me dijo que me veía floreciente a pesar de mi tapiz amarillo.

Yo también reí para despistarlo. No tengo intención alguna de decirle que estoy mejor a causa del tapiz: se burlaría de mí. Y hasta querría sacarme de aquí.

No quiero irme ahora que lo he descubierto. Tengo todavía una semana y creo que será suficiente.

¡Me estoy sintiendo mucho mejor! No duermo mucho durante la noche porque es muy interesante observar cómo se desarrollan las cosas, pero duermo bastante durante el día.

Aunque también durante el día es fatigoso y desconcertante.

Surgen nuevos brotes en los hongos y nuevos matices de amarillo por todas partes. No puedo contarlos, aunque lo he intentado a conciencia.

¡Ese papel tiene el color amarillo más extraño que haya visto! Me hace pensar en todas las cosas amarillas que he visto en mi vida, no bellas como las copas de oro, más bien cosas amarillas, asquerosas y malas.

Pero hay algo más acerca del tapiz: ¡el olor! Lo sentí desde que entré por vez primera en la habitación, pero con tanto aire y sol no era tan malo. Esta semana hemos tenido, en cambio, niebla y lluvia, y a pesar de que las ventanas estén abiertas o cerradas, el olor nunca desaparece.

Se arrastra por la casa.

Lo sentí avanzando hacia el comedor, merodeando por la sala, se esconde en el pasillo y me espera adormecido en las escaleras.

Se trepa por mi pelo.

Incluso, cuando salgo a montar, vuelvo la cabeza de repente y lo sorprendo, ¡allí está el olor!

¡Qué olor tan peculiar! Me he pasado horas enteras tratando de analizarlo, tratando de descubrir a qué huele.

Al principio no es muy malo, es muy tenue y, sin embargo, es el olor más sutil y persistente que haya conocido jamás.

En este clima húmedo es horroroso, me despierto a medianoche y allí está flotando sobre mí.

Al principio me perturbaba y hasta empecé a pensar seriamente en quemar la casa para acabar con el olor.

Pero ya empiezo a acostumbrarme. ¡Con lo único que puedo compararlo es con el color del tapiz! ¡Un olor amarillo!

Hay una marca muy curiosa en la pared, muy abajo, cerca del zócalo. Una raya que circula alrededor del cuarto y se esconde detrás de todos los muebles, excepto la cama; una raya larga, recta y regular que ensucia la pared como si la hubiesen raspado miles de veces.

Me pregunto quién la habrá hecho y cuándo y por qué la hicieron. ¡Da vueltas y vueltas y vueltas y más vueltas y me marea!

Por fin he descubierto realmente algo.

Vigilando diariamente durante las noches, cuando el tapiz cambia, por fin lo he descifrado.

El tramado de enfrente se mueve y ¡no me sorprende! ¡La mujer que está detrás de él lo sacude!

A veces pienso que hay muchas mujeres detrás y a veces que hay solo una que se arrastra rápidamente y su movimiento hace temblar al tapiz en toda su superficie.

Luego, en las partes brillantes se queda quieta y en las partes muy sombreadas se apodera solamente de los barrotes y los sacude con fuerza.

Y siempre está tratando de atravesar el tramado, pero nadie es capaz de atravesarlo, porque sofoca mucho; pienso que es por eso que tiene tantas cabezas. ¡Lo atraviesan y el tramado las ahoga y las pone al revés, obligándolas a poner los ojos en blanco!

Si esas cabezas estuviesen cubiertas o desprendidas, las cosas no serían tan malas.

¡Me parece que la mujer sale de día!

Y les diré por qué, así en secreto: ¡porque la he visto!

¡La puedo ver afuera desde cada una de mis ventanas!

Es la misma mujer, lo sé bien, porque siempre entra sigilosamente y la mayoría de las mujeres no se arrastra durante el día.

La veo en ese sendero muy sombreado, arrastrándose hacia arriba y hacia abajo. La veo también en las oscuras pérgolas cubiertas de vides, arrastrándose por todo el jardín.

La veo igualmente en el largo sendero bajo los árboles, arrastrándose, y cuando pasa un carruaje se esconde debajo de las zarzamoras. No la culpo en absoluto. Debe ser muy humillante que la descubran a uno arrastrándose durante el día.

Yo siempre me encierro cuando me arrastro de día. No puedo hacerlo de noche porque sé que John sospecharía algo, de inmediato.

Y John se comporta ahora de una forma tan rara que prefiero no irritarlo. ¡Y me gustaría que se fuese a dormir a otra habitación!

Además, quiero ser la única en poder arrancar a la mujer del tapiz durante las noches.

Me pregunto si sería posible verla simultáneamente desde todas las ventanas.

Pero, por más que me dé vuelta rápidamente, solo alcanzo a verla desde una sola de ellas.

Y aunque siempre la veo, ella es capaz de arrastrarse mucho más rápidamente de lo que yo soy capaz de darme vuelta.

A veces la he mirado, allá a lo lejos, en pleno campo, arrastrándose tan rápido como la sombra de una nube en la tormenta.

¡Si tan sólo pudiese arrancar el tramado superior y separarlo del de abajo! Pienso hacerlo, poco a poco.

He descubierto otra cosa curiosa, ¡pero no lo diré ahora!

No hay que confiar demasiado en la gente.

Tengo solamente dos días más para arrancar totalmente el papel y creo que John ha empezado a notarlo. No me gusta cómo me mira.

Le he oído preguntarle a Jennie varias cosas técnicas acerca de mí, pero ella le ha dado muy buenos informes.

Dice que he dormido mucho durante el día.

John sabe que no duermo bien durante las noches, ¡a pesar de que trato de no moverme!

Me ha hecho todo tipo de preguntas y finge que me quiere mucho y que es muy bueno. ¡Como si no pudiera ver lo que piensa!

Con todo, no me sorprende que actúe así, habiendo dormido cerca de este papel tapiz durante tres meses.

El tapiz sólo me interesa a mí, pero creo que John y Jennie han sido afectados secretamente por él.

¡Bravo! Hoy es el último día que estamos aquí, pero me basta. John pasará esta noche en la ciudad y no regresará hasta la tarde.

Jennie quiso dormir conmigo, ¡la muy pérfida! Pero alegué que sin duda dormiría mejor sola esta noche.

Fue inteligente de mi parte, ¡porque en realidad no estuve sola ni un momento! Tan pronto como brilló la luna y la pobre infeliz empezó a arrastrarse y a sacudir el tramado me precipité a ayudarla.

Yo arrancaba y ella sacudía. Yo sacudía y ella arrancaba y antes de que amaneciera ya habíamos quitado muchos metros de ese papel tapiz.

Una franja a la altura de mi cabeza y la mitad alrededor del cuarto.

Y cuando amaneció y el horroroso tramado empezó a reírse de mí, ¡declaré que hoy mismo terminaría de arrancarlo!

Nos vamos mañana y están de nuevo mudando todos mis muebles para abajo y dejando las cosas en su lugar como estaban antes.

Jennie miró con asombro la pared, pero le expliqué alegremente que lo hice de puro despecho contra el siniestro tapiz.

Se rió y me dijo que a ella también le hubiera gustado destruirlo pero que tratara de no fatigarme.

¡Pero se ha traicionado por completo!

Aquí estoy y nadie, con excepción mía, puede tocar el tapiz. ¡Ninguna persona viva!

Trató de sacarme del cuarto: ¡era evidente! Pero le expliqué que todo estaba muy tranquilo, ya tan vacío y tan limpio que creía que debía acostarme de nuevo y dormir lo más que pudiese; le rogué que no me llamase para comer: yo le avisaría en cuanto estuviese despierta.

Ahora ya se ha ido y los criados también y ya no hay cosas y el cuarto está vacío, con excepción de la enorme cama que está clavada al suelo y cubierta con el colchón de lona que tenía cuando llegamos.

Esta noche dormiremos abajo y mañana tomaremos el barco para regresar a casa.

Me siento muy feliz en este cuarto, ahora que está vacío.

¡Cómo lo destruyeron esos niños!

¡La cama está roída! Debo empezar a trabajar.

Me encerré con llave y la arrojé por la ventana cerca de la entrada.

No quiero salir, y tampoco quiero que nadie entre hasta que John llegue.

Quiero sorprenderlo.

Tengo conmigo una cuerda que ni la misma Jennie pudo descubrir. Si la mujer sale del tapiz y trata de escapar la amarraré con ella.

¡Pero me olvidé de que no puedo llegar muy lejos sin tener en qué apoyarme!

¡Y esta cama no se mueve!

Traté de empujarla y levantarla, hasta que casi quedé inválida. Luego me enojé tanto que mordí un pedacito de la cama en una esquina, pero me dañé los dientes.

Quité después todo el papel que pude alcanzar parada sobre el piso: ¡está muy adherido y el tramado parece disfrutarlo! ¡Allí están todas esas cabezas estranguladas, esos ojos saltones y las excrecencias fuliginosas que se contonean y aúllan de despecho!

Me estoy enfureciendo tanto como para hacer algo desesperado. Saltar por la ventana sería un magnífico ejercicio, pero los barrotes son muy sólidos y sería inútil intentarlo.

Además, no lo haría, por supuesto que no. Sé que un acto de ese tipo parecería algo impropio y podría malinterpretarse.

No me gusta ni siquiera asomarme a las ventanas, hay muchas de esas mujeres que se arrastran y lo hacen muy rápidamente.

Me pregunto si todas habrán salido del papel tapiz como yo misma.

Pero ahora estoy bien amarrada con esta cuerda que oculté con tal perfección: ¡nadie podrá sacarme a la carretera!

Me imagino que cuando llegue la noche tendré que regresar al diseño posterior, pero ¡es difícil!

¡Es tan divertido andar por esta enorme habitación y arrastrarme como me plazca!

No quiero ir allá fuera. No lo haré, aunque Jennie me lo pida.

Porque allá fuera hay que arrastrarse sobre el terreno y todo está verde y no amarillo.

Aquí puedo arrastrarme suavemente por el piso y mi hombro se acopla exactamente a la extensa mancha que rodea la pared y no puedo extraviarme.

¡Ay, pero John ya está en la puerta!

¡No te sirve de nada, mi jovenzuelo, no puedes abrirla!

¡Cómo toca! ¡Cómo llama!

Ahora pide que le traigan un hacha.

¡Sería una lástima romper esta bella puerta!

«¡Querido John! —le dije de la manera más gentil—, ¡la llave está junto a las escaleras de la entrada, debajo de unas hojas de plátano!».

Eso lo ha dejado mudo durante un rato.

Luego me dijo, muy suavemente, «Abre la puerta, querida». «No puedo —contesté—, ¡la llave está cerca de la puerta de la entrada, debajo de la hoja del plátano!».

Y se lo repetí varias veces, suave y gentilmente, y se lo dije tantas veces que tuvo que bajar y buscarla y por supuesto que encontró la llave y pudo entrar. Se paró asustado junto a la puerta.

«Pero ¿qué pasa aquí? —gritó—, ¡por Dios, qué estás haciendo!».

No le hice ningún caso, seguí arrastrándome de la misma manera que antes, pero lo miré por encima del hombro.

«¡Por fin he podido salir, a pesar tuyo y de Jennie, he arrancado casi todo el tapiz, por lo que no podrás encerrarme de nuevo, allí dentro!».

¿Pero por qué se habrá desmayado el hombre? Pero, se desmayó. Y ha caído exactamente por donde tengo que pasar, cerca de la pared. ¡He tenido que arrastrarme por encima de su cuerpo!

AMOUR DURE (HISTORIA DE SPIRIDION)

(Pasajes del diario de Spiridion Trepka).

Parte I

Urbania, 20 de agosto de 1885 —

Durante años y años había anhelado estar en Italia, encontrarme cara a cara con el Pasado; ¿y era esto Italia, era esto el Pasado? Hubiera podido llorar —sí, llorar— de desilusión cuando, por primera vez, vagué por Roma con una invitación para cenar en la Embajada Alemana en el bolsillo y tres o cuatro vándalos de Berlín y Múnich pegados a mis talones, diciéndome dónde se conseguía la mejor cerveza y el mejor sauerkraut, y de qué trataba el último artículo de Grimm o de Mommsen.

¿Es esto locura? ¿Es falsedad? ¿No soy yo mismo producto de la civilización moderna del norte? ¿No se debe mi venida a Italia a ese mismo vandalismo científico moderno que me ha otorgado una beca de viaje por haber escrito un libro semejante a todos esos otros libros atroces de erudición y crítica de arte? ¿No estoy aquí, en Urbania, con la expresa condición de que, en cierto número de meses, debo producir simplemente otro libro igual?

¿Imaginas acaso, miserable Spiridion —tú, polaco convertido en una caricatura de pedante alemán, doctor en filosofía, incluso profesor, autor de un ensayo premiado sobre los déspotas del siglo XV—, imaginas que tú, con tus cartas ministeriales y tus pruebas de imprenta en el bolsillo de tu negra levita profesoral, puedes alguna vez, en espíritu, presentarte ante el Pasado?

Demasiado cierto, ¡ay! Pero déjame olvidarlo, al menos de vez en cuando; como lo olvidé esta tarde, mientras los bueyes blancos arrastraban mi carricoche por interminables valles, serpenteando por interminables laderas, con el torrente invisible zumbando muy abajo y sólo los picos desnudos, grises y rojizos, alrededor, hasta esta ciudad de Urbania, olvidada por la humanidad, almenada y torreada sobre la alta cresta de los Apeninos.

Sigillo, Penna, Fossombrone, Mercatello, Montemurlo... cada nombre de aldea que señalaba el cochero traía a mi mente el recuerdo de alguna batalla o algún antiguo acto de traición. Y cuando las enormes montañas ocultaron el sol poniente y los valles se llenaron de sombra azulada y neblina, dejando sólo una franja de humo rojo y amenazante detrás de las torres y cúpulas de la ciudad en lo alto, y el sonido de las campanas flotaba desde Urbania a través del precipicio, casi esperaba, en cada recodo del camino, que surgiera una tropa de jinetes con yelmos de pico y zapatos garrudos, reluciendo las armaduras y ondeando los estandartes al atardecer.

Y luego, no hace dos horas, al entrar en la ciudad al anochecer, cruzando las calles desiertas, con sólo alguna luz humeante bajo un santuario o frente a un puesto de frutas, o una fragua enrojeciendo la penumbra; pasando bajo las almenas y torrecillas del palacio... Ah, ¡eso era Italia, era el Pasado!

21 de agosto —

Y este es el Presente. Cuatro cartas de recomendación que entregar y una hora de conversación cortés que soportar con el Viceprefecto, el Síndico, el Director del Archivo y el buen hombre a quien mi amigo Max me envió para conseguir alojamiento...

22–27 de agosto —

Pasé la mayor parte del día en el Archivo, y la mayor parte del tiempo allí en aburrirme hasta la desesperación con el Director, que hoy recitó los Comentarios de Eneas Silvio durante tres cuartos de hora sin tomar aliento. De ese martirio (¿cuáles serán las sensaciones de un antiguo caballo de carreras obligado a tirar de un coche? Si usted puede imaginarlas, eso siente un polaco convertido en profesor prusiano) me refugio en largos paseos por la ciudad.

Este pueblo no es más que un puñado de altas casas negras amontonadas en la cima de un Alp; estrechos callejones deslizándose por sus laderas como los toboganes que hacíamos en los montículos cuando éramos niños; y, en el centro, la magnífica construcción de ladrillo rojo, torreada y almenada, del palacio del duque Ottobuono, desde cuyas ventanas se contempla un mar —un torbellino— de melancólicas montañas grises.

Y están también sus gentes: hombres morenos, de espesas barbas, que cabalgan como bandoleros envueltos en capas forradas de verde sobre sus mulas peludas; ociosos mozos fornidos, de cabeza baja, como los bravos de colores vivos en los frescos de Signorelli; y los hermosos rapaces —tantos pequeños Rafaeles— con ojos como ojos de buey; y las enormes mujeres, Madonnas o santas Isabeles, según el caso, con los zuecos firmes en las puntas de los pies y cántaros de bronce sobre la cabeza mientras suben y bajan por los empinados y negros callejones.

No hablo mucho con estas gentes; temo que se desvanezcan mis ilusiones.

En la esquina de una calle, frente al precioso pórtico de Francesco di Giorgio, hay un enorme cartel azul y rojo que representa a un ángel descendiendo para coronar a Elias Howe por sus máquinas de coser; y los empleados de la Viceprefectura, que comen en el mismo lugar donde almuerzo, se gritan política —Minghetti, Cairoli, Túnez, acorazados, etc.— y entonan fragmentos de La Fille de Mme. Angot, que imagino han representado aquí recientemente.

No, hablar con los lugareños es evidentemente un experimento peligroso. Excepto quizá con mi buen casero, el señor Notaro Porri, que es tan erudito como el Director del Archivo y se sacude el rapé de la ropa con mucha más frecuencia.

Olvidé anotar (y siento la necesidad de hacerlo, confiando vanamente en que algún día estos fragmentos servirán, como una ramita reseca de olivo o una lámpara toscana de tres mechas sobre mi mesa, para evocarme, en la odiosa Babilonia de Berlín, estos dichosos días italianos)... olvidé consignar que me hospedo en la casa de un comerciante de antigüedades.

Mi ventana da a la calle principal, desde donde se ve la pequeña columna coronada por Mercurio en medio de los toldos y pórticos de la plaza del mercado.

Asomado sobre las jarras melladas y los tiestos de albahaca, clavelinas y caléndulas, alcanzo a ver una esquina de la torrecilla del palacio y el vago ultramar del paisaje montañoso más allá.

La casa —cuyo fondo cae a pico hacia el barranco— es un lugar extraño, oscuro, lleno de escaleras que suben y bajan; habitaciones blanqueadas, colgadas con los Rafaeles, Francias y Peruginos que mi anfitrión lleva con toda formalidad a la posada principal cada vez que se espera algún viajero; rodeada de viejas sillas talladas, sofás del Imperio, arcones nupciales repujados y dorados, y armarios que guardan trozos de antiguo damasco y frontales de altar bordados, cuyo aroma a incienso viejo y a humedad llena la casa.

Todo ello bajo la vigilancia de las tres hermanas solteronas del señor Porri —Sora Serafina, Sora Lodovica y Sora Adalgisa— las tres Parcas en persona, con sus ruecas… y sus gatos negros.

Sor Asdrubale, como llaman a mi casero, es también notario. Lamenta la desaparición del Gobierno Pontificio —pues tuvo un primo que fue porta–cola de un Cardenal— y cree firmemente que, si uno pone una mesa para dos, enciende cuatro velas hechas con grasa de difuntos y realiza ciertos ritos sobre los cuales no es muy preciso, puede, en la víspera de Navidad o en noches semejantes, invocar a San Pascual Bailón, quien escribirá los números ganadores de la lotería en el dorso ahumado de un plato… siempre que uno le haya abofeteado ambas mejillas y repetido tres Ave Marías. La dificultad consiste en conseguir la grasa de difunto para las velas y también en abofetear al santo antes de que tenga tiempo de desvanecerse.

—Si no fuera por eso —dice Sor Asdrubale—, el Gobierno habría tenido que suprimir la lotería hace siglos —¿eh?

9 de septiembre —
La historia de Urbania no está exenta de romance, aunque ese romance (como suele ocurrir) ha sido completamente ignorado por nuestros Dryasdusts. Incluso antes de venir aquí me había sentido atraído por la extraña figura de una mujer que emergía de entre las áridas páginas de las historias de Gualterio y del padre De Sanctis. Esta mujer es Medea, hija de Galeazzo IV Malatesta, señor de Carpi; esposa primero de Pierluigi Orsini, duque de Stimigliano, y después de Guidalfonso II, duque de Urbania, predecesor del gran duque Roberto II.

La historia y el carácter de esta mujer recuerdan los de Bianca Capello y, al mismo tiempo, los de Lucrecia Borgia. Nacida en 1556, fue prometida, a los doce años, a un primo, un Malatesta de la rama de Rímini. Pero, como tal familia había decaído mucho, el compromiso se rompió y un año más tarde Medea fue desposada con un miembro de los Pico y casada por poder a los catorce. Mas, al no satisfacer aquel enlace la ambición suya ni la de su padre, el matrimonio por poder fue declarado nulo bajo algún pretexto, y se alentó la pretensión del duque de Stimigliano, un gran feudatario umbriano de la casa Orsini.

Pero el prometido, Giovanfrancesco Pico, se negó a someterse, defendió su causa ante el Papa e intentó llevarse por la fuerza a su prometida —de la cual estaba locamente enamorado, pues la dama era hermosísima y de trato alegre y afable, dice una antigua crónica anónima. Pico emboscó su litera cuando ella iba a una villa de su padre y la condujo a su castillo cerca de Mirandola, donde le rogó con respeto, insistiendo en su derecho a considerarla esposa. Pero la joven escapó deslizándose hasta el foso mediante una cuerda hecha de sábanas, y Giovanfrancesco Pico fue hallado apuñalado en el pecho por mano de Madonna Medea da Carpi. Era un muchacho apuesto de apenas dieciocho años.

El asunto de los Pico quedó así zanjado, y el matrimonio con él declarado nulo por el Papa. Medea da Carpi fue solemnemente unida al duque de Stimigliano y se trasladó a vivir a sus dominios cerca de Roma.

Dos años más tarde, Pierluigi Orsini fue asesinado de una puñalada por uno de sus mozos en su castillo de Stimigliano, cerca de Orvieto; y las sospechas recayeron sobre su viuda, más aún cuando, inmediatamente después del hecho, hizo que los criados mataran al asesino en su propia cámara... no sin que antes declarara que ella lo había impulsado a cometer el crimen con promesas de amor. Las cosas se volvieron tan peligrosas para Medea que huyó a Urbania y se arrojó a los pies del duque Guidalfonso II, afirmando que había hecho matar al mozo sólo para vengar su honra mancillada, y que era absolutamente inocente de la muerte de su marido.

La extraordinaria belleza de la duquesa viuda de Stimigliano, que tenía apenas diecinueve años, trastornó por completo la cabeza del duque de Urbania. Fingió creer implícitamente en su inocencia, se negó a entregarla a los Orsini, parientes de su difunto esposo, y le otorgó magníficos aposentos en el ala izquierda del palacio, entre ellos el célebre salón con la chimenea adornada de cupidos de mármol sobre fondo azul.

Guidalfonso se enamoró perdidamente de su hermosa huésped. Hasta entonces tímido y hogareño, comenzó a descuidar públicamente a su esposa, Maddalena Varano de Camerino, con quien —aunque sin hijos— había llevado una vida muy armoniosa. No sólo desoyó las advertencias de sus consejeros y de su señor el Papa, sino que incluso tomó medidas para repudiar a su mujer por supuesta —e imaginaria— mala conducta.

La duquesa Maddalena, incapaz de soportar tal trato, huyó al convento de las hermanas descalzas en Pesaro, donde languideció hasta morir, mientras Medea reinaba en su lugar en Urbania, involucrando al duque Guidalfonso en querellas tanto con los poderosos Orsini, que seguían acusándola del asesinato de Stimigliano, como con los Varano, parientes de la agraviada duquesa. Finalmente, en 1576, el duque de Urbania, habiéndose convertido súbitamente —y no sin circunstancias sospechosas— en viudo, contrajo matrimonio público con Medea apenas dos días después del fallecimiento de su desdichada esposa.

De este matrimonio no hubo hijos; pero tal era la fascinación que ejercía Medea sobre Guidalfonso que logró que el duque, con gran dificultad y previo consentimiento del Papa, cediera la herencia del ducado al joven Bartolomeo, hijo suyo con Stimigliano —aunque los Orsini se negaban a reconocerlo como tal, declarándolo hijo de aquel Giovanfrancesco Pico con quien Medea se había casado por poder y a quien, en defensa de su honor, según dijo, había asesinado—. Esta investidura del ducado de Urbania a favor de un extraño y un bastardo se hizo en perjuicio de los evidentes derechos del cardenal Roberto, hermano menor de Guidalfonso.

En mayo de 1579, el duque Guidalfonso murió repentina y misteriosamente, tras haber prohibido Medea todo acceso a su aposento, no fuera a arrepentirse en su lecho de muerte y restituir los derechos a su hermano. La duquesa hizo proclamar de inmediato a su hijo, Bartolomeo Orsini, como duque de Urbania y a sí misma como regente; y, con ayuda de dos o tres jóvenes sin escrúpulos —en particular cierto capitán Oliverotto da Narni, del que se rumoreaba que era su amante—, se apoderó del gobierno con extraordinaria y terrible energía: marchó con un ejército contra los Varano y los Orsini, derrotados en Sigillo, y exterminó sin piedad a cuantos osaban cuestionar la legitimidad de la sucesión.

Mientras tanto, el cardenal Roberto, que había arrojado lejos sotana y votos, recorría Roma, Toscana, Venecia, e incluso las cortes del Emperador y del Rey de España, implorando auxilio contra la usurpadora. En pocos meses logró cambiar la corriente de simpatía: el Papa declaró nula la investidura de Bartolomeo Orsini y proclamó la entronización de Roberto II, duque de Urbania y conde de Montemurlo. El gran duque de Toscana y los venecianos prometieron prestar ayuda, pero sólo si Roberto lograba hacer valer sus derechos por la fuerza.

Poco a poco, una ciudad tras otra del ducado se pasó al bando de Roberto, y Medea da Carpi quedó cercada en la ciudadela montañosa de Urbania como un escorpión rodeado por las llamas. (La comparación no es mía; pertenece a Raffaello Gualterio, cronista de Roberto II). Pero, a diferencia del escorpión, Medea no se suicidó.

Es absolutamente asombroso cómo, sin dinero ni aliados, logró resistir tanto tiempo. Gualterio lo atribuye a esos "fascinantes atractivos" que llevaron a la muerte a Pico y a Stimigliano, que volvieron al honesto Guidalfonso un villano, y que eran tales que ninguno de sus amantes dejaba de preferir morir por ella, aun después de haber sido tratado con ingratitud y desplazado por un rival; facultad que el buen Raffaello atribuye claramente a connivencias infernales.

Por fin, el ex cardenal Roberto logró imponerse y entró triunfalmente en Urbania en noviembre de 1579. Su ascensión se distinguió por la moderación y la clemencia. Ningún hombre fue ejecutado, salvo Oliverotto da Narni, quien se abalanzó sobre el nuevo duque e intentó apuñalarlo justo cuando éste descendía en el palacio; los hombres del duque lo abatieron, mientras, con su último aliento, gritaba: «¡Orsini, Orsini! ¡Medea, Medea! ¡Viva el duque Bartolomeo!», aunque se decía que la duquesa lo había tratado con ignominia. El pequeño Bartolomeo fue enviado a Roma, a la tutela de los Orsini; la duquesa, confinada respetuosamente en el ala izquierda del palacio.

Se cuenta que ella pidió con altivez ver al nuevo duque, pero que él negó con la cabeza y, con el modo propio de un sacerdote, citó un verso acerca de Ulises y las sirenas. Es notable que persistiera en negarse a verla, abandonando súbitamente su cámara un día en que ella había logrado entrar furtivamente. Pasados algunos meses, se descubrió una conspiración para asesinar al duque Roberto, cuyos hilos, evidentemente, había movido Medea. Pero el joven implicado, un tal Marcantonio Frangipani, de Roma, negó incluso bajo los más atroces tormentos cualquier participación de la duquesa; de modo que el duque Roberto, deseoso de evitar actos violentos, se limitó a trasladar a Medea desde su villa de Sant'Elmo al convento de las Clarisas en la ciudad, donde fue custodiada con el mayor rigor.

Parecía imposible que Medea pudiese maquinar nada más, pues sin duda no veía ni era vista por nadie. Y, sin embargo, logró hacer llegar una carta y su retrato a Prinzivalle degli Ordelaffi, un joven de apenas diecinueve años, de noble familia romañola, comprometido con una de las más bellas muchachas de Urbania. Él rompió de inmediato el compromiso y, poco después, intentó disparar contra el duque Roberto con una pistola de estribo mientras éste se arrodillaba durante la misa en la fiesta de Pascua. Esta vez, el duque Roberto estaba decidido a obtener pruebas contra Medea.

Prinzivalle degli Ordelaffi fue mantenido varios días sin alimento, luego sometido a los tormentos más brutales, y finalmente condenado. Cuando se disponían a arrancarle la piel con tenazas al rojo vivo y luego descuartizarlo con caballos, le dijeron que podría obtener la gracia de una muerte inmediata si confesaba la complicidad de la duquesa. El confesor y las monjas del convento —que se encontraba junto al lugar de ejecución, fuera de la Porta San Romano— instaron también a Medea a salvar al desdichado, cuyos alaridos le llegaban, confesando su culpa.

Medea pidió permiso para salir a un balcón desde donde pudiera ver a Prinzivalle y ser vista por él. Miró con frialdad, y luego dejó caer su pañuelo bordado hacia la pobre criatura destrozada. Él pidió al verdugo que le limpiara con él la boca, lo besó y exclamó que Medea era inocente. Después de varias horas de tormentos, murió.

Aquello sobrepasó la paciencia incluso del duque Roberto. Comprendiendo que mientras Medea viviera su vida correría peligro constante, pero sin querer provocar escándalo alguno (pues algo de la naturaleza sacerdotal permanecía en él), hizo que estrangularan a Medea en el convento y, lo que es notable, insistió en que sólo mujeres —dos infanticidas a quienes conmutó la pena— ejecutasen el acto.

«Este príncipe clemente», escribe don Arcangelo Zappi en su biografía publicada en 1725, «puede ser censurado únicamente por un acto de crueldad, tanto más odioso cuanto que él mismo, hasta ser liberado de sus votos por el Papa, había pertenecido al estado eclesiástico. Se dice que, al ordenar la muerte de la infame Medea da Carpi, su temor de que sus extraordinarios encantos sedujesen a cualquier hombre era tal, que no sólo empleó mujeres como verdugos, sino que le negó incluso la presencia de un sacerdote o un monje, forzándola así a morir sin confesión y privándola del beneficio de cualquier penitencia que pudiese haber anidado en su corazón de adamante».

Tal es la historia de Medea da Carpi, duquesa de Stimigliano Orsini y posteriormente esposa del duque Guidalfonso II de Urbania. Fue ejecutada hace exactamente doscientos noventa y siete años, en diciembre de 1582, a la edad de apenas veintisiete años, después de haber llevado, en el curso de su breve existencia, a una muerte violenta a cinco de sus amantes, desde Giovanfrancesco Pico hasta Prinzivalle degli Ordelaffi.

20 de septiembre —

Gran iluminación de la ciudad en honor a la toma de Roma, acontecida quince años atrás. Excepto Sor Asdrubale, mi casero, que sacude la cabeza cuando habla de los piamonteses, como él los llama, todos aquí son italianísimos. Los Papas los mantuvieron muy sometidos desde que Urbania pasó a dominio de la Santa Sede en 1645.

28 de septiembre —

Desde hace algún tiempo he estado buscando retratos de la duquesa Medea. Debo suponer que la mayoría fueron destruidos, quizá por el temor del duque Roberto II de que, incluso después de muerta, aquella belleza terrible pudiese jugarle una mala pasada. He encontrado, sin embargo, tres o cuatro: uno, una miniatura en los Archivos, que se dice es el mismo que ella envió al desdichado Prinzivalle degli Ordelaffi para enloquecerlo; otro, un busto de mármol en el cuarto de trastos del palacio; otro más en una gran composición —posiblemente de Baroccio— que representa a Cleopatra a los pies de Augusto. Augusto no es otro que el retrato idealizado de Roberto II: cabeza redonda, nariz un tanto desviada, barba recortada y cicatriz habitual, pero vestido a la romana. Cleopatra, pese a su atavío oriental y a la peluca negra, me parece claramente Medea da Carpi: se arrodilla, descubriéndose el pecho para que el vencedor la hiera, aunque en realidad para cautivarlo; y él se vuelve hacia un lado con un torpe gesto de repulsión.

Ninguno de estos retratos parece especialmente bueno, salvo la miniatura, que es una obra exquisita; y, con ella y las sugerencias del busto, resulta fácil reconstruir la hermosura de ese ser terrible. Es el tipo más admirado por el Renacimiento tardío, inmortalizado en cierto grado por Jean Goujon y los franceses. El rostro es un óvalo perfecto; la frente, algo demasiado redonda, cubierta por rizos menudísimos, como una lana, de un rubio rojizo resplandeciente. La nariz, apenas demasiado aquilina, y los pómulos un poco bajos; los ojos, grises, grandes, prominentes, bajo cejas y párpados de trazo exquisito, aunque un poco tirantes en las comisuras. La boca, de un rojo brillante y delicadísima de diseño, es también algo tirante, los labios un tanto apretados sobre los dientes. Párpados tensos y labios apretados confieren cierta delicadeza extraña, y a la vez un aire de misterio, una seducción un tanto siniestra; parecen apropiarse, no entregarse. La boca, con un dejo casi infantil, parece capaz de morder o chupar como una sanguijuela.

El cutis es deslumbrante: la transparencia nívea y rosada de una belleza pelirroja. La cabeza, con el cabello cuidadosamente rizado y trenzado, adornado de perlas, se alza sobre un cuello largo, flexible, de cisne. Una belleza curiosa, al principio casi convencional y artificiosa, voluptuosa pero fría, que mientras más se contempla, más inquieta y obsesiona la mente.

Alrededor del cuello lleva una cadena de oro con pequeños rombos igualmente de oro, grabados con un lema o juego de palabras (pues la moda de las divisas francesas era común entonces): "Amour Dure — Dure Amour."

El mismo lema está inscrito en el hueco del busto y, gracias a él, he podido identificar la escultura como retrato de Medea.

A menudo examino estos trágicos retratos, preguntándome cómo sería ese rostro —que llevó a tantos hombres a la muerte— cuando hablaba o sonreía; qué expresión tendría cuando Medea da Carpi fascinaba a sus víctimas hasta el amor fatal —"Amour Dure — Dure Amour", como reza su divisa: amor que dura, amor cruel… Sí, verdaderamente, si uno piensa en la fidelidad y destino de sus amantes.

13 de octubre —

No he tenido literalmente tiempo de escribir una sola línea de diario estos días. Todas mis mañanas se han ido en los Archivos, las tardes dando largos paseos en este hermoso clima otoñal (las cimas más altas ya muestran un toque de nieve). Mis noches se van preparando ese maldito informe sobre el Palacio de Urbania que exige el Gobierno, sólo para mantenerme ocupado en algo inútil. De mi historia, aún no he podido escribir ni una palabra…

Debo anotar, eso sí, una circunstancia curiosa que encontré hoy en un manuscrito anónimo sobre la vida del duque Roberto. Cuando este príncipe mandó erigir la estatua ecuestre suya hecha por Antonio Tassi, discípulo de Juan de Bolonia, hizo fabricar en secreto —dice el manuscrito— una estatuilla de plata representando a su genio familiar o ángel —familiaris ejus angelus seu genius, quod a vulgo dicitur idolino— la cual, tras haber sido consagrada por los astrólogos —ab astrologis quibusdam ritibus sacrato— fue colocada en la cavidad del pecho de la efigie de Tassi, para que, dice el manuscrito, su alma descansase hasta la Resurrección universal.

Este pasaje es curioso y algo desconcertante para mí. ¿Cómo podía el alma del duque Roberto esperar el Juicio Final cuando, como católico, debía creer que, una vez separada del cuerpo, debía ir al Purgatorio? ¿O acaso se trata de alguna superstición semipagana del Renacimiento (muy extraña, ciertamente, en un hombre que había sido cardenal), que vincula el alma a un genio protector obligado, mediante ritos mágicos ("ab astrologis sacrato", dice el manuscrito del pequeño ídolo), a permanecer en la tierra, de modo que el alma duerma en el cuerpo hasta el Día del Juicio?

Confieso que esta historia me desconcierta. Me pregunto si tal ídolo existió alguna vez… o existe aún hoy dentro de la efigie de bronce de Tassi.

20 de octubre —

He estado viendo bastante, últimamente, al hijo del viceprefecto: un joven amable, de rostro enamoradizo y con un lánguido interés por la historia y la arqueología urbanianas, de las cuales es profundamente ignorante. Este joven, que ha vivido en Siena y en Lucca antes de que su padre fuese destinado aquí, lleva unos pantalones larguísimos y estrechos que casi le impiden doblar las rodillas, un cuello de camisa muy almidonado que se le yergue como una armadura, un monóculo, y un par de flamantes guantes de cabritilla asomando del bolsillo del pecho. Habla de Urbania como Ovidio pudiera haber hablado del Ponto, y se queja (con sobrada razón) de la barbarie de los jóvenes del lugar: los funcionarios que comen en mi misma posada, que aúllan y cantan como locos; y los nobles que pasean en sus carruajes descubriendo casi tanto cuello como una dama en baile de gala.

Este personaje me deleita con frecuencia con el relato de sus amori, pasados, presentes y futuros; evidentemente le parezco un tanto extraño por no tener yo otros tantos amori con los cuales corresponderle. Mientras paseamos por la calle me señala a las criadas y modistillas, más o menos agraciadas (o más bien feas), suspira hondamente o canta en falsete a espaldas de toda mujer que conserve un aspecto medianamente juvenil, y ha acabado por llevarme a la casa de la dama de su corazón: una condesa de grandes bigotes negros y voz de pregonera de mercado. Allí, dice, he de conocer a la mejor sociedad de Urbania y a unas mujeres hermosísimas — ¡ay, demasiado hermosas, según él!

Encuentro tres enormes salas medio vacías, con pavimentos de ladrillo desnudo, lámparas de petróleo y unos cuadros espantosamente malos sobre paredes pintadas de un azul "bola de lavado" y de un gualda estridente; y en medio de todo aquello, cada noche, una docena de damas y caballeros sentados en círculo, vociferándose unos a otros las mismas noticias de hace un año. Las jóvenes, vestidas con llamativos amarillos y verdes, se abanicaban mientras a mí me castañetean los dientes, y recibían dulces cuchicheos tras el abanico de labios de oficiales con el cabello erizado como un puercoespín. ¡Y éstas son las mujeres de las que mi amigo espera que me enamore!

Espero en vano el té o la cena que nunca llegan, y regreso a toda prisa a casa, decidido a dejar en paz al beau mondeurbaniano.

Es rigurosamente cierto que no tengo amori, por mucho que mi amigo se niegue a creerlo. Cuando vine por primera vez a Italia, andaba yo a la caza de lo novelesco; suspiraba, como Goethe en Roma, por que se abriese una ventana y apareciese una criatura maravillosa "welch mich versengend erquickt". Tal vez se deba a que Goethe era un alemán, acostumbrado a las Frauen germanas, mientras que yo soy, a fin de cuentas, un polaco, habituado a algo muy distinto de las Frauen; pero, sea como fuere, por más empeño que puse, en Roma, Florencia y Siena, jamás pude encontrar una mujer por la que enloquecer, ni entre las señoras que balbucean un mal francés, ni entre las clases bajas, tan astutas y frías como prestamistas. De modo que me mantengo alejado del género femenino italiano, de sus voces estridentes y sus tocados chillones.

Estoy casado con la historia, con el Pasado, con mujeres como Lucrecia Borgia, Vittoria Accoramboni o esa Medea da Carpi, por el momento; algún día quizá encuentre una gran pasión, una mujer por la cual jugar al Don Quijote, como buen polaco que soy; una mujer de cuyo zapatito beber y por cuyo gusto morir; pero no aquí. Pocas cosas me impresionan tanto como la degeneración de la mujer italiana. ¿En qué ha parado la raza de las Faustinas, las Marozias, las Bianca Cappello? ¿Dónde encontrar hoy en día —lo confieso, me obsesiona— otra Medea da Carpi? Si fuese tan sólo posible toparme con una mujer de aquella distinción extrema de belleza, de aquella terribilidad de naturaleza, aunque sólo fuese potencial, creo sinceramente que podría amarla, hasta el Día del Juicio, como cualquier Oliverotto da Narni, o Frangipani o Prinzivalle.

27 de octubre —

¡Bonitos sentimientos los que acabo de escribir, tratándose de un profesor, de un hombre erudito! Consideraba yo pueriles a los jóvenes artistas de Roma porque gastaban bromas pesadas y daban alaridos por las noches en las calles, al volver del Café Greco o de la taberna de la Via Palombella; pero ¿no soy yo igualmente pueril —yo, este melancólico desdichado al que ellos llamaban Hamlet y el Caballero de la Triste Figura?

5 de noviembre —

No logro librarme del pensamiento de esta Medea da Carpi. En mis paseos, en mis mañanas en los Archivos, en mis tardes solitarias, me sorprendo a mí mismo dándole vueltas a esta mujer. ¿Me estaré volviendo novelista en vez de historiador? Y, sin embargo, me parece comprenderla tan bien; mejor, mucho mejor de lo que mis datos permiten.

Ante todo, hay que dejar de lado toda idea moderna y pedantesca de lo que está bien y lo que está mal. El bien y el mal, en un siglo de violencia y de traición, no existen; menos aún para criaturas como Medea. ¡Vaya usted a predicar el bien y el mal a una tigresa, querido señor!

¿Y existe acaso en el mundo algo más noble que esa inmensa criatura, acero cuando salta, terciopelo cuando pisa, mientras estira su cuerpo flexible o alisa su hermoso pelaje, o hunde sus fuertes garras en la presa?

Sí; puedo comprender a Medea. Imagine el lector a una mujer de belleza superlativa, de altísimo valor y serenidad, mujer de múltiples recursos, de genio, criada por un principillo de pacotilla, su padre, a fuerza de Tácito y Salustio y de relatos sobre los grandes Malatesta, César Borgia y otros semejantes —una mujer cuya única pasión es la conquista y el dominio—; imagínela, en vísperas de casarse con un hombre del poder del duque de Stimigliano, reclamada, raptada por un pez chico, un Pico cualquiera, encerrada en el castillo hereditario de un bandolero y obligada a recibir, como un honor y una necesidad, el amor ardiente de aquel joven majadero.

El mero pensamiento de cualquier violencia contra una naturaleza semejante es un ultraje abominable; y si a Pico se le antoja abrazar a tal mujer con el riesgo de encontrarse un filo acerado en sus brazos, pues bien, es un trato leal. Jovenzuelo —o, si se prefiere, joven héroe— el que pretende tratar a una mujer así como si fuera cualquier moza de aldea.

Medea se casa con su Orsini. Un matrimonio, conviene señalarlo, entre un viejo soldado de cincuenta años y una joven de dieciséis. Piénsese lo que eso significa: que a esta mujer imperiosa pronto se la trata como a una mercancía; se le hace comprender, con toda rudeza, que su oficio consiste en darle al duque un heredero, no consejos; que no le está permitido preguntar el porqué de esto o de aquello; que debe hacer reverencias ante los consejeros del duque, ante sus capitanes, sus amantes; que ante la más leve sospecha de rebeldía está expuesta a sus injurias y a sus golpes; y que, al menor recelo de infidelidad, puede verse estrangulada, muerta de hambre o arrojada a un calabozo sin fondo.

Supongamos que ella sabe que su marido se ha encaprichado con la idea de que ha mirado demasiado fijamente a tal hombre o cual otro; que uno de sus lugartenientes o una de sus mujeres ha insinuado que, al fin y al cabo, el jovencito Bartolomeo podría ser tan bien un Pico como un Orsini. Supongamos que sabe que debe golpear o será golpeada. Pues bien: golpea, o hace que otro golpee por ella. ¿A qué precio? A cambio de una promesa de amor, de amor a un mozo de cuadra, hijo de siervo. ¡El perro debe de estar borracho o loco para creer posible semejante cosa! Su sola creencia en algo tan monstruoso lo hace digno de la muerte. Y encima se atreve a hablar.

Esto es mucho peor que el caso de Pico. Medea está obligada a defender por segunda vez su honor; si fue capaz de apuñalar a Pico, con más razón puede apuñalar a ese individuo, o hacer que lo apuñalen.

Perseguida por los parientes de su marido, busca refugio en Urbania. El duque, como todo hombre que la contempla, se enamora perdidamente de Medea y descuida a su esposa; lleguemos incluso a admitir que, por ello, rompe el corazón de su mujer. ¿Es culpa de Medea? ¿Es culpa suya que toda piedra que cae bajo las ruedas de su carro sea triturada? En modo alguno. ¿Imagina usted que una mujer como Medea abriga el menor rencor hacia una pobre e inútil duquesa Maddalena? ¡Si hasta ignora su misma existencia!

Suponer que Medea es una mujer cruel resulta tan grotesco como llamarla mujer inmoral. Su destino es, tarde o temprano, triunfar sobre sus enemigos, o, cuando menos, convertir la victoria de los otros en casi una derrota. Su facultad mágica consiste en esclavizar a todos los hombres que cruzan su camino; cuantos la ven, la aman, se vuelven sus esclavos; y el destino de todos sus esclavos es perecer. Sus amantes, con la única excepción del duque Guidalfonso, alcanzan todos un fin prematuro; y en ello no hay ninguna injusticia.

La posesión de una mujer como Medea es una felicidad demasiado grande para un mortal; le trastornaría la cabeza, le haría olvidar incluso aquello que le debe a ella. Ningún hombre debe sobrevivir mucho tiempo a la idea de tener un derecho sobre semejante mujer: sería una suerte de sacrilegio. Y sólo la muerte, la disposición a pagar con la vida tal dicha, puede hacer a un hombre digno de ser su amante; ha de estar dispuesto a amar, sufrir y morir.

Éste es el sentido de su divisa: "Amour Dure — Dure Amour."

El amor de Medea da Carpi no se marchita, pero el amante puede morir: es un amor constante y cruel.

11 de noviembre —

Tenía razón, ¡completamente razón en mi suposición! He encontrado —¡oh, júbilo!— he encontrado en los Archivos, por supuesto ignorado por el Director, un montón de cartas: cartas del duque Roberto sobre Medea da Carpi… ¡cartas de la propia Medea! Sí, de su puño y letra: una escritura redonda, erudita, llena de abreviaturas, con cierto aire griego, como corresponde a una princesa docta que podía leer a Platón tan fácilmente como a Petrarca.

Las cartas son de poca importancia, meros borradores de asuntos de gobierno para que su secretario los copiase, escritas durante el tiempo en que ella gobernaba al pobre y débil Guidalfonso. Pero son sus cartas, y casi puedo imaginar que en estos papeles carcomidos flota aún un aroma, como de cabellos de mujer.

Las pocas cartas del duque Roberto lo revelan bajo una luz nueva: astuto, frío… pero cobarde sacerdote. Tiemblan sus palabras ante el solo pensamiento de Medea —"la pessima Medea"— peor que su homónima de la Cólquide, como él la llama. Su larguísima clemencia no era sino fruto del miedo de poner violentamente la mano sobre ella. Le teme como a algo casi sobrenatural; parece que habría disfrutado teniéndola quemada por bruja.

Carta tras carta le escribe a su compinche, el cardenal Sanseverino, contándole las precauciones que toma mientras ella vive: cómo viste una coraza bajo la ropa; cómo bebe sólo leche de una vaca ordeñada ante sus propios ojos; cómo prueba su comida en su perro, no sea que esté envenenada; cómo sospecha de los cirios por su olor extraño; cómo teme salir a caballo, no fuera a asustarse el animal y se rompa el cuello.

Y, después de todo eso, cuando Medea lleva ya dos años en su tumba, le confiesa su terror de encontrarse con el alma de Medea tras su propia muerte, y se regodea relatando el ingenioso artilugio (concebido por su astrólogo y un tal fray Gaudencio, capuchino) mediante el cual garantizará la paz absoluta de su alma hasta que la de la malvada Medea haya sido "encadenada definitivamente en el infierno, entre los lagos de pez hirviente y los hielos de la Caína descritos por el inmortal poeta" —¡viejo pedante!

He aquí, pues, la explicación de aquella figurilla de plata —quod vulgo dicitur idolino— que hizo soldar dentro de su propia efigie por mano de Tassi. Mientras la imagen de su alma quedase unida a la imagen de su cuerpo, podría dormir esperando el Día del Juicio, convencido de que el alma de Medea sería debidamente embreada y emplumada, mientras la suya —¡honrado varón!— volaría derecha al Paraíso.

Y pensar que, hace dos semanas, yo tomaba a este hombre por un héroe… ¡Ajá, buen duque Roberto, quedarás bien al desnudo en mi historia, y ni todos tus idolinos de plata podrán librarte de una sonora carcajada!

15 de noviembre —

¡Qué extraño! A ese idiota del hijo del prefecto, que me ha oído hablar cien veces de Medea da Carpi, de pronto se le ocurre recordar que, cuando era niño en Urbania, su nodriza lo amenazaba con la visita de Madonna Medea, que cabalgaba por los cielos sobre un macho cabrío negro.

¡Mi duquesa Medea convertida en espantajo para niños traviesos!

20 de noviembre —

He pasado los últimos días acompañando a un profesor bávaro de historia medieval, enseñándole todo el país. Entre otros lugares hemos visitado la Rocca Sant'Elmo, antigua villa de los duques de Urbania, la misma donde Medea estuvo recluida entre la entronización del duque Roberto y la conspiración de Marcantonio Frangipani, que causó su traslado inmediato al convento extramuros.

Un largo viaje por los valles desolados de los Apeninos, hoy de una tristeza indescriptible, con su delgado sotobosque de robles ya castaño, manchas ralas de hierba quemada por las heladas, y las últimas hojas amarillas de los álamos temblando sobre los torrentes helados al soplo de la Tramontana. Las cumbres estaban envueltas en nubes grises y espesas: mañana, si continúa el viento, las veremos como masas redondeadas de nieve contra el cielo azul glaciar.

Sant'Elmo es una miserable aldea en lo alto del espinazo apenínico, donde la vegetación italiana ha sido ya reemplazada por la del Norte. Se cabalga durante millas por castañares desnudos, con el perfume de sus hojas empapadas llenándolo todo y el bramido del torrente encrespadísimo siguiendo la senda desde el precipicio.

De pronto, como en Vallombrosa, los castañares se ven sustituidos por un cinturón de abetos negros y espesos. Al salir de ellos, todo aparece: prados abrasados y helados, peñascos coronados de nieve reciente, la nieve recién caída allí mismo por encima de nuestras cabezas. Y, en medio, sobre un montículo, flanqueada por dos alerces retorcidos, la villa ducal de Sant'Elmo: una gran caja de piedra negra con un escudo esculpido, ventanas enrejadas y una doble escalinata al frente.

Hoy está arrendada al dueño de los bosques circundantes, que la usa para almacenar castañas, haces de leña y carbón. Atamos nuestros caballos a los anillos de hierro y entramos: una anciana, de cabellos sueltos y en desorden, era la única guardiana del lugar.

La villa no es sino un pabellón de caza, construido por Ottobuono IV —padre de los duques Guidalfonso y Roberto— hacia 1530. Quedan restos de las salas que otrora estuvieron estucadas y revestidas de madera tallada, hoy desaparecidas. Sólo permanece, en una de las estancias grandes, una chimenea de mármol semejante a las del palacio de Urbania, hermosamente esculpida con querubines sobre fondo azul: un encantador niño desnudo sostiene un jarro a cada lado, uno lleno de claveles y el otro de rosas. La sala estaba colmada de haces de leña.

Regresamos tarde, mi compañero de pésimo humor ante la esterilidad de la excursión. Nos alcanzó la falda de una tormenta de nieve al entrar en el castañar. La visión de la nieve cayendo suave, la tierra y los arbustos emblanquecidos, me hizo sentir como si volviera a Posen, niño otra vez. Canté y grité de alegría, para horror del profesor. Esto contará gravemente en mi contra si llega a oídos de Berlín. ¡Un historiador de veinticuatro años que canta y grita mientras otro historiador maldice la nieve y los malos caminos!

Esa noche permanecí despierto contemplando las brasas de mi chimenea, y pensando en Medea da Carpi encerrada, en invierno, en aquella soledad de Sant'Elmo: los abetos gimiendo, el torrente rugiendo, la nieve cayendo por doquier, millas y millas lejos de cualquier ser humano.

Creí verlo todo; y creí, de algún modo, ser Marcantonio Frangipani acudiendo a liberarla… ¿o era Prinzivalle degli Ordelaffi? Supongo que fue por la larga cabalgata, o por la novedad de sentir la nieve en el aire, o quizá por el ponche que mi profesor insistió en beber después de la cena.

23 de noviembre —

¡Gracias al cielo, ese profesor bávaro se ha marchado al fin! Los días que pasó aquí estuvieron a punto de volverme loco. Conversando sobre mi trabajo, le expuse un día mis ideas sobre Medea da Carpi; él, condescendiente, me respondió que tales relatos eran las acostumbradas fábulas debidas a la tendencia mitopéyica (¡viejo idiota!) del Renacimiento; que la investigación desmontaría la mayoría, como había desmontado ya las historias sobre los Borgia, &c.; que, además, una mujer como la que yo describía era psicológica y fisiológicamente imposible.

¡Ojalá pudiera decirse lo mismo de profesores como él y como sus semejantes!

30 de noviembre —

Me siento realmente trastornado por lo que acaba de ocurrir; empiezo a temer que aquel viejo pedante tuviera razón al decir que era malo para mí vivir completamente solo en un país extraño, que eso me volvería morboso. Es ridículo que pueda ponerme en tal estado de excitación únicamente por el hallazgo fortuito del retrato de una mujer muerta hace trescientos años. Con el antecedente de mi tío Ladislas y otras sospechas de locura en mi familia, debería tomar precauciones contra semejante tontería.

Y sin embargo, el incidente fue verdaderamente dramático, escalofriante. Yo habría jurado que conocía cada cuadro del palacio —y, en particular, cada representación de Ella. Sea como fuere, esta mañana, al salir de los Archivos, crucé una de las tantas estancias pequeñas —esos cuartos irregulares, como rincones encajados— que llenan los huecos y recovecos de este extraño palacio almenado como un château francés.

Debí haber pasado antes por ese cuarto, pues la vista desde su ventana me resultó singularmente familiar: el pedazo exacto de torre redonda enfrente, el ciprés al otro lado del barranco, el campanario más allá, y la línea de Monte Sant'Agata y de la Leonessa, cubierta de nieve bajo el cielo. Supongo que habrá habitaciones gemelas, y que entré por error... o quizá algún postigo había sido abierto o alguna cortina retirada.

Al pasar, me llamó la atención un hermosísimo marco de espejo, incrustado en la pared de taracea amarilla y castaña. Me acerqué; y al mirar el marco, miré también —mecánicamente— dentro del espejo. Di un salto descomunal, y casi grité —(¡menos mal que el profesor de Múnich está lejos de Urbania!). Detrás de mi reflejo había otra figura, muy cerca de mi hombro... un rostro muy próximo al mío... ¡y esa figura, ese rostro, eran de ella! ¡De Medea da Carpi!

Me giré de golpe, tan pálido, creo yo, como el fantasma que esperaba encontrar. En la pared opuesta al espejo, apenas a dos pasos de donde yo estaba, colgaba un retrato. ¡Y qué retrato! Bronzino no pintó jamás uno más majestuoso.

Sobre un fondo de oscuro azul hostil, destaca la figura de la Duquesa —porque es Medea, la verdadera Medea, mil veces más real, individual y poderosa que en los otros retratos—, sentada rígidamente en un alto sillón, sostenida casi como una estatua por la rigidez del brocado de su falda y corpiño, endurecidos aún más por placas de flores bordadas en plata y hileras de perlas diminutas.

El vestido, mezcla de plata y perlas, es de un extraño y apagado rojo, color de jugo de adormidera maligna, contra el cual la piel de las largas manos estrechas, con dedos finos como flecos; del largo cuello esbelto; y del rostro, con la frente despejada, parece blanca y dura como el alabastro.

La cara es la misma de los otros retratos: la misma frente redondeada, con rizos breves y suaves de un rojo dorado; las mismas cejas finamente curvas; los mismos párpados, un punto tensos; los mismos labios, un punto apretados… pero con una pureza de línea, un esplendor de piel y una intensidad de mirada infinitamente superiores.

Mira desde el marco con una frialdad nivelada; pero los labios sonríen. Una mano sostiene una rosa de rojo apagado; la otra, delgada y larga, juega con una gruesa cuerda de seda, oro y joyas que cae desde el talle. En torno al cuello blanco como mármol, apenas oprimido por el corpiño rojo mate, cuelga un collar de oro, con la divisa —en medallones esmaltados alternados—:

"AMOUR DURE — DURE AMOUR."

Al reflexionar, comprendo que jamás había entrado en aquella habitación; debo haber confundido la puerta. Pero aunque la explicación sea simple, todavía, después de horas, me siento estremecido hasta lo más íntimo del alma. Si sigo poniéndome tan nervioso tendré que ir a Roma en Navidad para tomar vacaciones. Siento como si algún peligro me persiguiera aquí (¿será fiebre?); y sin embargo… y sin embargo… no veo cómo podría arrancarme de este lugar.

10 de diciembre —

Me he hecho violencia y he aceptado la invitación del hijo del Viceprefecto para ver el proceso de elaboración del aceite en una villa suya cerca de la costa. La villa —o más bien la hacienda— es un antiguo edificio fortificado, con torre, situado en la ladera entre olivares y arbustos de mimbre que parecen llamaradas naranjas.

Las aceitunas se prensan en un sótano inmenso y negro, semejante a una prisión: bajo una tenue luz blanca y el resplandor amarillento del resino encendido, se ven grandes bueyes blancos girando alrededor de una enorme muela; figuras difusas accionan manivelas y poleas. A mi imaginación, aquello parecía un auto de fe de la Inquisición.

El Cavaliere me agasajó con su mejor vino y rosquillas. Pasé largos ratos paseando junto al mar; había dejado Urbania envuelta en nubes de nieve, y en la costa brillaba un sol radiante. La luz, el mar, el bullicio del pequeño puerto del Adriático me hicieron bien. Volví a Urbania otro hombre.

Sor Asdrubale, mi casero, hurgando en zapatillas entre los arcones dorados, los sofás Imperio, las tazas, los platos y los cuadros que nadie compra, me felicitó por mi mejor semblante.

"Trabaja usted demasiado —dice—. A la juventud le hacen falta diversiones, teatros, paseos, amori… ya habrá tiempo de ponerse serio cuando uno esté calvo"—y se quitó su grasienta gorra roja.

Sí, estoy mejor; y, como consecuencia, regreso a mi trabajo con gozo. ¡Todavía lograré superar a esos sabios de Berlín!

14 de diciembre —

No creo haberme sentido jamás tan feliz con mi labor. Lo veo todo tan claro: ese taimado y cobarde duque Roberto; la melancólica duquesa Maddalena; el débil, aparatosa y pseudo–caballeresco duque Guidalfonso; y por encima de todos, la figura magnífica de Medea. Me siento como el mayor historiador de nuestro tiempo y, al mismo tiempo, como un niño de doce años.

Ayer nevó en la ciudad por primera vez, durante dos buenas horas. Cuando terminó, bajé a la plaza y enseñé a los granujas a hacer un hombre de nieve… no, una mujer de nieve; y se me ocurrió llamarla Medea.

"¡La pésima Medea!" gritó uno de los niños.

"¿La que cabalgaba por el aire en un macho cabrío?"

"No, no —les dije—; era una dama hermosísima, la duquesa de Urbania, la mujer más hermosa que jamás existió."

Le hice una corona de oropel y enseñé a los chicos a gritar "¡Evviva, Medea!". Pero uno dijo: "¡Es una bruja! ¡Hay que quemarla!".

En un instante, todos salieron corriendo a buscar haces encendidos y estopa; y en un minuto, aquellos demonios chillones la habían reducido a un charco.

15 de diciembre —

¡Qué ganso soy, y pensar que tengo veinticuatro años, y hasta fama literaria!

En mis largos paseos he compuesto —con cierta tonada popular que toda la ciudad canta y silba últimamente— un poema en un italiano espantoso, empezando por:

"Medea, mia dea…",

invocándola en nombre de sus varios amantes. Ando por ahí murmurando entre dientes:

"¿Por qué no soy Marcantonio… o Prinzivalle… o el de Narni… o el buen duque Alfonso… que pudiera ser amado por ti, Medea, mia dea…", etc.

¡Horrible basura!

Mi casero sospecha, creo, que Medea debe de ser alguna dama a la que conocí cuando estuve en la costa. Estoy seguro de que Sora Serafina, Sora Lodovica y Sora Adalgisa —las tres Parcas o Nornas, como las llamo— tienen alguna idea por el estilo.

Esta tarde, al caer el día, mientras ordenaba mi cuarto, Sora Lodovica me dijo:

"¡Qué hermoso canta últimamente el Signorino!"

No me había dado cuenta de que estaba vociferando "Vieni, Medea, mia dea" mientras la anciana agitaba la escoba y avivaba mi fuego.

Me detuve; pensé en la reputación que me haré así… y en cómo terminará esto llegando, de algún modo, a Roma y luego a Berlín.

Sora Lodovica estaba inclinada hacia fuera de la ventana, recogiendo la lámpara del pequeño santuario que señala la casa de Sor Asdrubale. Mientras la recortaba antes de volver a colgarla, dijo con su peculiar tono pudoroso:

"Has hecho mal en dejar de cantar, hijo mío" —(a veces me llama Signor Professore, y otras "Nino", "Vísceras mías", etc.)— "has hecho mal en dejar de cantar, pues hay una joven ahí abajo, en la calle, que se ha detenido a escucharte."

Corrí a la ventana. Una mujer, envuelta en un chal negro, estaba de pie bajo un arco, mirando hacia arriba, hacia mi ventana.

"¡Eh, eh! El Signor Professore tiene admiradoras", dijo Sora Lodovica.

"¡Medea, mia dea!" estallé a plena voz, con el placer travieso de desconcertar a la intrusa.

Ella se volvió bruscamente para marcharse, alzando la mano hacia mí; en ese instante Sora Lodovica dejó caer la lámpara en su sitio. Un chorro de luz iluminó la calle.

Sentí que se me helaba el cuerpo entero: el rostro de la mujer era el de Medea da Carpi.

¡Qué tonto soy, Dios mío!

PARTE II

17 de diciembre —

Temo que mi manía por Medea da Carpi se haya hecho bastante conocida, gracias a mis tontas charlas y a mis canciones idiotas. Ese hijo del Viceprefecto —o el asistente de los Archivos, o tal vez alguno de los tertulianos de casa de la condesa— está tratando de gastarme una broma. ¡Pero cuidado, señoras y señores, que pienso pagarles con la misma moneda!

Imagínate cómo me sentí cuando, esta mañana, encontré sobre mi escritorio una carta doblada, dirigida a mí, en una curiosa caligrafía que me pareció extrañamente familiar, y que, al cabo de un momento, reconocí como la misma de las cartas de Medea da Carpi en los Archivos. Me produjo un espantoso sobresalto.

Mi primer pensamiento fue que debía de tratarse de un obsequio de alguien que conociera mi interés por Medea: una carta auténtica suya, en cuyo dorso algún idiota hubiese escrito mi dirección en vez de meterla en un sobre. Pero estaba dirigida a mí, escrita para mí, no era una carta antigua; sólo contenía cuatro líneas, que decían:

«A Spiridion:

Una persona que conoce el interés que le profesas estará esta noche, a las nueve, en la iglesia de San Giovanni Decollato. Fíjate, en la nave izquierda, en una dama que llevará un manto negro y tendrá una rosa en la mano.»

Para entonces ya comprendía que yo era objeto de una conspiración, víctima de una burla. Le di vueltas a la carta una y otra vez. Estaba escrita en un papel de la misma clase que el que se fabricaba en el siglo XVI, y en una imitación extraordinariamente fiel de la letra de Medea da Carpi. ¿Quién la habría escrito?

Pensé en todas las personas posibles. En suma, debía de ser el hijo del Viceprefecto, tal vez en complicidad con su dama del corazón, la condesa. Debían de haber arrancado una página en blanco de alguna carta vieja; pero que cualquiera de ellos hubiera tenido la habilidad de urdir semejante broma o la capacidad de perpetrar una falsificación tan perfecta, me deja pasmado. Hay más en esta gente de lo que yo sospechaba.

¿Cómo vengarme? ¿No haciendo caso de la carta? Digno, sí, pero aburrido. No, iré; quizá haya alguien allí, y entonces seré yo quien los desconcierte. O, si no hay nadie, ¡cómo me reiré de ellos por no haber llevado su complot hasta el final! Tal vez esto sea una travesura del caballero Muzio para llevarme a presencia de alguna dama a la que destine a ser la llama de mis futuros amori. Es bastante probable. Y sería de una idiotez demasiado profesoral rechazar tal invitación; la dama debe de ser digna de conocer si puede falsificar cartas del siglo XVI como ésta, porque estoy seguro de que ese petimetre lánguido de Muzio no lo lograría jamás.

¡Iré! ¡Por Dios, les pagaré en su propia moneda! Son apenas las cinco… ¡qué largos son estos días!

18 de diciembre —

¿Estoy loco? ¿O existen realmente los fantasmas? La aventura de anoche me ha sacudido hasta lo más hondo del alma.

Fui a las nueve, como me ordenaba la carta misteriosa. Hacía un frío atroz, y el aire estaba cargado de niebla y aguanieve; ni una tienda abierta, ni una ventana sin postigos, ni una criatura a la vista; las calles estrechas y negras, derramándose en pendiente entre sus altos muros y bajo sus elevados arcos, sólo parecían más tenebrosas por la luz mortecina de algún farol de aceite aquí y allá, con su reflejo amarillo temblando en los charcos de las losas.

San Giovanni Decollato es una iglesita, o más bien un oratorio, que hasta ahora siempre había visto cerrado (como tantas iglesias aquí, que sólo se abren en grandes festividades); está situado detrás del palacio ducal, en una subida muy empinada, y marca la bifurcación de dos callejuelas adoquinadas y también empinadas. Habré pasado por allí un centenar de veces, y apenas me había fijado en la pequeña iglesia, salvo por el altorrelieve de mármol sobre la puerta, que muestra la horrorosa cabeza del Bautista en la bandeja, y por la jaula de hierro cercana, donde antiguamente se exponían las cabezas de los ajusticiados; el decapitado —o, como dicen aquí, "decollado"— San Juan Bautista es, al parecer, el patrón del hacha y el tajo.

Unos pocos pasos me bastaron para ir desde mi alojamiento hasta San Giovanni Decollato. Confieso que estaba excitado; uno no tiene veinticuatro años y es polaco para nada.

Al llegar al pequeño rellano que forma la bifurcación de las dos calles, descubrí, para mi sorpresa, que las ventanas de la iglesia u oratorio no estaban iluminadas y que la puerta estaba cerrada con llave. ¡He aquí la estupenda broma que me habían jugado! Mandarme, en una noche gélida y lluviosa, a una iglesia cerrada que quizá llevara años sin abrirse.

No sé lo que no hubiera sido capaz de hacer en aquel momento de furia; sentí el impulso de derribar la puerta a patadas, o de ir a sacar de la cama al hijo del Viceprefecto (porque estaba seguro de que la broma era obra suya). Me decidí por lo último, y echaba ya a andar hacia su casa, bajando por el callejón negro a la izquierda de la iglesia, cuando me detuvo de golpe un sonido, muy cercano, como de órgano: sí, un órgano, perfectamente reconocible, y la voz de unos cantores, el murmullo monótono de una letanía.

Así que la iglesia no estaba cerrada, después de todo. Volví sobre mis pasos hasta lo alto del rellano. Todo estaba oscuro y en completo silencio.

De pronto volvió a llegar, débil, una ráfaga de órgano y voces. Escuché; el sonido venía claramente de la otra calle, la de la derecha. ¿Habría allí alguna otra puerta? Bajé bajo el arco y descendí un poco en la dirección de donde parecía venir el canto. Pero no había puerta, ni luz, sólo las paredes negras, las losas mojadas, con sus leves reflejos amarillos de los faroles de aceite. Y, además, un silencio absoluto.

Me detuve un minuto, y entonces el canto se elevó otra vez; y esta vez me pareció venir, sin duda, de la calle que acababa de dejar. Volví hacia atrás —nada. Así estuve, de un lado a otro, con los sonidos llamándome, por así decirlo, hacia una dirección, sólo para reclamarme de nuevo, en vano, hacia la otra.

Por fin perdí la paciencia, y me invadió una especie de terror helado, de esos que sólo una acción violenta es capaz de disipar. Si aquellos sonidos misteriosos no venían de la calle de la derecha ni de la de la izquierda, no podían venir sino de la iglesia. Medio enloquecido, subí corriendo los dos o tres escalones, dispuesto a forzar la puerta con todas mis fuerzas. Para mi asombro, se abrió con la mayor facilidad.

Entré, y el murmullo de la letanía llegó a mí con mayor intensidad mientras me detenía un instante entre la puerta exterior y la pesada cortina de cuero. La levanté y me deslicé dentro.

El altar estaba brillantemente iluminado, con cirios y guirnaldas de lámparas; evidentemente, se trataba de algún rezo vespertino relacionado con la Navidad. La nave y las naves laterales estaban relativamente oscuras, y medio llenas. Me abrí paso a codazos por la nave de la derecha, avanzando hacia el altar.

Cuando mis ojos se acostumbraron a aquella luz inesperada, comencé a mirar en torno, con el corazón latiendo con fuerza. La idea de que todo fuese una broma y que sólo hubiera allí alguna conocida del Cavaliere se había disipado de pronto: miré atentamente.

Todos estaban envueltos en sus ropas: los hombres, en grandes capas; las mujeres, en velos y mantos de lana. La parte central de la iglesia era bastante oscura y no distinguía bien, pero me pareció, de algún modo, que bajo aquellas capas y velos su indumentaria era algo extraordinaria. Observé que el hombre frente a mí dejaba ver unas calzas amarillas bajo la capa; y no lejos de él, una mujer lucía un corpiño rojo, ajustado por detrás con cordones de oro. ¿Serían campesinos de alguna región lejana venidos para las fiestas navideñas? ¿O los habitantes de Urbania se vestirían con trajes antiguos en honor de la Navidad?

Mientras me hacía estas preguntas, mi mirada se cruzó de pronto con la de una mujer que estaba en la nave opuesta, junto al altar, de lleno bajo el resplandor de las luces. Iba envuelta en negro, pero sostenía, muy visiblemente, una rosa roja, un lujo desconocido en esta época del año en un lugar como Urbania.

Sin duda me vio, porque se volvió todavía más hacia la luz, aflojando su pesado manto, y dejó ver un vestido de rojo profundo, con destellos de bordados en plata y oro. Volvió su rostro hacia mí; el resplandor entero de candelabros y cirios cayó sobre él.

Era el rostro de Medea da Carpi.

A través de la nave me lancé como un loco, empujando a la gente con violencia; o mejor dicho, me pareció que atravesaba cuerpos que no ofrecían resistencia. Pero la dama se volvió y caminó con rapidez por la nave hacia la puerta. La seguí muy de cerca, pero de algún modo no lograba alcanzarla.

Ya en la cortina, se volvió una vez más. Estaba a solo unos pasos de mí. Sí, era Medea. Medea misma, sin error posible, sin ilusión, sin engaño: el rostro ovalado, los labios tensos sobre la boca, los párpados apenas tirantes en las comisuras de los ojos, la exquisita tez de alabastro.

Levantó la cortina y se deslizó afuera. Yo la seguí; la cortina era lo único que nos separaba. Vi la puerta de madera balancearse al cerrarse tras ella. ¡Un paso por delante de mí! Arranqué la puerta con violencia; debería estar en los escalones, al alcance de mi mano.

Me encontré en el exterior de la iglesia. Todo estaba vacío: sólo el empedrado mojado y los reflejos amarillos en los charcos. Un frío súbito me recorrió el cuerpo; fui incapaz de seguir. Intenté entrar de nuevo en la iglesia: estaba cerrada.

Corrí hasta mi casa, con el cabello erizado, temblando de pies a cabeza, y permanecí durante una hora como un demente.

¿Es una ilusión? ¿Me estoy volviendo loco también yo? Oh Dios, Dios mío... ¿me estaré volviendo loco?

19 de diciembre —

Un día radiante, soleado; toda la inmundicia negruzca de la nieve ha desaparecido de la ciudad, de los arbustos y de los árboles. Las montañas nevadas centellean contra el azul intenso del cielo. Es domingo, y un domingo con clima de fiesta; todas las campanas repican anunciando la cercanía de la Navidad. Preparan una especie de feria en la plaza del pórtico, levantando puestos repletos de telas de algodón y lana en vivos colores, chales y pañuelos brillantes, espejos, cintas, lámparas de peltre refulgente: todo el surtido del buhonero del Cuento de Invierno.

Las tiendas de carne están adornadas con guirnaldas verdes y flores de papel, los jamones y quesos erizados de pequeñas banderas y ramitas verdes. Salí a ver la feria de ganado fuera de la puerta: un bosque de cuernos entrelazados, un océano de mugidos y pisadas; cientos de inmensos bueyes blancos, con cuernos de un metro y borlas rojas, apiñados en la pequeña piazza d'armi bajo las murallas de la ciudad.

¡Bah! ¿Por qué escribo estas nimiedades? ¿Qué utilidad tiene todo esto? Mientras me obligo a escribir sobre campanas, festividades navideñas y ferias de ganado, una sola idea sigue resonando dentro de mí como una campana: ¡Medea, Medea!

¿La he visto realmente, o estoy loco?

Dos horas después. — Esa iglesia de San Giovanni Decollato — según me informa mi casero— no se ha utilizado en la memoria del hombre. ¿Habrá sido todo una alucinación o un sueño… quizá un sueño soñado aquella misma noche?

He vuelto a examinar la iglesia. Allí está, en la bifurcación de las dos callejuelas, con su bajorrelieve de la cabeza del Bautista sobre la puerta. La puerta sí que parece no haberse abierto desde hace años. Veo telarañas en los vidrios; parece, tal como dice Sor Asdrubale, que sólo ratas y arañas se congregan dentro. Y sin embargo… sin embargo, tengo un recuerdo tan nítido, una conciencia tan clara de todo.

Recuerdo un cuadro de la hija de Herodías danzando en el altar; recuerdo su turbante blanco con un penacho escarlata, y el caftán azul de Herodes; recuerdo la forma de la lámpara central; giraba lentamente, y una de las velas de cera estaba doblada casi en dos por el calor y las corrientes de aire.

Cosas que quizá haya visto en otra parte, almacenadas inadvertidamente en mi memoria, y que pudieron salir, de algún modo, en un sueño; he oído a fisiólogos referirse a tales fenómenos.

Volveré otra vez: si la iglesia está cerrada, entonces habrá sido sin duda un sueño, una visión, fruto de la excitación. Debo partir de inmediato hacia Roma y consultar médicos, pues temo enloquecer. Si, en cambio… bah, en un caso así no hay "otro en cambio".

Y sin embargo, si lo hubiera… entonces habría visto realmente a Medea; podría verla otra vez; hablarle.

La sola idea pone mi sangre a hervir, no de horror, sino de… no sé cómo llamarlo. El sentimiento me aterra, pero es delicioso.

¡Idiota! Alguna pequeña espira de mi cerebro, desviada una veinteava parte del grosor de un cabello… nada más.

20 de diciembre —

He vuelto; he escuchado la música; he entrado en la iglesia; ¡la he visto!

Ya no puedo dudar de mis sentidos. ¿Por qué habría de hacerlo? Esos pedantes afirman que los muertos están muertos, que el pasado es pasado. Para ellos, sí; pero ¿por qué para mí? ¿Por qué para un hombre que ama, que se consume por el amor de una mujer? — una mujer que, en verdad… sí, dejadme terminar la frase.

¿Por qué no habrían de existir fantasmas para quienes pueden verlos? ¿Por qué no habría ella de volver a la tierra, si sabe que aquí hay un hombre que piensa sólo en ella, que la desea únicamente a ella?

¿Una alucinación? ¡pero si la vi como veo este papel! Allí estaba, de pie, bajo el resplandor pleno del altar. Oí el susurro de sus faldas, percibí el aroma de su cabello, levanté la cortina que aún temblaba con su roce.

De nuevo la perdí. Pero esta vez, cuando salí a la calle, iluminada por la luna y completamente desierta, encontré sobre los escalones de la iglesia una rosa, la rosa que había visto en su mano un instante antes. La toqué, la olí: una rosa auténtica, viva, rojo oscuro y recién cortada.

La puse en agua al regresar, después de besarla —Dios sabe cuántas veces—. La coloqué sobre el armario, decidido a no mirarla durante veinticuatro horas, por si todo fuese ilusión. Pero debo verla otra vez, debo…

¡Santo Cielo! Es horrible, horrible:

si hubiera encontrado un esqueleto, no habría sido peor.

La rosa, que anoche parecía recién cortada, llena de color y perfume, está ahora parda, seca, como si hubiese sido guardada entre las hojas de un libro durante siglos. Se me deshizo entre los dedos.

Horrible, horrible.

Pero ¿por qué, pregunto? ¿No sabía yo que estaba enamorado de una mujer muerta hace trescientos años? Si hubiese querido rosas frescas, flores de ayer, la condesa Fiammetta o cualquier costurera de Urbania podría habérmelas dado.

¿Qué importa que la rosa haya caído en polvo? Si pudiera tener a Medea entre mis brazos como tuve la rosa entre mis dedos, si pudiera besar sus labios como besé sus pétalos, ¿no estaría satisfecho aunque ella se desmoronase en polvo el instante siguiente?

¿Aunque yo mismo me convirtiera en polvo?

22 de diciembre, once de la noche —
La he visto una vez más. Casi le he hablado.

Me ha prometido su amor.

¡Ah, Spiridion! Tenías razón cuando sentías que no estabas hecho para amores terrenales.

Como siempre, me dirigí esta noche a San Giovanni Decollato. Una brillante noche invernal; las altas casas y los campanarios recortándose contra un cielo azul profundo, luminoso, reluciente como el acero con sus miríadas de estrellas; la luna aún sin salir.

No había luz en las ventanas; pero, tras un pequeño esfuerzo, la puerta cedió y entré. El altar, como siempre, resplandecía con luces. De pronto me asaltó la idea de que toda esa multitud de hombres y mujeres allí reunidos, esos sacerdotes cantando y moviéndose alrededor del altar, estaban muertos; que no existían para nadie salvo para mí.

Toqué, como por accidente, la mano de mi vecino: estaba fría como arcilla húmeda. Se volvió, pero no pareció verme: su rostro era ceniciento, sus ojos fijos, inmóviles, como los de un ciego... o un cadáver.

Sentí ganas de huir. Pero en ese momento mis ojos la vieron: allí estaba Ella, junto a los escalones del altar, envuelta en un manto negro, bajo el resplandor de las luces. Se volvió; la luz cayó de lleno sobre su rostro, ese rostro de facciones delicadas, labios y párpados apenas tensos, piel de alabastro levemente teñida de rosa.

Nuestras miradas se encontraron.

Crucé la nave empujando a quienes se interponían; ella tomó por la nave lateral, y yo detrás. Una o dos veces se detuvo, y creí alcanzarla; pero otra vez, cuando la puerta se cerró tras ella y yo la abrí un segundo después, había desaparecido.

En el escalón de la iglesia encontré algo blanco: no era una flor esta vez, sino una carta.

Corrí de vuelta al interior para leerla; pero la iglesia estaba cerrada herméticamente, como si no se hubiese abierto en años.

A la luz vacilante de las lámparas del santuario no podía leer; corrí hasta mi casa, encendí la lámpara, saqué la carta del pecho. Aquí la tengo. La escritura es la suya; la misma que en los Archivos, la misma que en aquella primera carta:

"A Spiridion.—

Que tu valor sea igual a tu amor, y tu amor será recompensado.

La noche antes de la Navidad, toma un hacha y una sierra; abre, sin temor, el cuerpo del jinete de bronce que está en la Corte, del lado izquierdo, cerca de la cintura.

Serrarás el cuerpo, y dentro encontrarás la efigie de plata de un genio alado.

Sácalo, despedázalo en cien fragmentos y arrójalos en todas direcciones, para que los vientos los dispersen.

Esa noche, ella a quien amas vendrá a recompensar tu fidelidad."

En la cera parda aparece el emblema:

«AMOUR DURE — DURE AMOUR.»

23 de diciembre —

¡Así que es verdad! Estaba reservado para algo extraordinario en este mundo. He encontrado, al fin, aquello hacia lo que mi alma se tendía sin descanso.

La ambición, el amor al arte, el amor a Italia —esas cosas que han ocupado mi espíritu y que, sin embargo, siempre me dejaron insatisfecho— no eran mi destino verdadero. Yo buscaba la vida, ansiándola como un hombre en el desierto anhela un manantial; pero la vida de los sentidos de los otros jóvenes, la vida intelectual de los otros hombres, jamás saciaron mi sed.

¿Será la vida, para mí, el amor de una mujer muerta?

Nos reímos de lo que llamamos superstición del pasado, olvidando que toda nuestra ciencia de hoy puede parecer igual superstición a los hombres del futuro. ¿Por qué habría de tener razón el presente y no el pasado? Los hombres que pintaron los cuadros y construyeron los palacios de hace trescientos años eran, sin duda, de fibra tan delicada y razón tan aguda como nosotros, que nos limitamos a imprimir telas y construir locomotoras.

Pienso esto porque he estado calculando mi natividad con ayuda de un viejo libro de Sor Asdrubale —y ved: mi horóscopo coincide casi exactamente con el de Medea da Carpi, tal como lo da un cronista. ¿Explicará esto algo?

No, no; todo se explica por el hecho de que la primera vez que leí la historia de esta mujer, la primera vez que vi su retrato, la amé, aunque oculté ese amor bajo el disfraz del interés histórico.

¡Interés histórico, en verdad!

He conseguido el hacha y la sierra. Compré la sierra a un pobre carpintero, en un pueblecito a varias millas de aquí; al principio no entendía para qué la quería, y creo que me tomó por loco; quizá lo esté. Pero si la locura significa la dicha de la propia vida, ¿qué importa? Vi el hacha tirada en un depósito de madera, donde preparan los grandes troncos de los abetos que crecen en lo alto de los Apeninos de Sant' Elmo. No había nadie en el patio, y no pude resistir la tentación: tomé el hacha, probé el filo y me la robé. Es la primera vez en mi vida que cometo un robo; ¿por qué no entré sencillamente en una tienda a comprar un hacha? No lo sé; parecía incapaz de resistir el brillo de aquella hoja reluciente.

Lo que voy a hacer es, supongo, un acto de vandalismo; y, sin duda, no tengo derecho a estropear una propiedad de esta ciudad de Urbania. Pero no deseo mal ni a la estatua ni a la ciudad; si pudiera tapar luego el bronce, lo haría con gusto. Pero debo obedecerla a Ella;

debo vengarla; debo llegar hasta esa imagen de plata que Roberto de Montemurlo mandó hacer y consagrar, a fin de que su alma cobarde pudiera dormir en paz y no encontrarse con la de aquel ser a quien más temió en el mundo. ¡Ah, duque Roberto, la obligaste a morir sin confesión, y encerraste la imagen de tu alma en la imagen de tu cuerpo, creyendo que, mientras Ella padecía los tormentos del Infierno, tú descansarías tranquilo hasta que tu pulida almitita volara derecha al Paraíso; temías encontrarla cuando ambos estuvierais muertos, y te creías muy astuto al haber previsto todas las eventualidades! No, Alteza Serenísima. Tú también probarás lo que es vagar después de la muerte y encontrarse con los muertos a quienes se ha hecho daño.

¡Qué día interminable! Pero volveré a verla esta noche.

Once de la noche. — No; la iglesia estaba sólidamente cerrada; el hechizo había cesado. Hasta mañana no la veré. Pero ¡mañana! Ah, Medea, ¿alguno de tus amantes te amó como yo?

Faltan veinticuatro horas para el momento de la dicha, para ese instante que me parece haber esperado toda mi vida. Y después, ¿qué vendrá? Sí, lo veo cada vez más claro: después, nada más. Todos los que amaron a Medea da Carpi, los que la amaron y la sirvieron, murieron: Giovanfrancesco Pico, su primer marido, al que dejó apuñalado en el castillo del que huyó; Stimigliano, muerto por veneno; el mozo de cuadra que le dio el veneno, derribado a sus órdenes; Oliverotto da Narni, Marcantonio Frangipani y aquel pobre muchacho de los Ordelaffi, que ni siquiera había contemplado su rostro, y cuya única recompensa fue aquel pañuelo con que el verdugo le limpió el sudor de la cara cuando no era más que un amasijo de miembros rotos y carne desgarrada: todos tuvieron que morir, y yo moriré también.

El amor de una mujer semejante basta, y es fatal: «Amour Dure», como dice su divisa. Yo también moriré. Pero ¿por qué no? ¿Sería posible seguir viviendo para amar a otra mujer? Es más, ¿sería posible arrastrar una vida como ésta después de la felicidad de mañana? Imposible; los otros murieron, y yo debo morir. Siempre sentí que no viviría mucho; una gitana en Polonia me dijo una vez que tenía en la mano la línea cortada que significa muerte violenta. Bien podía haber terminado en un duelo con algún condiscípulo, o en un accidente de ferrocarril. No, no; mi muerte no será de ese tipo.

La muerte… ¿y no está ella también muerta? ¡Qué extrañas perspectivas abre ese pensamiento! Entonces los otros —Pico, el mozo de cuadra, Stimigliano, Oliverotto, Frangipani, Prinzivalle degli Ordelaffi—, ¿estarán todos allí? Pero Ella me amará más a mí: a mí, que la he amado cuando ya llevaba trescientos años en la tumba.

24 de diciembre —

He hecho todos mis preparativos. Esta noche, a las once, saldré furtivamente; Sor Asdrubale y sus hermanas estarán profundamente dormidos. Ya me he informado: el miedo al reumatismo les impide asistir a la misa del gallo. Por fortuna no hay iglesias entre ésta y la Corte; cualquiera que sea el movimiento que traiga la Nochebuena estará bastante lejos. Las habitaciones del viceprefecto están del otro lado del palacio; el resto de la plaza lo ocupan los salones de aparato, los archivos y los establos y cocheras vacíos del palacio. Además, seré rápido en mi tarea.

He probado la sierra en un robusto jarrón de bronce que le compré a Sor Asdrubale; y el bronce de la estatua, hueco y gastado por el orín (he observado incluso algunos agujeros), no podrá resistir gran cosa, sobre todo después de un hachazo certero. He puesto mis papeles en orden para el uso del Gobierno que me ha enviado aquí. Me apena haberlo defraudado de su "Historia de Urbania".

Para matar el día interminable y calmar la fiebre de la impaciencia, acabo de dar un largo paseo. Es el día más frío que hemos tenido. El sol brillante no abriga en lo más mínimo, parece sólo acentuar la sensación de frío, hacer que la nieve de las montañas chispee y que el aire azul centellee como acero. La poca gente que anda fuera va tapada hasta la nariz y lleva braseros de barro bajo la capa; largos carámbanos cuelgan de la fuente coronada por la figura de Mercurio; uno podría imaginar a los lobos bajando en tropel por la maleza seca y cercando la ciudad. De algún modo, este frío me infunde una calma maravillosa: parece hacerme regresar a mi infancia.

Mientras subía por los ásperos, empinados y empedrados callejones, resbaladizos por la escarcha y con su marco de cumbres nevadas al fondo, y pasaba junto a los escalones de las iglesias, cubiertos de boj y laureles, con un tenue olor de incienso que se escapaba, me volvió —no sé por qué— el recuerdo, casi la sensación, de aquellas Nochebuenas en Posen y en Breslau, cuando yo, niño aún, caminaba por las amplias calles espiando las ventanas donde empezaban a encenderse las velitas del árbol de Navidad, preguntándome si a mí también me dejarían entrar, al volver a casa, en algún cuarto maravilloso, lleno de luces y nueces doradas y cuentas de vidrio.

Allá, en el Norte, están colgando las últimas guirnaldas de esas cuentas metálicas azules y rojas, enganchando las últimas nueces doradas y plateadas en los árboles; están encendiendo las velas azules y rojas; la cera comienza a chorrear sobre las hermosas ramas verdes del abeto; los niños aguardan con el corazón en un puño detrás de la puerta, esperando que les anuncien que el Niño Dios ha venido.

Y yo, ¿qué es lo que espero? No lo sé; todo parece un sueño; todo en torno a mí es vago, inconsistente, como si el tiempo se hubiera detenido, como si nada pudiera ya suceder, como si mis propios deseos y esperanzas estuvieran muertos, y yo mismo absorbido en no sé qué tierra de sueños pasivos. ¿Anhelo la noche que viene? ¿La temo? ¿Llegará realmente esta noche? ¿Siento algo? ¿Existe algo a mi alrededor?

Me siento y me parece ver aquella calle de Posen, la calle ancha con las ventanas iluminadas por las luces navideñas, las verdes ramas de abeto rozando los cristales.

Nochebuena, medianoche —

Lo he hecho. Salí sin hacer ruido. Sor Asdrubale y sus hermanas dormían profundamente. Temí haberlos despertado, porque se me cayó el hacha al pasar por el salón principal, donde mi casero guarda sus curiosidades en venta; el hacha fue a dar contra una armadura vieja que ha estado recomponiendo. Le oí exclamar, medio en sueños, y soplé mi luz y me oculté en la escalera. Salió en bata, pero, al no encontrar a nadie, volvió a acostarse. "Algún gato, sin duda", murmuró. Cerré la puerta de la casa suavemente tras de mí.

El cielo se había vuelto tormentoso desde la tarde, luminoso con la luna llena, pero cubierto de vapores grises y pajizos; de cuando en cuando la luna desaparecía por completo. Ni un alma en la calle; las altas casas desguarnecidas miraban fijamente a la luz de la luna.

No sé por qué tomé un rodeo para llegar a la Corte, pasando junto a una o dos puertas de iglesia de donde salía el débil resplandor de la misa del gallo. Por un momento sentí la tentación de entrar en alguna, pero algo pareció detenerme. Me llegaron fragmentos del canto navideño. Noté que empezaba a descomponérseme el ánimo y apuré el paso hacia la Corte.

Al pasar bajo el pórtico de San Francesco oí pasos a mi espalda; me pareció que alguien me seguía. Me detuve para dejarlo pasar. A medida que se acercaba, sus pasos se hizo más lentos; pasó muy junto a mí y murmuró:

—No vayas: yo soy Giovanfrancesco Pico.

Me volví: ya había desaparecido. Un frío mortal me invadió, pero me apresuré.

Por detrás del ábside de la catedral, en una callejuela estrecha, vi a un hombre recostado contra la pared. La luz de la luna le daba de lleno; me pareció que el rostro, con una barba puntiaguda y fina, estaba cubierto de sangre. Aceleré el paso; pero, cuando estuve a su altura, murmuró:

—No la obedezcas; vuelve a casa: yo soy Marcantonio Frangipani.

Los dientes me castañeteaban, pero avancé por el callejón estrecho, con el azul de la luna sobre las blancas paredes. Al fin vi la Corte delante de mí: la plaza estaba inundada de luz lunar, las ventanas del palacio parecían iluminadas, y la estatua del duque Roberto, verdosa y reluciente, parecía adelantarse hacia mí sobre su caballo.

Entré en la sombra. Tenía que pasar bajo un arco. De pronto una figura surgió, como arrancada del muro, y me cortó el paso con el brazo extendido, envuelto en una capa. Intenté avanzar. Me agarró del brazo, y su mano era como una masa de hielo.

—¡No pasarás! —gritó, y, cuando la luna reapareció, vi su rostro, lívido y ceñido con un pañuelo bordado; parecía casi un niño—. ¡No pasarás! —volvió a gritar—; ¡no la tendrás! ¡Es mía, sólo mía! Yo soy Prinzivalle degli Ordelaffi.

Sentí su asido gélido, pero con la otra mano empuñé el hacha que llevaba escondida bajo la capa y la descargué a ciegas. El hacha golpeó el muro y sonó contra la piedra. Él había desaparecido.

Me apresuré. Lo hice. Abrí el bronce a golpes; amplié la hendidura con la sierra. Arranqué la imagen de plata y la hice pedazos, innumerables pedazos.

Cuando arrojé los últimos fragmentos, la luna se veló de repente; se levantó un viento furioso que aulló por la plaza; me pareció que la tierra temblaba.

Arrojé el hacha y la sierra y corrí hacia mi casa. Me sentía perseguido, como si centenares de jinetes invisibles cabalgaran tras de mí.

Ahora estoy sereno. Es medianoche; ¡un momento más y ella estará aquí! ¡Paciencia, corazón mío! Oigo tus latidos, tan fuertes. Espero que nadie responsabilice al pobre Sor Asdrubale. Escribiré una carta a las autoridades para declarar su inocencia si algo llegase a ocurrir...

¡La una! Acaba de tocar el reloj de la torre del palacio...

"Por la presente certifico que, si algo me sucede esta noche a mí, Spiridion Trepka, nadie fuera de mí mismo ha de ser..."

¡Un paso en la escalera! ¡Es ella! ¡Es ella!

¡Al fin, Medea, Medea!

¡Ah! AMOUR DURE — DURE AMOUR...

NOTA. — Aquí concluye el diario del difunto Spiridion Trepka.

Los principales periódicos de la provincia de Umbría informaron al público que, en la mañana de Navidad del año 1885, la estatua ecuestre de bronce de Roberto II fue hallada gravemente mutilada; y que el profesor Spiridion Trepka, de Posen, en el Imperio Alemán, fue encontrado muerto por una puñalada en la región del corazón, dada por mano desconocida.

DIONEA

De las cartas del doctor Alessandro De Rosis a la señora Evelyn Savelli, princesa de Sabina.

Montemiro Ligure, 29 de junio de 1873

Me apresuro a aprovechar la generosa oferta de Vuestra Excelencia (permita que este viejo republicano, que alguna vez la tuvo sentada en sus rodillas, se tome la libertad de usar ese título de cuando en cuando: ¡le sienta tan bien!) para ayudar a nuestra pobre gente. Nunca pensé verme pidiendo limosna tan pronto.

Porque la cosecha de aceituna ha sido extraordinariamente abundante. Nosotros, los medio genoveses, no recogemos la aceituna verde, como nuestros vecinos toscanos, sino que la dejamos crecer, grande y negra, hasta que los mozos trepan a los árboles con largas varas y las sacuden sobre la hierba, para que las mujeres las recojan: un espectáculo hermoso que Vuestra Excelencia debe ver algún día: los árboles grises, los muchachos morenos y descalzos, inclinados, suspensos entre las ramas, y al fondo el mar turquesa, apenas más abajo…

Ese mar nuestro; es, justamente, por su culpa que le escribo para pedir dinero.

Al levantar la vista del escritorio, lo veo a través de la ventana, hondo, más allá de los olivares: verdiazulado bajo el sol, veteado de violeta bajo las franjas de nubes, como uno de esos mosaicos de Ravena extendido como pavimento del mundo: mar traicionero, traicionero en su hermosura, peor aún que esos mares grises del norte, y del cual debió de surgir en otros tiempos (cuando fenicios o griegos levantaban templos en Lerici y Porto Venere) alguna diosa funesta de la belleza, una Venus Verticordia, pero en el sentido perverso del nombre, capaz de sumir la vida de los hombres en una súbita oscuridad, como el temporal de la semana pasada.

A lo esencial: deseo que me prometa algo de dinero, mucho dinero, tanto como cuesta uno de esos vestiditos ingleses tan sobrios que usted usa, para la crianza completa, hasta la edad de la discreción, de una pequeña desconocida que el mar ha arrojado a nuestra costa.

Nuestra gente, aunque buena, es pobre y está cargada de hijos; además, sienten una cierta repugnancia por esta criaturita, náufraga de aquella espantosa tormenta, y que sin duda es pagana, pues no llevaba crucifijos ni escapularios como los niños cristianos. Así que, no habiendo podido convencer a ninguna de nuestras mujeres para que la adoptara, y sintiendo yo el terror de un viejo célibe por mi ama de llaves, he pensado en unas monjas, santas mujeres, que enseñan a las niñas a rezar y a hacer encaje cerca de aquí; y en vuestra Excelencia, para costearlo todo.

¡Pobrecita, qué brizna tan morena! La recogieron después del temporal (¡cuántos modelos de barcos y velas votivas habrá llevado ese temporal a la Madonna de Porto Venere!) sobre una lengüita de arena, entre las rocas del castillo: aquello fue realmente milagroso, pues esta costa es como una mandíbula de tiburón, y los pedazos de playa son mínimos y muy distantes entre sí. Venía atada a una tabla, envuelta en raras vestiduras extranjeras; cuando me la trajeron creían que estaba muerta: una niñita de cuatro o cinco años, bastante hermosa, y morena como una baya, que —al recobrar el sentido— movió la cabeza para mostrar que no entendía palabra de italiano, y masculló un galimatías oriental, algunas palabras griegas incrustadas en no sé qué lengua —ni el Superior del Colegio de Propaganda Fide sabría decir cuál.

Parece ser la única sobreviviente de un barco que debió naufragar en el gran temporal y cuyos restos han ido apareciendo en la bahía estos días; nadie en Spezia ni en nuestros puertos sabe nada de ella, salvo que unos sardineros la vieron a bordo del buque, que navegaba —parece— rumbo a Porto Venere: una embarcación grande y pesada, con ojos pintados en la proa, como las barcas griegas. La vieron por última vez junto a la isla Palmaria, entrando con todas las velas desplegadas en lo más denso del temporal. Curiosamente, ningún cadáver ha sido arrojado a la costa.

10 de julio

He recibido el dinero, querida Donna Evelina. Hubo un grandísimo alboroto en San Massimo cuando llegó el carretero con la carta certificada, y me hicieron comparecer —ante todas las autoridades del pueblo— para firmar en el registro postal.

La niña lleva ya algunos días instalada con las monjas; ¡qué monjitas tan encantadoras! (las monjas siempre conmueven el corazón de un viejo enemigo del Papa y conspirador anticlerical como yo), vestidas con hábitos marrones y coifas blancas muy ajustadas, bajo las cuales llevan un enorme sombrero de paja que les cae por la espalda como un nimbo. Se llaman Hermanas de la Estigmatización, y tienen convento y escuela en San Massimo, en un huerto desordenado de lavandas y cerezos. Su protegida ya ha puesto patas arriba medio convento, el pueblo entero, la diócesis y la Orden de San Francisco.

Primero, porque nadie lograba determinar si la niña había sido bautizada o no. Cuestión grave, pues (como le dirá su tío político, el Cardenal), es casi igual de desastroso bautizar dos veces a alguien que no bautizarlo nunca. Eligieron la primera opción como el menor de los males; pero la niña, dicen, evidentemente ya había recibido el sacramento y lo sabía, pues pataleó, se retorció y chilló como veinte diablillos, y no permitió que el agua bendita la tocara. La Madre Superiora, que siempre había supuesto que ya estaba bautizada, declara que la niña tenía razón y que el Cielo impedía un sacrilegio; pero el sacerdote y la mujer del barbero —que tuvieron que sujetarla— creen que el incidente es horrendo y sospechan que la criatura es protestante.

Luego vino el problema del nombre. Prendido a sus ropas —telas orientales a rayas, y esa seda arrugada que tejen en Creta y Chipre— había un trozo de pergamino, que tomamos al principio por un escapulario, pero que sólo contenía un nombre: Dionea.

La cuestión era: ¿podía una muchacha del Convento de la Estigmatización llevar semejante nombre?

Mitad del pueblo tiene nombres no menos poco cristianos —Norma, Odoacro, Arquímedes—; mi criada se llama Temis; pero Dionea escandalizó a todos, quizá porque algún instinto misterioso les decía que el nombre viene de Dione, una de las amantes del padre Zeus y madre de nada menos que la diosa Venus. La niña estuvo a punto de ser llamada María, aunque ya hay veintitrés Marías, Mariettas y Mariuccias en el convento.

Pero la hermana contable, que detesta la monotonía, decidió buscar primero el nombre Dionea en el Calendario, lo cual resultó inútil; y luego en un gran volumen encuadernado en vitela, impreso en Venecia en 1625 y titulado "Flos Sanctorum, o Vidas de los Santos, por el padre Ribadeneira, S.J., con la adición de aquellos santos que no tienen lugar asignado en el Almanaque, llamados los Santos Móviles o Extravagantes". Y la diligencia de sor Anna Maddalena fue premiada, pues allí, entre los Santos Extravagantes, ciertamente, rodeado de palmas y relojes de arena, estaba el nombre de Santa Dionea, Virgen y Mártir, señora de Antioquía, muerta por orden del emperador Decio.

Sé que a Vuestra Excelencia le gustan las informaciones históricas, así que le envío este dato. Pero temo, querida Lady Evelyn, temo que la celestial patrona de su pequeña náufraga fuera mucho más extravagante que eso.

21 de diciembre de 1879

Muchas gracias, querida Donna Evelina, por el dinero para la educación de Dionea. En realidad, aún no hacía falta: la enseñanza en Montemirto es muy barata, y en cuanto a ropa —que usted menciona— unas zuecas de madera con puntas rojas cuestan 65 céntimos y deberían durar tres años, si la dueña se cuida de llevarlas en la cabeza, bien envueltas, cuando sale a caminar, y ponérselas sólo al entrar al pueblo.

La Madre Superiora está muy conmovida por la munificencia de su Excelencia hacia el convento, y afligida por no poder enviarle una muestra de la habilidad de su protegida —un pañuelo bordado o unas manoplas—; pero lo cierto es que pobre Dionea no tiene ninguna habilidad. "Rezaremos a la Madonna y a San Francisco para que la hagan más digna", dice la Superiora. Pero sospecho que su Excelencia —tan pagana, ¡ay! (a pesar de todos los Papas Savelli y los milagros de San Andrés Savelli)— estará más complacida de saber que, en vez de habilidad, Dionea tiene el rostro más hermoso de todas las niñas de Montemirto.

Es alta para su edad (once años), de proporciones maravillosas y notablemente fuerte; de todo el convento, es la única para quien nunca me han llamado. Sus facciones son muy regulares, el cabello negro y

—pese a todos los esfuerzos de las hermanas por mantenerlo liso como el de un chino— bellamente rizado.

Me alegra que sea hermosa, pues así hallará marido con más facilidad; y también porque parece justo que su protegida sea bella.

Lamentablemente, su carácter no es tan satisfactorio: detesta aprender, coser y lavar platos por igual. Me duele decir que no muestra inclinación natural a la piedad. Sus compañeras la detestan, y las monjas, aunque admiten que no es exactamente mala, la sienten como una espina clavada en la carne.

Pasa horas enteras en la terraza que da al mar (su gran deseo, me confesó, es llegar al mar... volver al mar, dijo), y acostada en el jardín bajo los grandes mirtos, y en primavera y verano bajo el seto de rosas. Las monjas dicen que ese seto de rosas y ese mirto están creciendo "demasiado", según ellas por culpa de Dionea, que siempre está debajo; el hecho, supongo, ha llamado la atención.

"Esa niña hace crecer todas las hierbas inútiles", comentó sor Reparata.

Otro pasatiempo de Dionea es jugar con palomas. La cantidad de palomas que reúne a su alrededor es asombrosa; uno no creería que San Massimo y los cerros cercanos tuvieran tantas. Bajan revoloteando como copos de nieve, se pavonean, hinchan las plumas, abren y cierran las colas, picotean con esos movimientos bruscos de sus cabezas necias y sensuales, gorgojeando suavemente, mientras Dionea yace tendida al sol, alargándose para ofrecerles los labios, que las aves vienen a besar, emitiendo extraños arrullos; o va saltando, agitando los brazos como alas, levantando la cabecita en gestos muy parecidos a los de ellas...

Es una visión hermosísima, cosa digna de uno de sus pintores —Burne-Jones o Tadema— con los mirtos alrededor, las paredes encaladas del convento detrás, los escalones de mármol blanco de la capilla (todo es mármol en esta tierra de Carrara) y el mar azul esmaltado a través de las ramas de los alcornoques.

Pero las buenas hermanas aborrecen esas palomas, que son, según dicen, animalitos muy sucios, y se quejan de que, si no fuera porque el Reverendísimo Director gusta de un pichón en la olla en días festivos, no soportarían el continuo fastidio de barrer los escalones de la capilla y el umbral de la cocina por culpa de esos pájaros inmundos...

6 de agosto de 1882

No me tiente, amadísima Excelencia, con sus invitaciones a Roma. No sería feliz allí y honraría bien poco su amistad. Mis largos años de destierro, de andanzas por países del norte, me han vuelto un poco hombre del norte: ya no logro entenderme del todo con mis compatriotas, salvo con los buenos campesinos y pescadores de por aquí.

Además —perdone la vanidad de un viejo que aprendió a hacer sonetos acrósticos triples para matar los días y los meses en Theresienstadt y en Spielberg— he sufrido demasiado por Italia como para soportar con paciencia el espectáculo de pequeñas intrigas parlamentarias y riñas municipales, aunque también ellas sean necesarias hoy, como en mis tiempos lo fueron las conspiraciones y las batallas.

No estoy hecho para sus salones llenos de ministros, sabios y bellas damas:

los primeros me tomarían por un ignorante; las segundas —lo cual me dolería mucho más— por un pedante...

Si de veras quiere Vuestra Excelencia mostrarse, y mostrar a sus hijos, al viejo protegido de su padre en los tiempos mazzinianos, dedique unos días y venga aquí la próxima primavera. Tendrá unas habitaciones muy desnudas, con suelos de ladrillo y cortinas blancas que dan a mi terraza; y una mesa donde se servirá toda clase de pescados y leche (se segarán las florecillas blancas del ajo silvestre bajo los olivos, para que mi vaca no las coma), y huevos cocidos con hierbas arrancadas en los setos.

Sus niños podrán ir a ver los grandes acorazados en Spezia; y usted vendrá conmigo por nuestros senderos bordeados de helechos delicados y sombreados por grandes olivos; y a los campos donde los cerezos derraman sus flores sobre las vides apenas brotadas, las higueras alargan sus diminutos guantes verdes, las cabras mordisquean encaramadas sobre las patas traseras y las vacas mugen en chozas de cañas.

Y de los barrancos, con el murmullo de los arroyos, y de los acantilados, con el bramido de las olas, se alzan las voces de muchachos y muchachas invisibles que cantan el amor, las flores y la muerte, igual que en los días de Teócrito, a quien Vuestra sabia Excelencia hace muy bien en leer.

¿Ha leído su Excelencia a Longo, un novelista pastoral griego? Es un poco libre, un poco desnudo para nosotros, lectores de Zola; pero el viejo francés de Amyot tiene un encanto prodigioso, y nadie como él da idea de cómo vivía la gente en valles como estos, junto a mares como este, en aquellos tiempos en que se colgaban guirnaldas de margaritas y coronas de rosas en los olivos para las ninfas del bosque; cuando, al otro lado de la bahía, al final de esa estrecha lengua de mar azul, se aferraba a las rocas de mármol no una iglesia de San Lorenzo, con el mártir esculpido sobre su parrilla, sino el templo de Venus, que protegía su puerto…

Sí, querida Lady Evelyn, ha adivinado usted. Su viejo amigo ha vuelto a sus pecados y está escribiendo de nuevo. Pero ya no versos ni panfletos políticos. Me tiene cautivo una historia trágica: la historia de la caída de los dioses paganos…

¿Ha leído usted sus andanzas y disfraces en ese librito de mi amigo Heine?

Y si viene a Montemirto, verá también a su protegida, de la cual pide noticias. Ha estado a punto de ocurrir una desgracia. ¡Pobre Dionea! Me temo que aquel primer viaje, atada al madero, no hizo gran bien a su juicio, la pobre náufraga. Ha habido un escándalo tremendo; y me ha hecho falta toda mi influencia, y todo el peso terrible de su nombre, y del Papado, y del Sacro Imperio Romano, para impedir que las Hermanas de la Estigmatización la expulsaran.

Parece que esa criatura loca estuvo a punto de cometer un sacrilegio: la sorprendieron manoseando de forma sospechosa el traje de gala de la Madonna y su mejor velo de encaje de Cantù, regalo de la difunta marquesa Violante Vigalcila, de Fornovo.

Una de las huérfanas, Zaira Barsanti, a quien llaman la Rossaccia, asegura incluso haber sorprendido a Dionea cuando estaba por adornar su mala personita con esas vestiduras sagradas; y, en otra ocasión —cuando habían enviado a Dionea a extender aceite y serrín por el suelo de la capilla (era la víspera de la Pascua de las Rosas)—

la descubrió sentada en el borde mismo del altar, justo en el lugar del Santísimo Sacramento.

Me mandaron llamar a toda prisa y tuve que asistir a un tribunal eclesiástico en el locutorio del convento. Allí apareció Dionea, fuera de lugar entre todas las cosas, una increíble y diminuta belleza, morena, flexible, con un extraño fulgor feroz en los ojos y una sonrisa aún más extraña, retorcida, serpentina, como la de las mujeres de Leonardo da Vinci, en medio de las imágenes de yeso de San Francisco y de los muestrarios bordados, enmarcados y vidriados, ante la pequeña estatua de la Virgen, que en verano viste una suerte de mosquitera para resguardarla de las moscas, que ya sabe usted son criaturas de Satanás.

Hablando de Satanás, ¿sabe su Excelencia que en la cara interior de la puerta de nuestro convento, justo encima del pequeño disco perforado de metal (como la rosa de una regadera) por donde la hermana portera mira y habla, hay pegado un impreso, una combinación de nombres y textos sagrados en forma de triángulos, con las manos estigmatizadas de San Francisco y toda suerte de signos, cuyo objeto, según explica una nota especial, es engañar al Maligno e impedirle la entrada en aquel edificio?

Si hubiera visto a Dionea, y la manera fría y desdeñosa con que escuchaba, sin intentar refutarla, la lista de acusaciones espantosas que se le dirigían, su Excelencia habría pensado, como yo, que aquella puerta debió de faltar por accidente, quizá estaba en manos del carpintero, el día en que su protegida puso el pie por primera vez en el convento.

El tribunal eclesiástico, compuesto por la Madre Superiora, tres Hermanas, el Director capuchino y este humilde servidor (que en vano trató de ejercer de abogado del diablo), condenó a Dionea, entre otras cosas, a persignarse veintiséis veces en el suelo desnudo con la lengua. ¡Pobrecita! Casi cabría esperar que, como ocurrió cuando doña Venus se arañó la mano en un rosal, brotasen rosas rojas entre las grietas de los viejos ladrillos mugrientos.

14 de octubre de 1883
Pregunta usted si ahora, que las Hermanas dejan a Dionea bajar al pueblo a hacer medias jornadas de servicio, y que Dionea es ya una

criatura crecida, no tiene revuelto el lugar con su belleza. La gente de aquí es perfectamente consciente de que es hermosa. Ya la llaman "la bella Dionea"; pero eso no la acerca ni un ápice a conseguir marido, aunque la generosa oferta de su Excelencia de una dote sea bien conocida en todo el distrito de San Massimo y Montemirto.

Ninguno de nuestros mozos, ni campesinos ni pescadores, parece seguirla embobado; y si se vuelven a mirarla, y murmuran cuando pasa erguida y airosa sobre sus zuecos de madera, con la cántara de agua o la cesta de ropa sobre aquella hermosísima cabeza oscura y rizada, es, advierto yo, con una expresión más de miedo que de amor.

Las mujeres, por su parte, hacen cuernos con los dedos cuando ella pasa, y cuando se sientan junto a ella en la capilla del convento; pero eso, se diría, es natural. Mi ama de llaves me cuenta que, allá abajo en el pueblo, se la considera dueña de mal de ojo y portadora de desdicha en amores.

"Querrá decir —le dije— que un solo vistazo suyo es demasiado para la paz de espíritu de nuestros mozos". Veneranda meneó la cabeza y me explicó, con ese respeto y desprecio a la vez con que siempre se refiere, ante mí, a las supersticiones de la gente, que la cosa es otra: no es con ella con quien se enamoran (de su mirada tienen miedo), sino que dondequiera que ella entra, los jóvenes caen irremediablemente enamorados unos de otros, y casi siempre donde menos conviene.

"¿Conoce a sora Luisa, la viuda del herrero? Pues bien, Dionea le hizo media jornada de servicio el mes pasado, para preparar la boda de la hija de Luisa. Y ahora, la muchacha declara, ¡por fuerza!, que ya no quiere a Pieriho de Lerici, sino a ese harapiento de Flautilla, de Solaro, o si no, se mete monja. Y cambió de opinión justo el día en que Dionea entró en la casa. Después está la mujer de Pippo, el del café; dicen que anda en líos con uno de los guardacostas, y Dionea le ayudó con la colada hace seis semanas.

El hijo de sor Temístocle acaba de cortarse un dedo para librarse de la leva, porque está loco por su prima y teme que se lo lleven soldado; y es un hecho que algunas de las camisas que le hicieron en la Estigmatización las cosió Dionea…"

Y así una hilera de desgracias amorosas, suficientes para armar un pequeño Decamerón, se lo aseguro, y todas echadas en cuenta a

Dionea. Cierto es que la gente de San Massimo le tiene un miedo terrible...

17 de julio de 1884

La extraña influencia de Dionea parece extenderse de manera alarmante. Casi empiezo a pensar que nuestra gente tiene razón en temer a la joven bruja.

Yo, que soy médico de convento, solía creer que nada había más alejado de la verdad que todas las fantasías de Diderot y Schubert (¿se acuerda Vuestra Excelencia que me cantó una vez su "Joven monja", poco antes de su boda?) sobre religiosas apasionadas; creía que no existía criatura más prosaica que una de nuestras monjitas, con su carita rosada de bebé bajo la cofia blanca tan ceñida.

Parece que la literatura fabuladora estaba más cerca de la realidad que la prosa. Cosas desconocidas han brotado en el corazón de estas buenas Hermanas, tal como han brotado flores desconocidas entre los mirtos y el seto de rosas donde se tiende Dionea.

¿Le hablé alguna vez de cierta hermana Giuliana, que profesó hace apenas dos años? Una criaturita rosa y blanca, a cargo de la enfermería, pequeña santa prosaica donde las haya, siempre dispuesta a besar un crucifijo o refregar una cazuela. Pues bien: la hermana Giuliana ha desaparecido, y ese mismo día ha desaparecido también un grumete del puerto.

El caso de la hermana Giuliana no fue sino el comienzo de una suerte de epidemia amorosa en el Convento de la Estigmatización: a las alumnas mayores hay que mantenerlas bajo llave para impedir que conversen por encima del muro a la luz de la luna, o que se escapen hacia donde el pequeño jorobado escribe cartas de amor —a un centavo cada una, con hermosos adornos— bajo el pórtico del Mercado del Pescado.

Me pregunto si esa malvada Dionea, a quien nadie corteja, sonríe —con sus labios, que parecen el arco de un Cupido o la curva diminuta de una serpiente— cuando hace descender las palomas a su alrededor, o se tiende acariciando los gatos bajo el mirto, al ver que las pupilas andan con los ojos hinchados y rojos; que las pobrecitas monjas asumen nuevas penitencias sobre las losas heladas de la capilla; y cuando escucha esas vocales guturales, largas y arrastradas

—amore, morte, mio bene— que se alzan al caer la tarde, junto al ronco bramido del mar y el aroma de las flores del limón, mientras los mozos caminan arriba y abajo, del brazo, tañendo sus guitarras por los senderos iluminados por la luna, bajo los olivos.

20 de octubre de 1885

¡Ha ocurrido algo terrible, terribilísimo! Escribo a Vuestra Excelencia con las manos temblorosas; y, sin embargo, debo escribir, debo hablar, o de lo contrario acabaré por gritar. ¿Le mencioné alguna vez al padre Domenico de Casoria, confesor de nuestro Convento de la Estigmatización?

Un joven alto, consumido por ayunos y vigilias, pero hermoso como el monje que toca el virginal en el Concierto de Giorgione; y bajo su sayal pardo seguía siendo el mozo más fuerte de todos los contornos.

Se ha oído hablar de hombres luchando con el Tentador. Pues bien, el padre Domenico luchó tan duramente como cualquiera de los anacoretas de los que habla San Jerónimo, y había vencido. Jamás conocí nada comparable a la serenidad angélica de ese espíritu victorioso. No quiero a los frailes, pero quería al padre Domenico.

Yo podría haber sido fácilmente su padre, y, aun así, siempre sentía cierta timidez y reverencia hacia él; y, sin embargo, en mi generación se me ha tenido por hombre de vida limpia; mas siempre que me acercaba a él me sentía una criatura mundana, rebajada por el conocimiento de tantas cosas mezquinas y feas.

En las últimas semanas, el padre Domenico me había parecido menos sereno que de costumbre: sus ojos brillaban de un modo extraño y unas manchas rojas afloraban en sus pómulos salientes.

Un día de la semana pasada, al tomarle la mano, sentí que su pulso aleteaba, y que toda su fuerza, por así decirlo, se derretía bajo mi tacto.

—Estás enfermo —le dije—. Tienes fiebre, padre Domenico. Te has excedido —alguna privación nueva, alguna penitencia nueva. Ten cuidado, no tientes al cielo; recuerda que la carne es débil.

El padre Domenico retiró la mano bruscamente.

—¡No diga eso! —exclamó—. ¡La carne es fuerte!

Y volvió el rostro. Sus ojos estaban vidriosos y todo él temblaba.

Ordené quinina. Pero sabía que no era caso de quinina. Hubieran servido mejor las oraciones, y si yo hubiera podido dárselas, no le habrían faltado.

Anoche me enviaron a llamar de repente al monasterio del padre Domenico, sobre Montemirto: me dijeron que estaba enfermo. Corrí colina arriba entre el crepúsculo lunar y los olivos, con el corazón encogido. Algo me decía que mi monje estaba muerto.

Lo hallé tendido en una pequeña habitación encalada; lo habían llevado allí desde su celda con la esperanza de que aún viviera. Las ventanas estaban abiertas de par en par; enmarcaban unas ramas de olivo reluciendo a la luz de la luna, y muy abajo una franja de mar plateado.

Cuando confirmé que había muerto, trajeron cirios y los encendieron a la cabecera y a los pies, y colocaron un crucifijo entre sus manos.

—El Señor ha tenido a bien llamar a nuestro pobre hermano —dijo el Superior—. Un caso de apoplejía, querido doctor, un caso de apoplejía. Hará usted el certificado para las autoridades.

Lo hice. Fue debilidad de mi parte. Pero ¿para qué causar un escándalo? Él no hubiera querido dañar a sus pobres hermanos.

Al día siguiente encontré a las monjitas bañadas en lágrimas. Estaban recogiendo flores para enviarlas como último presente a su confesor.

En el jardín del convento encontré a Dionea, junto a una gran canasta de rosas, con una paloma blanca posada en su hombro.

—Así que —dijo— se ha matado con carbón el pobre padre Domenico.

Algo en su tono, en sus ojos, me estremeció.

—Dios ha llamado a uno de sus siervos más fieles —dije con gravedad.

Frente a esa muchacha magnífica, radiante en su belleza, ante el seto de rosas y con las palomas blancas revoloteando, abriendo y cerrando las colas a su alrededor, creí ver de pronto la habitación encalada de la noche anterior, el gran crucifijo, aquel rostro enjuto bajo la luz amarilla de la cera.

Me sentí agradecido por el padre Domenico; su combate había terminado.

—Lleva esto al padre Domenico, de mi parte —dijo Dionea arrancando una ramita de mirto cuajada de flores blancas; y alzando la cabeza, con esa sonrisa que parece el retorcerse de una serpiente joven, entonó con voz gutural un extraño canto cuyo único vocablo era Amor — amor — amor.

Tomé la rama de mirto y se la arrojé al rostro.

3 de enero de 1886

Será difícil encontrar un lugar para Dionea, y en esta región casi imposible. La gente la asocia de algún modo con la muerte del padre Domenico, lo que ha confirmado su reputación de poseer el mal de ojo.

Abandonó el convento (ahora que tiene diecisiete años) hace un par de meses, y actualmente se gana el pan trabajando con los albañiles en la casa nueva de nuestro notario en Lerici: el trabajo es duro, pero nuestras mujeres lo hacen a menudo, y es magnífico ver a Dionea, con su falda corta y su ceñido corpiño blancos, mezclando la cal humeante con sus bellos brazos fuertes; o, con un saco vacío echado sobre la cabeza y los hombros, subir majestuosa por el acantilado y los andamios cargada de ladrillos...

Pero tengo gran deseo de sacar a Dionea de esta comarca, pues temo las molestias a las que la expone su fama, e incluso alguna explosión de furia si algún día pierde la indiferente desdén con que soporta a la gente.

He oído que uno de los ricos de estos contornos, cierto sor Agostino de Sarzana, dueño de toda una ladera de monte marmóreo, busca doncella para su hija, que está próxima a casarse.

Gente buena y patriarcal en su riqueza; el viejo aún se sienta a la mesa con todos sus criados; y su sobrino —el futuro yerno— es un muchacho espléndido, que ha trabajado como Jacob, en la cantera y el aserradero, por amor de su hermosa prima.

Toda esa casa es tan buena, sencilla y apacible, que espero pueda aplacar incluso a Dionea.

Si no logro asegurarle ese puesto —y toda la ilustre influencia de su Excelencia, junto a mi pobre elocuencia, será necesaria para contrarrestar los informes siniestros que pesan sobre nuestra pequeña náufraga—, será mejor aceptar su propuesta de tomarla en su casa de Roma, puesto que siente curiosidad por ver a nuestra funesta belleza.

Me divierte —y me indigna un poco— eso que dice acerca de que sus lacayos son apuestos: hasta Don Juan, querida Lady Evelyn, se amilanaría ante Dionea...

29 de mayo de 1886

¡Y aquí tenemos a Dionea nuevamente en nuestras manos! Pero no puedo enviarla a su Excelencia. ¿Será por vivir entre estos campesinos y pescadores, o porque, como dicen, un escéptico es siempre supersticioso? No pude reunir el valor para mandarle a Dionea, aunque sus hijos aún vistan trajes de marinero y su tío, el Cardenal, tenga ochenta y cuatro años; y en cuanto al Príncipe, pues bien, lleva el más poderoso de los amuletos contra las terribles artes de Dionea: su propia persona, querida e imprevisible.

Pero, hablando en serio, la coincidencia es extraña y perturba.

¡Pobre Dionea! Lamento verla expuesta a la pasión de un anciano que antaño fue patriarcalmente respetable. Me sobrecoge aún más la increíble audacia —si no sacrílega locura— de aquella vil criatura vieja.

Y aun así, la coincidencia... es inquietante.

La semana pasada, el rayo cayó sobre un enorme olivo en el huerto de la casa de sor Agostino, sobre Sarzana. Bajo el olivo estaba el propio sor Agostino, que murió en el acto; y enfrente, a menos de veinte pasos, sacando agua del pozo, ilesa y tranquila, estaba Dionea.

Era el final de una tarde sofocante: yo estaba en una terraza en uno de nuestros pueblecitos, encajado como un matorral tenaz en la hendidura de una ladera. Vi la tormenta caer por el valle: una oscuridad repentina, y luego, como una maldición, un relámpago, un estampido tremendo, repetido por una docena de colinas.

—Le dije —dijo Dionea muy quedamente, cuando vino a quedarse conmigo al día siguiente (pues la familia de sor Agostino no la habría soportado otro medio minuto)—, le dije que si no me dejaba en paz, el cielo le enviaría un accidente.

20 de agosto de 1884. — 15 de julio de 1886.

¿Mi libro? ¡Oh, querida donna Evelina, no me haga sonrojar hablando de mi libro! No obligue a un viejo respetable, funcionario del Gobierno (médico comunal del distrito de San Massimo y Montemirto Ligure), a confesar que no es sino un perezoso soñador inútil, que recoge materiales como un niño recoge escaramujos del seto, sólo para tirarlos después, gustándole únicamente el pequeño entretenimiento de arañarse las manos y ponerse de puntillas, de mirar su hermoso color rojo...

¿Recuerda lo que dice Balzac acerca de proyectar cualquier obra?

"C'est fumier des cigarettes enchantées..."

¡En fin, en fin! Los datos que pueden obtenerse sobre los antiguos dioses en sus días de adversidad son raros y dispersos: una cita aquí y allá de los Santos Padres; dos o tres leyendas; Venus reapareciendo; las persecuciones de Apolo en Estiria; Proserpina que, en Chaucer, va a reinar sobre las hadas; algunas oscuras persecuciones religiosas en la Edad Media, bajo pretexto de Paganismo; ciertos ritos extraños que hasta hace poco se practicaban en lo más profundo de un bosque bretón, cerca de Lannion...

En cuanto a Tannhäuser, fue un caballero real, y bastante mediocre, y un auténtico trovador, pero no de los mejores. Vuestra Excelencia encontrará algunos de sus poemas en los cuatro volúmenes inmensos de Von der Hagen, pero le aconsejo que tome sus ideas sobre el caballero Tannhäuser más bien de Wagner.

Es seguro que las divinidades paganas duraron mucho más de lo que sospechamos, a veces en su auténtica desnudez, a veces disfrazadas con los ropajes robados de la Madonna o de los santos. ¿Quién sabe si no existen aún hoy? Y, en realidad, ¿es posible que no existan? Porque existe el pavor de los bosques profundos, con su luz verde filtrada y el crujido de las solitarias cañas bamboleantes: eso es Pan. Y existe la noche de mayo, azul y estrellada; el susurro de las olas; el viento tibio que lleva consigo la dulzura del azahar de limón, el amargor del mirto de nuestras rocas; el canto lejano de los muchachos que limpian sus redes, de las muchachas que cortan la hierba bajo los olivos, Amor — amor — amor, y todo eso es la gran diosa Venus.

Y frente a mí, mientras escribo, entre las ramas de los alcornoques, más allá del mar azul, rayado como un mosaico de Rávena con vetas púrpura y verde, centellean las casas y murallas blancas, el campanario y las torres, una ciudad encantada de Fata Morgana: la confusa Porto Venere... Y yo, mascullando para mis adentros el verso de Catulo, lo dirijo no a la diosa que él invocaba, sino a otra más grande y terrible:

Procul a mea sit furor omnis, Hera, domo; alios age incitatos, alios age rabidos.

(Lejos de mi casa, Hera, sea toda locura; a otros empuja al frenesí, a otros al delirio.)

25 de marzo de 1887

Sí, haré todo lo que esté en mi poder por sus amigos. ¿Son ustedes, gentes bien nacidas, tan bien educadas como nosotros, burgueses republicanos de manos ásperas (aunque en otro tiempo me dijo usted que eran manos "psíquicas", cuando la manía de la quiromancia aún no había sido reemplazada por la de la Reconciliación entre la Iglesia y el Estado)? Me pregunto, porque no deja de ser extraño que se excuse usted —usted, cuyo padre me alimentó y me dio techo y ropa en mi exilio— por darme el horroroso trabajo de buscar alojamiento.

Es muy propio de usted, querida donna Evelina, haberme enviado fotografías de la estatua de mi futuro amigo Waldemar...

No tengo gran amor al arte de la escultura moderna, pese a todas las horas que he pasado en los estudios de Gibson y de Dupré: es un arte muerto, y sería mejor enterrarlo. Pero su Waldemar tiene algo del antiguo espíritu: parece sentir la divinidad del mero cuerpo, la espiritualidad de un límpido chorro de pura vida física.

Pero ¿por qué, entre sus estatuas, sólo hombres y jóvenes, atletas y faunos? ¿Por qué únicamente el busto de esa delgada esposita suya, de labios finos y delicados? ¿Por qué ninguna Amazona de hombros anchos, ninguna Afrodita de caderas amplias?

10 de abril de 1887

Pregunta usted cómo se las va arreglando la pobre Dionea. No precisamente como su Excelencia y yo hubiéramos debido esperar, cuando la confiamos a las buenas Hermanas de la Estigmatización;

aunque apuesto a que, tan fantástica y caprichosa como es, le agradaría más (ocultándolo cuidadosamente a ese lado grave suyo que reparte devotos libritos y ácido carbólico entre los indigentes) que su protegida fuera una bruja antes que una sirvienta; una hacedora de filtros, más que una tejedora de medias y costurera de camisas.

Una hacedora de filtros: hablando en términos generales, ése es el oficio de Dionea. Vive del dinero que yo le voy soltando (no sin muchas inútiles reprimendas), en nombre de su Excelencia, y su ocupación ostensible consiste en remendar redes, recoger aceitunas, acarrear ladrillos y otros trabajos diversos; pero su verdadera condición es la de hechicera del lugar.

¿Cree usted que nuestros campesinos son escépticos? Tal vez no crean en lectura del pensamiento, en mesmerismo y en fantasmas, como usted, querida Lady Evelyn. Pero creen firmemente en el mal de ojo, en la magia y en las pócimas de amor. Cada cual tiene su historia acerca de algo ocurrido al hermano, al primo o al vecino.

El cuñado de mi mozo de cuadra, que también hace de hombre para todo, vivía hace años en Córcega, y le dio por bailar con su amada en uno de esos bailes que organizan nuestros campesinos en invierno, cuando la nieve trae ocio a las montañas. Un brujo lo ungió, mediante pago, y al instante se transformó en un gato negro, y de tres brincos cruzó el mar, y ya estaba ante la puerta de la cabaña de su tío, entre los danzantes. Sujetó con las uñas la falda de su amada para llamar su atención; pero ella respondió con una patada que lo mandó maullando de vuelta a Córcega.

Cuando regresó en verano, se negó a casarse con la muchacha y llevaba el brazo izquierdo en cabestrillo.

"Me lo rompiste cuando vine a la vigilia", le dijo. Y a todos les pareció perfectamente explicado.

Otro joven, de vuelta de trabajar en los viñedos cerca de Marsella, subía una noche de luna hacia su pueblo natal, encaramado en nuestras colinas. Oyó sonido de violín y flauta en un granero junto al camino, y vio la luz amarillenta que se escapaba por las rendijas; al entrar, encontró muchas mujeres bailando, viejas y jóvenes, y entre ellas su prometida. Intentó rodearle la cintura para un vals (en nuestros bailes rústicos también tocan La Fille de Madame Angot), pero la moza era inasidera; le susurró:

"Vete, porque éstas son brujas y te matarán; y yo también soy bruja. ¡Ay! Me iré al infierno cuando muera."

Podría contarle a su Excelencia docenas de historias semejantes. Pero los filtros de amor son de las cosas que más se compran y venden. ¿Recuerda el triste cuentecillo del licenciado de Cervantes, que, en lugar de un bebedizo de amor, tomó una pócima que le hizo creer que estaba hecho de vidrio —emblema perfecto de un pobre poeta enloquecido?...

Pues bien: son filtros de amor lo que prepara Dionea. No; no me malentienda; no producen amor hacia ella, y menos aún su amor.

La vendedora de pócimas de amor es fría como el hielo, pura como la nieve. El cura ha predicado en su contra, le han arrojado piedras al pasar, por parte de amantes descontentos; y los mismos niños que chapotean en el mar haciendo tortas de barro en la arena estiran el índice y el meñique y gritan: "¡Bruja, bruja, bruja fea!" cuando ella pasa con su cesta o su carga de ladrillos; pero Dionea no hace más que sonreír, esa sonrisa suya de serpiente divertida, más ominosa que nunca.

El otro día decidí buscarla para discutir con ella sobre su turbio oficio. Dionea me tiene cierta estima; no, me temo, fruto de la gratitud, sino más bien reconocimiento del respeto y la especie de temor que inspira a este necio viejo servidor de su Excelencia.

Se ha instalado en una choza abandonada, hecha de cañas secas y paja, como las que se usan para estabular vacas, entre los olivos del acantilado. No estaba allí, pero alrededor de la choza picoteaban algunas palomas blancas, y del interior surgió —sacándome un susto ridículo— el balido extraño de su cabra favorita...

Entre los olivos era ya casi de noche, con vetas de rosa desvaída en el cielo, y reflejos de rosa apagada, como largas estelas de pétalos, sobre el mar lejano. Me deslicé entre las matas de mirto y llegué a una pequeña media luna de arena amarilla, entre dos rocas altas y dentadas, el lugar donde el mar depositó a Dionea tras el naufragio.

Estaba sentada en la arena, con el pie desnudo jugueteando en las olas; se había trenzado una corona de mirto y rosas silvestres sobre el cabello negro y crespo. A su lado se hallaba una de nuestras muchachas más bonitas, Lena, la hija de sor Tullio el herrero, con el rostro ceniciento de terror bajo el pañuelo floreado.

Decidí hablar primero con la chica, pero sin asustarla, pues es nerviosa e histérica. Así que me senté en las rocas, oculto tras los mirtos, esperando a que se marchara.

Dionea, sentada lánguidamente en la arena, se inclinó hacia el mar y tomó un poco de agua en el hueco de la mano.

—Toma —le dijo a la Lena de sor Tullio—, llena con esto tu frasco y dáselo a beber a Tommasino el Capullito.

Después se puso a cantar:

"El amor es salado, como el agua de mar:

bebo y muero de sed...

¡Agua! ¡agua! Y cuanto más bebo, más ardo.

¡Amor! tú eres amargo como las algas del mar."

20 de abril de 1887

Tus amigos ya se han instalado aquí, querida Lady Evelyn. La casa está construida en lo que antaño fue un fuerte genovés, que crece, como una áloe gris y espinosa, desde las rocas marmóreas de nuestra bahía; roca y muro (los muros existían mucho antes de que se oyera jamás hablar de Génova) se han fundido casi en una sola masa homogénea, de un gris delicado, manchada de líquenes negros y amarillos, y salpicada aquí y allá de brotes de mirto y de matas de flor de dragón bermeja.

En lo que fue el más alto recinto del fuerte —donde tu amiga Gertrude vigila a las doncellas que tienden a secar las finas sábanas y fundas blancas (un pedazo del Norte, de Hermann y Dorotea transportado al Mediodía)— un gran y retorcido árbol de higo se proyecta como una gárgola excéntrica sobre el mar, dejando caer sus frutos maduros en los estanques de azul profundo.

La casa tiene pocos muebles, pero la cubre un enorme adelfo, presto a estallar en un derroche de esplendor rosado; y sobre todos los alféizares, incluso el de la cocina (¡qué fondo de cacerolas de bronce reluciente ha hecho de ello la esposa de Waldemar!), hay vasijas y tiestos rebosantes de claveles rastreros, albahaca dulce, tomillo y reseda.

Ella es quien más me agrada, tu Gertrude, aunque pronosticaste que preferiría al marido; con su rostro blanco y delgado, una Madonna de Memling terminada por algún escultor toscano, y sus largas y delicadas manos siempre ocupadas, como las de una dama medieval, en alguna labor finísima; y esos ojos extraños, de un azul más límpido que el cielo y más profundo que el mar, que tan raramente levanta.

Es en su compañía cuando más me gusta Waldemar; prefiero, a su genio, ese cariño infinitamente tierno y respetuoso —no diré que de amante, aunque no tengo otra palabra— hacia su pálida esposa. Me parece, cuando está con ella, como alguna fiera generosa y salvaje de los bosques, como el león de Una, dócil y sumiso ante esta santa... Esa ternura es realmente muy hermosa en ese gran león que es Waldemar, con sus ojos extraños, como de animal montaraz —extraños, y como bien observa vuestra Excelencia, no sin un destello latente de ferocidad.

Creo que en ello radica la explicación de que nunca modele figuras femeninas: la figura de la mujer, dice él (y debéis responsabilizarlo a él, no a mí, de tal blasfemia), es casi inevitablemente inferior en fuerza y belleza; la mujer no es forma, sino expresión, y por eso pertenece a la pintura, pero no a la escultura. "Lo esencial en la mujer no es su cuerpo —añadió él (y aquí sus ojos se posaron con gran ternura en el perfil blanco y delgado de su esposa)— sino su alma."

"Y sin embargo", respondí yo, "los antiguos, que entendían de estos asuntos, sí lograron fabricar algunas estatuas femeninas tolerables: las Parcas del Partenón, la Palas fídica, la Venus de Milo."

"Ah, sí —exclamó Waldemar, sonriendo, con ese destello salvaje en los ojos—, pero ésas no son mujeres; y la gente que las hizo nos ha dejado los relatos de Endimión, Adonis, Anquises: para esas obras bien podría haber posado una diosa."

5 de mayo de 1887

¿Nunca ha pensado vuestra Excelencia —en uno de esos arrebatos suyos a lo La Rochefoucauld (digamos, durante la Cuaresma, después de demasiados bailes)— que no sólo el desinterés maternal, sino también el desinterés conyugal, puede ser una cosa muy egoísta?

¡Ah! Ya me veo cómo sacude usted su cabecita ante mis palabras; y sin embargo, apostaría que la he oído decir que otras mujeres podrán creer justo satisfacer los caprichos de sus maridos, pero que en cuanto a usted, el Príncipe debe comprender que el deber de una esposa es tanto refrenar los caprichos de su marido como satisfacerlos.

Confieso que me indigna que una santa tan nívea desee que otra mujer renuncie a todo instinto de recato simplemente para servir de modelo al esposo de la primera; realmente es intolerable.

"Déjala tranquila —decía Waldemar, riendo—. ¿Qué quiero yo con el sexo carente de sentido estético, como lo llama Schopenhauer?" Pero Gertrude se ha empeñado en que él modele una figura femenina; al parecer, la gente le ha reprochado no haber hecho nunca una. Lleva ya tiempo buscando un modelo para él. Es curioso ver a esta criatura pálida, recatada, diáfana —no más terrenal por hallarse próxima a la maternidad— escudriñar a las muchachas del pueblo con los ojos de un mercader de esclavas.

"Si insistes en hablar con Dionea —le dije—, yo insistiré en hablarle también, para instarla a rechazar vuestra propuesta." Pero la pálida esposa de Waldemar estaba indiferente a mis advertencias sobre que la modestia es la única dote de una muchacha pobre.

"Servirá para una Venus", fue todo cuanto respondió.

Subimos juntos a los acantilados, después de algunas palabras agrias, ella aferrada a mi brazo mientras trepábamos lentamente por el pedregoso sendero entre los olivos. Encontramos a Dionea en la puerta de su choza, haciendo haces de ramas de mirto. Escuchó con desgana la oferta y las explicaciones de Gertrude; y con indiferencia mis admoniciones a que no aceptara.

La idea de desnudarse ante la mirada de un hombre —cosa que haría estremecer a nuestras aldeanas más desfachatadas— no parecía alterarla, inmaculada y salvaje como se la tiene por fama. No respondió; se quedó sentada bajo los olivos, mirando vagamente hacia el mar.

En ese momento llegó Waldemar; había venido dispuesto a poner fin a estas discusiones.

"Gertrude —dijo—, déjala en paz. Ya he encontrado un modelo: un muchacho pescador, a quien prefiero con mucho a cualquier mujer."

Dionea levantó la cabeza con esa sonrisa serpentina. "Iré", dijo.

Waldemar se quedó en silencio; sus ojos estaban fijos en ella, allí bajo los olivos, con su camisa blanca suelta sobre el magnífico cuello, los pies desnudos, brillantes, sobre la hierba. Vagamente, como quien no sabe lo que dice, le preguntó su nombre.

Ella respondió que se llamaba Dionea; y que, por lo demás, era una Innocentina, es decir, una expósita. Luego comenzó a cantar:

"¡Flor del mirto!

Mi padre es el cielo estrellado,

y la madre que me dio la vida es el mar."

22 de junio de 1887

Confieso que fui un viejo necio al haber escatimado a Waldemar su modelo. Mientras lo observo construir poco a poco su estatua, ver surgir gradualmente de aquel montón de arcilla a la diosa, me pregunto —y la cuestión podría preocupar a un moralista más sutil que yo— si la vida de una muchacha de aldea, una existencia oscura e inútil dentro de los límites de lo que llamamos bien y mal, puede pesar tanto como el que la humanidad posea una gran obra de arte, una Venus inmortalmente hermosa.

Aun así, me alegra que no sea necesario enfrentar ambas alternativas. Nada iguala la bondad de Gertrude ahora que Dionea ha consentido en posar para su marido; la muchacha está ostensiblemente como una sirvienta más; y, para evitar que algún rumor de su verdadero papel desacredite su reputación en San Massimo o Montemirto, ha de ser llevada a Roma, donde nadie sabrá nada, y donde, por cierto, su Excelencia tendrá oportunidad de comparar a la diosa del amor de Waldemar con nuestra pequeña huérfana del Convento de la Estigmatización.

Lo que más me tranquiliza es la actitud del propio Waldemar hacia la muchacha. Jamás habría creído que un artista pudiera considerar a una mujer tan absolutamente como una cosa inanimada, un simple objeto de forma, como un árbol o una flor. Realmente lleva a cabo su teoría de que la escultura sólo conoce el cuerpo, y el cuerpo apenas considerado como humano.

La manera en que se dirige a Dionea después de horas de contemplación casi arrebatada de su figura es casi brutal en su frialdad. Y, sin embargo, oírle exclamar: "¡Qué hermosa es! ¡Dios mío, qué hermosa!"… Ningún amor por mujer alguna ha sido jamás tan violento como este amor por la forma pura de la mujer.

27 de junio de 1887

Una vez me preguntaste, queridísima Excelencia —ya que evidentemente habías añadido un volumen de folclore a ese montón de libros entreabiertos y arrugados que yacen entre tus porcelanas chinas y brocados medievales— si sobrevivía entre nuestro pueblo algún rastro de mitos paganos.

Entonces te expliqué que toda nuestra mitología popular, nuestros dioses clásicos, demonios y héroes, rebosan de hadas, ogros y príncipes. Anoche tuve una curiosa prueba de ello.

Fui a visitar a los Waldemar y encontré a Dionea sentada bajo la adelfa, en lo alto del viejo fuerte genovés, contando cuentos a los dos niños rubios que ensartaban en collares las flores rosadas que caían a sus pies; las palomas —las palomas blancas de Dionea, que nunca la abandonan— paseaban y picoteaban entre las macetas de albahaca, y las gaviotas volaban alrededor de las rocas.

Esto fue lo que oí…

"Y las tres hadas dijeron al hijo menor del rey, aquel que había sido criado como pastor:

'Toma esta manzana y dásela a aquella de nosotras que sea la más hermosa.'

Y la primera hada dijo:

'Si me la das, serás Emperador de Roma, y tendrás vestiduras púrpuras, y una corona de oro y armadura de oro, y caballos y cortesanos.'

Y la segunda dijo:

'Si me la das, serás Papa, y llevarás mitra, y tendrás las llaves del cielo y del infierno.'

Y la tercera hada dijo:

'Dámela a mí, porque te daré por esposa a la dama más hermosa.'

Y el hijo menor del rey se sentó en el prado verde a pensarlo un poco, y luego dijo:

'¿Para qué me sirve ser Emperador o Papa? Dadme a la hermosa dama por esposa, puesto que yo mismo soy joven.'

Y dio la manzana a la tercera de las tres hadas."

Dionea recitaba la historia en su dialecto medio genovés, con los ojos perdidos en la lejanía sobre el mar azul, tachonado de velas como gaviotas blancas, y con esa extraña sonrisa serpentina en los labios.

"¿Quién te contó esa fábula?", le pregunté.

Ella tomó un puñado de flores de adelfa del suelo y, arrojándolas al aire, respondió con desgano, mientras veía caer la lluvia rosada de pétalos sobre su cabellera negra y su pálido pecho:

"Quién sabe…"

6 de julio de 1887

¡Qué extraños son los poderes del arte! ¿Ha sido la estatua de Waldemar la que me ha revelado a la verdadera Dionea, o es que Dionea se ha vuelto en realidad más extrañamente hermosa que antes? Vuestra Excelencia se reirá; pero cuando me la encuentro, agacho los ojos tras la primera ojeada a su hermosura; no con la timidez de un ridículo vejete perseguidor del Eterno Femenino, sino con una suerte de temor religioso: el mismo sentimiento con que, siendo niño, arrodillado junto a mi madre, miraba fijamente las losas de la iglesia cuando sonaba la campanilla de la misa para la elevación de la Hostia…

¿Recuerda vuestra Excelencia la historia de Zeuxis y las damas de Crotona, siendo cinco de las más bellas apenas suficientes para su Juno? ¿Recuerda —usted, que lo ha leído todo— toda esa sarta de patrañas de nuestros escritores acerca del Ideal en el Arte? Pues bien, he aquí una muchacha que, en un instante, desmiente todas esas necedades: es muchísimo más hermosa que la estatua que Waldemar ha hecho de ella. Él mismo lo dijo, airado, ayer mismo, cuando su esposa me llevó a su estudio (ha hecho un estudio de la antigua capilla profanada del viejo fuerte genovés, construida, según dicen, en el mismo lugar donde se alzaba el templo de Venus).

Mientras hablaba, ese extraño destello de ferocidad se dilató en sus ojos y, apoderándose del mayor de sus instrumentos de modelar, de un solo golpe borró por completo aquel rostro exquisito. La pobre Gertrude se puso lívida, y un espasmo cruzó su semblante…

15 de julio

Quisiera poder hacer comprender a Gertrude, y sin embargo jamás podría, jamás, decidirme a decir una palabra. En el fondo, ¿qué podría decirse? Ella misma ha de saber mejor que nadie que su marido no amará jamás a ninguna mujer que no sea ella. Pero, enferma y nerviosa como está, comprendo muy bien que aborrezca ese incesante hablar de Dionea, de la superioridad del modelo sobre la estatua. ¡Maldita estatua! Ojalá estuviera terminada, o bien que nunca se hubiese comenzado.

20 de julio

Esta mañana ha venido Waldemar a verme. Estaba extrañamente agitado: adiviné que tenía algo que decirme, y aun así fui incapaz de preguntar. ¿Fue cobardía por mi parte? Se sentó en mi habitación entornada, la luz del sol formando charcos sobre los ladrillos rojos y estrellas temblorosas en el techo, hablando de mil cosas al azar y volviendo mecánicamente las hojas del manuscrito, del montón de notas de mi pobre e inacabable libro sobre los Dioses Desterrados.

Luego se levantó y, paseándose nervioso por mi estudio, hablando de forma inconexa de su trabajo, sus ojos tropezaron de pronto con un pequeño ara, una de mis pocas antigüedades: un bloque de mármol con una guirnalda tallada y cabezas de carnero, y una inscripción, medio borrada, que la consagra a Venus, la madre del Amor.

"Fue hallada —le expliqué— en las ruinas del templo, en algún punto del lugar donde ahora está tu estudio; al menos, eso afirmó el hombre a quien se la compré."

Waldemar la contempló largo rato. "De modo que —dijo— esta cavidad era para quemar el incienso; o mejor dicho, supongo, ya que corren hacia ella dos canalillos, para recoger la sangre de la víctima. ¡Vaya, vaya! Eran más sabios que nosotros en aquellos tiempos, prefiriendo retorcerle el pescuezo a una paloma o quemar un pellizco de incienso antes que devorarse el corazón, como hacemos nosotros, por culpa de la señora Venus." Y soltó una carcajada, y se marchó con ese extraño fulgor feroz en el rostro.

Al cabo de un rato, llamaron a mi puerta. Era Waldemar.

"Doctor —dijo muy tranquilamente—, ¿me hará un favor? Présteme su pequeña ara de Venus, sólo por unos días, sólo hasta pasado mañana. Quiero copiar su diseño para el pedestal de mi estatua: es apropiado."

Le envié el ara. El muchacho que la llevó me contó que Waldemar la había colocado en el estudio y, pidiendo una botella de vino, llenó dos vasos. Uno se lo dio a mi mensajero por la molestia; del otro bebió un sorbo y arrojó el resto sobre el ara, pronunciando unas palabras desconocidas.

"Alguna costumbre alemana ha de ser", comentó mi criado. ¡Qué fantasías tan extrañas tiene este hombre!

25 de julio

Vuestra Excelencia me pide que le envíe algunas páginas de mi libro; quiere saber qué he descubierto. ¡Ay, querida Donna Evelina, me temo haber descubierto que no hay nada que descubrir! Que Apolo jamás estuvo en Estiria; que Chaucer, cuando llamó a la Reina de las Hadas Perséfone, no quiso decir otra cosa que lo que un poeta del siglo XVIII quiere decir cuando llama Cintia o Amarilis a una tal Dolly o Betty; que la dama que condenó al pobre Tannhäuser no fue Venus sino una simple duendecilla montañesa suaba; que, en fin, la poesía no es más que invención de los poetas, y que ese tunante de Heinrich Heine es enteramente responsable de la existencia de los Dieux en exil…

Mi pobre manuscrito no puede decirle sino lo que san Agustín, Tertuliano y otros obispos taciturnos pensaron acerca de los amores del padre Zeus y de los milagros de la señora Isis, nada de lo cual merece realmente la atención de vuestra Excelencia…

La realidad, mi querida Lady Evelyn, es siempre prosaica, al menos cuando la investigan señores calvos y añosos como yo.

Y sin embargo, no lo parece. El mundo, a veces, parece entretenerse fingiendo ser poético, misterioso, lleno de maravilla y romance. Escribo, como siempre, junto a mi ventana; la luz de la luna es más blanca que el triste resplandor amarillento de mi lámpara.

Desde la penumbra misteriosa de los olivares y senderos bajo mi terraza asciende un confuso temblor de ranas, un zumbido y chirrido de insectos: algo, en sonido, semejante a esas vagas franjas de miríadas de estrellas, galaxias sobre galaxias, difuminadas en un simple resplandor azulado por la luna, que avanza lentamente por la más alta bóveda del cielo. Brillan las ramitas de olivo a su luz; las flores del granado y de la adelfa no están apagadas, sino veladas por una neblina azul en su escarlata y su rosa.

En el mar hay otro mar: de plata fundida y rizada, o una calzada mágica que conduce hasta la lejanía luminosa del horizonte, una faja de cielo pálido donde las islas de Palmaria y Tino flotan como delfines sombríos e insustanciales.

Los tejados de Montemirto relucen entre los negros cipreses puntiagudos; más abajo, al extremo de esa media luna de tierra, está San Massimo; el fuerte genovés donde viven nuestros amigos se recorta en negro contra el cielo. Todo está oscuro: nuestros pescadores se acuestan temprano; Gertrude y los niños duermen; al menos ellos, pues puedo imaginar a Gertrude despierta, con la luna sobre su rostro de Madonna, sonriendo mientras piensa en los pequeños que la rodean y en la otra criaturita que pronto reposará en su pecho...

Hay una luz en la antigua capilla profanada, aquella que antaño fue, dicen, templo de Venus y es ahora el taller de Waldemar, con su techo destrozado reparado a base de cañas y paja. Waldemar se ha deslizado adentro, sin duda, para ver de nuevo su estatua. Pero regresará, más apaciguado gracias a la serenidad de la noche, junto a su esposa y sus hijos dormidos.

¡Dios los bendiga y los guarde! Buenas noches, queridísima Excelencia.

26 de julio

Tengo ante mí el telegrama de vuestra Excelencia en respuesta al mío. Muchas gracias por enviarme al Príncipe. Espero su llegada con una ansiosa fiebre; es, al menos, algo que aguardar. Ya no parece que todo esté concluido. Y sin embargo, ¿qué podrá hacer?

Los niños están a salvo: los sacamos de la cama y los trajimos aquí. Todavía están algo descompuestos por el incendio, el alboroto y por encontrarse en una casa extraña; además, quieren saber dónde está su madre. Pero han encontrado un gato manso, y les oigo trinar en la escalera.

No ardió más que el techo del estudio, las cañas y la paja, y unas pocas vigas viejas. Waldemar debió de haber prendido fuego con sumo cuidado: había traído brazadas de ramas secas de mirto y brezo desde el horno cercano, y arrojaba a las llamas cantidades de piñas y de cierta resina —no sabría decir cuál— que olía a incienso. Cuando nos abrimos paso, de madrugada, entre las brasas humeantes del estudio, nos asfixiaba un cálido aroma como de iglesia; me dio vueltas la cabeza, y de pronto recordé mi entrada en San Pedro, un Domingo de Pascua de mi niñez.

Ocurrió anoche, mientras yo le escribía. Gertrude se había ido a acostar, dejando a su marido en el estudio. Hacia las once, las criadas lo oyeron salir y llamar a Dionea para que se levantase y fuese a posar. Ya antes había tenido esa manía de ver a la muchacha y a la estatua con luz artificial: recordarás que tenía teorías sobre la manera en que los antiguos iluminaban las estatuas en sus templos.

Gertrude, dicen las sirvientas, fue oída bajando de puntillas poco después.

¿Lo ves? Yo no he visto otra cosa en estas horas, que han parecido semanas y meses. Había colocado a Dionea sobre el gran bloque de mármol, detrás del ara, y colgado detrás de ella un pesado cortinaje de brocado rojo oscuro —ya conoces ese brocado veneciano con el motivo de granadas doradas—, como una Madonna de Van Eyck. Una vez me la mostró así: la blancura de su cuello y su pecho, la blancura de los paños en torno a sus caderas, convertidas por la luz de la resina ardiendo en braseros por todas partes en el tono del mármol antiguo...

Delante de Dionea estaba el ara, el ara de Venus que me había tomado prestada. Debió de amontonar todas las rosas a su alrededor y de echar incienso sobre las brasas cuando Gertrude entró de pronto. Y luego, y luego...

La encontramos tendida sobre el ara, su pálido cabello mezclado con la ceniza del incienso, su sangre —¡tenía tan poca que dar, pobre fantasma blanco!— escurriéndose entre las guirnaldas y cabezas de carnero esculpidas, ennegreciendo las rosas amontonadas. El cuerpo de Waldemar apareció al pie del acantilado del castillo. ¿Había esperado, incendiando el lugar, sepultarse bajo las ruinas? ¿O más bien había querido completar así el sacrificio, convertir todo el templo en una inmensa pira votiva? Eso parecía, mientras bajábamos a toda prisa por las colinas hacia San Massimo: todo el monte, la hierba seca, el mirto y el brezo ardiendo, las llamas pálidas y bajas ondulando contra el cielo azul de luna, y la vieja fortaleza recortada en negro sobre el resplandor.

30 de agosto

De Dionea no puedo decirle nada cierto. Hablamos de ella lo menos posible. Algunos aseguran haberla visto, en noches de tormenta, vagando por los acantilados; pero un muchacho marinero me asegura, por todas las cosas sagradas, que al día siguiente del incendio de la Capilla del Castillo —no la llamamos de otra manera— se cruzó al amanecer, frente a la isla de Palmaria, más allá del estrecho de Porto Venere, con una barca griega, con ojos pintados en la proa, que se alejaba a toda vela mar adentro, mientras los hombres cantaban.

Y, apoyada en el mástil, con una túnica de púrpura y oro sobre el cuerpo y una corona de mirto en la cabeza, iba Dionea, entonando palabras en lengua desconocida, y las palomas blancas volando en círculos a su alrededor.

Oke de Okehurst

Al conde Pedro Boutourline, en Tagantcha, gobierno de Kiew, Rusia.

Mi querido Boutourline:

¿Recuerdas que, una tarde en que estabas sentado en el banquillo del hogar, en Florencia, te conté la historia de la señora Oke de Okehurst?

Te pareció un relato fantástico, tú, amante de las cosas fantásticas, y me apremiaste a escribirlo en seguida, aunque yo protestaba que, en tales asuntos, escribir equivale a exorcizar, a disipar el encanto; que la tinta de imprenta ahuyenta a los fantasmas que podrían rondarnos dulcemente, tan eficazmente como galones de agua bendita.

Pero si, como sospecho, atribuyes ahora cualquier hechizo que aquella historia pudiera haber tenido al modo en que, aquella tarde a la luz del fuego, nos habíamos ido exaltando con toda suerte de fantasías; si, como temo, la historia de la señora Oke de Okehurst te parecerá ahora insípida y sin provecho, la vista de este pequeño libro te servirá al menos para recordarte, en medio de tu verano ruso, que existe una estación llamada invierno, un lugar llamado Florencia y una persona que es tu amiga,

VERNON LEE

Kensington, julio de 1886

¿Ese boceto de ahí arriba con la gorra de muchacho? Sí, es la misma mujer. Me pregunto si podrías adivinar quién fue. Es un ser singular, ¿verdad? La criatura más maravillosa, sin duda, que he conocido jamás: una elegancia extraña, exótica, rebuscada, punzante; una gracia artificiosa y perversa, un refinamiento en cada línea, cada movimiento, en la disposición de la cabeza y el cuello, de las manos y los dedos.

Aquí tienes un montón de croquis a lápiz que hice mientras me preparaba para pintar su retrato. Sí, no hay más que ella en todo el cuaderno de apuntes. Son simples garabatos, pero quizá te den alguna idea de su maravillosa y fantástica clase de gracia. Aquí está inclinada sobre la baranda de la escalera, y aquí sentada en el columpio. Aquí va saliendo aprisa de la habitación. Esta es su cabeza. Ves que en realidad no es hermosa; la frente es demasiado grande y la nariz demasiado corta. Esto no da ninguna idea de ella. Era, por completo, una cuestión de movimiento. Mira esas mejillas extrañas, hundidas y más bien planas; pues bien, cuando sonreía tenía los hoyuelos más maravillosos aquí. Había algo exquisito y a la vez inquietante en ello.

Sí, empecé el cuadro, pero nunca se terminó. Primero hice el retrato del marido. Me pregunto quién tendrá ahora ese cuadro. Ayúdame a separar estos cuadros de la pared. Gracias. Este es su retrato; un enorme desastre. No creo que puedas sacarle mucho; está apenas esbozado y parece completamente demente. Verás, mi idea era pintarla apoyada contra una pared —había una cubierta con un papel amarillo que parecía casi marrón— para hacer resaltar la silueta.

Fue muy singular que eligiera precisamente esa pared. En este estado parece bastante desquiciado, pero me gusta; tiene algo de ella. Yo lo enmarcaría y lo colgaría, si no fuera porque la gente empezaría a hacer preguntas. Sí, has adivinado perfectamente: es la señora Oke de Okehurst. Olvidaba que tienes parientes en aquella parte del país; además, supongo que los periódicos se llenaron del asunto en su momento. ¿No sabías que todo sucedió ante mis propios ojos? Ahora casi me cuesta creerlo: todo se me aparece como muy lejano, vívido pero irreal, como algo inventado por mí. En realidad fue mucho más extraño de lo que nadie imaginó. No podían entenderlo, del mismo modo que no podían entenderla a ella.

Dudo que nadie haya comprendido nunca a Alice Oke, aparte de mí. No vayas a creer que soy insensible. Era una criatura maravillosa, extraña, exquisita, pero uno no podía sentir lástima por ella. A quien sí compadecía, y mucho, era al pobre diablo del marido. Fue un final tan apropiado para ella; me imagino que le habría gustado, de haber podido saberlo. ¡Ah! Nunca volveré a tener otra ocasión de pintar un retrato como el que quería. Era como si me la hubieran mandado del cielo, o del otro lado…

¿Nunca has oído la historia con detalle? Bueno, no suelo mencionarla, porque la gente es brutalmente estúpida o sentimentaloide; pero te la contaré. A ver… Es demasiado tarde para seguir pintando hoy, así que puedo contártela ahora. Espera; tengo que volver su cara hacia la pared. ¡Ah, era una criatura maravillosa!

II

¿Recuerdas que, hace tres años, te dije que me había comprometido a pintar a un par de terratenientes de Kent? En realidad, nunca pude entender qué demonios me había poseído para decirle que sí a aquel hombre. Un amigo mío lo había traído un día a mi estudio: Mr. Oke of Okehurst, ese era el nombre en su tarjeta. Era un hombre muy alto, muy bien plantado, muy apuesto, con un cutis rubio y delicado, un hermoso bigote claro y la ropa de un ajuste impecable; absolutamente igual a un centenar de jóvenes que puedes ver cualquier día en el parque, y absolutamente desprovisto de interés desde la coronilla hasta la puntera de las botas.

El señor Oke, que había sido teniente en los Blues antes de casarse, estaba, evidentemente, extremadamente incómodo al encontrarse en un estudio. Tenía sus reparos ante un hombre capaz de llevar chaqueta de terciopelo en la ciudad, pero a la vez estaba nerviosamente ansioso de no tratarme ni por un momento como a un comerciante. Se paseó por la sala, lo miró todo con la más escrupulosa atención, farfulló unas cuantas frases cumplimentarias y luego, mirando a su amigo en busca de auxilio, trató de ir al grano… pero no lo logró. El grano, que el amigo tuvo la amabilidad de explicarme, era que el señor Oke deseaba saber si mis compromisos me permitirían pintarlo a él y a su esposa, y cuáles serían mis honorarios.

El pobre hombre se puso completamente rojo durante aquella explicación, como si hubiera venido con la propuesta más indecorosa; y noté en él —la única cosa interesante que tenía— un gesto nervioso muy extraño entre las cejas, una doble hendidura perfecta: eso que suele significar algo anormal; un médico alienista que conozco lo llama "el ceño del maniático".

Cuando hube respondido, él estalló de pronto en explicaciones confusas: su esposa —Mrs. Oke— había visto algunos de mis... cuadros... pinturas... retratos... en la... la... ¿cómo se llama?... la Academia. Aquello le había... en fin, le había causado una impresión muy profunda. Mrs. Oke tenía un gran gusto por el arte; estaba, en suma, sumamente deseosa de tener su retrato y el de él pintados por mí, etcétera.

—Mi esposa —añadió de repente— es una mujer extraordinaria. No sé si a usted le parecerá guapa; no lo es exactamente, ya sabe. Pero es terriblemente extraña.

Y el señor Oke de Okehurst soltó un suspiro y frunció aquel ceño tan curioso, como si un discurso tan largo y una opinión tan tajante le hubieran costado muchísimo esfuerzo.

Era un momento bastante desafortunado de mi carrera. Una cliente muy influyente —¿recuerdas a la señora gorda con la cortina carmesí detrás?— había llegado a la conclusión, o la habían convencido, de que la había pintado vieja y vulgar, que era, en efecto, lo que era. Todo su grupito se me volvió en contra, los periódicos tomaron el asunto por su cuenta y, por el momento, se me consideraba un pintor al que ninguna mujer pondría su reputación en manos de sus pinceles. Las cosas marchaban mal. Así que me aferré demasiado gustosamente a la oferta del señor Oke, y quedamos en que iría a Okehurst a finales de quince días.

Pero apenas se hubo cerrado la puerta tras mi futuro modelo, empecé a arrepentirme de mi imprudencia; y mi disgusto ante la idea de malgastar todo un verano en el retrato de un terrateniente de Kent totalmente insulso y de su señora, sin duda igual de insulsa, creció y creció conforme se acercaba el momento de ejecutar el encargo. Recuerdo perfectamente el humor de perros con que subí al tren rumbo a Kent, y el humor aún peor con que bajé en la pequeña estación más cercana a Okehurst. Llovía a cántaros. Sentí una cómoda rabia al pensar que mis lienzos se iban a mojar a conciencia antes de que el cochero del señor Oke terminara de amarrarlos en lo alto del faetón. Era justo lo que me merecía por venir a este condenado lugar a pintar a esta gente condenada.

Arrancamos bajo aquella lluvia persistente. Los caminos eran un lodazal amarillo; las interminables praderas llanas bajo los robles, después de haberse achicharrado durante una larga sequía, se habían convertido en una horrible papilla parda; el paisaje parecía intolerablemente monótono.

Mi ánimo se hundía más y más. Empecé a imaginarme la mansión campestre neogótica moderna, con su dosis prevista de muebles estilo Morris, tapetes de Liberty y novelas de Mudie, que sería, sin duda, adonde me llevaban. Mi fantasía pintó con trazos muy vivos a los cinco o seis pequeños Oke —ese hombre tenía que tener por fuerza al menos cinco hijos—, las tías, cuñadas y primas; la eterna rutina del té de la tarde y el lawn-tennis; y, sobre todo, vio a Mrs. Oke, la robusta, enterada, ejemplar ama de casa, joven señora entregada a campañas electorales y organización de obras de caridad, a la que un individuo como el señor Oke consideraría una mujer extraordinaria. Y mi espíritu se encogió dentro de mí, y maldije mi avaricia por haber aceptado el encargo, mi falta de coraje por no haberlo rechazado cuando aún estaba a tiempo.

Entretanto habíamos entrado en un gran parque, o mejor, en una larga sucesión de pastizales, salpicados de enormes robles bajo los cuales las ovejas se apiñaban en busca de refugio de la lluvia. A lo lejos, velada por las cortinas de agua, se dibujaba una línea de colinas bajas, con un fleco dentado de oscuros abetos azulados y un molino solitario. Haría ya un buen kilómetro y medio que no pasábamos junto a una casa, y no se veía ninguna en el horizonte: nada más que la ondulación del pasto reseco, convertido en un marrón empapado bajo los enormes robles negruzcos, de entre los cuales se elevaba por todas partes un balido vago y desolado.

Al fin, el camino hizo un recodo súbito y dejó ver lo que evidentemente era la casa de mi modelo. No era lo que yo esperaba. En un hundimiento del terreno, una gran casa de ladrillo rojo, con frontones redondeados y altas chimeneas de la época de Jacobo I: un lugar desolado y vasto, plantado en medio de los prados, sin huella de jardín al frente y apenas unos cuantos árboles grandes que insinuaban la posibilidad de uno en la parte de atrás; tampoco había césped, sino, al otro lado de aquella hondonada arenosa que sugería un foso cegado, un enorme roble, bajo y hueco, con retorcidas ramas negras, secas, de las que sólo pendía un puñado de hojas sacudidas por la lluvia. No era, en absoluto, lo que yo me había imaginado como el hogar del señor Oke de Okehurst.

Mi anfitrión me recibió en el vestíbulo, un gran salón revestido y tallado en madera, lleno de retratos hasta el curioso techo — abovedado y nervado como el casco invertido de un barco. Parecía todavía más rubio, más rosado y blanco, más absoluta y completamente mediocre con su traje de tweed; y también, me pareció, aún más bonachón y más lerdo. Me llevó a su despacho, una habitación adornada con látigos y aparejos de pesca en lugar de libros, mientras subían mis cosas. Hacía mucha humedad y ardía un fuego moribundo. Le dio una patada nerviosa a las brasas con el pie y dijo, ofreciéndome un cigarro:

—Tendrá que perdonarme que no le presente a Mrs. Oke en seguida. Mi esposa… en fin, creo que mi esposa está dormida.

—¿Se encuentra mal Mrs. Oke? —pregunté, con la súbita esperanza de librarme de todo el negocio.

—Oh no, Alice está perfectamente; al menos, tan bien como suele estar. Mi esposa —añadió al cabo de un minuto, en tono muy resuelto— no goza de muy buena salud… una constitución nerviosa. Oh no, no; no está enferma en absoluto, nada serio, ya sabe. Sólo nervios, dicen los médicos; no debe ser contrariada ni excitada, dicen los médicos; necesita mucho reposo… ese tipo de cosas.

Hubo un silencio absoluto. Aquel hombre me deprimía, sin saber yo por qué. Tenía un aire desganado y perplejo, muy poco acorde con su evidente salud y fortaleza admirables.

—Supongo que usted será un gran deportista —pregunté, por puro recurso, señalando con la cabeza hacia los látigos, las escopetas y las cañas de pescar.

—Oh, no… ya no. Lo fui en otro tiempo. He dejado todo eso — respondió, de pie de espaldas al fuego, mirando fijamente la alfombra de oso polar a sus pies—. Yo... yo ya no tengo tiempo para nada de eso —añadió, como si debiera dar una explicación—. Un hombre casado... ya sabe. ¿Quiere que lo acompañe a sus habitaciones? —se interrumpió de repente—. He hecho acondicionar una para que usted pinte. Mi esposa dijo que preferiría luz del norte. Si esa no le sirve, puede escoger cualquiera de las otras.

Lo seguí fuera del despacho, atravesando el inmenso vestíbulo de entrada. En menos de un minuto ya no estaba pensando en el señor ni en la señora Oke, ni en el fastidio de hacer sus retratos; estaba, sencillamente, sobrecogido por la belleza de aquella casa que había imaginado moderna y filistea. Era, sin excepción, el ejemplo más perfecto de vieja casa solariega inglesa que yo hubiera visto jamás; la más magnífica en sí misma y la más admirablemente conservada.

Desde aquel salón descomunal, con su inmensa chimenea de piedra gris y negra delicadamente tallada e incrustada, y sus hileras de retratos de familia que se extendían desde el zócalo hasta el techo de roble, abovedado y nervado como el casco de un barco invertido, arrancaba la ancha escalera de peldaños bajos, cuya balaustrada estaba rematada, a trechos, por monstruos heráldicos; el muro, cubierto de tallas de roble con escudos, follajes y pequeñas escenas mitológicas, pintadas en un rojo y azul desteñidos y realzadas con oro apagado, armonizaba con el azul y oro también ajados del cuero repujado que llegaba hasta la cornisa, igualmente teñida y dorada con delicadeza. Las hermosas armaduras de corte, ricamente damasquinadas, parecían —sin estar en lo más mínimo oxidadas— no haber sido tocadas jamás por mano moderna; las alfombras mismas, bajo los pies, eran de un tejido persa del siglo XVI; las únicas cosas contemporáneas eran los grandes ramos de flores y helechos, dispuestos en platos de mayólica sobre los descansos.

Todo estaba en absoluto silencio; sólo, desde abajo, llegaban de cuando en cuando las campanadas, plateadas como el surtidor de un patio italiano, de un reloj antiguo.

Me pareció que me conducían por el palacio de la Bella Durmiente.

—¡Qué casa tan magnífica! —exclamé mientras seguía a mi anfitrión por un largo corredor, también tapizado de cuero, revestido de tallas y amueblado con grandes arcas de boda y sillas que parecían sacadas de algún retrato de Van Dyck.

Tenía la fuerte impresión de que todo aquello era natural, espontáneo; de que no había en ello nada de ese pintoresquismo que los estudios de los dandis han enseñado a las casas ricas y esteticistas. El señor Oke me malinterpretó.

—Es un lugar antiguo y agradable —dijo—, pero es demasiado grande para nosotros. Verá, la salud de mi esposa no le permite recibir muchas visitas; y no hay niños.

Me pareció notar un vago matiz de queja en su voz; y, evidentemente, temió que pudiera haberlo parecido, porque añadió de inmediato:

—A mí, en realidad, los niños no me importan un comino, ya sabe; por mi parte, no logro entender cómo pueden gustarle a nadie.

Si alguna vez un hombre se ha esforzado en decir una mentira, me dije, ese es el señor Oke de Okehurst en este mismo momento.

Cuando me dejó en una de las dos enormes habitaciones que se me habían asignado, me dejé caer en un sillón e intenté fijar la extraordinaria impresión imaginativa que aquella casa me había producido.

Soy muy susceptible a ese tipo de impresiones; y, aparte del género de espasmo de interés imaginativo que a veces me produce cierta clase de personalidades raras y excéntricas, no conozco nada más subyugador que el encanto —más silencioso y menos analítico— de cualquier casa completa y fuera de lo común. Sentarse en una habitación como aquella en que yo estaba, con las figuras del tapiz brillando en grises, lilas y púrpuras en la penumbra, la gran cama con columnas y cortinajes alzándose en el centro, y las brasas enrojeciendo bajo la repisa de chimenea de piedra italiana incrustada; un vago olor a pétalos de rosa y especias, colocadas en tazones de porcelana por las manos de señoras muertas hacía mucho tiempo, mientras el reloj de abajo enviaba, de vez en cuando, su lejano son de plata —la melodía tenue de días olvidados— que llenaba la estancia: hacer esto constituye una voluptuosidad especial, extraña, compleja, indescriptible, semejante a la semiborrachera del opio o del hachís, y que, para transmitirla a otros, aunque fuera en parte como yo la siento, requeriría un genio sutil y embriagador como el de Baudelaire.

Tras vestirme para la cena, retomé mi sitio en el sillón y reanudé también mi ensueño, dejando que todas aquellas impresiones del pasado —que parecían desvaídas como las figuras del tapiz, pero aún cálidas como las brasas del hogar, aún suaves y sutiles como el perfume de los pétalos secos y las especias rotas en las porcelanas— me impregnasen y se me subieran a la cabeza. Del señor y la señora Oke no pensaba en absoluto; me sentía completamente solo, aislado del mundo, separado de él por ese goce exótico.

Poco a poco las brasas palidecieron; las figuras del tapiz se hicieron más sombrías; la cama con columnas y cortinas emergió más vaga; la estancia pareció llenarse de grisura; y mis ojos se dirigieron al ventanal de maineles, más allá de cuyos cristales, entre cuyas pesadas molduras de piedra, se extendía una superficie parda y grisácea de césped empapado del parque, salpicada de grandes robles; mientras a lo lejos, tras un fleco irregular de oscuros pinos escoceses, el cielo lluvioso se teñía del rojo sanguinolento del ocaso. Entre las gotas que caían del hiedro del exterior llegaba, más sordo o más agudo, el balido reiterado de los corderos separados de sus madres, un gemido desolado, tembloroso, extraño.

Me sobresalté ante un repentino golpecito en la puerta.

—¿No ha oído el gong de la cena? —preguntó la voz del señor Oke.

Había olvidado por completo su existencia.

III

Siento que me es absolutamente imposible reconstruir mis primeras impresiones de la señora Oke. El recuerdo que tengo de ellas está enteramente teñido por mi conocimiento posterior de ella; de donde concluyo que, al principio, no pude experimentar el extraño interés y admiración que aquella mujer extraordinaria despertó muy pronto en mí. Interés y admiración, entiéndase bien, de un tipo muy poco común, como poco común era ella misma, y como soy yo, si así lo quieres, una especie de hombre bastante poco común. Pero eso podré explicarlo mejor más adelante.

De una cosa estoy seguro: debí de sentirme inmensamente sorprendido al encontrar a mi anfitriona y futura modelo tan completamente distinta de todo cuanto había imaginado. O quizá no:

ahora que lo pienso, apenas si sentí sorpresa alguna; o, si la sentí, ese choque debió de durar una fracción infinitesimal de minuto. La verdad es que, una vez que se había visto a Alice Oke en la realidad, resultaba prácticamente imposible recordar que uno hubiera podido figurársela de otro modo: había algo tan completo, tan por entero distinto de todos los demás, en su personalidad, que parecía haber estado siempre presente en la conciencia de uno, aunque presente, tal vez, como un enigma.

Déjame intentar darte alguna idea de ella: no de aquella primera impresión, fuera la que fuese, sino de la realidad absoluta tal como fui aprendiendo a verla. Para empezar, debo repetirlo y subrayarlo una y otra vez: era, con mucho, la mujer más grácil y exquisita que he visto jamás; pero con una gracia y una exquisitez que nada tenían que ver con ninguna noción preconcebida ni con ninguna experiencia anterior de lo que suele llamarse por esos nombres: una gracia y una exquisitez que se reconocían al instante como perfectas, pero que se veían en ella por primera vez y, probablemente, lo creo sinceramente, por última también.

Es concebible, ¿no lo es?, que una vez en mil años pueda darse una combinación de líneas, un sistema de movimientos, un contorno, un ademán, que sean nuevos, sin precedente, y sin embargo colmen exactamente nuestros deseos de belleza y rareza. Ella era muy alta; y supongo que la gente la habría llamado delgada. No lo sé, porque nunca pensé en ella como en un cuerpo —huesos, carne, esas cosas—, sino sencillamente como en una serie maravillosa de líneas, y en una extrañeza maravillosa de personalidad. Alta y esbelta, desde luego, y sin uno solo de los elementos que componen nuestra noción de una mujer bien formada. Era tan recta —quiero decir, tenía tan poco de lo que la gente llama "figura"— como una caña de bambú; los hombros un poco altos, y una marcada inclinación hacia delante; jamás llevaba los brazos ni los hombros descubiertos. Pero aquel cuerpo de bambú tenía una flexibilidad y una solemnidad, un juego de contornos a cada paso que daba que no puedo comparar con nada; había en él algo del pavo real y algo también del ciervo; pero, por encima de todo, era suyo y de nadie más.

Ojalá pudiera describirla. Ojalá —¡ay!— ojalá, ojalá, lo he deseado cien mil veces, pudiera pintarla tal como la veo ahora si cierro los ojos, aunque sólo fuera en silueta. Ahí está: la veo tan claramente, caminando lenta arriba y abajo por una habitación, con la ligera prominencia de sus hombros completando la exquisita disposición de líneas formada por la espalda recta y flexible, el largo cuello perfecto, la cabeza, con el pelo cortado en cortos rizos claros, siempre inclinada un poco hacia delante, salvo cuando de pronto la echaba hacia atrás y sonreía, no a mí, ni a nadie, ni a nada de lo que se hubiese dicho, sino como si ella sola hubiese visto u oído algo de repente, con el extraño hoyuelo en sus mejillas delgadas y pálidas y la extraña palidez de sus grandes ojos muy abiertos: el momento en que había algo del ciervo en su movimiento.

Pero ¿de qué sirve hablar de ella? No creo, ¿sabes?, que ni el más grande de los pintores pueda mostrar la verdadera belleza de una mujer muy hermosa en el sentido ordinario: las mujeres de Tiziano y de Tintoretto debieron de ser infinitamente más hermosas de lo que ellos las han dejado. Algo —y ese "algo" es la esencia misma— se escapa siempre, acaso porque la verdadera belleza es tanto una cosa en el tiempo —una cosa como la música, una sucesión, una serie— como en el espacio. Fíjate que hablo de una mujer hermosa en el sentido convencional. Imagina, pues, cuánto más cierto es en el caso de una mujer como Alice Oke; y si el lápiz y el pincel, imitando cada línea y cada tonalidad, no lo logran, ¿cómo va a ser posible dar siquiera la más vaga idea con simples palabras miserables, palabras dotadas sólo de un pobre significado abstracto, de una impotente asociación convencional?

En resumidas cuentas, la señora Oke de Okehurst era, a mi juicio, en el grado más alto, exquisita y extraña: una criatura exótica cuyo encanto no se puede describir más de lo que podría traerse a casa el perfume de alguna flor tropical recién descubierta comparándola con el olor de una rosa de jardín o de un lirio.

Aquella primera cena fue bastante lúgubre. El señor Oke —Oke de Okehurst, como lo llamaban allí— estaba terriblemente cohibido, devorado por el temor de hacer el ridículo delante de mí y de su esposa, según pensé entonces. Pero esa clase de timidez no se disipó; y pronto descubrí que, aunque sin duda aumentada por la presencia de un completo desconocido, no estaba inspirada en Oke por mí, sino por su mujer. Cada poco parecía que iba a hacer un comentario, y luego, evidentemente, se reprimía y guardaba silencio. Era muy curioso ver a aquel joven tan grande, apuesto, viril, que debería haber tenido el mayor éxito con las mujeres, quedarse de pronto tartamudo y encendido como una amapola en presencia de su propia esposa.

No era cuestión de conciencia de su propia necedad; porque, a solas con él, Oke, aunque siempre lento y tímido, tenía un cierto caudal de ideas, unas opiniones muy definidas sobre política y sociedad, y una inocente ansia de certeza y verdad que resultaba más bien conmovedora. Por otra parte, aquella singular timidez de Oke no era, hasta donde yo podía ver, el resultado de ningún tipo de tiranía por parte de su mujer. Si uno tiene un mínimo de observación, siempre detecta al marido o a la esposa acostumbrados a ser reprendidos, corregidos, por su respectiva mitad: hay una conciencia mutua, una costumbre de vigilar y de corregir, de ser vigilado y corregido.

En Okehurst, evidentemente, no ocurría nada de eso. La señora Oke no se ocupaba lo más mínimo de su marido; podía decir o hacer todas las tonterías que quisiera sin recibir reproche ni siquiera atención; y podía haberlo hecho, de haberle dado la gana, desde el día mismo de su boda. Se percibía en seguida. La señora Oke pasaba simplemente por alto su existencia. No puedo decir que prestara mucha más atención a la de los demás, ni siquiera a la mía.

Al principio pensé que era una afectación de su parte —porque había algo artificioso en toda su apariencia, algo que sugería estudio, lo cual podía llevar a tildarla, de entrada, de afectada; vestía de un modo extraño, no conforme a ninguna extravagancia estética establecida, sino de una manera individual, extraña, como si llevase la ropa de alguna antepasada del siglo XVII. Pues bien, en un principio tomé como una especie de pose aquella mezcla de extrema amabilidad y absoluta indiferencia que me mostraba. Siempre daba la impresión de estar pensando en otra cosa; y aunque hablaba lo bastante, y con señales evidentes de inteligencia superior, dejaba la sensación de haber sido tan poco locuaz como su marido.

Al comienzo de mi estancia en Okehurst, durante los primeros días, imaginé que la señora Oke era una coqueta de alto vuelo, y que su aire distraído, su mirada, mientras te hablaba, perdida en una lejanía invisible, su curiosa sonrisa irrelevante, eran otros tantos recursos para atraer y desconcertar la adoración. Las confundí con las maneras, algo parecidas, de ciertas mujeres extranjeras —esto va más allá de las inglesas— que significan, para quien las entiende, "cortejadme".

Pero pronto descubrí que estaba equivocado. La señora Oke no tenía el menor deseo de que yo la cortejara; de hecho, no me honraba con pensamiento bastante ni siquiera para eso; y yo, por mi parte, empecé a interesarme demasiado en ella desde otro punto de vista como para soñar con tal cosa. Me di cuenta, no sólo de que tenía ante mí el asunto más maravillosamente raro, exquisito, desconcertante para un retrato, sino también uno de los caracteres más peculiares y enigmáticos.

Ahora que lo recuerdo, me tienta pensar que la singularidad psicológica de aquella mujer podría resumirse en un interés desmesurado y absorbente por sí misma —una actitud de Narciso— curiosamente complicada con una imaginación fantástica, una suerte de ensueño morboso, todo él vuelto hacia dentro, y sin otra manifestación exterior que cierta inquietud, un deseo perverso de sorprender y escandalizar, de sorprender y escandalizar sobre todo a su marido, y vengarse así del intenso aburrimiento que le causaba la falta de apreciación de éste.

Fui comprendiendo todo aquello poco a poco, y aun así no parecía haber penetrado del todo en ese algo misterioso que envolvía a la señora Oke. Había en ella una veleidad, una rareza que percibía sin poder explicarla: algo tan difícil de definir como la peculiaridad de su aspecto exterior, y quizá muy estrechamente ligado a ello. Me interesé por la señora Oke como si estuviera enamorado de ella; y, sin embargo, no lo estaba en absoluto. No temía separarme de ella ni experimentaba ningún placer en su presencia. No tenía el menor deseo de agradarle ni de llamar su atención. Pero la tenía metida en la cabeza. La perseguía —su imagen física, la explicación psicológica de su carácter— con una especie de pasión que llenaba mis días e impedía que me sintiera aburrido.

Los Oke llevaban una vida extraordinariamente solitaria. Había pocos vecinos, y los veían muy de tarde en tarde; rara vez recibían un huésped en la casa. El propio Oke parecía, de vez en cuando, asaltado por un sentimiento de responsabilidad hacia mí. Durante nuestros paseos y nuestras charlas después de la cena, me decía vagamente que debía de encontrar la vida en Okehurst terriblemente monótona; que la salud de su esposa lo había acostumbrado a la soledad y que, además, a su esposa los vecinos le parecían un fastidio. Jamás cuestionaba el juicio de su mujer en estos asuntos; se limitaba a exponer la situación como si la resignación fuera algo simple e inevitable. Y, sin embargo, a veces me parecía que esa vida monótona de aislamiento, al lado de una mujer que no le prestaba más atención que a una mesa o una silla, estaba produciendo en aquel joven —tan evidentemente hecho para una existencia alegre y sencilla— una vaga depresión y cierta irritación. A menudo me preguntaba cómo podía soportarlo, no teniendo, como yo, el estímulo de resolver un extraño enigma psicológico y de pintar un gran retrato.

Descubrí que era extremadamente bueno: el tipo del joven inglés perfectamente concienzudo, el género de hombre que habría debido ser un caballero cristiano; devoto, de mente pura, valiente, incapaz de cualquier bajeza, algo denso intelectualmente y atormentado por toda clase de escrúpulos morales. La situación de sus arrendatarios y la de su partido político —era un tory de Kent de los más clásicos— pesaban constantemente sobre su ánimo. Pasaba horas cada día en su estudio haciendo el trabajo de administrador de tierras y de secretario político, leyendo montones de informes, periódicos y tratados agrícolas; y aparecía para el almuerzo con un haz de cartas en la mano y ese gesto de desconcierto en su rostro sano y jovial, esa profunda arruga entre las cejas que mi amigo, el médico de locos, llama el "ceño maníaco". Me habría gustado pintarlo con aquella expresión; pero sabía que a él no le agradaría y que era más justo representarlo en su mera convencionalidad rosada y rubia, sana y afable. Tal vez fui poco escrupuloso respecto al parecido de Mr. Oke; me conformaba con retratarlo sin pensar demasiado en su carácter, pues toda mi mente estaba absorbida en imaginar cómo debía pintar a la señora Oke: cómo trasladar al lienzo esa personalidad singular y enigmática.

Comencé con su marido y le confesé a ella que necesitaba mucho más tiempo para estudiarla. Mr. Oke no comprendía por qué era necesario hacer ciento una caricaturas al lápiz antes de decidir siquiera la postura en la que la pintaría; pero creo que se alegraba de tener un pretexto para retenerme en Okehurst: mi presencia, evidentemente, rompía la monotonía de su vida. La señora Oke parecía perfectamente indiferente a mi permanencia, como lo era a mi presencia. Sin ser descortés, jamás vi a una mujer prestar tan poca atención a un huésped. A veces conversaba conmigo durante horas —o, mejor dicho, me dejaba hablarle—, pero nunca daba la impresión de escuchar. Se recostaba en aquel gran sillón del siglo XVII mientras yo tocaba el piano, con esa sonrisa extraña que a veces se dibujaba en sus mejillas delgadas, con esa extraña palidez en los ojos; pero parecía no importarle si la música continuaba o se detenía. En mi retrato de su marido no mostraba, ni fingía mostrar, el más leve interés; pero eso no significaba nada para mí. No deseaba parecerle interesante: únicamente quería seguir estudiándola.

La primera vez que la señora Oke pareció tomar conciencia de mi presencia —como algo distinto de las sillas y las mesas, de los perros que dormían en el pórtico, o del clérigo, abogado o vecino ocasional que venía a cenar— fue un día, cuando llevaba ya una semana allí. Casualmente le comenté el extraordinario parecido que había entre ella y el retrato de una dama que colgaba en el vestíbulo, aquel con el techo semejante al casco de un barco. La pintura era un tamaño natural, ni muy buena ni muy mala, probablemente obra de algún italiano errante del siglo XVII. Colgaba en un rincón bastante oscuro, frente al retrato —evidentemente concebido como su compañero— de un hombre moreno, con una expresión poco grata de resolución y eficacia, vestido de negro a la manera de Van Dyck. Los dos eran claramente marido y mujer; y en la esquina del retrato femenino se leía: "Alice Oke, hija de Virgil Pomfret, Esq., y esposa de Nicholas Oke de Okehurst", y la fecha 1626; "Nicholas Oke", figuraba en la esquina del otro cuadro. A decir verdad, la dama se parecía prodigiosamente a la actual señora Oke, al menos tanto como un retrato mediocre de la época de Carlos I puede parecerse a una mujer viva del siglo XIX. Estaban esas mismas líneas extrañas del rostro y la figura, los mismos hoyuelos en las mejillas delgadas, los mismos ojos muy abiertos, la misma vaga excentricidad de expresión, que ni la pintura torpe ni el estilo convencional de la época conseguían borrar. Podía uno imaginar que aquella mujer tenía el mismo paso, la misma hermosa curva en la nuca y esa inclinación de la cabeza que su descendiente; pues descubrí que Mr. y Mrs. Oke —primeros primos entre sí— descendían ambos de ese Nicholas y de aquella Alice, hija de Virgil Pomfret. Pero el parecido aumentaba por el hecho de que, como pronto advertí, la señora Oke deliberadamente se arreglaba para parecerse a su antepasada, vistiendo ropas con cierto aire del siglo XVII; incluso, en ocasiones, copiando al pie de la letra los atuendos del retrato.

—Usted cree que me parezco a ella —respondió soñadora la señora Oke ante mi observación, y sus ojos vagaron hacia ese algo invisible, mientras la leve sonrisa hundía hoyuelos en sus mejillas.

—Usted se parece a ella, y lo sabe. Incluso diría que desea parecerse a ella, señora Oke —contesté, riendo.

—Puede que así sea.

Y miró en dirección a su esposo. Noté en él una expresión de franca molestia, además de su característico ceño fruncido.

—¿No es cierto que la señora Oke procura parecerse a ese retrato? —pregunté, movido por una curiosidad perversa.

—¡Tonterías! —exclamó él, poniéndose en pie y caminando nervioso hacia la ventana—. Todo eso son disparates. Ojalá no lo hicieras, Alice.

—¿No hiciera qué? —preguntó ella, con una indiferencia casi desdeñosa—. Si me parezco a esa Alice Oke, pues me parezco; y me complace que alguien lo note. Ella y su marido son los únicos dos miembros de nuestra familia —tan plana, tan insípida y tan poco provechosa— que han sido siquiera un poco interesantes.

Oke enrojeció hasta las orejas y frunció el ceño como si sintiera dolor.

—No veo por qué tienes que despreciar a nuestra familia, Alice —dijo—. Gracias a Dios, siempre hemos sido gente honrada y recta.

—Excepto, por supuesto, Nicholas Oke y su esposa Alice, hija de Virgil Pomfret, Esq. —respondió ella riendo, mientras él salía de la estancia hacia el parque.

—Qué infantil es —exclamó cuando quedamos solos—. De verdad le afecta, realmente se siente deshonrado por lo que hicieron nuestros antepasados hace dos siglos y medio. Te aseguro que William mandaría quitar y quemar esos dos retratos si no tuviera miedo de mí y vergüenza de los vecinos. Y eso que, en realidad, esas dos personas son los únicos miembros de nuestra familia que han tenido un mínimo de interés. Ya te contaré la historia algún día.

Sin embargo, fue Oke quien me la contó. Al día siguiente, durante nuestro paseo matutino, rompió de pronto un largo silencio, mientras segaba con su bastón de gancho las hierbas secas —como buen hombre de Kent, celoso de cortar los cardos propios y ajenos.

—Temo que debiste pensar que fui muy descortés con mi esposa ayer —dijo tímidamente—; y, en verdad, sé que lo fui.

Oke era de esos seres caballerosos para quienes toda mujer —toda esposa, y la suya más que ninguna— aparece investida de algo sagrado.

—Pero… yo tengo un prejuicio que mi esposa no entiende, respecto a revolver cosas desagradables de la propia familia. Supongo que Alice piensa que han pasado tantos años que ya no tienen ninguna relación con nosotros; lo ve como una historia pintoresca. Supongo que mucha gente lo siente así; de lo contrario, no circularían tantas tradiciones familiares tan poco honrosas. Pero yo siento que da igual que haya pasado mucho o poco tiempo: cuando se trata de los nuestros, preferiría que se olvidara. No comprendo cómo puede la gente hablar de asesinatos en la familia, y de fantasmas, y esas cosas.

—¿Tienen ustedes algún fantasma en Okehurst, por cierto? —pregunté. A la casa parecía faltarle uno para estar completa.

—Eso espero que no —respondió Oke con gravedad.

Su seriedad me hizo sonreír.

—¿Por qué? ¿Le desagradaría si lo hubiera? —pregunté.

—Si existen los fantasmas —respondió—, no creo que deban tomarse a la ligera. Dios no permitiría su presencia a menos que fueran una advertencia o un castigo.

Caminamos un buen rato en silencio, mientras yo me maravillaba del extraño tipo que representaba aquel joven tan aparentemente ordinario, y deseaba poder plasmar en mi retrato algo que equivaliera a esa curiosa seriedad sin imaginación. Entonces Oke me contó la historia de aquellos dos cuadros, de la manera más torpe y vacilante que pueda imaginarse.

Él y su esposa eran, como he dicho, primos, y por lo tanto descendían del mismo viejo linaje de Kent. Los Oke de Okehurst podían rastrear su origen hasta tiempos normandos, casi sajones, mucho más atrás que cualquier otra de las familias tituladas o más conocidas de los alrededores. Comprendí que William Oke, en el fondo, despreciaba cordialmente a todos sus vecinos.

—Nunca hemos hecho nada particular, ni sido nada particular —me dijo—. Nunca hemos ocupado un cargo; pero siempre hemos estado aquí, siempre hemos cumplido con nuestro deber. Uno de nuestros antepasados murió en las guerras de Escocia, otro en Azincourt: simples capitanes honrados.

Pues bien, a comienzos del siglo XVII, la familia había mermado hasta quedar reducida a un solo miembro: Nicholas Oke, el mismo que había reconstruido Okehurst dándole su forma actual. Al parecer, este Nicholas fue algo distinto del resto de la estirpe. En su juventud había buscado aventuras en América y, en general, parecía haber tenido más entidad que sus antepasados. Se casó, ya no muy joven, con Alice, hija de Virgil Pomfret, una hermosa y joven heredera de un condado vecino.

—Era la primera vez que un Oke se casaba con una Pomfret —me informó mi anfitrión— y también la última. Los Pomfret eran gente muy distinta: inquietos, ambiciosos; uno de ellos incluso fue favorito de Enrique VIII.

Era evidente que William Oke no sentía la menor identificación con la sangre Pomfret que llevaba en las venas. Hablaba de esa familia con un manifiesto desagrado ancestral: el desdén del Oke, miembro de una estirpe antigua, honorable y modesta, que había cumplido siempre en silencio, hacia una familia de buscafortunas y cortesanos.

Pues bien, cerca de Okehurst, en una pequeña casa que acababa de heredar de un tío, había venido a vivir cierto Christopher Lovelock, un joven galán y poeta, entonces momentáneamente en desgracia en la Corte por algún asunto de amor. Este Lovelock trabó gran amistad con sus vecinos de Okehurst, y al parecer una amistad demasiado grande con la esposa, para disgusto —o inquietud— de uno de los dos. Fuera como fuese, una tarde, mientras regresaba solo a caballo, Lovelock fue atacado y asesinado, ostensiblemente por salteadores de caminos, aunque se rumoreó después que por el propio Nicholas Oke, acompañado de su mujer disfrazada de mozo de cuadra. No se halló prueba legal alguna, pero la tradición permaneció.

—Solían contárnosla cuando éramos niños —dijo mi anfitrión con voz ronca—, y asustaban a mi prima —es decir, a mi esposa— y a mí con historias sobre Lovelock. No es más que una tradición, que espero desaparezca, como ruego sinceramente al cielo que sea falsa.

—Alice —la señora Oke— ya lo ve —continuó tras un rato—, no siente la historia como la siento yo. Quizá soy morboso. Pero detesto que se desentierre el viejo relato.

Y no volvimos a hablar del asunto.

IV

Desde aquel momento comencé a adquirir cierto interés ante los ojos de la señora Oke; o, más exactamente, empecé a percibir que tenía un medio de atraer su atención. Tal vez estuvo mal de mi parte obrar así, y a menudo me he reprochado seriamente no haber procedido con mayor reserva. Pero, después de todo, ¿cómo podía imaginar que causaba daño alguno con solo secundar —por el bien del retrato que había emprendido y por una inofensiva manía psicológica— lo que no parecía más que la pequeña fantasía romántica, la afectación o extravagancia de una joven mujer caprichosa y excéntrica? ¿Cómo diablos podría haber sospechado que estaba manejando sustancias explosivas? Un hombre no puede ser responsable si las personas con las que se ve obligado a tratar —y a quienes trata como a todo el mundo— resultan ser completamente distintas de cualquier otro ser humano.

Así que, si contribuí de algún modo al infortunio, no puedo culparme demasiado. En la señora Oke había encontrado un sujeto casi único para un pintor de retratos de mi especie, y una personalidad singularísima y bizarra. No podía hacer justicia a mi modelo mientras se me mantuviera a distancia, impidiéndome estudiar el verdadero carácter de la mujer. Necesitaba ponerla en acción. Y pregunto: ¿podía hallarse un medio más inocente que hablar con una mujer —y dejarla hablar— acerca de una fantasía absurda que tenía por un par de ancestros de la época de Carlos I y por un poeta al que éstos habían asesinado? Especialmente considerando que yo respetaba escrupulosamente los prejuicios de mi anfitrión, que me abstenía de mencionar el asunto en su presencia y que incluso trataba de impedir que la señora Oke lo hiciera cuando él estaba cerca.

Yo había acertado plenamente. Parecerse a la Alice Oke del año 1626 era el capricho, la manía, la pose —llámese como se quiera— de la Alice Oke de 1880; y advertir ese parecido era la forma segura de ganar su favor. Era la más extraordinaria de todas las extraordinarias obsesiones que había visto en mujeres sin hijos y sin ocupación; pero era más que eso: era magníficamente reveladora. Completaba la figura extraña de la señora Oke, tal como yo la concebía —esa criatura bizarra de exquisitez enigmática y rebuscada— que no tuviera interés alguno en el presente y que solo sintiera una pasión excéntrica por el pasado. Eso parecía dar sentido a la expresión ausente de sus ojos, a su sonrisa distante e impertinente. Era como hallar las palabras de una música gitana, el descubrir que ella, tan distinta y tan apartada de todas las mujeres de su tiempo, procurara identificarse con una mujer de antaño, que tuviera una suerte de coquetería... Pero de esto hablaré más adelante.

Le comenté a la señora Oke que había sabido por su esposo los contornos de la tragedia —o el misterio, fuese lo que fuese— de Alice Oke, hija de Virgil Pomfret, y del poeta Christopher Lovelock. Ese gesto de vago desdén, de deseo de escandalizar, que ya había advertido antes, apareció en su hermoso rostro pálido y diáfano.

—Supongo que mi esposo estaría muy escandalizado por todo el asunto —dijo—, que le contó lo menos posible y le aseguró con gran solemnidad que espera fervientemente que toda la historia no sea más que una horrible calumnia. ¡Pobre Willie! Recuerdo todavía, cuando éramos niños y yo venía con mi madre a pasar la Navidad en Okehurst, y mi primo estaba aquí por las vacaciones, cómo le horrorizaba cuando insistía en ponerme chales y capas impermeables y representar la historia de la malvada señora Oke; y él siempre se negaba piadosamente a interpretar el papel de Nicholas cuando yo quería escenificar la escena en Cotes Common. Entonces no sabía que me parecía a la verdadera Alice Oke; lo descubrí solo después de casarnos. ¿De verdad cree que me parezco a ella?

Y ciertamente lo era, especialmente en aquel instante, de pie con un vestido blanco al estilo de Van Dyck, con el verde del parque elevándose a sus espaldas, el sol bajo atrapando sus cortos mechones y rodeando su cabeza —su exquisitamente inclinada cabeza— con un halo amarillo pálido. Pero confieso que la antigua Alice Oke, sirena y asesina aunque fuese, me resultaba de lo más insípida comparada con esta criatura caprichosa y exquisita a quien yo, temerariamente, me había prometido retratar para la posteridad en toda su improbable y sutil extravagancia.

Una mañana, mientras Mr. Oke despachaba su montón sabatino de manifiestos conservadores y decisiones rurales —era juez de paz en el sentido más literal, se internaba en cabañas y chozas, defendía a los débiles y amonestaba a los desobedientes—, mientras yo hacía uno de mis tantos bocetos al lápiz (¡ay!, son lo único que me queda hoy) de mi futura modelo, la señora Oke me contó su versión de la historia de Alice Oke y Christopher Lovelock.

—¿Cree usted que hubo algo entre ellos? —le pregunté—. ¿Que ella estuvo alguna vez enamorada de él? ¿Cómo explica el papel que la tradición le atribuye en el supuesto asesinato? Se ha visto a mujeres y a sus amantes matar al esposo; pero una mujer que se une a su marido para matar a su amante —o al menos al hombre enamorado de ella— es, sin duda, algo singular. Yo estaba absorto en mi dibujo y pensaba muy poco en lo que decía.

—No lo sé —respondió pensativa, con aquella mirada distante en los ojos—. Estoy segura de que Alice Oke era muy orgullosa. Puede haber amado mucho al poeta y, sin embargo, haber sentido indignación contra él, haber detestado verse obligada a quererlo. Puede haber sentido que tenía derecho a librarse de él y a reclamar a su marido que la ayudara a hacerlo.

—¡Dios santo, qué idea tan terrible! —exclamé, medio riendo—. ¿No cree usted, después de todo, que Mr. Oke tiene razón al decir que es más fácil y cómodo tomar toda la historia como una simple invención?

—No puedo tomarla por invención —respondió la señora Oke con desdén— porque, sencillamente, sé que es verdadera.

—¿De veras? —repliqué mientras continuaba trabajando en mi boceto, disfrutando de poner a esta extraña criatura, como yo decía, "en movimiento"—. ¿Y cómo lo sabe?

—¿Cómo sabe uno que algo es cierto en este mundo? —respondió evasiva—. Porque lo sabe, porque lo siente verdadero, supongo.

Y, con aquella mirada perdida en sus ojos claros, volvió al silencio.

—¿Ha leído alguna vez la poesía de Lovelock? —me preguntó de pronto al día siguiente.

—¿Lovelock? —respondí, porque había olvidado el nombre—. Lovelock, quien...

—Pero me detuve, recordando los prejuicios de mi anfitrión, que estaba sentado a mi lado en la mesa.

—Lovelock, el que fue asesinado por los antepasados del señor Oke y los míos.

Y miró fijamente a su marido, como si disfrutara perversamente de la molestia evidente que le causaban aquellas palabras.

—Alice —le suplicó él en voz baja, con el rostro completamente encendido—, por amor de Dios, no hables de esas cosas delante de los criados.

La señora Oke prorrumpió en una carcajada aguda y ligera, más bien histérica, la risa de una niña traviesa.

—¿Los criados? ¡Cielos! ¿Es que imaginas que no conocen la historia? En los alrededores es tan conocida como la misma Okehurst. ¿No creen que Lovelock se ha dejado ver por la casa? ¿No han oído todos sus pasos en el gran corredor? ¿No han observado, mi querido Willie, mil veces que tú no quieres quedarte ni un minuto solo en el salón amarillo, que sales huyendo de allí, como un niño, si por casualidad te dejo un momento?

¡Cierto! ¿Cómo no lo había advertido antes, o más bien, cómo era que solo entonces recordaba haberlo notado? El salón amarillo era una de las estancias más encantadoras de la casa: una sala amplia y luminosa, tapizada de damasco amarillo y con paneles tallados, que se abría directamente sobre el césped, muy superior al cuarto donde solíamos sentarnos, relativamente sombrío. Esta vez, el señor Oke me pareció realmente demasiado infantil. Sentí un intenso deseo de provocarlo.

—¿El salón amarillo? —exclamé—. ¿Es ahí donde ese interesante personaje literario acostumbra rondar? Cuénteme, se lo ruego. ¿Qué ocurrió allí?

El señor Oke hizo un penoso esfuerzo por reír.

—Que yo sepa, no ha ocurrido nunca nada —dijo, y se levantó de la mesa.

—¿De veras? —pregunté con fingida incredulidad.

—Nada ha sucedido allí —replicó lentamente la señora Oke, jugando maquinalmente con un tenedor y siguiendo con la punta la trama del mantel—. Eso es precisamente lo extraordinario: que, por lo que se sabe, nunca ha ocurrido nada, y sin embargo esa habitación tiene mala fama. Dicen que ningún miembro de nuestra familia puede soportar estar allí solo más de un minuto. Como ve, William, evidentemente, no puede.

—¿Ha visto u oído usted alguna vez algo extraño en ese cuarto? —pregunté a mi anfitrión.

Él negó con la cabeza.

—Nada —respondió secamente, y encendió su cigarro.

—Supongo que usted tampoco —dije, medio riendo, dirigiéndome a la señora Oke—, ya que no le importa quedarse allí sola durante horas. ¿Cómo explica entonces esa siniestra reputación, puesto que nunca ha ocurrido nada?

—Tal vez algo esté destinado a ocurrir allí en el futuro —contestó con su voz ausente. Y añadió de pronto—: Suponga que me pinta el retrato en esa habitación.

El señor Oke se volvió bruscamente. Estaba muy pálido y parecía dispuesto a decir algo, pero se contuvo.

—¿Por qué atormenta así al señor Oke? —le pregunté cuando él se hubo retirado a su cuarto de fumar, con su habitual montón de papeles—. Es muy cruel de su parte, señora Oke. Debería tener más consideración con las personas que creen en esas cosas, aunque usted no pueda ponerse en su modo de ver.

—¿Y quién le ha dicho que yo no creo en esas cosas, como usted las llama? —replicó bruscamente.

—Venga —añadió al cabo de un minuto—, quiero enseñarle por qué creo en Christopher Lovelock. Acompáñeme al cuarto amarillo.

V

Lo que la señora Oke me mostró en el cuarto amarillo fue un gran fajo de papeles, algunos impresos y otros manuscritos, pero todos amarillentos por la edad, que sacó de un antiguo gabinete italiano de ébano con incrustaciones. Tardó un buen rato en conseguirlo, pues fue necesario manejar un complicado sistema de dobles cerraduras y cajones falsos; y mientras se ocupaba en ello, yo miré en torno a la habitación, en la que sólo había estado tres o cuatro veces antes.

Era, sin duda, el cuarto más hermoso de aquella hermosa casa y, según me pareció entonces, el más extraño. Era largo y bajo, con algo que hacía pensar en la cámara de un barco, con un gran ventanal con parteluces que dejaba entrar, por así decirlo, una perspectiva del parque, verdoso y parduzco, salpicado de encinas y que ascendía suavemente hasta una lejana línea de abetos azulados en el horizonte. Las paredes estaban cubiertas de damasco floreado, cuyo amarillo, desvaído hasta el pardo, se unía al tono rojizo del entarimado tallado y de las vigas de roble esculpidas. Por lo demás, me recordaba más a una estancia italiana que a una inglesa. El mobiliario era toscano, de principios del siglo XVII, tallado y con incrustaciones; en las paredes colgaban un par de desvaídas pinturas alegóricas, de algún maestro boloñés; y en un rincón, entre un grupo de naranjos enanos en macetas, se alzaba un pequeño clavicémbalo italiano de curva y esbeltez exquisitas, con flores y paisajes pintados en la tapa. En un nicho había un estante con libros antiguos, sobre todo poetas ingleses e italianos de tiempos isabelinos; y, junto a él, colocado sobre un gran cofre nupcial tallado, un hermoso laúd abombado, semejante a un melón.

Los cristales del ventanal con parteluces estaban abiertos, y sin embargo el aire parecía pesado, impregnado de un perfume embriagador e indefinible; no el de ninguna flor viva, sino como el de telas viejas que hubiesen permanecido años enteros guardadas entre especias.

—Es una habitación preciosa —exclamé—. Me encantaría pintarla aquí.

Pero apenas pronuncié estas palabras sentí que había hecho mal. El marido de aquella mujer no podía soportar aquel cuarto, y vagamente me pareció que tenía razón al detestarlo.

La señora Oke no prestó atención a mi exclamación, sino que me hizo señas para que me acercara a la mesa donde estaba ordenando los papeles.

—Mire —dijo—, todos estos son poemas de Christopher Lovelock.

Y tocando las hojas amarillentas con dedos delicados y reverentes, comenzó a leer en voz alta algunos de ellos, con una entonación lenta, apenas audible. Eran canciones en el estilo de las de Herrick, Waller o Drayton, que se quejaban, por lo general, de la crueldad de una dama llamada Dryope, nombre tras el cual se adivinaba claramente una alusión a la señora de Okehurst. Las composiciones eran gráciles y no exentas de cierta pasión marchita; pero yo pensaba menos en ellas que en la mujer que me las leía.

La señora Oke estaba de pie con la pared amarillenta como fondo de su vestido de brocado blanco, cuyo rígido corte del siglo XVII no hacía sino resaltar más la esbeltez y la delicadísima flexibilidad de su alta figura. Sostenía los papeles en una mano y apoyaba la otra, como buscando apoyo, sobre el gabinete incrustado que tenía junto a sí. Su voz, delicada y tenue como su propia persona, tenía una curiosa cadencia palpitante, como si recitara las palabras de una melodía y le costara contenerse para no cantarlas; y, mientras leía, su largo cuello delgado latía suavemente y un leve rubor subía a su rostro enjuto. Evidentemente conocía los versos de memoria, y mantenía casi siempre los ojos fijos con aquella sonrisa distante, en armonía con la continua e imperceptible sonrisa en sus labios.

«¡Así es como me gustaría pintarla!», exclamé para mis adentros, y apenas reparé —cosa que me impresionó después, al recordar la escena— en que aquel extraño ser leía aquellos versos como podría imaginarse a una mujer leyendo poesías amorosas escritas para ella.

—Todos están escritos para Alice Oke —Alice, la hija de Virgil Pomfret —dijo lentamente, doblando los papeles—. Los encontré en el fondo de este gabinete. ¿Puede seguir dudando de la realidad de Christopher Lovelock?

La pregunta era ilógica, pues dudar de la existencia de Christopher Lovelock era una cosa, y dudar del modo de su muerte era otra muy distinta; pero, de algún modo, yo me sentí convencido.

—¡Mire! —dijo cuando hubo guardado los poemas—. Voy a mostrarle otra cosa.

Entre las flores que ocupaban la parte superior de su escritorio —pues descubrí que la señora Oke tenía un escritorio en el cuarto amarillo— se alzaba, como en un pequeño altar, un marco negro tallado, con una cortina de seda corrida sobre él: un objeto tras el cual uno hubiese esperado encontrar la imagen de Cristo o de la Virgen. Ella descorrió la cortina y dejó a la vista una miniatura de gran tamaño, representando a un joven de rizos castaños rojizos y barba puntiaguda del mismo tono, vestido de negro, pero con encajes al cuello y grandes perlas en forma de lágrima en las orejas: un rostro melancólico, soñador. La señora Oke tomó la miniatura con un ademán casi religioso, la retiró de su soporte y me mostró, escrito en caracteres desvaídos al dorso, el nombre "Christopher Lovelock" y la fecha 1626.

—Encontré esto en el cajón secreto de ese gabinete, junto con el montón de poemas —dijo, quitándome la miniatura de las manos.

Permanecí un instante en silencio.

—¿Sabe… sabe el señor Oke que la tiene usted aquí? —pregunté; y acto seguido me pregunté qué demonios me había impulsado a formular semejante pregunta.

La señora Oke sonrió aquella sonrisa suya, de indiferencia desdeñosa.

—Nunca lo he ocultado a nadie. Si a mi marido le disgustara que la tenga, supongo que habría podido quitármela. Le pertenece a él, ya que fue hallada en su casa.

No respondí. Caminé maquinalmente hacia la puerta. Había algo embriagador y opresivo en aquella hermosa habitación; algo, pensé, casi repulsivo en aquella mujer exquisita. De pronto me pareció perversa y peligrosa.

No sabría decir por qué, pero aquella tarde desatendí a la señora Oke. Me fui al estudio del señor Oke y me senté frente a él fumando, mientras él estaba absorto en sus cuentas, informes y papeles electorales. Sobre la mesa, entre la montaña de volúmenes encuadernados en papel y los documentos clasificados en casilleros, había, como único adorno de su despacho, una pequeña fotografía de su esposa, tomada algunos años antes. No sé por qué, pero mientras lo observaba —con su lozana, honrada y varonil belleza— trabajar con tanta conciencia, con aquel ceño suyo, leve y desconcertado, sentí una intensa lástima por aquel hombre.

Pero el sentimiento no duró. No podía remediarlo: Oke no era tan interesante como la señora Oke; y exigiría un esfuerzo excesivo mantener viva la simpatía hacia aquel joven hacendado normal, excelente, ejemplar, cuando al lado suyo se movía una criatura tan extraordinaria como su esposa. Así que me entregué sin resistencia al hábito de dejar que la señora Oke hablase cada día de su extraña manía, o más bien, de provocar que lo hiciera. Confieso que obtenía un placer mórbido y exquisito al hacerlo: era tan propio de ella, tan acorde con la casa… Completaba tan perfectamente su personalidad y facilitaba tanto imaginar el modo de pintarla. Poco a poco tomé una determinación mientras trabajaba en el retrato de William Oke (quien resultó ser un modelo mucho menos fácil de lo que yo había anticipado, y que, a pesar de su buena voluntad, era un posador nervioso, incómodo, silencioso y taciturno). Me resolví a pintar a la señora Oke de pie junto al gabinete del cuarto amarillo, con aquel vestido blanco estilo Van Dyck, copiado del retrato de su antepasada.

El señor Oke podría resentirse, la señora Oke incluso podría resentirse; podrían negarse a aceptar el cuadro, a pagarme, a permitirme exhibirlo; podrían obligarme a atravesarlo con mi paraguas. No importaba. Aquel cuadro debía ser pintado, aunque solo fuera por la satisfacción de haberlo hecho; sentía que era lo único que podía hacer y que sería muy superior a todo lo que hubiera hecho antes. No comuniqué mi decisión a ninguno de los dos, pero preparé boceto tras boceto de la señora Oke mientras continuaba pintando a su marido.

La señora Oke era una persona silenciosa, más silenciosa incluso que su esposo, pues no se creía obligada, como él, a intentar entretener a un invitado o mostrar interés por él. Parecía vivir —una vida curiosa, inactiva, un tanto enfermiza, salpicada por repentinos accesos de alegre infantilismo— en un perpetuo ensueño, vagando por la casa y los jardines, disponiendo las enormes cantidades de flores que llenaban siempre las habitaciones, empezando a leer y abandonando enseguida novelas y libros de poesía, de los cuales siempre tenía muchos; y, creo, pasaba horas enteras sin hacer nada, recostada en un diván del cuarto amarillo, en el que, salvo ella, ningún miembro de la familia Oke había podido jamás permanecer a solas.

Poco a poco comencé a sospechar, y luego a confirmar, otra excentricidad de aquella criatura —y a comprender por qué existían órdenes estrictas de no molestarla en el cuarto amarillo.

Era costumbre en Okehurst, como en otras casas señoriales inglesas, conservar cierta cantidad de ropas de cada generación, en especial vestidos de boda. Un armario de roble tallado, cuyo contenido el señor Oke me mostró una vez, era un verdadero museo de trajes masculinos y femeninos, desde los primeros años del siglo XVII hasta finales del XVIII: algo capaz de dejar sin aliento a un coleccionista, a un anticuario, o a un pintor de escenas de género. El señor Oke no era ninguno de estos, y por lo tanto le interesaba poco la colección, salvo en cuanto alimentaba su orgullo familiar. Aun así, parecía muy familiarizado con su contenido.

Estábamos revisando la ropa para mi beneficio cuando observé de pronto que fruncía el ceño. No sé qué me impulsó a decir:

—A propósito, ¿tienen ustedes algún vestido de esa señora Oke a quien su esposa se parece tanto? ¿Tendrán quizá ese vestido blanco en el que fue pintada?

Oke de Okehurst se puso muy encendido.

—Lo tenemos —respondió vacilante—, pero… ahora mismo no está aquí… No consigo encontrarlo. Supongo —añadió con un esfuerzo— que Alice lo tendrá. A veces, la señora Oke tiene la fantasía de mandar bajar algunas de estas cosas antiguas. Supongo que saca ideas de ellas.

Una repentina claridad iluminó mi mente. El vestido blanco con el que había visto a la señora Oke en el cuarto amarillo, el día que me mostró los versos de Lovelock, no era —como yo había supuesto— una copia moderna: era el vestido original de Alice Oke, la hija de Virgil Pomfret; el vestido en el que, quizá, Christopher Lovelock la había visto en ese mismo cuarto.

La idea me produjo un delicioso estremecimiento pintoresco. No dije nada. Pero me imaginé a la señora Oke sentada en ese cuarto amarillo —ese cuarto en el que ningún Oke de Okehurst, salvo ella, se había atrevido jamás a permanecer a solas— vestida con la ropa de su antepasada, enfrentándose, por así decir, a esa presencia vaga y acechante que parecía llenar la estancia: la presencia, me parecía a mí, del poeta caballeresco asesinado.

La señora Oke, como he dicho, era extremadamente silenciosa, como consecuencia de ser extremadamente indiferente. No le importaba absolutamente nada, salvo sus propias ideas y ensoñaciones, excepto cuando, de vez en cuando, la asaltaba un súbito deseo de escandalizar los prejuicios o supersticiones de su marido. Muy pronto adoptó la costumbre de no hablarme absolutamente de nada que no fueran Alice y Nicholas Oke y Christopher Lovelock; y entonces, cuando la tomaba uno de esos arranques, hablaba durante horas, sin preguntarse jamás si yo estaba o no igualmente interesado en aquella extraña obsesión que la dominaba.

Y sucedió que lo estaba. Me encantaba escucharla disertar durante horas sobre los méritos de las poesías de Lovelock, analizando sus sentimientos y los de sus dos antepasados. Era maravilloso observar a aquella criatura exquisita y exótica en esos momentos, con la mirada distante en sus ojos grises y la sonrisa ausente en sus delgadas mejillas, hablando como si hubiese conocido íntimamente a aquellas personas del siglo XVII, describiendo cada matiz de su ánimo, detallando cada escena entre ellos y su víctima, mencionando a Alice, Nicholas y Lovelock como si fueran sus amistades más cercanas. De Alice, en particular, y de Lovelock. Parecía conocer cada palabra que Alice había dicho, cada idea que había cruzado por su mente. A veces tenía la impresión de que me hablaba de sí misma en tercera persona, de sus propios sentimientos; como si escuchara las confidencias de una mujer, la narración de sus dudas, escrúpulos y agonías acerca de un amante vivo.

Porque la señora Oke, que parecía la más ensimismada de las criaturas en todos los demás asuntos, incapaz por completo de comprender o simpatizar con los sentimientos ajenos, se adentraba total y apasionadamente en los sentimientos de esta mujer, de aquella Alice que, en ciertos instantes, parecía no ser otra persona, sino ella misma.

—¿Pero cómo pudo hacerlo? —le pregunté en una ocasión—. ¿Cómo pudo matar al hombre que amaba?

—¡Porque lo amaba más que a todo el mundo! —exclamó ella.

Y levantándose de pronto, caminó hacia la ventana, cubriéndose el rostro con las manos.

Podía advertir, por el movimiento de su cuello, que estaba sollozando. No se volvió, sino que me hizo un gesto para que me marchase.

—No hablemos más de esto —dijo—. Hoy estoy enferma y tonta.

Cerré suavemente la puerta tras de mí. ¿Qué misterio había en la vida de aquella mujer? ¿Aquella apatía, aquel extraño ensimismamiento, y aquella manía aún más extraña por personas muertas hacía siglos, aquella indiferencia y aquel deseo de mortificar a su marido… significaban que Alice Oke había amado, o amaba todavía, a alguien que no era el dueño de Okehurst? Y la melancolía de él, su preocupación constante, aquel algo que delataba una juventud quebrantada… ¿significaba que lo sabía?

VI

Durante los días siguientes, la señora Oke se mostró de un buen humor del todo inusitado. Se esperaba a unos visitantes —parientes lejanos— y, aunque había manifestado el mayor fastidio ante la idea de su llegada, ahora parecía presa de un acceso de actividad doméstica: iba y venía perpetuamente, arreglando cosas y dando órdenes, aunque, como de costumbre, todo había sido ya dispuesto y decidido por su marido.

William Oke estaba radiante.

—¡Si Alice estuviera siempre así de bien! —exclamaba—. ¡Si tan solo le interesara, o pudiera interesarle, la vida… cómo cambiarían las cosas! Pero —añadió, temeroso quizá de que pudiera creerse que censuraba a su esposa— ¿cómo podría, normalmente, con su deplorable salud? Aun así, me hace inmensamente feliz verla de este modo.

Asentí con la cabeza. Pero no puedo decir que compartiera realmente su opinión. Me parecía, especialmente con el recuerdo de la extraordinaria escena del día anterior, que aquel buen humor de la señora Oke tenía muy poco de normal. Había en su actividad, tan desacostumbrada, y aún más en su alegría, algo puramente nervioso y febril; y tuve, durante todo el día, la sensación de tratar con una mujer enferma que muy pronto se desplomaría.

La señora Oke pasó el día entero paseando de una estancia a otra, y del jardín al invernadero, comprobando si todo estaba en orden cuando, en realidad, todo estaba siempre en orden en Okehurst. No me dio ninguna sesión, y no se pronunció una sola palabra sobre Alice Oke o Christopher Lovelock. A un observador casual podría haberle parecido que aquella obsesión por Lovelock había desaparecido por completo, o que jamás había existido.

Hacia las cinco de la tarde, mientras paseaba entre los edificios de ladrillo rojo, de hastiales redondeados —cada uno con su roble heráldico— y los huertos y jardines frutales con espalderas a la antigua, vi a la señora Oke de pie en los escalones que daban a las caballerizas, con las manos llenas de rosas York y Lancaster. Un mozo estaba limpiando un caballo, y junto al cobertizo de carruajes se hallaba el pequeño carromato de ruedas altas del señor Oke.

—¡Vamos a dar un paseo! —exclamó de repente la señora Oke al verme—. Mire qué tarde tan hermosa... y mire ese encantador carromato. Hace tanto que no conduzco, y siento que debo volver a hacerlo. Venga conmigo. Y tú —añadió, dirigiéndose al mozo—, engancha a Jim de inmediato y tráelo a la puerta.

Quedé asombrado; y aún más cuando el carromato llegó ante la puerta y la señora Oke me llamó para acompañarla. Mandó despedir al mozo y, en un instante, nos hallábamos avanzando a gran velocidad por el camino de arena amarilla, con los prados secos y las grandes encinas a ambos lados.

A duras penas podía creer lo que veía. Aquella mujer, con su pequeño abrigo varonil, su sombrerito, conduciendo un caballo joven y vigoroso con admirable destreza, parloteando como una colegiala de dieciséis años, no podía ser la criatura delicada, mórbida, exótica y de invernadero, incapaz de caminar o hacer nada, que pasaba los días tendida en divanes, en la atmósfera pesada, saturada de perfumes extraños y asociaciones misteriosas, del salón amarillo. El movimiento del ligero vehículo, el aire fresco en la cara, el simple roce de las ruedas sobre la grava parecían embriagarle la mente como un vino fuerte.

—Hacía tanto que no hacía algo así —repetía una y otra vez—, tanto, tanto tiempo... ¿No le parece delicioso ir a esta velocidad, con la sensación de que en cualquier momento el caballo puede caer y nosotros dos morir? —y reía con aquella risa suya, infantil, y volvía hacia mí el rostro ya no pálido, sino encendido por el movimiento y la excitación.

El carromato avanzaba cada vez más rápido, una barrera tras otra cerrándose a nuestra espalda, mientras volábamos colina arriba y colina abajo, cruzando los prados, atravesando los pequeños pueblos de ladrillo rojo y hastiales puntiagudos, donde la gente salía a vernos pasar; más allá de las hileras de sauces junto a los arroyos, y de los compactos campos de lúpulo, verde oscuro, con las copas azuladas y brumosas de los árboles del horizonte volviéndose más azules y más brumosas a medida que la luz dorada comenzaba a rozar la tierra.

Finalmente llegamos a una extensión abierta, un tramo de brezal elevado, algo raro en aquel país tan impiadosamente ocupado por pastizales y cultivos de lúpulo. Entre las suaves ondulaciones del Weald, aquel paraje parecía inmensamente alto, casi sobrenaturalmente elevado, y daba la impresión de hallarse realmente en la cima del mundo: una extensión de brezo y aulaga planos, orlados de abetos lejanos. El sol se ponía frente a nosotros, y su luz, tendida sobre el suelo, teñía la tierra de rojo y negro, o mejor dicho, convertía el brezal en la superficie de un mar púrpura, coronado por nubes de un morado oscuro, mientras los destellos duros del brezo seco y la aulaga prendían el púrpura como pequeñas olas de oro.

Un viento frío nos azotó el rostro.

—¿Cómo se llama este lugar? —pregunté. Era el único paisaje verdaderamente impresionante que había encontrado en los alrededores de Okehurst.

—Se llama Cotes Common —respondió la señora Oke, que había aflojado el paso del caballo y dejado caer las riendas sobre su cuello—. Fue aquí donde mataron a Christopher Lovelock.

Hubo un instante de silencio; luego continuó, espantando moscas de las orejas del caballo con la punta del látigo y mirando fijamente el ocaso, que ahora corría, como un río de púrpura oscura, desde el brezal hasta nuestros pies:

—Lovelock venía cabalgando una tarde de verano desde Appledore cuando, al llegar más o menos a la mitad de Cotes Common, aproximadamente por aquí —pues siempre he oído que mencionan el estanque de las viejas graveras como el lugar aproximado—, vio a dos hombres que venían hacia él, y en quienes reconoció enseguida a Nicholas Oke de Okehurst y a un mozo de cuadra. Oke le dio el alto, y Lovelock se acercó.

"Me alegro de haberlo encontrado, señor Lovelock —le dijo Nicholas—, porque tengo noticias importantes para usted." Y diciendo esto, acercó su caballo al de Lovelock y, de pronto, girándose, disparó una pistola a su cabeza. Lovelock tuvo tiempo de apartarse y la bala, en lugar de darle a él, fue a clavarse en la cabeza de su caballo, que cayó bajo él. Lovelock cayó también, pero de tal modo que pudo librarse con facilidad del animal; y, desenvainando su espada, se lanzó sobre Oke y le agarró el caballo por el freno. Oke saltó rápidamente a tierra y también desenvainó su espada; y, en un instante, Lovelock, que era mucho mejor espadachín, dominaba el combate.

Lovelock había desarmado por completo a Oke y tenía la punta de su espada en su garganta, gritándole que si pedía perdón le perdonaría la vida por la antigua amistad que los unía, cuando el mozo llegó repentinamente por detrás y le disparó por la espalda. Lovelock cayó, y Oke intentó rematarlo con su espada, mientras el mozo sujetaba el freno del caballo de Oke.

En ese momento, la luz del sol cayó sobre el rostro del mozo y Lovelock reconoció a la señora Oke. Gritó: "¡Alice, Alice! ¡eres tú quien me ha asesinado!", y murió. Entonces Nicholas Oke montó de un salto y escapó con su esposa, dejando a Lovelock muerto junto a su caballo caído. Nicholas Oke había tenido la precaución de quitarle la bolsa y arrojarla al estanque, de modo que el asesinato fue atribuido a ciertos salteadores de caminos que rondaban por aquella parte del país.

Alice Oke murió muchos años después, ya anciana, en el reinado de Carlos II; pero Nicholas no vivió mucho tiempo. Poco antes de su muerte cayó en un estado muy extraño, siempre taciturno, y a veces amenazando con matar a su esposa. Dicen que en uno de estos accesos, poco antes de morir, contó toda la historia del asesinato y pronunció una profecía: que cuando el jefe de su casa y dueño de Okehurst se casara con otra Alice Oke, descendiente de él y de su esposa, llegaría el fin de los Oke de Okehurst.

Ya ve: parece que está cumpliéndose. No tenemos hijos, y no creo que lleguemos nunca a tenerlos. Yo, al menos, jamás los he deseado.

La señora Oke hizo una pausa y volvió hacia mí el rostro, con la sonrisa ausente hundiendo hoyuelos en sus mejillas delgadas: sus ojos ya no tenían aquella mirada distante; estaban extrañamente fijos, ávidos. Yo no sabía qué responder; aquella mujer me daba verdadero miedo. Permanecimos un momento en el mismo sitio, mientras la luz del sol se extinguía en ondas carmesí sobre el brezal, dorando los taludes amarillos, las aguas negras del estanque, cercado de juncos finos, y las graveras amarillas; y el viento nos azotaba el rostro y doblaba las copas azuladas, retorcidas y raquíticas de los abetos.

Entonces la señora Oke tocó al caballo, y partimos de nuevo a un ritmo furioso. No creo que intercambiáramos una sola palabra en todo el trayecto de regreso. La señora Oke permanecía con los ojos fijos en las riendas, rompiendo el silencio solo de vez en cuando con alguna palabra dirigida al caballo, incitándolo a ir aún más deprisa. La gente con la que nos cruzábamos en el camino debía de pensar que el animal se había desbocado, a no ser que alcanzaran a notar la serenidad del gesto de la señora Oke y la expresión de excitado goce en su rostro. A mí me parecía estar en manos de una loca, y en silencio me fui preparando para volcar o estrellarnos contra algún carro.

Había refrescado mucho, y la corriente de aire nos helaba la cara cuando divisamos por fin los hastiales rojos y las altas chimeneas de Okehurst. El señor Oke estaba de pie junto a la puerta. Cuando nos vio acercarnos, advertí en su semblante una expresión de alivio ansioso, de intensa alegría.

Alzó a su esposa del carromato con sus fuertes brazos, con una especie de ternura caballeresca.

—Estoy tan contento de tenerte de vuelta, querida —exclamó—, tan contento. Me entusiasmó oír que habías salido con el carromato, pero como hacía tanto que no conducías, empezaba a sentirme terriblemente inquieto, tesoro. ¿Dónde has estado todo este tiempo?

La señora Oke se desprendió con rapidez de su marido, que aún la sostenía como se sostiene a una niña delicada que ha causado preocupación. La gentileza y el cariño del pobre hombre evidentemente no la habían conmovido: casi parecía rehuirlos.

—Lo he llevado a Cotes Common —dijo, con aquella mirada perversa que ya le había notado, mientras se quitaba los guantes de montar—. Es un lugar magnífico.

El señor Oke enrojeció como si hubiese mordido un diente enfermo, y la doble arruga entre sus cejas se marcó de un rojo vivo.

Afuera, las brumas comenzaban a levantarse, velando el parque salpicado de grandes encinas negras, de entre las cuales, a la luz acuosa de la luna, surgía por todos lados el quejumbroso y extraño balido de los corderos separados de sus madres. Estaba húmedo y hacía frío, y yo me estremecí.

VII

Al día siguiente, Okehurst estaba lleno de gente, y la señora Oke, para mi asombro, hacía los honores de la casa como si un tropel de criaturas ruidosas y vulgares, decididas a flirteos y partidos de tenis, fuera su idea habitual de la felicidad.

La tarde del tercer día —habían venido por un baile electoral y se quedaban tres noches—, el tiempo cambió; de pronto se volvió muy frío y comenzó a llover a cántaros. Se mandó a todo el mundo al interior y un repentino abatimiento cayó sobre la compañía. La señora Oke parecía haberse hartado de sus huéspedes, y yacía lánguidamente recostada en un sofá, sin prestar la menor atención a las conversaciones, ni al ruido del piano, cuando uno de los invitados propuso de pronto que se hicieran charadas. Era un primo lejano de los Oke, un tipo de bohemio artístico de moda, hinchado hasta lo insufrible por la notoriedad de actor aficionado que había gozado aquella temporada.

—Sería delicioso, en este maravilloso caserón —exclamó—, disfrazarse y pasearse como si perteneciéramos al pasado. He oído decir que tenéis una colección prodigiosa de trajes antiguos, desde los tiempos de Noé poco menos, en algún lugar de la casa, primo Bill.

La propuesta fue acogida con exclamaciones de alegría. William Oke pareció desconcertado por un momento, y miró a su esposa, que seguía tumbada, indiferente, en el sofá.

—Hay un armario lleno de ropas de la familia —respondió con reparos, visiblemente arrastrado por el deseo de complacer a sus invitados—, pero... pero... no sé si es muy respetuoso disfrazarse con la ropa de los muertos.

—¡Paparruchas! —exclamó el primo—. ¿Qué pueden saber los muertos de todo eso? Además —añadió con fingida seriedad—, le aseguro que nos comportaremos con la mayor reverencia y nos sentiremos muy solemnes, si solo nos das la llave, viejo.

De nuevo el señor Oke dirigió la mirada hacia su esposa, y de nuevo no obtuvo más respuesta que aquella vaga mirada ausente.

—Muy bien —dijo por fin, y condujo a sus invitados escaleras arriba.

Una hora más tarde, la casa estaba llena de la gente más extraña y de los ruidos más extraños. Yo había llegado a compartir, en cierta medida, el escrúpulo de William Oke ante la idea de que se tomaran en vano las ropas y la personalidad de sus antepasados; pero cuando la mascarada estuvo completa, debo decir que el efecto era magnífico. Una docena de hombres y mujeres jóvenes —los huéspedes de la casa y algunos vecinos venidos para el tenis y la cena— iban ataviados, bajo la dirección del primo teatrero, con el contenido de aquel armario de roble; y jamás he visto espectáculo más hermoso que los corredores con paneles, la escalera tallada y blasonada, los salones sombríos con sus tapices desvaídos, el gran salón con su techo nervado y abovedado, poblados aquí y allá por grupos o figuras solitarias que parecían salidas directamente del pasado.

Incluso William Oke, que, aparte de mí y de algunos ancianos, era el único hombre sin disfraz, parecía encantado y animado por el espectáculo. De pronto se despertó en él algo del colegial que portaba dentro; y, al ver que no quedaba traje alguno para él, subió corriendo y volvió al cabo de un rato con el uniforme que había llevado antes de casarse. Me pareció que nunca lo había visto tan magnífico ejemplar de inglés apuesto: pese a todas las asociaciones modernas de su uniforme, parecía más auténticamente antiguo que los demás, un caballero digno del Príncipe Negro o de sir Philip Sidney, con sus facciones admirablemente regulares y la hermosura de su cabello rubio y de su tez.

Al cabo de un minuto, incluso los más ancianos habían conseguido algún disfraz —una especie de dominos improvisados, capuchas y toda clase de atavíos sacados de peda¬zos de bordados antiguos, tejidos orientales y pieles; y muy pronto aquella turba de enmascarados acabó por embriagarse por completo con su propia diversión, con la niñería y, permítaseme decirlo, con el barbarismo y la vulgaridad que subyacen en la mayoría incluso de los ingleses bien educados: el propio señor Oke haciendo el payaso como un colegial en vacaciones de Navidad.

—¿Dónde está la señora Oke? ¿Dónde está Alice? —preguntó de pronto alguien.

La señora Oke había desaparecido. Yo comprendía perfectamente que, para aquel ser excéntrico, con su fantástica, imaginativa y mórbida pasión por el pasado, un carnaval semejante debía de resultarle positivamente repugnante; y, tan absolutamente indiferente como era a causar ofensa, podía imaginar sin esfuerzo cómo se habría retirado, indignada y escandalizada, a soñar sus extraños ensueños en el cuarto amarillo.

Pero un momento después, cuando todos nos disponíamos ruidosamente a pasar al comedor, la puerta se abrió y entró una figura extraña, más extraña que cualquiera de las otras, que estaban profanando las ropas de los muertos: un muchacho, alto y delgado, con casaca de montar parda, cinturón de cuero y grandes botas de ante, una pequeña capa gris sobre un hombro, un ancho sombrero gris echado sobre los ojos, daga y pistola al cinto. Era la señora Oke, con los ojos anormalmente brillantes y todo el rostro encendido por una sonrisa audaz y perversa.

Todos exclamaron, y se apartaron para dejarle paso. Hubo luego un instante de silencio, roto por unos breves aplausos. Incluso para una banda de muchachos y muchachas alborotadores, entregados a hacer el tonto enfundados en los trajes de hombres y mujeres hace tiempo muertos y enterrados, había algo cuestionable en la aparición repentina de una joven mujer casada, señora de la casa, con casaca de montar y botas. Y la expresión de la señora Oke no contribuía precisamente a hacer más inocente la broma.

—¿Qué disfraz es ese? —preguntó el primo teatrero, que, pasado un segundo, había llegado a la conclusión de que la señora Oke no era sino una mujer de talento extraordinario a la que debía procurar reclutar para su troupe de aficionados la próxima temporada.

—Es el traje con que una antepasada nuestra, mi tocaya, Alice Oke, solía salir a caballo con su marido en tiempos de Carlos I —respondió, y tomó asiento a la cabecera de la mesa.

Instintivamente, mis ojos buscaron los de Oke de Okehurst. Él, que se sonrojaba con tanta facilidad como una muchacha de dieciséis años, estaba ahora blanco como la cal, y advertí que presionaba la mano contra la boca, casi convulsivamente.

—¿No reconoces mi vestido, William? —preguntó la señora Oke, clavando en él los ojos con una sonrisa cruel.

Él no respondió, y hubo un momento de silencio, que el primo teatral tuvo la feliz idea de romper poniéndose en pie de un salto y apurando su copa con esta exclamación:

—¡A la salud de las dos Alice Oke, la del pasado y la del presente!

La señora Oke asintió, y con una expresión que nunca antes le había visto, replicó, en voz alta y desafiante:

—¡A la salud del poeta, el señor Christopher Lovelock, si es que su fantasma se digna honrar esta casa con su presencia!

De pronto sentí como si me hallase en un manicomio. A través de la mesa, en medio de aquella sala llena de gente bulliciosa, embadurnada de rojo, azul, púrpura y mil colores, disfrazados de hombres y mujeres de los siglos XVI, XVII y XVIII, de turcos y esquimales improvisados, de dominós y payasos, con las caras pintarrajeadas, ennegrecidas con corcho o espolvoreadas de harina, me pareció ver aquel ocaso sanguinolento extendiéndose como un mar de sangre sobre el brezal, hasta el estanque negro y los abetos torcidos por el viento, donde yacía el cuerpo de Christopher Lovelock, con su caballo muerto junto a él, la grava amarilla y el brezo lila empapados de carmesí por doquier; y por encima emergía, como surgida de aquella rojez, la pálida cabeza rubia cubierta por el sombrero gris, los ojos ausentes y la sonrisa extraña de la señora Oke. Todo me pareció horrible, vulgar, abominable: como si hubieran cerrado a mi espalda la puerta de un manicomio.

VIII

A partir de ese momento noté un cambio en William Oke; o mejor dicho, un cambio que probablemente llevaba tiempo gestándose llegó al punto de hacerse perceptible.

No sé si llegó a discutir con su esposa acerca de su disfraz en aquella desdichada noche. Creo firmemente que no. Oke era un hombre tímido y reservado con todo el mundo, y especialmente con su mujer; además, puedo imaginar que le sería positivamente imposible poner en palabras cualquier sentimiento fuerte de desaprobación hacia ella, que su repugnancia solo podía ser silenciosa. Pero, fuera como fuese, advertí muy pronto que las relaciones entre mi anfitrión y su esposa se habían vuelto extremadamente tensas. La señora Oke, en realidad, nunca había prestado mucha atención a su marido, y ahora parecía apenas un poco más indiferente a su presencia que antes. Pero Oke, aunque hacía esfuerzos por hablarle en las comidas, deseoso de ocultar sus sentimientos y temeroso de hacerme incómoda la situación, mostraba muy claramente que apenas podía soportar hablarle o siquiera verla. El alma honrada del pobre hombre rebosaba de dolor, un dolor que él se empeñaba en no dejar escapar, pero que parecía filtrarse en toda su naturaleza y envenenarla. Aquella mujer lo había escandalizado y herido más allá de lo que se podía decir; y, sin embargo, era evidente que ni podía dejar de amarla ni lograba empezar a comprender su verdadera índole.

A veces, mientras caminábamos largas horas por aquel paisaje monótono, cruzando los campos de pasto salpicados de encinas y bordeando las hileras interminables de lúpulo de un verde apagado, hablando de tarde en tarde sobre el valor de las cosechas, el drenaje de la finca, las escuelas del pueblo, la Primrose League o las iniquidades del señor Gladstone, mientras Oke de Okehurst cortaba meticulosamente cada cardo alto que veía, sentía yo una intensa e impotente necesidad de iluminar a aquel hombre sobre el carácter de su esposa. Me parecía comprenderla tan bien… y comprenderla bien implicaba, para mí, una especie de cómoda aceptación; y me parecía tan injusto que él estuviese condenado a romperse la cabeza eternamente sobre este enigma, a desgastar su alma intentando entender lo que ahora me resultaba tan evidente. Pero ¿cómo lograr que este hombre serio, concienzudo, de entendimiento lento, representante de la simplicidad, honestidad y escrupulosidad inglesas, comprendiera aquella mezcla de vanidad ensimismada, superficialidad, visión poética, amor por la emoción mórbida, que caminaba por la tierra bajo el nombre de Alice Oke?

Así pues, Oke de Okehurst estaba condenado a no entender nunca; pero también condenado a sufrir por su incapacidad de comprender. El pobre hombre se hallaba constantemente forcejeando tras una explicación de las peculiaridades de su esposa; y aunque el esfuerzo fuera probablemente inconsciente, le causaba un dolor enorme. La arruga —el "ceño maníaco", como lo llama mi amigo— entre sus cejas parecía haberse convertido en un rasgo permanente de su rostro.

La señora Oke, por su parte, hacía lo peor posible. Quizá resentía la desaprobación tácita de su marido respecto a aquella extravagancia de la noche del disfraz y había decidido hacerle tragar más de la misma medicina, porque claramente pensaba que una de las peculiaridades de William —y una de las razones por las que lo despreciaba— era su incapacidad para dejarse provocar hasta la indignación explícita; que de ella soportaría cualquier cantidad de amargura sin quejarse. En todo caso, adoptó ahora una política perfecta de atormentarlo y escandalizarlo con el asesinato de Lovelock. Continuamente aludía a él en la conversación, discutía en presencia de su esposo lo que habrían sido los sentimientos de los diversos protagonistas de la tragedia de 1626, e insistía en su parecido, y casi identidad, con la Alice Oke original.

Algo había sugerido a su mente excéntrica que sería delicioso representar, en el jardín de Okehurst, bajo los gigantescos alcornoques y olmos, un pequeño mascarón encontrado entre las obras de Christopher Lovelock; y comenzó a recorrer el país y a entrar en vasta correspondencia para llevar a cabo aquel proyecto. Llegaban cartas día sí día no del primo teatrero, cuyo único reparo era que Okehurst estaba demasiado lejos para un espectáculo en el que él preveía gran gloria. Y de vez en cuando aparecía algún joven o señorita a quien Alice Oke había mandado llamar para ver si servían para los papeles. Yo veía muy claramente que la representación nunca tendría lugar, y que la señora Oke no tenía la menor intención de que se realizara. Era una de aquellas criaturas para quienes la realización de un proyecto no significa nada, que disfrutan de la planificación precisamente porque saben que todo quedará en el plan.

Mientras tanto, aquella eterna conversación sobre la pastoral, sobre Lovelock, aquella continua actitud de esposa de Nicholas Oke, tenía para la señora Oke el atractivo añadido de poner a su marido en un estado de atroz —aunque reprimida— irritación, que ella disfrutaba con la satisfacción de una criatura perversa. No pienses que yo permanecía indiferente, aunque admito que ello era un deleite para un aficionado al estudio de caracteres como yo. Realmente sentía una profunda compasión por el pobre Oke, y con frecuencia me indignaba con su esposa. Varias veces estuve a punto de rogarle que tuviera más consideración con él, incluso de insinuar que aquella conducta, especialmente delante de un extraño como yo, era de muy mal gusto. Pero había algo esquivo en la señora Oke, algo que hacía casi imposible hablar seriamente con ella; y además, no estaba en absoluto seguro de que cualquier intervención de mi parte no fuese a avivar más aún su perversidad.

Una noche ocurrió un incidente curioso. Acabábamos de sentarnos a cenar —los Oke, el primo teatrero, que estaba allí por un par de días, y tres o cuatro vecinos—. Era el crepúsculo, y la luz amarillenta de las velas se mezclaba deliciosamente con la grisura del exterior. La señora Oke no estaba bien y había estado excepcionalmente callada todo el día, más diáfana, extraña y distante que nunca; y su esposo parecía haber recuperado de pronto una ternura, casi una compasión, hacia aquella criatura delicada y frágil.

Conversábamos de asuntos triviales, cuando vi que el señor Oke se ponía súbitamente muy pálido y fijaba la mirada un instante en la ventana frente a él.

—¿Quién es ese sujeto que está mirando por la ventana y haciéndote señas, Alice? ¡Maldita sea su insolencia! —exclamó, y levantándose de un salto, corrió hacia la ventana, la abrió, y salió al crepúsculo.

Nos miramos unos a otros sorprendidos; algunos comentaron la negligencia de los criados por permitir que vagabundos rondaran la cocina; otros empezaron a contar historias de pordioseros y ladrones. La señora Oke no dijo nada; pero advertí aquella sonrisa extraña, lejana, en sus mejillas delgadas.

Al cabo de un minuto, William Oke regresó, la servilleta aún en la mano. Cerró la ventana y retomó su lugar en silencio.

—Bueno, ¿quién era? —preguntamos todos.

—Nadie. Debo… debo haberme confundido —respondió, y se puso rojo como la grana mientras pelaba una pera con torpe diligencia.

—Probablemente era Lovelock —dijo la señora Oke, como quien dice "probablemente era el jardinero", pero con aquella leve sonrisa de placer aún en el rostro.

Excepto el primo teatrero, que estalló en una carcajada, ninguno de los presentes había oído antes el nombre de Lovelock, y, sin duda, tomándolo por algún criado o campesino propio de la finca, no dijo nada más, y el asunto se dejó estar.

Desde aquella noche, las cosas comenzaron a adquirir un tinte distinto. Aquel incidente fue el comienzo de un sistema perfecto — ¿de qué? Apenas sé cómo llamarlo. Un sistema de bromas lúgubres por parte de la señora Oke, de fantasías supersticiosas por parte del marido… un sistema de misteriosas persecuciones por parte de algún inquilino menos terrenal de Okehurst. Sí, ¿y por qué no decirlo? Todos hemos oído hablar de fantasmas, todos hemos tenido tíos, primas, abuelas o nodrizas que los han visto; y todos, en el fondo del alma, sentimos un poco de temor hacia ellos; así que ¿por qué no habrían de existir? Yo soy demasiado escéptico para creer en la imposibilidad de nada.

Además, cuando un hombre ha vivido durante todo un verano bajo el mismo techo que una mujer como la señora Oke de Okehurst, empieza a creer en la posibilidad de muchísimas cosas improbables, te lo aseguro, simplemente como consecuencia de creer en ella. Y, cuando se piensa bien, ¿por qué no? Que una criatura singular, visiblemente no de esta tierra, una reencarnación de la mujer que asesinó a su amante dos siglos y medio antes, tenga el poder de atraer a su lado —al ser superior a los amantes terrenales— al hombre que la amó en aquella existencia anterior, cuyo amor por ella lo condujo a la muerte… ¿qué tiene eso de sorprendente? La propia señora Oke, estoy convencido, lo creía, o medio lo creía; de hecho, lo admitió muy seriamente, un día en que yo hice la sugerencia a medias en broma. Al fin y al cabo, me complacía pensarlo; encajaba tan bien con toda su personalidad; explicaba aquellas horas interminables pasadas a solas en el cuarto amarillo, donde incluso el aire, saturado de perfumes embriagadores y de viejas telas aromáticas, parecía cargado de fantasmas. Explicaba aquella sonrisa extraña, que no era para ninguno de nosotros y, sin embargo, no era solo para ella; aquella mirada lejana en sus pálidos ojos agrandados. Me gustaba la idea, y me gustaba provocarla —o más bien complacerla— con ella. ¿Cómo podía yo adivinar que el desdichado marido se tomaría tales ideas en serio?

Cada día estaba más silencioso y perplejo; y, como consecuencia, trabajaba más, y probablemente con menos eficacia, en sus planes de mejora agrícola y sus campañas políticas. Me parecía que vivía en perpetua escucha, vigilancia, espera de algo que pudiera ocurrir: una palabra pronunciada de improviso, el brusco abrir de una puerta, lo hacían estremecerse, enrojecer y casi temblar; la sola mención de Lovelock traía a su rostro una expresión de impotencia, casi una convulsión, como la de un hombre abatido por un calor extremo. Y su esposa, lejos de interesarse en aquel cambio, seguía irritándolo cada vez más. Cada vez que el pobre hombre daba uno de aquellos sobresaltos o se sonrojaba ante el ruido repentino de un paso, la señora Oke le preguntaba, con su indiferencia desdeñosa, si había visto a Lovelock. Muy pronto me di cuenta de que mi anfitrión estaba realmente enfermando. Se sentaba a la mesa sin decir palabra, con los ojos fijos en su mujer, examinándola, como quien trata en vano de resolver un misterio espantoso; mientras ella, etérea, exquisita, continuaba hablando en su modo lánguido del mascarón, de Lovelock, siempre de Lovelock.

Durante nuestros paseos y cabalgatas, que continuamos con bastante regularidad, él daba un sobresalto cada vez que, en los caminos o senderos alrededor de Okehurst, o en las tierras de la finca, divisábamos una figura a lo lejos. Lo he visto temblar ante lo que, al acercarnos, apenas podía yo contener la risa al comprobar que no era sino algún labriego conocido, un vecino, o un criado.

Una vez, mientras regresábamos a casa al anochecer, me agarró súbitamente del brazo y señaló a través de los pastizales salpicados de encinas, en dirección al jardín; luego echó a correr casi al trote, con su perro detrás, como si persiguiera a un intruso.

—¿Quién era? —pregunté.

Y el señor Oke se limitó a sacudir la cabeza tristemente.

A veces, en los crepúsculos de comienzos de otoño, cuando las nieblas blancas se levantaban del parque y las grajillas se posaban formando largas líneas negras sobre las empalizadas, casi me parecía verlo sobresaltarse ante los mismos árboles y arbustos, ante el contorno lejano de los secaderos de lúpulo, con sus techos cónicos y sus veletas salientes, como dedos burlones en la penumbra.

—Su marido está enfermo —me atreví a decirle una vez a la señora Oke, mientras posaba para el centésimo trigésimo de mis bocetos preparatorios (de algún modo, nunca lograba ir más allá de los bocetos con ella).

Alzó sus hermosos ojos grandes y pálidos, haciendo al hacerlo aquella curva exquisita de hombros, cuello y delicada cabeza clara que yo ansiaba en vano reproducir.

—No lo veo —respondió tranquilamente—. Y si lo está, ¿por qué no se va a Londres a ver al médico? Es solo uno de sus ataques de melancolía.

—No debería usted atormentarlo con lo de Lovelock —añadí, muy serio—. Acabará creyendo en él.

—¿Y por qué no? Si lo ve, lo ve. No sería la única persona a quien le ha sucedido —contestó, con una débil sonrisa, a medias perversa, mientras sus ojos buscaban, como de costumbre, aquel algo indefinible y lejano.

Pero Oke empeoraba. Estaba volviéndose completamente desequilibrado, como una mujer histérica.

Una noche, cuando estábamos solos en el fumador, comenzó de pronto un discurso incoherente sobre su esposa: cómo la había conocido de niños, cuando ambos asistían a la misma escuela de baile cerca de Portland Place; cómo la madre de ella, su tía política, la traía por Navidad a Okehurst cuando él estaba de vacaciones; cómo, al fin, trece años atrás, cuando él tenía veintitrés años y ella dieciocho, se habían casado; cómo había sufrido horriblemente cuando se vieron defraudados en la esperanza de un hijo y ella estuvo a punto de morir en la enfermedad.

—No me importaba lo del niño, ¿sabe? —decía con voz exaltada—. Aunque ahora se acabará con nosotros y Okehurst pasará a los Curtis. A mí solo me importaba Alice.

Era casi inconcebible que aquella criatura tan agitada, que hablaba con lágrimas en la voz y en los ojos, fuera el joven exoficial impecable, bien vestido, irreprochable, que había entrado en mi estudio un par de meses antes.

Oke guardó silencio un momento, mirando fijamente la alfombra a sus pies; de pronto exclamó, casi en un susurro:

—Si supiera cuánto me importa Alice... cuánto me importa todavía. Besaría el suelo que pisa. Daría cualquier cosa —mi vida, cualquier día—con tal de que, por dos minutos, pareciera que le caigo un poco bien… que no me desprecia del todo.

Y el pobre rompió en una risita histérica, que era casi un sollozo. Después, de golpe, comenzó a reír abiertamente, exclamando, con una especie de tono vulgar, totalmente ajeno a él:

—¡Maldita sea, viejo, qué mundo más raro en el que vivimos!

Y llamó para pedir más brandy con soda, que empezaba, noté, a tomar con bastante frecuencia, aunque al llegar yo a la casa era casi un "templario" en materia de bebida, tanto como puede serlo un hacendado hospitalario.

IX

Ahora se me hizo evidente que, por increíble que pareciese, lo que afligía a William Oke era celos. Estaba sencillamente loco de amor por su esposa y loco de celos. ¿Celos… pero de quién? Él mismo difícilmente habría sabido decirlo.

Para disipar cualquier sospecha posible: desde luego, no de mí. Además de que la señora Oke se interesaba apenas un ápice más por mí que por el mayordomo o el ama de llaves, creo que el propio Oke era de esos hombres cuya imaginación se resiste a fijarse en un objeto concreto de celos, aunque los celos lo devoren poco a poco. Permanecía como un sentimiento vago, difuso, continuo: la sensación de que él la amaba y a ella no le importaba un comino; y que todo cuanto la rodeaba recibía algo de la atención que a él se le negaba —personas, cosas, árboles, piedras—. Era la constatación de aquella extraña mirada lejana en los ojos de la señora Oke, de aquella extraña sonrisa ausente en sus labios: ojos y labios que no tenían mirada ni sonrisa para él.

Poco a poco, su nerviosismo, su vigilancia, su suspicacia, su propensión a sobresaltarse, tomaron una forma definida. El señor Oke aludía constantemente a pasos o voces que creía haber oído, a figuras que decía haber visto merodeando alrededor de la casa. El ladrido repentino de uno de los perros lo hacía ponerse en pie. Limpió y cargó cuidadosamente todas las escopetas y revólveres de su despacho, e incluso algunas de las viejas escopetas de caza y pistolas de arzón del zaguán. Criados y arrendatarios pensaban que Oke de Okehurst había sido presas de un terror a los vagabundos y ladrones. La señora Oke sonreía con desdén ante todas estas precauciones.

—Mi querido William —le dijo un día—, las personas que te inquietan tienen tanto derecho como tú o yo a pasearse por los pasillos y escaleras y rondar la casa. Probablemente estaban aquí mucho antes de que ninguno de nosotros naciera, y se divierten enormemente con tus ridículas ideas de privacidad.

El señor Oke rió con enojo.

—Supongo que vas a decirme que es Lovelock —tu eterno Lovelock— cuyas pisadas oigo sobre la grava todas las noches. Supongo que tiene tanto derecho a estar aquí como tú o yo.

Y salió de la habitación a grandes zancadas.

—¡Lovelock, Lovelock! ¿Por qué tiene que seguir siempre con ese Lovelock? —me preguntó esa misma noche, mirándome fijamente.

Yo me limité a reír.

—Es solo porque tiene esa pieza suya metida en la cabeza —respondí—, y porque piensa que eres supersticioso y le divierte atormentarte.

—No lo entiendo —suspiró Oke.

¿Cómo iba a entenderlo? Y si yo hubiera intentado explicárselo, no habría creído sino que insultaba a su esposa y quizá me habría echado de la casa. Así que no hice intento alguno de aclararle problemas psicológicos, y él no volvió a preguntarme nada... hasta que ocurrió primero un incidente curioso.

El incidente fue, sencillamente, este: regresando una tarde de nuestro paseo habitual, el señor Oke preguntó de repente al criado si alguien había venido. La respuesta fue negativa, pero Oke pareció no quedar satisfecho. Apenas nos hubimos sentado a la mesa cuando se volvió hacia su esposa y le preguntó, con una voz tan extraña que apenas la reconocí como suya, quién había ido a verla aquella tarde.

—Nadie —respondió la señora Oke—; al menos que yo sepa.

William Oke la miró fijamente.

—¿Nadie? —repitió, con tono inquisitivo—. ¿Nadie, Alice?

La señora Oke negó con la cabeza.

—Nadie —contestó.

Hubo una pausa.

—¿Quién era, entonces, el que paseaba contigo cerca del estanque, hacia las cinco? —preguntó Oke lentamente.

Su esposa alzó los ojos directamente a los suyos y respondió con desdén:

—Nadie paseaba conmigo cerca del estanque, ni a las cinco, ni a ninguna otra hora.

El señor Oke se puso morado, y emitió un curioso sonido ronco, como de hombre que se ahoga.

—Yo... yo creí haber visto que paseabas con un hombre esta tarde, Alice —consiguió decir—; añadí luego, por guardar las apariencias delante de mí—. Creí que podría ser el vicario, que viniera con ese informe para mí.

La señora Oke sonrió.

—No puedo sino repetir que ningún ser viviente se ha acercado a mí esta tarde —dijo lentamente—. Si viste a alguien conmigo, debe de haber sido Lovelock, porque desde luego no había nadie más.

Y soltó un pequeño suspiro, como quien trata de reavivar en su memoria una impresión deliciosa, pero demasiado fugitiva.

Miré a mi anfitrión; de púrpura, su rostro había pasado a un blanco lívido, y respiraba como si le apretaran la garganta.

Nada más se dijo sobre el asunto.

Sentí confusamente que se cernía un gran peligro. ¿Sobre Oke o sobre la señora Oke? No sabría decirlo; pero percibía una llamada interior imperiosa a evitar algún mal terrible, a intervenir, a explicar, a interponerme. Decidí hablar con Oke al día siguiente, pues confiaba en que él me escucharía con calma, y no confiaba en la señora Oke. Aquella mujer se me escurriría entre los dedos como una serpiente si intentaba aferrar su carácter escurridizo.

Le propuse a Oke que diéramos un paseo juntos la tarde siguiente, y aceptó con una extraña avidez. Salimos hacia las tres. Era una tarde tormentosa y fría, con enormes bolas de nubes blancas rodando rápidamente por el cielo azul helado, y fulgores ocasionales de sol, anchos y amarillos, que hacían que la franja negra de la tormenta, acumulada en el horizonte, pareciera de un azul negruzco, como la tinta.

Cruzamos a paso ligero la hierba seca y empapada del parque y salimos a la carretera principal, que subía sobre unas lomas bajas, no sé por qué, en dirección a Cotes Common. Ambos guardábamos silencio, porque ambos teníamos algo que decir y no sabíamos cómo empezar. Por mi parte, me daba cuenta de lo imposible que me resultaba sacar yo el tema: una intromisión no solicitada por mi parte solo predispondría contra mí al señor Oke y lo volvería aún más obtuso. De modo que, si él tenía algo que decir —y era evidente que lo tenía—, más valía esperar.

Oke, sin embargo, solo rompió el silencio para señalarme el estado del lúpulo, al pasar junto a uno de sus muchos campos de cultivo.

—Será un mal año —dijo, deteniéndose de golpe y mirando fijamente delante de sí—, no habrá cosecha. Nada de lúpulo este otoño.

Lo miré. Era patente que no sabía lo que decía. Las plantas verde oscuro estaban cargadas de fruto; y solo ayer él mismo me había asegurado que hacía muchos años que no veía tanta abundancia de lúpulo.

No contesté, y seguimos andando. Un carro nos cruzó en una hondonada del camino, y el carretero se llevó la mano a la gorra para saludar al señor Oke. Pero Oke no pareció notarlo: no daba muestra alguna de haberse percatado de la presencia del hombre.

Las nubes se acumulaban por todas partes; cúpulas negras, entre las cuales corrían masas redondas de materia gris y algodonosa.

—Creo que nos va a alcanzar una tormenta tremenda —dije—. ¿No sería mejor volvernos?

Él asintió y giró en redondo bruscamente.

La luz del sol se tendía en manchas amarillas bajo las encinas de los pastizales y bruñía el verde de los setos. El aire estaba pesado y, al mismo tiempo, frío, y todo parecía prepararse para una gran borrasca. Las grajillas giraban en nubes negras alrededor de los árboles y los tejados cónicos de los secaderos de lúpulo, que dan a aquellas comarcas el aspecto de estar erizadas de torrecillas; luego descendían, en una línea negra, sobre los campos, con una estridencia de graznidos casi sobrenatural. Y por todas partes se elevaba un balido agudo y trémulo de corderos y ovejas, mientras el viento empezaba a sacudir las ramas más altas de los árboles.

De pronto, el señor Oke rompió el silencio.

—No lo conozco muy bien —empezó apresuradamente, sin volver el rostro hacia mí—, pero creo que es usted un hombre honrado, y ha visto mucho mundo, mucho más que yo. Quiero que me diga —pero con sinceridad, se lo ruego—, ¿qué cree usted que debería hacer un hombre si…?

Y se interrumpió durante varios minutos.

—Imagine —prosiguió de pronto— que un hombre siente un gran afecto, un afecto inmenso por su esposa, y descubre que ella… bueno, que… que lo engaña. No, no me malentienda; quiero decir… que está constantemente rodeada por otra persona, y no quiere admitirlo; alguien a quien oculta. ¿Me comprende? Quizá ella no se da cuenta del peligro en que se pone, ¿sabe?, pero no quiere retroceder… no quiere confesarlo a su marido…

—Mi querido Oke —lo interrumpí, intentando quitar hierro al asunto—, esas son cuestiones que no se pueden resolver en abstracto ni por personas a las que no les ha ocurrido. Y desde luego, no le ha ocurrido ni a usted ni a mí.

Oke no hizo caso de mi interrupción.

—Verá —prosiguió—, ese hombre no espera gran cosa del cariño de su mujer. No es eso; no son simples celos, ¿sabe? Pero siente que ella está al borde de deshonrarse a sí misma… porque no creo que una mujer pueda realmente deshonrar a su marido; el deshonor está en nuestras propias manos y depende solo de nuestros actos. Él debería salvarla, ¿comprende? Debe, tiene que salvarla, de un modo u otro. Pero si ella no quiere escucharlo, ¿qué puede hacer? ¿Debe buscar al otro y tratar de quitárselo de en medio? Verá, todo es culpa del otro —no de ella, no de ella. Si ella confiara en su marido, estaría a salvo. Pero ese otro no la deja.

—Mire, Oke —dije con valentía, aunque bastante asustado—, sé perfectamente de qué está hablando. Y veo que no entiende el asunto en absoluto. Yo sí. He estado observándolo a usted y a la señora Oke durante estas seis semanas, y sé lo que pasa. ¿Quiere escucharme?

Y, tomándolo del brazo, traté de explicarle mi punto de vista: que su mujer no era más que una excéntrica, algo teatral e imaginativa, y que se complacía en atormentarlo; que él, por su parte, se estaba dejando arrastrar a un estado morboso; que estaba enfermo y debía consultar a un buen médico. Incluso me ofrecí a llevarlo conmigo a Londres.

Derramé volúmenes de explicaciones psicológicas. Disecqué el carácter de la señora Oke veinte veces, y traté de demostrarle que no había absolutamente nada en el fondo de sus sospechas, salvo una pose imaginativa y una comedia campestre metida en la cabeza. Aporté una veintena de ejemplos —en su mayoría inventados sobre la marcha— de damas de mi conocimiento que habían sufrido aficiones semejantes. Le señalé que su esposa necesitaba una válvula de escape para su exceso de energía imaginativa y teatral. Le aconsejé llevarla a Londres y meterla de lleno en algún círculo donde todo el mundo estuviera más o menos en el mismo estado. Me reí de la idea de que hubiese alguna figura escondida rondando la casa. Le expliqué a Oke que padecía de alucinaciones, y apelé a su conciencia de hombre religioso y escrupuloso para que hiciera todo lo posible por librarse de ellas, añadiendo innumerables ejemplos de personas que habían conseguido dejar de ver visiones y de rumiar fantasías mórbidas. Forcejeé y luché, como Jacob con el ángel, y llegué a creer que había logrado alguna impresión.

Al principio, en efecto, sentía que ninguna de mis palabras penetraba en su cerebro; que, aunque callado, no me escuchaba. Casi parecía inútil presentar mis ideas de un modo que pudiera asimilarlas: era como exponer argumentos a una roca. Pero cuando pasé al terreno de su deber hacia su esposa y hacia sí mismo, y apelé a sus nociones morales y religiosas, tuve la impresión de que lo conmovía.

—Supongo que tiene usted razón —dijo, tomándome de la mano al divisar los hastiales rojos de Okehurst, y hablando con voz débil, cansada, humilde—. No le entiendo del todo, pero estoy seguro de que lo que dice es cierto. Debe de ser que estoy hecho polvo. A veces me parece que estoy loco, y listo para que me encierren. Pero no crea que no lucho contra ello. Lo hago, lo hago continuamente; solo que a veces parece más fuerte que yo. Le pido a Dios, mañana y noche, que me dé fuerzas para vencer mis sospechas o que aparte de mí estos pensamientos espantosos. Dios sabe lo miserable que soy, y lo poco apto que estoy para cuidar de esa pobre muchacha.

Y Oke volvió a apretar mi mano. Al entrar en el jardín, se volvió de nuevo hacia mí.

—Le estoy muy, muy agradecido —dijo—, y, de verdad, haré cuanto pueda por ser más fuerte. Si tan solo —añadió con un suspiro—, si tan solo Alice me dejara un momento de respiro, y no siguiera, día tras día, burlándose de mí con su Lovelock…

X

Había empezado el retrato de la señora Oke, y me estaba dando una sesión. Estaba inusualmente callada aquella mañana, pero con el silencio de quien espera algo, y me dio la impresión de hallarse extraordinariamente feliz. Había estado leyendo, a mi sugerencia, la Vita Nuova, que no conocía, y la conversación recayó sobre esa obra, y sobre la cuestión de si un amor tan abstracto y tan perdurable era posible. Una discusión de ese tipo, que en el caso de casi cualquier otra mujer joven y hermosa habría tenido un matiz de coqueteo, se convertía con la señora Oke en algo por completo distinto: parecía distante, inasible, no de este mundo, como su sonrisa y la mirada de sus ojos.

—Un amor así —dijo, contemplando a lo lejos el parque salpicado de encinas— es muy raro, pero puede existir. Se convierte en la existencia entera de una persona, en toda su alma; y puede sobrevivir a la muerte, no solo del ser amado, sino del amante. Es inextinguible, y continúa en el mundo espiritual hasta que encuentra una reencarnación del amado; y cuando esto ocurre, brota de nuevo y atrae hacia sí todo lo que quede del alma de ese amante, y toma forma y rodea una vez más al ser amado.

La señora Oke hablaba despacio, casi para sí misma, y creo que nunca la había visto tan extraña y tan hermosa: el rígido vestido blanco realzaba aún más la exquisita rareza y la incorporeidad de su persona.

No sabía qué responder, así que dije, medio en broma:

—Temo que ha estado leyendo demasiada literatura budista, señora Oke. Hay algo terriblemente esotérico en todo lo que dice.

Sonrió con desdén.

—Sé que la gente no puede entender estas cosas —replicó, y quedó en silencio algún tiempo.

Pero, a través de su quietud y su mutismo, me parecía sentir en ella el latido de una emoción extraña, como si tuviera los dedos puestos en su pulso.

Aun así, yo confiaba en que las cosas empezaban quizá a mejorar gracias a mi intervención. La señora Oke apenas había hecho una sola alusión a Lovelock en los últimos dos o tres días; y Oke se mostraba mucho más alegre y natural desde nuestra conversación. Ya no parecía tan atormentado; y alguna que otra vez le había sorprendido una expresión de gran dulzura y ternura compasiva, casi como hacia algo muy joven y muy frágil, mientras se sentaba frente a su esposa.

Pero el final había llegado.

Después de aquella sesión, la señora Oke se quejó de fatiga y se retiró a su cuarto, y Oke se había marchado en coche a la ciudad más cercana por alguna gestión. Yo me sentía completamente solo en la gran casa y, tras trabajar un poco en un boceto que estaba haciendo en el parque, me entregué a vagabundear por las habitaciones.

Era una tarde otoñal cálida, enervante: de esas que arrancan el perfume de todas las cosas, de la tierra húmeda y las hojas caídas, de las flores en los jarrones, de la vieja madera y las tapicerías; que parece arrastrar hasta la superficie de la conciencia toda suerte de recuerdos y presentimientos vagos, una mezcla de placer y dolor que hace imposible hacer nada, pensar nada. Era presa de ese desasosiego particular, no del todo desagradable. Paseaba arriba y abajo por los corredores, deteniéndome a mirar los cuadros —que conocía ya en todos sus detalles—, a seguir con la vista los dibujos de las tallas y los viejos tejidos, a contemplar las flores otoñales, dispuestas en espléndidos montones de color en los grandes jarrones y botes de porcelana. Tomaba un libro tras otro y lo dejaba; luego me sentaba al piano y tocaba fragmentos sueltos. Me sentía completamente solo, aunque había oído el rechinar de las ruedas sobre la grava que anunciaba que mi anfitrión había vuelto.

Estaba hojeando perezosamente un libro de versos —lo recuerdo perfectamente, era Love is Enough, de Morris—, en un rincón del salón, cuando la puerta se abrió de pronto y apareció William Oke. No entró; me hizo señas para que saliera. Había en su rostro algo que me hizo dar un brinco y seguirlo en el acto. Estaba muy silencioso, casi rígido, sin que se le moviese un músculo de la cara, pero muy pálido.

—Tengo algo que enseñarle —dijo, conduciéndome a través del zaguán abovedado, adornado con retratos de familia, hacia el espacio de grava que parecía un foso rellenado, donde se erguía el gran roble seco, con sus ramas retorcidas, que señalaban como dedos. Lo seguí por el césped, o más bien por la franja de parque que subía hasta la casa. Caminábamos deprisa, él delante, sin cruzar palabra. De pronto se detuvo, justo bajo el hueco saliente del ventanal del salón amarillo, y sentí la mano de Oke aferrarse con fuerza a mi brazo.

—Lo he traído aquí para que vea algo —susurró con voz ronca, y me llevó hasta la ventana.

Miré dentro. La habitación, comparada con el exterior, estaba bastante oscura; pero contra la pared amarilla vi a la señora Oke sentada sola en un sofá, vestida de blanco, la cabeza ligeramente inclinada hacia atrás, una gran rosa roja en la mano.

—¿Cree ahora? —susurró la voz de Oke, caliente en mi oído—. ¿Lo cree ahora? ¿Era todo fantasía mía? Pero esta vez no se me escapa. He cerrado la puerta por dentro y, ¡por Dios!, no se librará.

No había terminado de pronunciar estas palabras cuando me vi forcejeando con él en silencio, junto a la ventana. Pero se me soltó, abrió de un tirón el ventanal y saltó dentro de la habitación, y yo tras él. Al cruzar el umbral, algo me deslumbró; sonó un disparo, un grito agudo y el golpe seco de un cuerpo contra el suelo.

Oke estaba en medio del cuarto, envuelto en una ligera nubecilla de humo; y a sus pies, caída desde el sofá, con la cabeza rubia apoyada en el asiento, yacía la señora Oke, una mancha roja extendiéndose en su vestido blanco. Tenía la boca contraída, como aún abierta en aquel grito automático; pero sus ojos, muy abiertos y blanquecinos, parecían sonreír vagamente, desde muy lejos.

No sé nada del tiempo: todo pareció transcurrir en un solo segundo, pero un segundo que duró horas. Oke miró; luego se volvió y se echó a reír.

—¡El maldito bribón se me ha escurrido otra vez! —gritó; y, abriendo rápidamente la puerta, salió de la casa lanzando gritos horribles.

Ese es el final de la historia. Oke intentó pegarse un tiro aquella misma noche, pero solo logró destrozarse la mandíbula, y murió pocos días después, delirando. Hubo toda clase de diligencias legales, que atravesé como en sueños; y de ellas resultó que el señor Oke había matado a su esposa en un acceso de locura momentánea. Ese fue el fin de Alice Oke.

Por cierto, su doncella me llevó un medallón que habían encontrado colgado a su cuello, todo manchado de sangre. Contenía unos cabellos castaños muy oscuros, de un color que no era en absoluto el de William Oke. Estoy completamente seguro de que eran de Lovelock.

UNA VOZ MALVADA

A M. W., en recuerdo de la última canción en el Palazzo Barbaro, Chi ha inteso, intenda.

Hoy han vuelto a felicitarme por ser el único compositor de nuestro tiempo —de este tiempo de atronadores efectos orquestales y charlatanería poética— que ha desdeñado las novedades disparatadas de Wagner y ha regresado, con audacia, a las tradiciones de Haendel y Gluck y del divino Mozart, a la supremacía de la melodía y al respeto por la voz humana.

¡Oh maldita voz humana, violín de carne y sangre, labrado con las sutiles herramientas, con las manos astutas de Satanás! ¡Oh execrable arte del canto! ¿No has causado ya bastante estrago en el pasado, degradando tanto noble genio, corrompiendo la pureza de Mozart, reduciendo a Haendel a un simple escritor de ejercicios vocales de lujo, privando al mundo de la única inspiración digna de Sófocles y Eurípides: la poesía del gran Gluck? ¿No basta con haber deshonrado a todo un siglo en idolatría de ese ser malvado y despreciable que es el cantante, sin venir ahora a perseguir también a un oscuro jovencillo compositor de nuestros días, cuya única riqueza es su amor por la nobleza en el arte, y quizá algunos pocos granos de genio?

Y luego me elogian por la perfección con que imito el estilo de los grandes maestros muertos; o me preguntan muy gravemente si, aun suponiendo que lograra reconciliar al público moderno con ese estilo de música pasado de moda, podría yo esperar encontrar cantantes que la interpretaran. A veces, cuando la gente habla como ha estado hablando hoy, y se ríe cuando me declaro seguidor de Wagner, estallo en un acceso de cólera infantil e ininteligible, y exclamo: "¡Ya lo veremos algún día!".

Sí, algún día lo veremos. Porque, al fin y al cabo, ¿no puedo acaso curarme de esta enfermedad extrañísima? Aún es posible que llegue el día en que todas estas cosas me parezcan una pesadilla increíble; el día en que Ogier el Danés esté terminada y los hombres sepan si soy un discípulo del gran maestro del Porvenir o un miserable maestro de canto del Pasado. Solo estoy embrujado a medias, pues soy consciente del hechizo que me ata. Mi vieja nodriza, allá lejos en Noruega, solía decirme que los hombres-lobo son personas corrientes la mitad del tiempo, y que si, durante ese período, llegan a darse cuenta de su horrible transformación, tal vez encuentren el modo de impedirla. ¿No podría sucederme algo semejante a mí? Mi razón, al fin, sigue siendo libre, aunque mi inspiración artística esté esclavizada; puedo despreciar y aborrecer la música que me veo obligado a escribir y el execrable poder que me obliga a ello.

Y es que, ¿no será precisamente por haber estudiado con la constancia del odio esa música corrupta y corruptora del Pasado, escudriñando hasta el último detalle de estilo y toda anécdota biográfica para exhibir su vileza, por lo que, con semejante presunción, he sido alcanzado por esta misteriosa e increíble venganza?

Mientras tanto, mi único alivio consiste en repasar una y otra vez, en mi mente, la historia de mis desdichas. Esta vez voy a escribirla: escribirla solo para luego romperla, para arrojar el manuscrito sin leer al fuego. Y, sin embargo, ¿quién sabe? Cuando las últimas hojas carbonizadas crujan y se hundan lentamente en las brasas rojas, quizá se rompa el hechizo y vuelva a poseer mi antigua libertad, mi genio perdido.

Era una noche bochornosa de luna llena, aquella implacable luna llena bajo la cual, incluso más que bajo el soñoliento resplandor del mediodía, Venecia parece sofocarse en medio de las aguas, exhalando, como un gran lirio, misteriosas influencias que hacen vahar la cabeza y desmayar el corazón: una suerte de malaria moral, destilada —como yo pensaba— de esas melodías lánguidas, de esas vocalizaciones arrulladoras que había encontrado en los mohosos libros de música de hace un siglo.

Veo aquella noche de luna como si la tuviera delante. Veo a mis compañeros de hospedaje en aquella pequeña pensión de artistas. La mesa sobre la que se inclinan después de cenar está sembrada de migas de pan, de servilletas enrolladas en anillos de madera tallada, de manchas de vino aquí y allá, y, a intervalos regulares, de saleros desconchados, soportes de mondadientes y montones de esos enormes y duros melocotones que la naturaleza parece copiar de los talleres de mármol de Pisa. Toda la pensión está reunida, y examina tontamente el grabado que el aguafortista americano acaba de traerme, sabiendo que estoy loco por la música y los músicos del siglo XVIII, y habiendo reparado, entre los montones de estampas baratas de la plaza de San Polo, en que el retrato es el de un cantor de aquellos tiempos.

Cantor, cosa maldita, esclavo estúpido y perverso de la voz, de ese instrumento que no ha sido inventado por el intelecto humano, sino engendrado por la carne, y que en lugar de conmover el alma no hace sino agitar los posos de nuestra naturaleza. Porque ¿qué es la voz sino la Bestia que llama, despertando a esa otra Bestia que duerme en el fondo del hombre, la Bestia que todo gran arte ha tratado siempre de encadenar, como el arcángel encadena, en los viejos cuadros, al demonio con rostro de mujer? ¿Cómo iba la criatura unida a esa voz, su dueña y su víctima, el cantante, el gran cantante verdadero que antaño reinaba sobre todos los corazones, a ser otra cosa que malvada y despreciable? Pero dejemos esto y sigamos con la historia.

Puedo ver a todos mis compañeros de mesa inclinados sobre el tablero, contemplando la estampa: ese afeminado petimetre, con el cabello rizado en ailes de pigeon, la espada atravesando el bolsillo bordado, sentado bajo un arco triunfal en algún lugar entre las nubes, rodeado de amorcillos fofos, coronado con laureles por una desmelenada diosa de la Fama. Oigo de nuevo todas las insulsas exclamaciones, las preguntas insulsas sobre ese cantante:

—¿Cuándo vivió? ¿Fue muy famoso? ¿Está usted seguro, Magnus, de que es realmente un retrato…?

Y oigo mi propia voz, como en la lejanía, dándoles toda clase de datos, biográficos y críticos, sacados de un pequeño volumen destrozado titulado El Teatro de la Gloria Musical; o Juicios sobre los más Famosos Maestros de Capilla y Virtuosos de este Siglo, por el Padre Prosdocimo Sabatelli, Barnabita, Profesor de Elocuencia en el Colegio de Módena, y Miembro de la Academia Arcádica, bajo el nombre pastoral de Evandro Libieo, Venecia, 1785, con la aprobación de los Superiores.

Les cuento cómo aquel cantante, Balthasar Cesari, fue apodado Zaffirino a causa de un zafiro grabado con signos cabalísticos que le fue entregado cierta noche por un enmascarado en quien las gentes juiciosas reconocieron al gran cultivador de la voz humana, el diablo en persona; cómo las dotes vocales de ese Zaffirino habían sido infinitamente más maravillosas que las de cualquier cantor de la Antigüedad o de los tiempos modernos; cómo su breve vida no había sido sino una serie de triunfos, mimado por los más grandes reyes, cantado por los poetas más famosos, y cómo, concluye el Padre Prosdocimo, "fue solicitado (si a la grave Musa de la historia le es lícito inclinar su oído a los chismes de la galantería) por las más encantadoras ninfas, incluso de la más alta condición".

Mis amigos vuelven a mirar el grabado; se vierten nuevas banalidades; se me ruega —sobre todo por las jóvenes americanas— que toque o cante alguna de las canciones favoritas de ese Zaffirino:

—Porque, por supuesto, las conoce usted, querido Maestro Magnus; usted, que siente tal pasión por toda la música antigua. Sea bueno, siéntese al piano.

Me niego, con bastante brusquedad, estrujando el grabado entre los dedos. ¡Qué terriblemente deben de haberme desquiciado este calor maldito, estas malditas noches de luna! ¡Esta Venecia acabará por matarme! El simple espectáculo de esta estampa idiota, el mero nombre de ese petimetre de cantante han bastado para hacer latir mi corazón y convertirme las piernas en agua, como a un colegial enamorado.

Tras mi brusca negativa, la compañía empieza a dispersarse; se preparan para salir, unos a remar en la laguna, otros a pasear ante los cafés de San Marcos; surgen discusiones familiares, gruñidos de padres, murmuraciones de madres, carcajadas de muchachas y jóvenes. Y la luna, entrando a raudales por las ventanas abiertas de par en par, transforma este antiguo salón de baile de palacio, convertido hoy en comedor de posada, en una laguna, centelleante, ondulante como la otra laguna, la verdadera, que se extiende allá afuera, surcada por góndolas invisibles delatadas solo por el rojo de los faroles de proa.

Al fin, todos se ponen en marcha. Podré gozar de un poco de calma en mi cuarto y trabajar un poco en mi ópera Ogier el Danés.

Pero no. La conversación revive, y, de entre todos los temas, ¡precisamente sobre ese cantor, ese Zaffirino, cuyo retrato absurdo sigo estrujando entre los dedos!

El principal orador es el conde Alvise, un viejo veneciano de patillas teñidas, con una enorme corbata de cuadros sujeta con dos alfileres y una cadena; un patricio deshilachado que se muere por asegurar para su larguirucho hijo a la bonita americana, cuya madre queda embelesada con todas sus historias lánguidas sobre las antiguas glorias de Venecia en general y de su ilustre familia en particular. ¿Por qué, en nombre del cielo, tiene que elegir a Zaffirino como tema de sus cavilaciones, este vejestorio de patricio?

—Zaffirino, ah sí, sin duda... Balthasar Cesari, llamado Zaffirino —rezonga la voz del conde Alvise, que siempre repite la última palabra de cada frase al menos tres veces—. Sí, Zaffirino, claro está. Un famoso cantante de los tiempos de mis antepasados; sí, de mis antepasados, mi estimada señora.

Luego, un montón de palabrería sobre la antigua grandeza de Venecia, las glorias de la música de otros tiempos, los viejos Conservatorios, todo ello mezclado con anécdotas de Rossini y Donizetti, a quienes pretende haber tratado íntimamente. Finalmente, una historia, por supuesto atiborrada de alusiones a su ilustre familia:

—Mi tía-bisabuela, la Procuradora Vendramin, de quien hemos heredado nuestra propiedad de Mistrà, en la Brenta...

Una historia desesperadamente confusa, llena de digresiones, pero en la cual ese cantor Zaffirino es el héroe. Poco a poco la narración se vuelve más inteligible; o quizá soy yo quien le presta mayor atención.

—Parece —dice el conde— que había una de sus canciones, en particular, que se llamaba el "Aria de los Maridos" —L'Aria dei Mariti—, porque a ellos no les hacía demasiada gracia... Mi tía-bisabuela, Pisana Renier, casada con el Procurador Vendramin, era una patricia de la vieja escuela, de ese estilo que ya escaseaba hace cien años. Su virtud y su orgullo la hacían inaccesible. Zaffirino, por su parte, acostumbraba a jactarse de que ninguna mujer había resistido jamás a su canto, lo cual, al parecer, tenía algún fundamento —el ideal cambia, querida señora, el ideal cambia mucho de un siglo a otro—, y de que su primera canción podía hacer palidecer y bajar los ojos a cualquier mujer, la segunda volverla locamente enamorada, mientras que la tercera era capaz de matarla en el acto, matarla de amor, allí mismo, ante sus ojos, si a él le venía en gana.

Mi tía-bisabuela Vendramin se echó a reír cuando le contaron esta historia; se negó a ir a escuchar a ese perro insolente, y añadió que bien podría ser posible, con ayuda de hechizos y pactos infernales, matar a una gentildonna, pero hacerla enamorarse de un lacayo... ¡jamás!

Naturalmente, esta respuesta le fue referida a Zaffirino, que se enorgullecía de salir siempre victorioso frente a cualquier persona que faltase al respeto debido a su voz. Parcere subjectis et debellare superbos, como los antiguos romanos. Vosotras, señoras americanas, que sois tan eruditas, sabréis apreciar esta pequeña cita del divino Virgilio.

Fingiendo esquivar a la Procuradora Vendramin, Zaffirino aprovechó la ocasión, una noche, durante una gran velada, para cantar en su presencia. Cantó, y cantó, y siguió cantando hasta que la pobre tía-bisabuela Pisana cayó enferma de amor. Los médicos más hábiles fueron incapaces de explicar la misteriosa dolencia que estaba consumiendo visiblemente a la pobre joven; y el Procurador Vendramin recurrió en vano a las más veneradas Madonnas, y prometió inútilmente un altar de plata, con candelabros de oro macizo, a los santos Cosme y Damián, patronos del arte de curar. Finalmente, el cuñado de la Procuradora, monseñor Almorò Vendramin, Patriarca de Aquilea, prelado famoso por la santidad de su vida, obtuvo en una visión de santa Justina —a quien profesaba particular devoción— la revelación de que lo único que podía aliviar la extraña enfermedad de su cuñada era la voz de Zaffirino. Téngase en cuenta que mi pobre tía-bisabuela jamás se había rebajado a hacer semejante confidencia.

—El Procurador quedó encantado con tan feliz solución; y su ilustrísima el Patriarca fue en persona a buscar a Zaffirino, y lo llevó en su propia carroza a la villa de Mistrà, donde residía la Procuradora.

—Al enterarse de lo que iba a suceder, mi pobre tía-bisabuela cayó en espantosos accesos de rabia, seguidos inmediatamente de accesos no menos violentos de júbilo. Sin embargo, jamás olvidó lo que debía a su alto rango. Aunque enferma casi de muerte, hizo que la engalanaran con el mayor aparato, mandó que le pintasen el rostro y se puso todas sus joyas: diríase que ansiaba afirmar toda su dignidad ante aquel cantor. Así pues, recibió a Zaffirino reclinada en un sofá dispuesto en el gran salón de baile de la villa de Mistrà, bajo el dosel principesco; porque los Vendramin, emparentados con la casa de Mantua, poseían feudos imperiales y eran príncipes del Sacro Imperio Romano. Zaffirino la saludó con el más profundo respeto, pero entre ambos no medió palabra alguna. Únicamente, el cantante preguntó al Procurador si la ilustre señora había recibido los Sacramentos de la Iglesia. Cuando le respondieron que la Procuradora había pedido por sí misma que su cuñado le administrase la extremaunción, declaró estar dispuesto a obedecer las órdenes de Su Excelencia, y se sentó de inmediato al clave.

—Jamás había cantado tan divinamente. Al término del primer canto, la Procuradora Vendramin había revivido de manera extraordinaria; al final del segundo, parecía enteramente curada, resplandeciente de belleza y felicidad; pero al tercer aire —el Aria dei Mariti, sin duda— comenzó a transformarse de modo espantoso; lanzó un grito terrible y cayó en las convulsiones de la muerte. En un cuarto de hora había expirado.

»Zaffirino no esperó a verla morir. Apenas hubo terminado su canto, se retiró al instante, tomó caballos de posta y viajó día y noche hasta Múnich. Se observó que se había presentado en Mistrà vestido de luto, aunque no mencionara la muerte de ningún pariente; también que lo tenía todo preparado para su partida, como si temiera la cólera de una familia tan poderosa. Luego estaba también la extraña pregunta que había formulado antes de comenzar a cantar, sobre si la Procuradora se había confesado y había recibido la extremaunción... No, gracias, querida señora, nada de cigarrillos para mí. Pero si no les resulta molesto a usted ni a su encantadora hija, ¿me permite que fume un puro?

Y el conde Alvise, encantado de su talento narrativo, seguro de haber conquistado para su hijo el corazón y los dólares de su bella audiencia, procede a encender una vela y, en la vela, uno de esos largos puros negros italianos que exigen desinfección previa antes de fumarse.

...Si esto sigue así tendré que pedirle al médico una botella; este ridículo latido de mi corazón y esta asquerosa sudoración fría han ido aumentando sin cesar mientras hablaba el conde Alvise. Para no desentonar en medio de los diversos comentarios idiotas sobre ese embrollo de cuento, la historia de un tenor presumido y una gran dama histérica, empiezo a desenrollar el grabado y a examinar estúpidamente el retrato de Zaffirino, antaño tan célebre y hoy tan olvidado. Ridículo pollino de cantante, bajo su arco triunfal, con sus amorcillos rellenos de serrín y esa enorme cocinera alada coronándolo de laurel. ¡Qué ramplón, qué chato, qué vulgar es todo esto, este odioso siglo XVIII!

Pero él, personalmente, no es tan absolutamente insulso como había creído. Ese rostro afeminado y mofletudo es casi hermoso, con una sonrisa extraña, descarada y cruel. He visto caras así, si no en la vida real, al menos en mis sueños románticos de adolescente, cuando leía a Swinburne y Baudelaire: rostros de mujeres malas y vengativas. Oh sí, es decididamente una criatura hermosa, este Zaffirino, y su voz debió de tener la misma clase de belleza y la misma expresión de perversidad...

—Vamos, Magnus —resuenan las voces de mis compañeros de pensión—, sé buen chico y cántanos una de las canciones del viejo; o, por lo menos, algo de aquella época, y fingiremos que es el aire con que mató a la pobre señora.

—Sí, sí, el Aria dei Mariti, el "Aria de los Maridos" —murmura el viejo Alvise, entre las bocanadas de su imposible puro negro—. Mi pobre tía-bisabuela, Pisana Vendramin; la mató con esas canciones suyas, con ese Aria dei Mariti.

Siento que me invade una rabia insensata. ¿Será esa horrenda palpitación (por cierto, hay un médico noruego, compatriota mío, ahora en Venecia) la que me está enviando la sangre al cerebro y enloqueciéndome? La gente alrededor del piano, los muebles, todo parece mezclarse y convertirse en manchas de color en movimiento. Me pongo a cantar; lo único que permanece nítido ante mis ojos es el retrato de Zaffirino, apoyado en el borde de aquel piano de pensión: el rostro sensual y afeminado, con su sonrisa maligna y cínica, que aparece y desaparece según el vaivén del papel, sacudido por la corriente de aire que hace oscilar y humear las velas. Y me pongo a cantar como un loco, canto no sé qué. Sí; empiezo a identificarlo: es La Biondina in Gondoleta, la única canción del siglo XVIII que aún recuerdan los venecianos. La canto imitando todos los adornos de la vieja escuela: trinos, cadencias, notas languidecientes que se hinchan y se apagan, y añado todo género de bufonadas, hasta que el auditorio, repuesto de su sorpresa, comienza a doblarse de risa; hasta que yo mismo empiezo a reír, furiosamente, frenéticamente, entre las frases de la melodía, ahogándose mi voz al fin en esa risa sorda, brutal… Y, por rematarlo todo, agito el puño en dirección a ese cantor muerto hace tanto tiempo, que me mira con su rostro de mujer perversa, con su sonrisa fatuamente burlona.

—¡Ah, también quisieras vengarte de mí! —exclamo—. ¡También quisieras que te compusiera tus bonitas coloraturas y floreos, otra linda Aria dei Mariti, mi buen Zaffirino!

Aquella noche hice un sueño muy extraño. Incluso en aquel cuarto inmenso, medio amueblado, el calor y el bochorno resultaban sofocantes. El aire parecía cargado con el perfume de toda clase de flores blancas, tenue y pesado en su dulzura intolerable: nardos, gardenias, jazmines mustios, quién sabe dónde, en jarrones descuidados. La luz de la luna había transformado el pavimento de mármol en una lámina poco profunda y brillante. A causa del calor había abandonado la cama para instalarme en un viejo sofá de madera clara, pintado con pequeños ramilletes y ramitas, como un antiguo seda; y allí yacía, sin intentar dormir, dejando vagar mis pensamientos hacia mi ópera Ogier el Danés, de la que llevaba tiempo con el libreto concluido, y para cuya música había esperado encontrar alguna inspiración en esta Venecia extraña, que parece flotar, por así decirlo, en la laguna estancada del pasado. Pero Venecia no había hecho sino lanzar al caos todas mis ideas; era como si, de sus aguas someras, se elevase un miasma de melodías muertas desde hacía siglos, que enferman pero embriagan el alma.

Permanecía tendido en el sofá, contemplando aquella charca de luz blanquecina que subía cada vez más, hilillos de luz uniéndose a ella allí donde los rayos de la luna tropezaban con alguna superficie bruñida; mientras enormes sombras se balanceaban al compás de la corriente de aire que entraba por el balcón abierto.

Repasaba una y otra vez aquella vieja historia nórdica: cómo el paladín Ogier, uno de los caballeros de Carlomagno, fue atraído, en sus errantes regresos de Tierra Santa, por las artes de una hechicera, la misma que en otro tiempo había mantenido cautivo al gran emperador César y le había dado por hijo al rey Oberón; cómo Ogier había morado en aquella isla un solo día y una sola noche y, sin embargo, al volver a su reino lo encontró todo cambiado, a sus amigos muertos, a su familia destronada, y no había ya un hombre que reconociese su rostro; hasta que, al fin, errando de un lado a otro como un mendigo, un pobre juglar compadecido le había dado lo único que podía darle: una canción, la canción de las hazañas de un héroe muerto hacía cientos de años, el paladín Ogier el Danés.

La historia de Ogier se disolvió en sueño, tan vívido como vagas habían sido mis cavilaciones despierto. Ya no contemplaba el charco de luz lunar que se extendía en torno a mi diván, con sus hilillos de luz y sus sombras agigantadas y oscilantes, sino los muros pintados al fresco de un gran salón. No era, como reconocí en un segundo, el comedor de aquel palacio veneciano convertido en casa de huéspedes. Era una sala mucho más vasta, un verdadero salón de baile, casi circular en su forma octogonal, con ocho grandes puertas blancas enmarcadas en molduras de estuco, y, en lo alto de la bóveda del techo, ocho pequeñas galerías o huecos, como palcos de teatro, destinados sin duda a músicos y espectadores.

El lugar estaba alumbrado de manera imperfecta por una sola de las ocho arañas, que giraba lentamente, como una enorme araña verdadera, al extremo de su largo cordón. Pero la luz daba de lleno en los estucos dorados frente a mí, y en una gran superficie de fresco que representaba el sacrificio de Ifigenia, con Agamenón y Aquiles tocados con cascos romanos, faldones y calzones hasta la rodilla. Iluminaba también uno de los óleos encajados en las molduras del techo: una diosa envuelta en paños limón y lila, escorzada sobre un gran pavo real verde. Por la sala, donde alcanzaba la luz, podía distinguir largos sofás de raso amarillo y pesadas consolas doradas; en la penumbra de un rincón se adivinaba lo que parecía un piano, y más allá, entre las sombras, uno de esos grandes doseles que adornan las antesalas de los palacios romanos.

Miré a mi alrededor, preguntándome dónde estaba: un olor denso y dulce, que recordaba el perfume de un durazno maduro, llenaba el lugar.

Poco a poco empecé a percibir sonidos: pequeñas notas agudas, metálicas, aisladas, como las de una mandolina; y a ellas se unió una voz, muy baja y suave, casi un susurro, que fue creciendo, creciendo y creciendo, hasta que todo el salón se llenó de aquella nota exquisita, vibrante, de una calidad extraña, exótica, única. La nota seguía, hinchándose más y más. De pronto se oyó un alarido horrible, agudo, desgarrador, y el golpe sordo de un cuerpo que cae al suelo, y toda suerte de exclamaciones ahogadas. Allí, cerca del dosel, una luz apareció de repente; y pude distinguir, entre las siluetas oscuras que se movían de un lado a otro en la sala, a una mujer tendida en el suelo, rodeada de otras. Su cabellera rubia, enmarañada, llena de destellos de diamante que cortaban la penumbra, colgaba descompuesta; los cordones del corpiño habían sido cortados, y su pecho blanco brillaba entre los reflejos del brocado cuajado de joyas; su rostro se inclinaba hacia adelante, y un brazo delgado, blanco, se arrastraba, como un miembro roto, sobre las rodillas de una de las mujeres que trataban de levantarla. Hubo un súbito chapoteo de agua en el suelo, exclamaciones más confusas, un gemido ronco, quebrado, y un gorgoteo espantoso...

Desperté sobresaltado y corrí a la ventana.

Afuera, en la bruma azul de la luna, la iglesia y el campanario de San Giorgio se recortaban azules y brumosos, con el casco negro y el aparejo, y las luces rojas, de un gran vapor anclado frente a ellos. De la laguna subía una brisa húmeda del mar. ¿Qué había sido todo aquello? ¡Ah! Empecé a comprender: la historia del viejo conde Alvise, la muerte de su tía-bisabuela, Pisana Vendramin. Sí, de eso había estado soñando.

Volví a mi cuarto; encendí una vela y me senté a mi mesa de trabajo. Dormir se había vuelto imposible. Intenté trabajar en mi ópera. Una o dos veces me pareció que, al fin, había atrapado aquello que llevaba tanto tiempo buscando... Pero apenas intentaba asir mi tema, se alzaba en mi mente el eco lejano de aquella voz, de aquella nota larga, hinchada lentamente por grados insensibles, aquella nota cuyo timbre era tan potente y a la vez tan sutil.

Hay en la vida de un artista momentos en que, sin poder todavía asir su propia inspiración, o siquiera verla con claridad, siente venir la idea largamente invocada. Un gozo mezclado de terror le advierte que, antes de que haya transcurrido otro día, otra hora, la inspiración habrá cruzado el umbral de su alma y la habrá inundado de su arrobamiento. Durante todo el día yo había sentido la necesidad de soledad y silencio, y al caer la tarde me fui a remar por la parte más solitaria de la laguna. Todo parecía anunciar que iba a encontrarme con mi inspiración, y la esperaba como un amante espera a la amada.

Había detenido mi góndola un momento, y mientras me balanceaba suavemente en el agua, toda empedrada de rayos de luna, me pareció hallarme en los confines de un mundo imaginario. Estaba muy cerca, envuelto en una niebla luminosa, azul pálida, a través de la cual la luna había trazado un ancho sendero resplandeciente; mar adentro, las islitas, como barcas negras amarradas, no hacían sino acentuar la soledad de aquella región de luz lunar y olitas; mientras el zumbido de los insectos en los huertos cercanos no hacía sino añadir a la impresión de silencio inviolado. Sobre mares como este —pensé— debió de navegar el paladín Ogier cuando estaba a punto de descubrir que, durante aquel sueño en las rodillas de la hechicera, habían transcurrido siglos, el mundo heroico se había puesto, y había llegado el reino de la prosa.

Mientras mi góndola se mecía inmóvil sobre aquel mar de luz de luna, meditaba sobre aquel crepúsculo del mundo heroico. En el suave golpeteo del agua contra el casco me parecía oír el estrépito de todas aquellas armaduras, de todas aquellas espadas que colgaban oxidadas en las paredes, olvidadas por los degenerados hijos de los grandes campeones de antaño. Desde hacía tiempo buscaba un tema que llamaba el tema de la "Proeza de Ogier"; debía aparecer de vez en cuando a lo largo de mi ópera, para desarrollarse al fin en el canto del juglar que revela al héroe que pertenece a un mundo muerto desde hacía siglos. Y, en aquel momento, me parecía sentir la presencia de ese tema. Un instante aún, y mi mente quedaría desbordada por aquella música salvaje, heroica, fúnebre.

De pronto, sobre la laguna, hendiendo, surcando y cincelando el silencio con un encaje de sonidos, como la luna hendía y cincelaba el agua, llegó un rizo de música: una voz rompiéndose en una lluvia de escalitas, de cadencias, de trinos.

Me dejé caer sobre los cojines. La visión de los días heroicos había desaparecido, y ante mis ojos cerrados se pusieron a bailar multitudes de pequeñas estrellas de luz, persiguiéndose y entrelazándose como aquellas súbitas vocalizaciones.

—¡A tierra! ¡Rápido! —grité al gondolero.

Pero los sonidos habían cesado; y de los huertos, con sus moreras reluciendo a la luz de la luna y sus cipreses negros, oscilantes como plumas, no llegaba más que el zumbido confuso, el chirriar monótono de los grillos.

Miré alrededor: de un lado, dunas desiertas, huertos y prados, sin casa ni campanario; del otro, el mar azul y brumoso, vacío hasta donde unas islas lejanas se perfilaban, negras, en el horizonte.

Un desvanecimiento se apoderó de mí, y me sentí disolverme. Pues, de pronto, una segunda oleada de voz barrió la laguna, un chaparrón de notitas que parecían formar una risita burlona.

Luego, otra vez, silencio. Este silencio duró tanto que volví a meditar en mi ópera. Espiaba de nuevo el medio tema que huía. Pero no: no era ese tema lo que esperaba y acechaba con el aliento contenido. Comprendí mi engaño cuando, al doblar la punta de la Giudecca, se alzó de entre las aguas un murmullo de voz, un hilo de sonido delgado como un rayo de luna, apenas audible, pero exquisito, que se ensanchó lentamente, insensiblemente, tomando volumen y cuerpo, tomando casi carne y fuego: una calidad inefable, plena, apasionada, pero velada, por decirlo así, en un envoltorio sutil y suave como plumón. La nota se hizo más fuerte y más fuerte, más cálida y más ardiente, hasta que rompió aquel extraño y delicioso velo, y emergió radiante para deshacerse en las facetas luminosas de un trino maravilloso, largo, soberbio, triunfal.

Hubo un silencio absoluto.

—¡Rema hacia San Marcos! —exclamé—. ¡Deprisa!

La góndola se deslizó por la larga senda brillante de los rayos de luna, desgarrando la ancha banda de luz amarilla reflejada en el agua, que duplicaba las cúpulas de San Marcos, las agujas caladas del Palacio y el esbelto campanil rosado, que se elevaba desde las aguas iluminadas hacia el cielo pálido y azulado de la noche.

En la mayor de las dos plazas, la banda militar deshacía a gritos las últimas espirales de un crescendo de Rossini. La multitud se dispersaba en aquel gran salón de baile al aire libre, y se levantaban los ruidos que siempre suceden a la música bajo el cielo: el tintineo de cucharillas y vasos, el roce y arrastre de faldas y sillas, el chasquido de las vainas de los sables sobre el pavimento. Me abrí paso entre los jóvenes elegantes que contemplaban a las damas mientras chupaban el pomo de sus bastones; entre las apretadas filas de familias respetables que marchaban del brazo con sus hijitas de vestidos blancos apiñadas delante. Me senté frente a Florian, entre los parroquianos que se desperezaban antes de marcharse y los camareros que iban y venían precipitadamente, haciendo chocar tazas y bandejas vacías. Dos falsos napolitanos se disponían a meter bajo el brazo la guitarra y el violín para irse.

—¡Alto! —les grité—. No os marchéis todavía. Cantadme algo —cantad La Camesella o Funiculì, funiculà—, lo que queráis, con tal de que arméis ruido.

Y mientras chillaban y rascaban lo mejor que podían, añadí entre dientes:

—Pero, ¿no podéis cantar más fuerte, malditos? ¡Más fuerte, me oís!

Sentía la necesidad de ruido, de alaridos y notas falsas, de algo vulgar y espantoso que ahuyentara aquella voz fantasma que me acosaba.

Una y otra vez me repetía que no había sido sino una broma tonta de algún aficionado romántico, escondido en los jardines de la ribera o deslizándose inadvertido por la laguna; y que la hechicería de la luz de luna y de la bruma marina había transfigurado, para mi cerebro excitado, unas simples coloraturas sacadas de ejercicios de Bordogni o Crescentini.

Pero, pese a todo, la voz seguía persiguiéndome. Mi trabajo se veía interrumpido, una y otra vez, por el intento de atrapar su eco imaginario; y las armonías heroicas de mi leyenda escandinava se entretejían de manera extraña con frases voluptuosas y floridas cadencias en las que me parecía reconocer aquella misma voz maldita.

¡Perseguido por ejercicios de canto! Resultaba demasiado ridículo para un hombre que se declaraba enemigo del arte de cantar. Y, sin embargo, prefería seguir creyendo en aquel niño grande, en aquel aficionado jugando a gorjear frente a la luna.

Un día, mientras hacía por centésima vez estas reflexiones, mis ojos fueron a dar con el retrato de Zaffirino, que mi amigo había prendido en la pared. Lo descolgué y lo rompí en media docena de pedazos. Luego, ya avergonzado de mi locura, me quedé mirando cómo los trozos rotos flotaban hacia el canal, arrastrados allá y acá por la brisa del mar. Un fragmento quedó enganchado en un estor amarillo bajo mi ventana; los demás cayeron al canal y desaparecieron rápidamente en el agua negra. Me invadió una vergüenza profunda. El corazón me latía como si fuera a estallar. ¡Qué gusano miserable, qué nervio deshecho me había vuelto en esta ciudad maldita, con sus lunas lánguidas y su atmósfera de boudoir cargado, cerrado desde hace años, lleno de tapices viejos y pot-pourri!

Aquella noche, sin embargo, las cosas parecieron mejorar. Fui capaz de sentarme con calma ante mi ópera, e incluso de trabajar en ella. En los intervalos, mis pensamientos volvían, no sin cierto placer, a aquellos fragmentos dispersos del grabado, revoloteando sobre el agua. Me interrumpieron al piano las voces roncas y el chirrido de violines que subían de una de esas barcas de música que se estacionan de noche bajo los hoteles del Gran Canal. La luna se había puesto. Bajo mi balcón el agua se extendía negra hacia la lejanía, su oscuridad cortada por formas aún más oscuras: la flotilla de góndolas agrupadas alrededor de la barca de músicos, donde los rostros de los cantores y las guitarras y violines relucían rojizos bajo la luz temblona de los farolillos chinos.

—Jammo, jammo; jammo, jammo jà —cantaban las voces fuertes y roncas; luego un tremendo rasgueo y un bramido final—: Funiculì, funiculà; funiculì, funiculà; jammo, jammo, jammo, jammo, jammo jà.

Después se oyeron unos cuantos gritos de "¡Bis, bis!" desde un hotel vecino, unos breves aplausos, el ruido de un puñado de monedas cayendo en la barca, y el golpe del remo de algún gondolero que maniobraba para alejarse.

—Cantad La Camesella —ordenó una voz con acento extranjero.

—No, no, Santa Lucia.

—Yo quiero La Camesella.

—¡No! Santa Lucia. ¡Eh! ¡Cantad Santa Lucia, ¿me oís?!

Los músicos, bajo sus lámparas verdes, amarillas y rojas, tuvieron una breve consulta en voz baja sobre el modo de conciliar aquellas demandas contradictorias. Luego, tras un minuto de vacilación, los violines atacaron el preludio de aquel aire antaño célebre, que ha seguido siendo popular en Venecia —la letra escrita, hace cosa de un siglo, por el patricio Gritti, la música por un compositor desconocido— La Biondina in Gondoleta.

¡Ese maldito siglo XVIII! Parecía una fatalidad maligna que impulsara a aquellos brutos a escoger justamente esa pieza para interrumpirme.

Por fin terminó el largo preludio; y por encima de las guitarras cascadas y de los violines chirriantes se elevó, no el esperado coro nasal, sino una sola voz que cantaba casi en un murmullo.

Mis arterias latían con violencia. ¡Qué bien conocía yo aquella voz! Cantaba, como he dicho, casi en un susurro; pero, aun así, bastaba para llenar todo aquel tramo del canal con su extraña calidad de timbre, exquisita, rebuscada.

Eran notas largas, sostenidas, de una dulzura intensa pero singular, la voz de un hombre que tenía mucho de voz de mujer, pero más aún de tiple de coro; solo que una voz de coro desprovista de limpidez e inocencia: su juventud estaba velada, amortiguada, por decirlo así, en una especie de vaguedad mullida, como si estuviera sofocada por un arrebato de lágrimas.

Hubo una explosión de aplausos, y los viejos palacios repitieron, de muro en muro, aquel batir de palmas.

—¡Bravo, bravo! ¡Gracias, gracias! ¡Otra vez, por favor, otra vez! ¿Quién podrá ser?

Y luego un chocar de cascos, un chapoteo de remos, y las blasfemias de los gondoleros que intentaban apartarse unos a otros, mientras las proas rojas de las góndolas se apiñaban en torno a la barca de música, alegremente iluminada.

Pero nadie se movió a bordo. A ninguno de ellos se debía aquella salva de aplausos. Y mientras todos se acercaban más, aplaudían y vociferaban, una pequeña luz de proa roja se despegó de la flotilla;

por un momento una sola góndola se destacó, negra, sobre el agua negra, y luego se perdió en la noche.

Durante varios días el misterioso cantante fue el tema universal. Los músicos de la barca juraban que no había habido nadie más que ellos a bordo, y que ignoraban tanto como nosotros quién fuese el dueño de aquella voz. Los gondoleros, a pesar de descender de los espías de la antigua República, eran igualmente incapaces de aportar el menor indicio. No se conocía ni se sospechaba la presencia de ninguna celebridad musical en Venecia; y todos coincidían en que semejante cantor debía de ser una celebridad europea. Lo más extraño de este extraño asunto era que ni siquiera entre los entendidos en música había acuerdo acerca de aquella voz: se la designaba con toda suerte de nombres, se la describía con los adjetivos más incongruentes; se llegaba hasta a discutir si pertenecía a un hombre o a una mujer: cada cual tenía su propia definición.

En medio de estas discusiones musicales, yo era el único que no aportaba opinión alguna. Sentía una repugnancia, una imposibilidad casi absoluta de hablar de aquella voz; y las conjeturas más o menos triviales de mis amigos tenían el efecto infalible de obligarme a salir de la habitación.

Entretanto, mi trabajo se hacía cada día más difícil, y pronto pasé de la impotencia absoluta a un estado de agitación inexplicable. Cada mañana me levantaba lleno de buenos propósitos y grandes proyectos de trabajo; y, sin embargo, por la noche me acostaba sin haber hecho nada. Pasaba horas apoyado en mi balcón, o vagando por el laberinto de callejas con su cinta de cielo azul, esforzándome en vano por expulsar el recuerdo de aquella voz, o, en realidad, esforzándome por reproducirla en mi memoria; porque cuanto más intentaba desterrarla de mis pensamientos, más sentía sed de aquella calidad extraordinaria de timbre, de aquellas notas misteriosamente aterciopeladas, veladas; y apenas intentaba trabajar en mi ópera, mi cabeza se llenaba de fragmentos de olvidadas canciones del siglo XVIII, de frívolas o lánguidas frases; y me sorprendía, con una nostalgia agridulce, preguntándome cómo sonarían tales canciones si las cantase aquella voz.

Al fin fue preciso consultar a un médico, al cual, sin embargo, me cuidé muy bien de ocultarle los síntomas más extraños de mi dolencia. El aire de la laguna, el gran calor —respondió jovialmente— me habían debilitado un poco; un tónico y un mes en el campo, con mucho ejercicio a caballo y nada de trabajo, bastarían para devolverme a mí mismo. Aquel viejo ocioso, el conde Alvise, que se había empeñado en acompañarme al médico, propuso inmediatamente que fuera a alojarme con su hijo, que se aburría mortalmente supervisando la cosecha de maíz en el continente: podía prometerme aire excelente, buenos caballos, y todo el sosiego y las encantadoras ocupaciones de una vida rural.

—Sea razonable, mi querido Magnus, y váyase tranquilamente a Mistrà.

Mistrà… el nombre me recorrió la espalda como un escalofrío. Estaba a punto de rechazar la invitación cuando una idea surgió, vagamente, en mi mente.

—Sí, querido conde —respondí—; acepto su invitación con gratitud y placer. Mañana mismo saldré para Mistrà.

Al día siguiente estaba en Padua, camino de la villa de Mistrà. Me parecía haber dejado atrás una carga intolerable. Por primera vez desde no sabía cuándo, me sentía verdaderamente ligero de corazón. Las callejuelas tortuosas y empedradas a lo basto, con sus pórticos sombríos y desiertos; los palacios de revoque descascarado y postigos descoloridos y cerrados; la placita irregular, con sus árboles raquíticos y su hierba obstinada; las casitas de recreo a la veneciana reflejando su ruina graciosa en el canal fangoso; los jardines sin portal y los portales sin jardín, las avenidas que no conducen a parte alguna; y aquella población de ciegos y tullidos, de mendigos sin piernas, de sacristanes plañideros que parecían surgir, por arte de magia, de entre las losas, los montones de polvo y las malas hierbas al sol feroz de agosto, todo aquel desamparo no hacía sino divertir y agradarme.

Mi buen humor creció aún más gracias a una misa cantada que tuve la fortuna de oír en San Antonio.

Nunca en mi vida había oído algo comparable, aunque Italia abunda en rarezas musicales sagradas. En medio del profundo canto nasal de los sacerdotes irrumpía de repente un coro de niños que cantaban absolutamente al margen de todo tiempo y de toda afinación; gruñidos de curas respondidos por chillidos de chiquillos, lenta modulación gregoriana interrumpida por vivarachos gorgoritos de organillo de feria, una mezcla disparatada, locamente alegre, de bramidos y ladridos, maullidos, cacareos y rebuznos, digna de animar un aquelarre o más bien alguna medieval Fiesta de los Locos. Y, para que la grotesca música resultase aún más fantástica, más digna de Hoffmann, estaban, además, la magnificencia de aquellos montones de mármoles esculpidos y bronces dorados, la tradición de esplendor musical por la que San Antonio había sido famoso en tiempos pasados. Había leído en los viejos viajeros, Lalande y Burney, que la República de San Marcos había prodigado sumas enormes no solo en los monumentos y adornos, sino también en el establecimiento musical de su gran catedral de tierra firme. En medio de aquel inefable concierto de voces e instrumentos imposibles, trataba de imaginarme la voz de Guadagni, el soprano para quien Gluck escribió Che farò senza Euridice, y el violín de Tartini, aquel Tartini con quien el diablo se había puesto una vez a hacer música.

Y el placer que me producía algo tan absolutamente, tan bárbaramente, tan grotesca y fantásticamente incongruente como semejante ejecución en semejante lugar, se veía realzado por un sentimiento de profanación: ¡estos eran los sucesores de aquellos músicos maravillosos de ese siglo XVIII que tanto detesto!

La cosa me había divertido tanto, muchísimo más que la ejecución más irreprochable, que resolví gozarla una vez más; y, acercándose la hora de vísperas, después de una alegre comida con dos viajeros de comercio en la posada de la Estrella de Oro, y de una pipa fumada sobre el bosquejo de una posible cantata sobre la música que el diablo compuso para Tartini, encaminé de nuevo mis pasos hacia San Antonio.

Las campanas tocaban a ocaso, y un sordo rumor de órgano parecía brotar de la vasta iglesia solitaria; aparté la pesada cortina de cuero, esperando que me recibiera de nuevo la grotesca función de aquella mañana.

Me equivoqué. Las vísperas debían de haber terminado hacía rato. Un olor a incienso añejo, una humedad de cripta se me metieron en la boca; ya era de noche en aquella inmensa catedral. De la oscuridad surgían los resplandores de las lámparas votivas de las capillas, arrojando reflejos vacilantes sobre el mármol rojo bruñido, las verjas doradas y los candelabros, y plantando manchas amarillas sobre los músculos de alguna figura esculpida. En un rincón, una vela encendida rodeaba de halo la cabeza de un sacerdote, dorando su calva brillante, su sobrepelliz blanco y el libro abierto ante él.

—Amen —cantó; cerró el libro de un golpe seco, la luz se movió hacia el presbiterio, unas figuras oscuras de mujeres se levantaron de sus rodillas y se dirigieron presurosas hacia la puerta; un hombre que rezaba ante una capilla se incorporó también, haciendo gran estrépito al dejar caer su bastón.

La iglesia quedó vacía, y yo esperaba de un momento a otro que el sacristán hiciera su ronda nocturna para cerrar las puertas y me echara fuera. Apoyado en una columna, miraba hacia la penumbra de las grandes arcadas, cuando el órgano estalló súbitamente en una serie de acordes que rodaron entre los ecos del templo: parecía el final de algún oficio. Y por encima del órgano se elevó la voz: aguda, suave, envuelta en una especie de pelusa, como en una nube de incienso, deslizándose por los laberintos de una larga cadencia. La voz cayó en silencio; dos acordes atronadores cerraron el órgano. Todo quedó mudo.

Durante un momento permanecí apoyado en uno de los pilares de la nave: tenía el cabello húmedo, las rodillas me flaqueaban, un calor debilitante se extendía por mi cuerpo; traté de respirar más hondo, de sorber el sonido junto con el aire cargado de incienso. Era sumamente feliz, y al mismo tiempo como si estuviera muriéndome; de pronto, un escalofrío me recorrió, seguido de un vago pánico. Me di la vuelta y salí apresuradamente al aire libre.

El cielo vespertino se tendía puro y azul sobre la dentada línea de los tejados; murciélagos y golondrinas giraban en el aire; y, desde todos los campanarios de alrededor, medio ahogado por la campanada grave de San Antonio, repicaba el tañido del Ave María.

—En verdad no parece usted muy bien —me había dicho la noche anterior el joven conde Alvise, mientras me daba la bienvenida, a la luz de un farol sostenido por un campesino, en el traspatio lleno de maleza de la villa de Mistrà.

Todo me había parecido un sueño: el tintineo de los cascabeles del caballo mientras rodábamos en la oscuridad desde Padua, al barrer el farol con su ancha luz amarilla los setos de acacias; el chirrido de las ruedas sobre la grava; la mesa de la cena, iluminada por una sola lámpara de petróleo, para no atraer a los mosquitos, donde un viejo criado deshecho, con una chaqueta de cuadra raída, pasaba los platos entre los vahos de cebolla; la madre de Alvise, gorda, parloteando dialecto con voz aguda y benévola detrás de las corridas de toros pintadas en su abanico; el cura del pueblo, sin afeitar, moviendo sin cesar el vaso y el pie, y levantando siempre un hombro más alto que el otro.

Y ahora, por la tarde, sentía como si hubiese vivido toda mi vida en aquella larga, enmarañada, destartalada villa de Mistrà, una casa de campo de la que tres cuartas partes servían para almacenar grano y herramientas de jardín, o de gimnasio para ratas, ratones, escorpiones y ciempiés; como si siempre hubiera estado sentado allí, en el despacho del conde Alvise, entre montones de libros sin desempolvar sobre agricultura, legajos de cuentas, muestras de grano y de semilla de gusanos de seda, manchas de tinta y colillas; como si jamás hubiese oído hablar de nada que no fueran las bases cerealistas de la agricultura italiana, las enfermedades del maíz, la peronospora de la vid, las razas de bueyes y las iniquidades de los jornaleros; con los conos azules de los montes Euganeos cerrando al fondo la vibración verde del llano tras la ventana.

Después de una cena temprana, de nuevo entre el griterío chillón de la vieja condesa gorda, los aspavientos y el hombro levantado del cura sin afeitar, el olor a aceite frito y a cebolla guisada, el conde Alvise me hizo subir a la carreta junto a él, y me lanzó, entre nubes de polvo, por entre la interminable centelleante hilera de chopos, acacias y arces, hacia una de sus fincas.

Bajo el sol ardiente, unas veinte o treinta muchachas, con faldas de colores, corpiños ajustados y grandes sombreros de paja, trillaban el maíz en la gran era de ladrillo rojo, mientras otras aventaban el grano en enormes cribas. El joven Alvise III (el viejo era Alvise II: todos se llaman Alvise, es decir, Luis, en esa familia; el nombre está en la casa, en los carros, en las carretillas, hasta en los cubos) recogía el maíz, lo tocaba, lo probaba, decía algo a las muchachas que las hacía reír, y algo al capataz que le ponía la cara muy seria; luego me condujo a un establo enorme, donde unas veinte o treinta reses blancas pataleaban, se azotaban con la cola y golpeaban con los cuernos los pesebres en la oscuridad. Alvise III acariciaba a cada una, la llamaba por su nombre, le daba sal o un nabo, y me iba explicando cuál era de raza mantuana, cuál apulia, cuál romañola, y así sucesivamente. Después me ordenó subir al carricoche, y allá nos fuimos de nuevo entre el polvo, entre setos y zanjas, hasta llegar a otros edificios de granja de ladrillo, con techos rosados que humeaban contra el cielo azul. Allí había más jóvenes mujeres trillando y aventando maíz, que formaba una gran nube dorada, como lluvia de Danae; más bueyes pateando y mugiendo en la fresca oscuridad; más chanzas, reproches y explicaciones; y así a través de cinco fincas, hasta que, al cerrar los ojos, ya no veía sino la cadencia de los mayales subiendo y bajando contra el cielo ardiente, la lluvia de granos de oro, el polvo amarillo de las cribas cayendo sobre los ladrillos, el zarandeo de innumerables colas y el empuje de innumerables cuernos, el brillo de interminables lomos y frentes blancas.

—¡Una buena jornada! —exclamó el conde Alvise, estirando las largas piernas, con los pantalones ceñidos subidos por encima de las botas Wellington—. Mamá, danos un poco de jarabe de anís después de la cena; es un excelente reconstituyente y una gran precaución contra las fiebres de este país.

—¡Ah! ¿Tienen fiebres por aquí? ¿Y su padre no decía que el aire era tan bueno?

—Nada, nada —apaciguó la vieja condesa—. Lo único que hay que temer son los mosquitos; tenga cuidado de cerrar bien las contraventanas antes de encender la vela.

—Bueno —repuso el joven Alvise, con un arranque de conciencia—, claro que hay fiebres. Pero no tienen por qué hacerle daño. Únicamente, no salga al jardín por la noche si no quiere cogerlas. Papá me dijo que usted tiene debilidad por los paseos a la luz de la luna. Eso no sirve en este clima, amigo mío; no sirve. Si tiene que vagar de noche, por ser usted un genio, dése una vuelta por dentro de la casa; ya hará bastante ejercicio.

Después de cenar, apareció el jarabe de anís, junto con el brandy y los cigarros, y todos se instalaron en la larga, estrecha y medio desamueblada sala del primer piso: la vieja condesa tejiendo una prenda de forma y destino inciertos, el cura leyendo el periódico en voz alta, el conde Alvise chupando su largo cigarro torcido y tirando de las orejas a un perro larguirucho y flaco, con sospecha de sarna y un ojo rígido. Del jardín oscuro subía el zumbido y aleteo de incontables insectos, y el olor de las uvas negras que colgaban, contra el cielo azul estrellado, en la parra del emparrado. Fui al balcón. El jardín se extendía oscuro abajo; los altos chopos se recortaban sobre el horizonte chispeante. Se oyó el grito seco de una lechuza; el ladrido de un perro; una ráfaga súbita de perfume cálido, enervante, un olor que me hacía pensar en el sabor de ciertos duraznos y sugería pétalos blancos, gruesos, cerosos. Me pareció haber olido aquella flor alguna vez; me hizo sentir lánguido, casi desfallecido.

—Estoy muy cansado —dije al conde Alvise—. ¡Vea en qué criaturas débiles nos convertimos los hombres de ciudad!

Pero, a pesar de mi fatiga, me fue completamente imposible dormir. La noche parecía sofocante. No había sentido nada semejante en Venecia. Desoyendo las recomendaciones de la condesa, abrí las sólidas contraventanas de madera, herméticamente cerradas contra los mosquitos, y miré afuera.

La luna se había levantado; bajo ella se tendían los grandes prados, las copas redondeadas de los árboles, sumergidos en una niebla azul y luminosa, cada hoja reluciendo y temblando como en un mar palpitante de luz. Bajo la ventana corría la larga parra, con el rectángulo de pavimento blanco brillando debajo. La claridad era tal que podía distinguir el verde de las hojas de vid, el rojo apagado de las flores del catalpa. Flotaba en el aire un vago olor a hierba cortada, a uvas americanas maduras, a aquella flor blanca (tenía que ser blanca) que me hacía pensar en el sabor de los duraznos, todo ello fundido en la deliciosa frescura del rocío que caía.

Desde la iglesia del pueblo llegó la campanada de la una: ¡Dios sabe cuánto tiempo había pasado ya luchando en vano por dormirme! Un escalofrío recorrió mi cuerpo, y la cabeza se me llenó de pronto, como si aspirara los vapores de un vino sutil; recordé todos aquellos taludes cubiertos de hierbajos, aquellos canales de agua estancada, los rostros amarillentos de los campesinos; la palabra malaria volvió a mi mente. ¡Qué importaba! Permanecí apoyado en la ventana, con una sed ansiosa de zambullirme en aquella niebla azul de luna, en aquel rocío, en aquel perfume y aquel silencio que parecían vibrar y palpitar como las estrellas esparcidas por los hondones del cielo...

¿Qué música, ni siquiera la de Wagner, ni la de ese gran cantor de las noches estrelladas, el divino Schumann, qué música podría compararse jamás con este gran silencio, con este gran concierto de cosas mudas que cantan dentro del alma?

Mientras hacía esta reflexión, una nota, aguda, vibrante y dulce, rasgó el silencio, que al instante volvió a cerrarse sobre ella. Me incliné hacia fuera de la ventana, con el corazón latiéndome como si fuera a estallar. Tras un breve intervalo, el silencio fue hendido de nuevo por aquella nota, como la oscuridad se hiende con una estrella fugaz o con una luciérnaga que se eleva lentamente como un cohete. Pero esta vez era claro que la voz no venía, como había imaginado, del jardín, sino de la propia casa, de algún rincón de aquella enmarañada villa de Mistrà.

Mistrà… ¡Mistrà! El nombre resonó en mis oídos, y empecé al fin a comprender su significado, que hasta entonces parecía habérseme escapado.

—Sí —me dije—, es de lo más natural.

Y a esta extraña sensación de naturalidad se mezclaba un placer febril, impaciente. Era como si hubiese venido a Mistrà a propósito, y estuviera a punto de encontrar el objeto de mis largas y penosas esperas.

Apretando la lámpara, con su pantalla verde chamuscada, abrí con cuidado la puerta y me interné por una serie de largos pasillos y grandes salas vacías, donde mis pasos resonaban como en una iglesia, y mi luz despertaba enjambres de murciélagos. Vagaba al azar, cada vez más lejos de la parte habitada de la casa. Ese silencio me daba náuseas; jadeaba como bajo una decepción repentina.

De pronto, se oyó un sonido —acordes metálicos, agudos, parecidos al timbre de una mandolina— muy cerca de mi oído. Sí, muy cerca: solo me separaba de ellos un tabique. Tanteé buscando una puerta; la luz vacilante de mi lámpara no bastaba para mis ojos, que nadaban como los de un ebrio. Al fin di con un picaporte y, tras un momento de vacilación, lo levanté y abrí la puerta suavemente. Al principio no pude comprender qué especie de lugar era aquel. Había oscuridad a mi alrededor, pero una luz deslumbrante me cegaba, una luz que venía de abajo e incidía en la pared de enfrente. Era como si hubiera entrado en una caja oscura de teatro, frente a un escenario a medias iluminado. Me hallaba, en efecto, en algo de ese género: una especie de hueco tenebroso con una balaustrada alta, medio oculta por una cortina recogida. Recordé entonces esas pequeñas galerías o palcos para músicos o curiosos que hay bajo el techo de los salones de baile en ciertos antiguos palacios italianos. Sí, debía de ser uno de ellos. Frente a mí se alzaba un techo abovedado, cubierto de molduras doradas que enmarcaban grandes lienzos ennegrecidos por el tiempo; y más abajo, en la luz que subía desde abajo, se extendía una pared decorada con frescos desvaídos. ¿Dónde había yo visto a aquella diosa con túnicas lilas y amarillas, escorzada sobre un gran pavo real verde? Porque me era conocida, como también me eran familiares los tritones de estuco que enroscaban sus colas alrededor de su marco dorado. Y aquel fresco, con guerreros en coracinas romanas, faldellines verdes y azules, y calzones hasta la rodilla... ¿Dónde podía haberlas visto antes? Me hacía estas preguntas sin sentir la menor sorpresa. Además, estaba muy tranquilo, como uno está en ciertos sueños extraordinarios —¿acaso estaría soñando?

Avancé con cautela y me incliné sobre la balaustrada. Mis ojos se toparon primero con la oscuridad del techo, donde, como arañas gigantes, giraban lentamente las grandes arañas de cristal, colgando del techo. Solo una de ellas estaba encendida, y sus colgantes de cristal de Murano, sus claveles y rosas, brillaban opalescentes a la luz de las velas que se consumían. Aquel candelabro iluminaba la pared de enfrente y aquel fragmento de techo con la diosa y el pavo real verde; alumbraba, aunque con menor claridad, un ángulo del enorme salón, donde, a la sombra de una especie de dosel, un pequeño grupo de personas se apretaba en torno a un sofá de raso amarillo, igual a los que corrían a lo largo de los muros. Sobre el sofá, medio oculta por los cuerpos que la rodeaban, una mujer estaba tendida: el plata de su vestido bordado y los rayos de sus diamantes chispeaban a cada movimiento nervioso. Y justo bajo el candelabro, en pleno haz de luz, un hombre se inclinaba sobre un clave, la cabeza ligeramente gacha, como quien recoge sus pensamientos antes de cantar.

Tocó unos cuantos acordes y empezó a cantar. Sí, sin duda: era la voz, la voz que llevaba tanto tiempo persiguiéndome. Reconocí al instante aquella delicada calidad voluptuosa, extraña, exquisita, dulce hasta el extremo, pero desprovista de juventud y limpidez. Aquella pasión velada de lágrimas, que me había trastornado el cerebro la noche de la laguna, y de nuevo, en el Gran Canal, cantando la Biondina, y otra vez, apenas dos días atrás, en la catedral desierta de Padua. Pero reconocí también, ahora, lo que hasta entonces parecía habérseme escapado: que esa voz era lo que yo más amaba en el mundo entero.

La voz se devanaba y redevanaba en largas frases lánguidas, en ricas y voluptuosas rifioriture, todas bordadas de diminutas escalas y trinos exquisitos y nítidos; se detenía de cuando en cuando, meciéndose como jadeante de delicia cansada. Y yo sentía que mi cuerpo se derretía como cera al sol, y me parecía que yo mismo me volvía fluido y vaporoso, para confundirme con aquellos sonidos, como los rayos de la luna se funden con el rocío.

De pronto, desde el rincón mal iluminado junto al dosel, se oyó un pequeño gemido lastimero; luego le siguió otro, que se perdió en la voz del cantante. Durante una larga frase al clave, aguda y tintineante, el cantor volvió la cabeza hacia la tarima, y se escapó un sollozo quejumbroso. Pero él, en vez de detenerse, arrancó un acorde seco; y, con un hilo de voz tan atenuado que apenas se percibía, se deslizó suavemente hacia una larga cadencia. Al mismo tiempo echó la cabeza hacia atrás, y la luz cayó de lleno sobre el hermoso rostro afeminado, de palidez cenicienta y grandes cejas negras, del cantante Zaffirino. Al ver aquel rostro sensual y hosco, aquella sonrisa cruel y burlona como de mala mujer, comprendí —sin saber cómo ni por qué proceso— que su canto debía ser interrumpido, que aquella frase maldita no debía llegar jamás a su fin. Comprendí que tenía delante a un asesino, que estaba matando a aquella mujer, y matándome también a mí, con su voz perversa.

Me precipité escaleras abajo, por la angosta escalera que descendía desde el palco, perseguido, por decirlo así, por esa voz exquisita, que iba hinchándose, hinchándose por grados insensibles. Me lancé contra la puerta que debía de ser la del gran salón. Veía la luz filtrarse entre los paneles. Me machaqué las manos tratando de forzar el pestillo. La puerta estaba firmemente cerrada, y mientras luchaba con aquel obstáculo, oía cómo la voz crecía, crecía, desgarrando el suave velo que la envolvía, saltando fuera nítida, deslumbrante, como la hoja aguda y reluciente de un cuchillo, que me pareció hundirse muy hondo en el pecho. Luego, de nuevo, un lamento, un estertor de agonía, y aquel ruido espantoso, aquel gorgoteo horrible del aliento ahogado por una oleada de sangre. Y después, un largo trino, agudo, brillante, triunfal.

La puerta cedió bajo mi peso, uno de los batientes se vino abajo hecho astillas. Entré. Quedé cegado por una inundación de luz azulada de luna. Entraba a raudales por cuatro grandes ventanas, serena y diáfana, una niebla azul pálida de claridad lunar, y transformaba la inmensa sala en una especie de caverna submarina, enlosada de rayos de luna, llena de destellos, de charcos de luz lunar. Era tan claro como a mediodía, pero aquella claridad era fría, azul, vaporosa, sobrenatural. La sala estaba por completo vacía, como un gran desván. Tan solo colgaban del techo las cuerdas que en otro tiempo sostuvieran un araña de cristal; y en un rincón, entre montones de leña y pilas de mazorcas de maíz, de donde se levantaba un olor enfermizo de humedad y moho, se veía un clave alargado y estrecho, con patas delgadas, y la tapa rajada de extremo a extremo.

Me sentí, de súbito, muy tranquilo. Lo único que importaba era la frase que seguía moviéndose en mi cabeza, la frase de aquella cadencia inacabada que había escuchado apenas un instante antes. Abrí el clave, y mis dedos cayeron resueltamente sobre las teclas. Un tintín descompuesto de cuerdas rotas, risible y espantoso a la vez, fue la única respuesta.

Entonces me acometió un miedo extraordinario. Me encaramé por una de las ventanas; eché a correr por el jardín y vagué por los campos, entre canales y taludes, hasta que la luna se hubo puesto y la aurora empezó a estremecerse, seguido, perseguido sin tregua por aquel estrépito de cuerdas rotas.

La gente manifestó una gran satisfacción por mi restablecimiento.

Parece que uno se muere de esas fiebres.

¿Restablecimiento? ¿Pero es que me he restablecido? Ando, como, bebo, hablo; incluso puedo dormir. Llevo la vida de los otros seres vivientes. Pero me consume una extraña y mortal enfermedad. Nunca logro aferrar mi propia inspiración. Mi cabeza está llena de una música que, sin duda, es mía —puesto que jamás la he oído antes—, pero que sin embargo no me pertenece, que desprecio y aborrezco: pequeños floreos danzantes y frasecillas lánguidas, y largas cadencias que se repiten como ecos.

¡Oh voz maldita, maldita voz, violín de carne y sangre forjado por la mano del Maligno!, ¿ni siquiera puedo execrarte en paz, sin que en el mismo instante en que te maldigo el ansia de volver a oírte me reseque el alma como sed de infierno? Y puesto que he saciado tu sed de venganza, puesto que has agostado mi vida y marchitado mi genio, ¿no es ya hora de piedad? ¿No podré escuchar una nota, una sola nota tuya, oh cantor, oh ser malvado y despreciable?

LAS SOMBRAS EN LA PARED

—Henry tuvo unas palabras con Edward en el estudio la noche antes de que este muriera —dijo Caroline Glynn.

Era una mujer mayor, alta y muy delgada, con un rostro duro e incoloro. No habló con acritud, sino con grave severidad. Rebecca Ann Glynn, más joven, más robusta y de rostro sonrosado entre sus ondulantes mechones de cabello gris, jadeó a modo de asentimiento.

Se sentó con su amplio volado de seda negra en la esquina del sofá y miró aterrorizada a sus hermanas, Caroline y la señora Stephen Brigham, que había sido Emma Glynn, la única belleza de la familia. Todavía era hermosa, con una belleza grande, espléndida y en toda regla. Llenó una gran mecedora con su soberbia mole de feminidad y se balanceó suavemente de un lado a otro, sus sedas negras susurrando y sus volantes negros revoloteando.

Incluso el impacto de la muerte (porque su hermano Edward yacía muerto en la casa) no pudo perturbar la serenidad exterior de su comportamiento. Estaba apenada por la pérdida de su hermano: él había sido el más joven y ella lo quería mucho, pero Emma Brigham nunca había perdido de vista su propia importancia en medio de las aguas de la tribulación. Siempre estuvo despierta a la conciencia de su propia estabilidad en medio de las vicisitudes y al esplendor de su porte permanente.

Pero incluso su expresión de magistral placidez cambió ante el anuncio de su hermana Caroline y el jadeo de terror y angustia de su hermana Rebecca Ann en respuesta.

—Creo que Henry podría haber controlado su temperamento, cuando el pobre Edward estaba tan cerca de su fin —dijo ella con una aspereza que perturbó ligeramente las curvas rosadas de su hermosa boca—. Por supuesto que él no lo SABÍA —murmuró Rebecca Ann en un tono débil, extrañamente fuera de lugar con su apariencia.

—Por supuesto que él no lo sabía —dijo Caroline rápidamente. Se volvió hacia su hermana con una extraña mirada aguda de sospecha—. ¿Cómo podría haberlo sabido? —dijo. Luego se encogió, como ante la posible respuesta del otro—. Por supuesto que tú y yo sabemos que no podría saberlo —agregó de manera concluyente, pero su rostro estaba más pálido que antes.

Rebecca jadeó de nuevo. La hermana casada, la señora Emma Brigham, estaba ahora sentada con la espalda recta en su silla; había dejado de mecerse y las miraba fijamente a ambas con una súbita acentuación de la semejanza familiar en su rostro.

—¿Qué quieres decir? —dijo.

Entonces ella también pareció encogerse ante una posible respuesta. Incluso soltó una especie de risa evasiva.

—Supongo que no quieres decir nada —dijo, pero su rostro aún mostraba una expresión de horror encogido.

—Nadie quiere decir nada —dijo Caroline con firmeza.

Se levantó y cruzó la habitación hacia la puerta con sombría decisión.

—¿Adónde vas? —preguntó la señora Brigham.

—Tengo algo que hacer —respondió Caroline, y las demás supieron de inmediato por su tono que tenía un solemne y triste deber que cumplir en la cámara de la muerte.

—Oh —dijo la señora Brigham.

Después de que la puerta se cerró detrás de Caroline, la señora Brigham se volvió hacia Rebecca.

—¿Henry cambió muchas palabras con él? —preguntó.

—Estaban hablando muy alto —respondió Rebecca evasivamente.

La señora Brigham la miró. No había vuelto a mecerse. Todavía se sentaba erguida con un ligero contraste de intensidad en su frente clara, entre las bonitas curvas ondulantes de su cabello castaño rojizo.

—¿Escuchaste algo? —preguntó en voz baja, mirando hacia la puerta.

—Estaba al otro lado del pasillo en el salón sur, y esa puerta estaba entreabierta —respondió Rebecca con un ligero rubor.

—Entonces debes haber escuchado todo.

—No pude evitarlo.

—¿Todo?

—La mayor parte.

—¿De qué hablaron?

—La vieja historia.

—Supongo que Henry estaba enojado, como siempre, porque Edward estaba viviendo aquí gratis, cuando había desperdiciado todo el dinero que le dejó su padre.

Rebecca asintió con una mirada temerosa hacia la puerta.

Cuando Emma volvió a hablar, su voz era aún más baja.

—Sé cómo se sentía —dijo ella—. Él siempre había sido muy prudente y trabajaba duro en su profesión, y allí Edward nunca había hecho nada más que gastar. Debe haberle parecido que Edward vivía a sus expensas, pero no lo hacía.

—No, no lo hacía.

—Fue la forma en que el padre dejó la propiedad, que todos sus hijos deberían tener un hogar aquí. Dejó suficiente dinero incluso si todos hubiéramos regresado a casa.

—Sí.

—Y Edward tenía un derecho aquí de acuerdo con los términos del testamento de mi padre, y Henry debería haberlo recordado.

—Sí, debería.

—¿Dijo cosas duras?

—Varias, por lo que escuché.

—¿Qué?

—Escuché que le dijo a Edward que no tenía nada que hacer aquí y que pensaba que era mejor que se fuera.

—¿Qué dijo Edward?

—Que se quedaría aquí mientras viviera y también después, si así lo deseaba, y que le gustaría que Henry lo sacara; y luego...

—¿Qué?

—Entonces se rió.

—¿Qué más?

—No lo escuché decir nada, pero...

—¿Pero qué?

—Lo vi cuando salió de esta habitación.

—¿Parecía enojado?

—Lo has visto cuando se pone así.

Emma asintió; la expresión de horror en su rostro se había profundizado.

—¿Recuerdas esa vez que mató a la gata porque lo había arañado?

—Sí. ¡No me lo recuerdes!

Entonces Caroline volvió a entrar en la habitación. Se acercó a la estufa en la que ardía un fuego de leña —era un frío y tétrico día de otoño— y se calentó las manos, enrojecidas por los recientes lavados con agua fría.

La señora Brigham la miró y vaciló. Miró hacia la puerta, que aún estaba entreabierta, ya que no se cerraba fácilmente, y aún estaba hinchada por el clima húmedo del verano. Se levantó y la empujó con un ruido sordo que sacudió la casa. Rebecca se sobresaltó dolorosamente con una media exclamación. Caroline la miró con desaprobación.

—Es hora de que controles tus nervios, Rebecca —dijo.

—No puedo evitarlo —respondió Rebecca con casi un gemido—. Estoy nerviosa. Hay suficiente para ponerme así, el Señor lo sabe.

—¿Qué quieres decir con eso? —preguntó Caroline con su antiguo aire de aguda sospecha.

Rebecca se encogió.

—Nada —dijo ella.

—Entonces no sigas hablando de esa manera.

Emma, volviendo de la puerta cerrada, dijo imperiosamente que había que arreglarla.

—Se dilatará lo suficiente después de que hayamos tenido el fuego unos días —respondió Caroline—. Si se le hace algo, habrá una grieta en el alféizar.

—Creo que Henry debería avergonzarse de sí mismo por hablar como lo hizo con Edward —dijo abruptamente la señora Brigham, pero con una voz casi inaudible.

—¡Cállate! —dijo Caroline, con una mirada de verdadero miedo a la puerta cerrada.

—Nadie puede oír con la puerta cerrada.

—Debe de haberla oído cerrarse y...

—Bueno, puedo decir lo que quiera antes de que baje, y no le tengo miedo.

—¡No sé quién le tiene miedo! ¿Qué razón hay para que alguien tenga miedo de Henry? —preguntó Caroline.

La señora Brigham tembló ante la mirada de su hermana. Rebecca jadeó de nuevo.

—No hay ninguna razón, por supuesto. ¿Por qué debería haberla?

—Yo no hablaría así. Alguien podría oírte. Miranda Joy está en el salón del sur, cosiendo, ¿sabes?

—Pensé que había subido a coser en la máquina.

—Lo hizo, pero ha bajado de nuevo.

—Bueno, ella no puede oír.

—Vuelvo a decir que creo que Henry debería avergonzarse de sí mismo. No creo que lo supere nunca, teniendo unas palabras con el pobre Edward la misma noche antes de morir. Edward tenía bastante mejor disposición que Henry, a pesar de sus defectos. Siempre pensé mucho en el pobre Edward.

La señora Brigham se pasó un gran pañuelo por los ojos; Rebecca sollozó abiertamente.

—Rebecca —dijo Caroline en tono de amonestación, manteniendo la boca rígida y tragando con determinación.

—Nunca lo escuché decir una palabra de más, salvo lo que habló con Henry esa noche, al menos por lo que dice Rebecca —dijo Emma.

—No dijo nada con enojo, sino con un tono algo suave, dulce e irritante —sollozó Rebecca.

—Él nunca levantó la voz —dijo Caroline—; pero se salió con la suya.

—Tenía derecho a hacerlo en este caso.

—Sí, lo tenía.

—Tenía tanto derecho como Henry —sollozó Rebecca—, y ahora se ha ido, y nunca volverá a estar en esta casa que el pobre padre le dejó a él y al resto de nosotros.

—¿Qué crees realmente que afligió a Edward? —preguntó Emma en poco más que un susurro. No miró a su hermana.

Caroline se sentó en un sillón cercano y agarró los brazos convulsivamente hasta que sus delgados nudillos palidecieron.

—Ya te lo dije —dijo.

Rebecca se tapó la boca con el pañuelo y los miró por encima con ojos aterrados y llorosos.

—Sé que dijiste que tenía terribles dolores en el estómago y que tenía espasmos, pero, ¿qué crees que hizo que los tuviera?

—Henry lo llamó «problema gástrico». Sabes que Edward siempre ha tenido dispepsia.

La señora Brigham vaciló un momento.

—¿Se habló de un... examen?

Entonces Caroline se volvió hacia ella con fiereza.

—No —dijo ella con una voz terrible—. No.

Las almas de las tres hermanas parecían encontrarse en un terreno común de entendimiento aterrorizado a través de sus ojos. Se oyó traquetear el anticuado pestillo de la puerta, y un empujón desde fuera hizo que la puerta se sacudiera inútilmente.

—Es Henry —Rebecca suspiró en lugar de susurrar.

La señora Brigham se acomodó de nuevo en su mecedora, y se balanceaba adelante y atrás con la cabeza cómodamente apoyada, cuando la puerta por fin cedió y entró Henry Glynn. Dirigió una mirada encubiertamente aguda y comprensiva a la señora Brigham; a Rebecca, tranquilamente acurrucada en la esquina del sofá con el pañuelo en la cara, mostrando una pequeña oreja enrojecida, tan atenta como la de un perro; y otra a Caroline, sentada con una compostura forzada en su sillón junto a la estufa. Ella lo miró a los ojos con firmeza, con una mirada de miedo inescrutable y desafío.

Henry Glynn se parecía más a esta hermana que a las demás. Ambos tenían la misma delicadeza de forma y facciones, ambos eran altos y casi demacrados, ambos tenían una escasa mata de cabello rubio grisáceo muy atrás de frentes altas e intelectuales, ambos tenían una aquilinidad de rasgos casi noble. Se enfrentaban con la implacable inmovilidad de dos estatuas en cuyos rasgos de mármol las emociones estaban fijadas para toda la eternidad.

Entonces Henry Glynn sonrió y la sonrisa transformó su rostro. Parecía repentinamente años más joven, y una imprudencia e irresolución casi infantiles aparecieron en su rostro. Se arrojó en una silla con un gesto desconcertante, por su incongruencia, con su apariencia general. Inclinó la cabeza hacia atrás, pasó una pierna sobre la otra y miró riendo a la señora Brigham.

—Declaro, Emma, que estás más joven cada año —dijo.

Ella se sonrojó un poco y su plácida boca se ensanchó en las comisuras. Era susceptible a los elogios.

—Nuestros pensamientos de hoy deberían dirigirse a uno de nosotros que NUNCA envejecerá —dijo Caroline con voz dura.

Henry la miró, todavía sonriendo.

—Por supuesto, ninguno de nosotros olvida eso —dijo con una voz profunda y suave—, pero tenemos que hablar con los vivos, Caroline, y no he visto a Emma en mucho tiempo. Los vivos son tan querido como los muertos.

—No para mí —dijo Caroline.

Se levantó y salió bruscamente de la habitación. Rebecca también se levantó y corrió tras ella, sollozando en voz alta.

Henry los miró lentamente.

—Caroline está completamente trastornada —dijo.

La señora Brigham se meció. Una confianza en él, inspirada por sus modales, se estaba apoderando de ella. A partir de esa confianza, habló con bastante naturalidad.

—Su muerte fue muy repentina —dijo ella.

Los párpados de Henry temblaron levemente pero su mirada era inquebrantable.

—Sí —dijo—. Fue muy repentino. Estuvo enfermo solo unas pocas horas.

—¿Cómo llamaste eso que tenía?

—Un problema gástrico.

—¿No pensaste en hacerle un examen?

—No había necesidad. Estoy perfectamente seguro de la causa de su muerte.

De repente, la señora Brigham sintió un escalofrío como de algún horror vivo sobre su alma. Su carne temblaba de frío ante una inflexión de su voz. Ella se levantó, tambaleándose sobre sus débiles rodillas.

—¿Adónde vas? —preguntó Henry con una voz extraña y sin aliento.

La señora Brigham dijo algo incoherente sobre una costura que tenía que hacer, algo negro para el funeral, y salió de la habitación. Subió a la cámara delantera que ocupaba. Caroline estaba allí. Se acercó a ella y le tomó las manos, y las dos hermanas se miraron.

—¡No hables, no, no lo permitiré! —dijo Caroline en un horrible susurro.

—No lo haré —respondió Emma.

Esa tarde las tres hermanas estaban en el estudio, la gran sala delantera en la planta baja al otro lado del pasillo del salón sur, cuando se hizo más oscuro.

La señora Brigham estaba haciendo dobladillos en un material negro. Se sentó cerca de la ventana oeste para la luz menguante. Por fin dejó su trabajo en su regazo.

—No sirve de nada, no puedo ver para coser otra puntada hasta que tengamos una luz —dijo ella.

Caroline, que estaba escribiendo algunas cartas en la mesa, se volvió hacia Rebecca, en su lugar habitual en el sofá.

—Rebecca, será mejor que consigas una lámpara —dijo.

Rebecca se sobresaltó; incluso en la oscuridad su rostro mostraba su agitación.

—No me parece que necesitemos una lámpara todavía —dijo con una voz lastimera y suplicante como la de un niño.

—Sí, la necesitamos —respondió la señora Brigham perentoriamente—. Necesitamos una luz. Debo terminar esto esta noche o no podré ir al funeral, y no puedo ver para coser otra puntada.

—Caroline puede ver para escribir cartas y está más lejos de la ventana que tú —dijo Rebecca.

—¿Estás tratando de ahorrar queroseno o eres perezosa, Rebecca Glynn? —exclamó la señora Brigham—. Puedo ir a buscar la luz yo misma, pero tengo todo este trabajo en mi regazo.

La pluma de Caroline dejó de rascar el papel.

—Rebecca, debemos tener algo de luz —dijo.

—No lo sé —dijo Rebecca débilmente.

—Por supuesto, 'por qué no? —exclamó Caroline con severidad.

—Estoy segura de que no quiero llevar mi costura a la otra habitación, cuando todo esté limpio para mañana —dijo la señora Brigham.

—Nunca escuché tanto alboroto sobre encender una lámpara.

Rebecca se levantó y salió de la habitación. Entró con una lámpara, una grande con pantalla de porcelana blanca. La puso sobre una mesa, una mesa de juego anticuada que estaba colocada contra la pared opuesta a la ventana. Esa pared estaba libre de estanterías y libros, que estaban solo en tres lados de la habitación. Esa pared opuesta estaba ocupada por tres puertas y un pequeño espacio ocupado por la mesa. Encima de la mesa, sobre el papel tapiz pasado de moda, de un brillo satinado blanco, atravesado por un pergamino verde indeterminado, colgaba bastante alto una pequeña miniatura de marfil dorado y marco negro tomada en su niñez de la madre de la familia. Cuando la lámpara se colocó sobre la mesa debajo de ella, la bonita carita pintada en el marfil pareció brillar con una mirada de inteligencia.

—¿Para qué has puesto esa lámpara allí? —preguntó la señora Brigham, con más impaciencia de lo que su voz solía revelar—. ¿Por qué no la pusiste en el pasillo? Ni Caroline ni yo podemos ver si está en esa mesa.

—Pensé que tal vez te cambiarías de lugar —respondió Rebecca con voz ronca.

—Si me muevo, no podremos sentarnos las dos en esa mesa. Caroline tiene su papel desparramado. ¿Por qué no pones la lámpara en la mesa en el medio de la habitación, así las dos podemos ver?

Rebeca vaciló.

Su cara estaba muy pálida. Miró a su hermana Caroline con una súplica bastante angustiosa.

—¿Por qué no pones la lámpara en esta mesa, como ella dice? —preguntó Caroline, casi con fiereza—. ¿Por qué actúas así, Rebecca?

—No está actuando como ella misma en absoluto —dijo la señora Brigham.

Rebecca tomó la lámpara y la colocó sobre la mesa en el medio de la habitación sin decir una palabra más. Luego le dio la espalda rápidamente y se sentó en el sofá. Se llevó una mano a los ojos como para protegerlos, y permaneció así.

—¿La luz lastima tus ojos, y es esa la razón por la que no querías la lámpara? —preguntó amablemente la señora Brigham.

—Siempre me gustó sentarme en la oscuridad —respondió Rebecca con voz ahogada.

Luego se apresuró a sacar su pañuelo del bolsillo y se echó a llorar. Caroline siguió escribiendo, la señora Brigham, cosiendo.

De repente, la señora Brigham, mientras cosía, miró hacia la pared opuesta. La mirada se convirtió en una mirada fija. Miró atentamente su trabajo suspendido en sus manos. Luego volvió a apartar la mirada y dio unos cuantos puntos más, luego volvió a mirar y volvió a su tarea. Por fin dejó su trabajo en su regazo y miró fijamente. Miró desde la pared que rodeaba la habitación, tomando nota de los diversos objetos; miró la pared larga e intensamente. Luego se volvió hacia sus hermanas.

—¿Qué es eso?

—¿Qué cosa? —preguntó Caroline con dureza; su pluma rasguñó ruidosamente el papel.

Rebecca dio uno de sus jadeos convulsivos.

—Esa extraña sombra en la pared —respondió la señora Brigham.

Rebecca se sentó con el rostro oculto.

Caroline mojó la pluma en el tintero.

—¿Por qué no te das la vuelta y miras? —preguntó la señora Brigham de una manera sorprendida y algo afligida.

—Tengo prisa por terminar esta carta, si queremos que la señora Wilson Ebbit se entere a tiempo para venir al funeral —respondió Caroline brevemente.

La señora Brigham se levantó y su tejido se deslizó por el suelo. Comenzó a caminar por la habitación, moviendo varios muebles, con los ojos en la sombra.

Entonces, de repente, gritó:

—¡Miren esta horrible sombra! ¿Qué es? ¡Caroline, mira, mira! ¡Rebeca, mira! ¿QUÉ ES?

Toda la placidez triunfante de la señora Brigham se había esfumado. Su hermoso rostro estaba lívido de horror. Se quedó de pie, rígida, señalando la sombra.

—¡Miren! —dijo, señalándola con el dedo—. ¡Miren! ¿Qué es?

Entonces Rebecca estalló en un gemido salvaje después de una mirada estremecedora a la pared:

—¡Oh, Caroline, ahí está otra vez! ¡Ahí está otra vez!

—¡Caroline Glynn! —dijo la señora Brigham—. ¡Mira! ¿Qué es esa sombra espantosa?

Caroline se levantó, se dio la vuelta y se quedó frente a la pared.

—¿Cómo debería saberlo? —dijo.

—Ha estado allí todas las noches desde que murió —exclamó Rebecca.

—¿Cada noche?

—Sí. Murió el jueves y hoy es sábado. Tres noches —dijo Caroline con rigidez.

Se quedó como si se mantuviera en calma con un tornillo de voluntad concentrada.

—Parece… parece… —tartamudeó la señora Brigham en un tono de intenso horror.

—Sé bien lo que parece —dijo Caroline—. No soy ciega.

—Se parece a Edward —estalló Rebecca en una especie de frenesí de miedo—. Solo que…

—Sí—asintió la señora Brigham, cuyo tono de horror coincidía con el de su hermana—, sólo que... ¡Oh, es horrible! ¿Qué pasa, Caroline?

—Te pregunto de nuevo, ¿cómo podría saberlo? —respondió Caroline—. Lo veo allí como tú. ¿Cómo debería saber más que tú?

—DEBE ser algo en la habitación —dijo la señora Brigham, mirando alrededor como una loca.

—Movimos todo lo que había en la habitación la primera noche que apareció la sombra —dijo Rebecca—; no es nada en la habitación.

Caroline se volvió hacia ella con una especie de furia.

—Por supuesto que es algo en la habitación —dijo—. ¿A qué te refieres? Por supuesto que es algo en la habitación.

—Por supuesto que lo es —asintió la señora Brigham, mirando a Caroline con recelo—. Por supuesto que debe ser algo en la habitación. Es solo una coincidencia. Simplemente sucede así. Tal vez sea ese pliegue de la cortina de la ventana lo que lo hace. Debe ser algo en la habitación.

—No es nada en la habitación —repitió Rebecca con obstinado horror.

La puerta se abrió de repente y entró Henry Glynn.

Empezó a hablar, luego sus ojos siguieron la dirección de las demás. Se quedó inmóvil mirando la sombra en la pared. Era de tamaño natural y se extendía sobre el paralelogramo blanco de una puerta, la mitad del espacio de la pared en el que colgaba el cuadro.

—¿Qué es eso? —demandó con una voz extraña.

—Debe ser debido a algo en la habitación —dijo la señora Brigham débilmente.

—No se debe a nada que haya en la habitación —repitió Rebecca con la estridente insistencia del terror.

—Cómo actúas, Rebecca Glynn —dijo Caroline.

Henry Glynn se levantó y miró un momento más. Su rostro mostraba una gama de emociones: horror, convicción y luego furiosa incredulidad. De repente empezó a correr de aquí para allá por la habitación. Movió los muebles con feroces sacudidas, volviéndose siempre para ver el efecto sobre la sombra en la pared. Ni una línea de sus terribles contornos vaciló.

—¡Debe ser algo en la habitación! —declaró con una voz que pareció romperse como un latigazo.

Su rostro cambió.

El secreto más íntimo de su naturaleza parecía evidente hasta que casi se perdió de vista su fisonomía. Rebecca estaba cerca de su sofá, mirándolo con ojos tristes y fascinados. La señora Brigham apretó la mano de Caroline. Ambas estaban paradas en una esquina fuera de su camino. Por unos instantes, anduvo furioso por la habitación como un animal enjaulado. Movió cada mueble; cuando el movimiento de una pieza no afectaba a la sombra, la arrojaba al suelo, mientras las hermanas miraban.

Entonces, de repente, desistió.

Se rió y comenzó a enderezar los muebles que había tirado.

—Qué absurdo —dijo fácilmente—. Tanto alboroto por una sombra.

—Así es —asintió la señora Brigham, con una voz asustada que trató de hacer parecer natural.

Mientras hablaba levantó una silla cerca de ella.

—Creo que has roto la silla que tanto le gustaba a Edward —dijo Caroline.

El terror y la ira luchaban por expresarse en su rostro. Su boca estaba apretada, sus ojos encogiéndose. Henry levantó la silla con una muestra de ansiedad.

—Tan buena como siempre —dijo amablemente.

Se rió de nuevo, mirando a sus hermanas.

—¿Te asuste? Creo que a esta altura estás acostumbrada. Conoces mi manera de querer saltar al fondo de un misterio, y esa sombra se ve extraña. Pensé que si había alguna forma de explicarla, la encontraría sin demora.

—No parece que lo hayas logrado —observó Caroline con sequedad, con una ligera mirada a la pared.

Los ojos de Henry siguieron los de ella y se estremeció perceptiblemente.

—Oh, sombras —dijo, y se rió de nuevo—. Un hombre es un tonto si trata de dar cuenta de las sombras.

Entonces sonó la campana de la cena y todos abandonaron la habitación, pero Henry se mantuvo de espaldas a la pared, al igual que las demás.

La señora Brigham se apretó contra Caroline mientras cruzaba el pasillo.

—¡Parecía un demonio! —respiró en su oído.

Henry abrió el paso con un movimiento de alerta; Rebecca cerraba la marcha; apenas podía caminar, le temblaban las rodillas.

—No puedo volver a sentarme en esa habitación esta noche —le susurró a Caroline después de la cena.

—Muy bien, nos sentaremos en la sala sur —respondió Caroline—. No está tan húmedo como el estudio y estoy resfriada.

Así que todos se sentaron en la habitación sur con su costura. Henry leyó el periódico, su silla se acercó a la lámpara de la mesa. Hacia las nueve se levantó bruscamente y cruzó el vestíbulo hasta el estudio. Las tres hermanas se miraron. La señora Brigham se levantó, dobló sus faldas y comenzó a caminar de puntillas hacia la puerta.

—¿Qué vas a hacer? —preguntó Rebecca agitadamente.

—Voy a ver de qué se trata —respondió la señora Brigham con cautela.

Señaló, mientras hablaba, a la puerta del estudio al otro lado del pasillo; estaba entreabierta. Henry se había esforzado por cerrarla detrás de él, pero de alguna manera se había hinchado más allá del límite con una velocidad curiosa. Todavía estaba entreabierta y un rayo de luz se veía de arriba a abajo. La lámpara del pasillo no estaba encendida.

—Será mejor que te quedes donde estás —dijo Caroline con cautelosa agudeza.

—Voy a ver —repitió la señora Brigham con firmeza.

Luego dobló sus faldas con tanta fuerza que su cuerpo abultado quedó al descubierto en una funda de seda negra, y cruzó el pasillo con un lento tambaleo hacia la puerta del estudio. Se quedó allí, con un ojo en la grieta.

En la habitación sur, Rebecca dejó de coser y se quedó mirando con los ojos dilatados. Caroline cosía constantemente. Lo que vio la señora Brigham, de pie junto a la rendija de la puerta del estudio, fue esto:

Henry Glynn, razonando evidentemente que la fuente de la extraña sombra debía estar entre la mesa sobre la que estaba la lámpara y la pared, estaba haciendo pases y estocadas sistemáticas por todo el espacio intermedio con una vieja espada que había pertenecido a su padre. No quedó ni un centímetro sin perforar. Parecía haber dividido el espacio en secciones matemáticas. Blandió la espada con una especie de furia fría y calculadora; la hoja emitió destellos de luz, la sombra permaneció inmóvil. La señora Brigham, que miraba, se quedó helada de horror.

Finalmente, Henry cesó y se quedó con la espada en la mano y se levantó como si fuera a golpear, observando amenazadoramente la sombra en la pared. La señora Brigham cruzó el pasillo tambaleándose y cerró la puerta de la habitación sur detrás de ella antes de relatar lo que había visto.

—¡Parecía un demonio! —dijo de nuevo—. ¿Tienes algo de ese vino añejo en la casa, Caroline? No siento que pueda soportar mucho más.

De hecho, parecía superada. Su hermoso rostro plácido estaba desgastado, tenso y pálido.

—Sí, hay mucho —dijo Caroline—. Puedes tomar un poco cuando te vayas a la cama.

—Creo que será mejor que todos tomemos un poco —dijo la señora Brigham—. Oh, Dios mío, Caroline, ¿qué…

—No preguntes y no hables —dijo Caroline.

—No, no voy a hacerlo —respondió la señora Brigham—; pero…

Rebecca gimió en voz alta.

—¿Por qué estás haciendo eso? —preguntó Caroline con dureza.

—Pobre Edward —respondió Rebecca.

—Eso es todo por lo que tienes que gemir —dijo Caroline—. No hay nada más.

—Me voy a la cama —dijo la señora Brigham—. No podré estar en el funeral si no lo hago.

Pronto las tres hermanas fueron a sus aposentos y el salón del sur quedó desierto. Caroline llamó a Henry en el estudio para que apagara la luz antes de que subiera. Hacía una hora que se habían ido cuando él entró en la habitación trayendo la lámpara que había estado en el estudio. La dejó sobre la mesa y esperó unos minutos, paseándose arriba y abajo. Su rostro era terrible, su tez clara se mostraba lívida; sus ojos azules parecían espacios en blanco con horribles reflejos.

Luego tomó la lámpara y volvió a la biblioteca. Dejó la lámpara sobre la mesa del centro y la sombra se proyectó en la pared. De nuevo estudió los muebles y los movió, pero deliberadamente, sin su antiguo frenesí. Nada afectó a la sombra. Luego regresó a la habitación sur con la lámpara y nuevamente esperó. De nuevo volvió al estudio y colocó la lámpara sobre la mesa, y la sombra se proyectó sobre la pared. Era medianoche cuando subió las escaleras. La señora Brigham y las otras hermanas, que no podían dormir, lo escucharon.

Al día siguiente fue el funeral.

Esa noche la familia se sentó en la sala sur. Algunos familiares estaban con ellos. Nadie entró en el estudio hasta que Henry llevó una lámpara después de que los demás se retiraron a dormir. Volvió a ver la sombra en la pared saltar a una vida espantosa ante la luz.

A la mañana siguiente, en el desayuno, Henry Glynn anunció que tenía que ir a la ciudad por tres días. Las hermanas lo miraron con sorpresa. Rara vez salía de casa, y justo ahora su práctica había sido abandonada a causa de la muerte de Edward. Él era médico.

—¿Cómo puedes dejar a tus pacientes ahora? —preguntó la señora Brigham con asombro.

—No sé cómo hacerlo, pero no hay otra manera —respondió Henry fácilmente—. He recibido un telegrama del doctor Mitford.

—¿Una consulta? —preguntó la señora Brigham.

—En efecto —respondió Henry.

El doctor Mitford era un antiguo compañero suyo que vivía en una ciudad vecina y que de vez en cuando lo visitaba en caso de consulta.

Después de que se hubo ido, la señora Brigham le dijo a Caroline que, después de todo, Henry no había dicho previamente que tenía una consulta con el doctor Mitford, y que eso le parecía muy extraño.

—Todo es muy extraño —dijo Rebecca con un escalofrío.

—¿Qué quieres decir? —preguntó Caroline bruscamente.

—Nada —respondió Rebeca.

Nadie entró en la biblioteca ese día, ni el siguiente, ni el siguiente. Al tercer día se esperaba a Henry en casa, pero no llegó en el último tren de la ciudad.

—Una consulta bastante larga —dijo la señora Brigham—. La idea de que un médico deje a sus pacientes por tres días es extraño, sobre todo en un momento como este, y sé que tiene algunos muy enfermos. ¿Una consulta que dura tres días? No tiene sentido. No lo entiendo, por mi parte.

—Yo tampoco —dijo Rebecca.

Estaban todos en el salón sur. No había luz en el estudio de enfrente y la puerta estaba entreabierta.

Al cabo de un rato, la señora Brigham se levantó; no podría haber dicho por qué; algo parecía impulsarla, alguna voluntad ajena. Salió de la habitación, envolviéndose de nuevo con sus susurrantes faldas para poder pasar sin hacer ruido, y empezó a empujar la puerta hinchada del estudio.

—Ella no tiene ninguna lámpara —dijo Rebecca con voz temblorosa.

Caroline, que estaba escribiendo cartas, se levantó de nuevo, tomó una lámpara (había dos en la habitación) y siguió a su hermana. Rebecca se había levantado, pero se quedó temblando, sin atreverse a seguirla.

Sonó el timbre, pero las demás no lo oyeron; estaba en la puerta sur al otro lado de la casa desde el estudio. Rebecca, después de vacilar hasta que sonó el timbre por segunda vez, se dirigió a la puerta; recordó que el sirviente estaba fuera.

Caroline y su hermana Emma entraron al estudio. Caroline dejó la lámpara sobre la mesa. Miraron la pared.

—Oh, Dios mío —jadeó la señora Brigham—, hay… hay DOS sombras.

Las hermanas se quedaron abrazadas, mirando las cosas horribles en la pared. Luego entró Rebecca, tambaleándose, con un papel en la mano.

—Aquí está... un telegrama —jadeó—. Henry está... muerto.

LUELLA MILLER

Cerca de la calle del pueblo estaba la casa de un piso en la que Luella Miller, quien tuvo una mala fama en el pueblo, había vivido. Había muerto hacía años; sin embargo, hubo algunos en el pueblo que, a pesar de la luz más clara que luego se echó sobre el asunto, todavía creen en el cuento que vienen escuchando desde su infancia. En sus corazones sobrevive el horror y el miedo salvaje de aquellos antepasados que vivieron en la época de Luella Miller. Y los jóvenes también observan con un estremecimiento la vieja casa, y los niños jamás juegan alrededor de ella, como es costumbre hacerlo en torno a los edificios abandonados. La antigua casona de Miller no tiene ni un cristal roto: todavía reflejan la luz del sol por las mañanas en parches de esmeralda y azul; el pestillo de la puerta nunca se levantó.

Desde la época de Luella Miller la casa solo había tenido un inquilino: una vieja sin amigos que no tenía posibilidad de elegir entre eso y la de refugiarse bajo el cielo abierto. Esta anciana, que había sobrevivido a su parentela y amigos… Cierta mañana, debido a la ausencia de humo saliendo por la chimenea, una partida de vecinos tomó coraje e ingresó en la casa: la encontraron muerta en su cama. Hubo rumores oscuros en cuanto a la causa de su muerte, y hubo quienes testificaron que vieron una expresión de miedo inenarrable en el rostro cadavérico. La anciana había sido sana y fuerte cuando entró en la casa, y solo en siete días había sido abatida: una víctima más de aquel misterioso poder sobrenatural. El ministro habló con gravedad, desde el púlpito, contra el pecado de la superstición. Ni un alma en el pueblo habría elegido quedarse allí. Ningún vagabundo consciente del relato dejaría el frío bosque por ese refugio siniestro e impío.

Solo había una persona en el pueblo que había conocido en realidad a Luella Miller. Esa persona era una mujer de más de ochenta años, un verdadero prodigio de vitalidad y juventud. Caminaba por las calles recta como una flecha y siempre asistía a la iglesia, lloviera o tronara. Nunca se había casado y había vivido durante algunos años al otro lado del camino de la casa de Luella Miller.

Esta mujer no era un ejemplo de la locuacidad de la senectud, pero nunca en toda su vida se había mordido la lengua para no salvar la suya. Fue ella quien dio testimonio de la vida y la maldad de Luella Miller. Cuando la vieja habló —y ella tenía el don de la descripción, aunque sus pensamientos estaban vestidos en la lengua grosera y vernácula de su pueblo natal— parecía que la imagen de Luella Miller cobraba completa entidad. De acuerdo con esta mujer, Lydia Anderson —tal es su nombre—, Luella Miller había sido una belleza de un tipo bastante inusual en Nueva Inglaterra, una criatura flexible y ligera, dispuesta e inquebrantable como el destino. Tenía el cabello largo, brillante, lacio, y lo llevaba enrollado alrededor de un suave y hermoso rostro. Sus ojos eran azules y sus modales eran de una gracia maravillosa.

—Luella Miller se sentaba de un modo que nadie más podría —dijo Lydia Anderson—, y era un espectáculo verla caminar. Solo los sauces, quizás, caminarían como ella. Tenía un hermoso vestido de seda verde que solía llevar, y un sombrero con serpentinas y un velo de encaje. Se casó con Erasto Miller. Su nombre de soltera era Hill. Erasto vivía junto a mi casa; incluso fuimos juntos a la escuela. La gente decía que estaba enamorado de mí. Yo nunca lo sospeché. Eso fue antes de que Luella hubiera venido a enseñar en el distrito. Lottie Henderson fue su alumna preferida: una inteligente niña de fuerte raíz, espléndida. Puso los ojos en Luella, como todas las chicas lo hicieron. Lottie murió cuando Luella no había cumplido un año en el cargo de maestra.

»Tiempo después de la muerte de Lottie, Luella se casó con Erasto. Siempre pensé que se apresuró. Las cosas en la escuela no marchaban bien, y Luella podría haber tenido que renunciar a ella. El chico la ayudó. Era honesto y buen estudiante también. Y todos se entristecieron al ver que se volvía más y más débil a causa de una extraña enfermedad. Trabajó terriblemente duro hasta el último momento tratando de ahorrar un poco para sacar a Luella de su situación. Cierto día hablé con él:

—Siempre he tenido brazos fuertes —dijo.

Murió a la semana. Cayó en el suelo de la cocina mientras preparaba el desayuno, pues él se encargaba de estas cuestiones ya que Luella estaba en cama. De hecho, lavaba, cocinaba y limpiaba diariamente. No podía soportar que Luella levantase su dedo, y ella se lo permitía. Luella Miller vivió como una reina, afirmando que su dolor en el hombro no le permitía trabajar como costurera. Lily Miller fue a vivir con Luella inmediatamente después del funeral de Erasto.

Entonces esta mujer de edad, Lydia Anderson, quien recordó a Luella Miller, iba a relatarnos la historia de Lily Miller. Parece que aquella mudanza de Lily Miller a la casa de su hermano muerto provocó toda clase de comentarios y rumores. Lily apenas había pasado su primera juventud y era robusta y floreciente, de mejillas rosadas, rizos y brillantes ojos oscuros. No habían pasado seis meses en su nueva residencia cuando el color rosado de sus mejillas se desvaneció. Sombras blancas macularon sus cabellos; la luz desapareció de sus ojos. Sus rasgos afilados se deshicieron, aunque todavía llevaba siempre una expresión de dulzura absoluta, e incluso de felicidad. Ella se dedicó servicialmente a su cuñada. No había duda de que la amaba con todo su corazón. Solo temía morir y dejar sola a Luella.

—La forma en que Lily Miller solía hablar de Luella bien podía volverte loco o hacerte llorar —dijo Lydia Anderson—. He estado allí algunas veces en el pasado, cuando ella estaba demasiado débil para cocinar. Siempre me preguntaba si la veía mejor, y siempre respondía que se sentía mejor que ayer. Lo cierto es que se veía demacrada. De parte de Luella no recibió ninguna clase de atención; solo los vecinos se preocupaban. La pobre Lily languidecía considerablemente. Cuando finalmente murió, Luella se hizo cargo de Abby, que vino de Mixter. Al llegar, era redonda y rosada como una flor, pero la pobre tía Abby comenzó a caer del mismo modo que Lily. Supongo que alguien le escribió a su hija, que estaba casada —la señora Samuel Abad, que vivía en Barre—, ya que ella intimó a su madre por carta a irse inmediatamente.

»Abby no iría. La pobre solo tenía ojos para Luella, y solo de ella se ocupaba. Su hija continuó escribiéndole, pero no sirvió de nada. Por fin llegó, y al ver lo mal que estaba su madre rompió a llorar. Habló con Luella. La acusó de haber matado a su marido y a cada persona que se acercaba a ella de buena fe. Luella se puso histérica, y la tía Abby estaba tan asustada que me llamó después de que su hija se hubo marchado. La señora Abad se fue llorando, los vecinos la oyeron. Nunca más vio a su madre con vida. Esa noche la tía Abby mandó a llamarme. Cuando llegué me encontré a Luella llorando, o riendo, o ambas cosas juntas. Abby estaba blanca como una sábana, sin aire. La amenacé, diciéndole que no estaba en condiciones de estar fuera de la cama.

—Oh, no me pasa nada —dijo ella—. No me siento tan mal.

—Déjela conmigo, señora Mixter, y volverá a la cama —dijo Luella.

—¿No será conveniente que llamemos al médico?

Y miré hacia la derecha directamente a Luella Miller, que reía y lloraba. Después de ver eso, nadie podría cambiar mi opinión sobre Luella Miller, y mucho menos engañarme. Por último, muy ofendida, volví a casa por un poco de valeriana para el brote histérico de Luella, y con ella me dirigí nuevamente a la casa.

—¿Qué es? —preguntó entre gritos.

—Pobre cordero, cordero pobre —decía la tía Abby, mientras yo trataba de lavarle la cabeza con alcanfor.

—Traga esto —dije, sin ninguna clase de ceremonia—. ¡Trágalo!

Luella Miller se apoderó de su barbilla y echó la cabeza hacia atrás.

—¡Nada de tragar! —aulló.

Y Luella, sin opciones, tragó.

Dejó de reír y llorar y me dejó su puesto junto a la cama. Abby permaneció despierta toda la noche y me quedé con ella, aunque trató de no mostrarse enferma. Sin embargo, hizo guardia, alimentando a Luella con una cuchara a lo largo de toda la noche. En la mañana, tan pronto como salió el sol, corrí hasta la tienda y envié a Johnny Bisbee por un médico. La pobre tía Abby no parecía entender nada. Cuando llegó el doctor difícilmente se podría decir que respiraba. Y cuando se retiró, Luella entró en la sala, mirando como un bebé en su camisón de volantes. La puedo ver ahora. Tenía los ojos azules y su rostro estaba rosa. Miró hacia la cama, entre inocente y divertida, y dijo:

—¿Por qué aún no se ha levantado?

—Porque está enferma —respondí.

—Pensé que alguien hacía café —dijo Luella.

—Creo que esta mañana podrás hacértelo tú misma —dije.

—Jamás me hice el café en toda mi vida —dijo ella, asombrada—. Erasto siempre lo hacía, y luego Lily, y finalmente la tía Abby. No creo que pueda hacerlo, señorita Anderson.

—No es difícil —dije yo, menos asombrada que furiosa.

—¿No va a levantarse en todo el día? —insistió Luella.

—Creo que no —dije calmadamente. Pero lo cierto es que estaba colérica.

Había algo en torno a esa trivial conversación sobre el café que me inquietaba. Tres habían muerto por sus caprichos. Incluso pensé que alguien debía terminar con ella antes de que otros caigan bajo su influencia.

—No parece enferma —continuó Luella.

—Pues lo está —dije—. Va a morir, y tú quedarás sola. Deberás aprender a prescindir de los demás y arreglártelas por tu cuenta.

Sé que fui dura, pero era la verdad.

Luella se puso histérica. Lo único que hizo fue irse del otro lado de la habitación, donde la tía Abby no podía oírla. Cuando se enteró de que nadie estaba viniendo a ocuparse de ella, su ataque se detuvo. Al menos supongo que lo hizo. Yo estaba ocupada en intentar que la pobre tía Abby mantuviera el aliento. El doctor me había dado una medicina en forma de gotas. Cuando advertí que no duraría demasiado con vida, hablé con Luella. A la tarde volvió el médico y la hija de Abby, la señora Abad Sam, pero llegaron tarde. Abby había muerto.

—¿Dónde se metió Luella? —preguntó la señora Abad.

—Está en la cocina —dije—. Está en pleno ataque de nervios. Tiene miedo de que la muerte sea contagiosa.

Entonces habló el doctor. Era un hombre joven. El viejo doctor Park había muerto el año anterior, y se trataba de un joven recién salido de la universidad.

—La señora Miller no es fuerte —dijo—, y ella tiene toda la razón en no agitarse.

Ella ya tendió sus garras sobre él, pensé, pero no dije nada. Lo cierto es que Luella estaba demasiado asustada como para estar histérica. Parecía encogerse sobre esa silla de la cocina, con la señora

Abad hablándole verdades. Supongo que eso fue demasiado para ella. Luella se desmayó. El doctor llegó corriendo y dijo algo acerca de un corazón débil.

—No hay nada débil en esa mujer —dijo la señora Abad—. Era mi madre quien estaba débil. Ella tiene la fuerza suficiente para exprimir a los demás. ¿Débil? Mi pobre madre era débil: esta mujer la mató con la misma eficacia que un cuchillo.

Pero el doctor no le prestó mucha atención. Solo abrazó a Luella y sostuvo su mano. Me pidió que trajera el aguardiente de la habitación de Abby. Ahora que la tía había desaparecido, Luella ya había conseguido un nuevo sirviente.

Esperé hasta que la tía Abby fuese enterrada, cerca de un mes después. El doctor visitaba a Luella constantemente, y la gente comenzó a hablar. Cierto día, cuando supe que este se hallaba fuera de la ciudad, me acerqué a Luella. La encontré vestida con una muselina azul con lunares blancos. Había algo acerca de Luella Miller que parecía clavarse en el corazón. María Brown había estado ayudándola en toda clase de tareas inhumanas para una mujer, pero Luella la consideraba capaz. María no vivió mucho tiempo. Comenzó a desvanecerse de la misma manera que los otros.

—Supongo que has dejado que María vaya a su casa —dije.

—Sí —respondió—, una vez que termine de lavar los platos.

—También supongo que tiene trabajo que hacer en su propia casa —dije, tratando de parecer casual.

—Sí —dijo Luella, realmente dulce y bonita—, ella dijo que tenía que hacer su lavado de ropa.

—¿Y por qué no se quedó en casa en vez de venir aquí para realizar tus tareas?

Luella me miró como un bebé al que se le quita un sonajero. Negó a ello. Se echó a reír como una especie de inocente.

—Oh, no puedo hacer esos trabajos, señorita Anderson. Nunca los hice. María tiene que hacerlos.

—¿Tiene? —pregunté, indignada—. Ella no tiene que hacerlo. María Brown tiene su propia casa y lo suficiente para vivir. Ella no está en deuda contigo para venir aquí y ser tu esclava. La estás matando del mismo modo que a Erasto y a los demás.

Me miró, pálida.

—Y María no será la última —continué—. También vas a encargarte del doctor Malcolm antes de exprimirlo del todo.

Entonces un color rojo llameó en toda su cara.

—No voy a matarlo, ya sea —dijo, y comenzó a llorar.

—¡Sí, lo harás! —grité, y comencé a decir todas las cosas que jamás le había dicho.

Luella se puso cada vez más pálida, y en ningún momento me miró. Luego me fui a casa. Desde la calle vi que su lámpara se apagó antes de las nueve, y cuando el doctor Malcolm vio la oscuridad siguió de largo, creyendo que Luella dormía. Una semana después, María murió. Surgieron toda clase de murmuraciones siniestras. La gente acusó a Luella de bruja.

Una tarde vi al doctor corriendo por la calle con su botiquín. Luella estaba muy enferma.

Una chica se ofreció como enfermera, lo cual lamenté. Pensé en Erasto y los demás. Al día siguiente, la señora Babbit me informó que el doctor había traído a una chica de las afueras, y que estaba bastante seguro de que él se casaría con Luella. Pocos días después, Sarah Jones, aquella muchacha traída para ayudar a Luella, fue vista caminando por la calle como un espectro sin voluntad. Algunas malas lenguas dijeron algo sobre una relación clandestina entre ella y el doctor. Lo que nadie adivinó es que la nueva víctima sería el pobre médico. Murió sin que el ministro le suministrase la extremaunción, dejándole a Luella todo su patrimonio. Una semana después también enterramos a Sarah Jones.

Pareció el fin de Luella Miller. Ni un alma en todo el pueblo levantaría un dedo por ella. Pronto se la vio yendo a la tienda de la señora Babbit, que tenía miedo de que Tommy, su hijo, y quien realizaba mandados, llevase las vituallas de Luella. De hecho, al poco tiempo se lo vio andar como un fantasma, con los brazos colgando flácidamente junto al cuerpo luego de llevar algunos paquetes a la casa de Luella.

Luella Miller pasó dos últimas semanas terribles, supongo. Estaba debilitada, pero nadie se atrevía a acercarse. Babbit dijo que ya no se veía humo salir de la chimenea. Juntamos coraje y entramos. Luella estaba en la cama, muriendo.

Ella duró todo el día y la noche. Luego de la muerte del doctor nadie más se atrevió a ir allí. Cerca de la medianoche la dejé por un minuto para correr a casa y conseguir alguna medicina, porque había comenzado a sentirme bastante mal. Fue una noche de luna llena, y apenas salí de mi puerta para cruzar la calle hasta Luella, me detuve en seco al ver algo. Vi lo que vi, y sé que lo vi, y juro por mi lecho de muerte que lo vi. Vi a Luella Miller y a Erasto, Lily, Abby, María, el doctor y Sarah, todos saliendo de su puerta. Luego desaparecieron. Me quedé un minuto con el corazón en la garganta, y huí.

Luella Miller había muerto en la cama...

Esta fue la historia que narró la anciana Lidia Anderson, y el cuento se ha convertido en parte del folclore en el pueblo.

Lidia Anderson murió a los ochenta y siete años. Se había mantenido maravillosamente sana y fuerte hasta aproximadamente dos semanas antes de su muerte. Una noche de luna brillante estaba sentada junto a la ventana de su sala cuando hizo una exclamación repentina. Salió fuera de la casa y cruzó la calle, antes de que el vecino que la estaba cuidando pudiera detenerla. Se dice que poco después encontraron muerta a Lidia Anderson tendida ante la puerta de la casa desierta de Luella Miller.

Durante la noche siguiente algunos vieron llamas rojas entre las ventanas tapiadas de la casa de Luella. Nadie se acercó para ver cómo la vieja casona era consumida por el fuego. Nada quedó en pie, excepto algunas pocas piedras de los cimientos del sótano, ásperos arbustos de lirios y, en el verano, un rastro desvalido de esplendor entre la hierba.

EL CUENTO DE LA VIEJA NIÑERA.

Como sabéis, queridos míos, vuestra madre era huérfana e hija única; y aseguraría que habéis oído decir que vuestro abuelo fue clérigo de Westmoreland, de donde vengo yo. Era yo todavía una niña de la escuela del pueblo cuando, un día, se presentó vuestro abuelo a preguntar a la maestra si habría allí alguna alumna que pudiera servir de niñera; y me sentí extraordinariamente orgullosa, puedo aseguraroslo, cuando la maestra me llamó y dijo que yo cosía muy bien y era una muchacha formal y honrada, de padres muy bien considerados, aunque pobres.

Me pareció que nada me gustaría más que entrar al servicio de aquella linda y joven señora que se sonrojaba tanto como lo estaba yo al hablar del niño que esperaba y de lo que yo tendría que hacer con él. Pero veo que esta parte de mi cuento no os interesa tanto como lo que pensáis que viene después, así que os lo contaré en seguida. Fui tomada e instalada en la rectoría antes de que naciera la señorita Rosamunda (que fue la niñita que es ahora vuestra madre). A decir verdad, me daba poco que hacer cuando llegó, pues siempre estaba en brazos de su madre y dormía junto a ella toda la noche, y yo me sentía muy orgullosa cuando mi señora me la confiaba. Ni antes ni después ha habido un niñito como ella, aunque todos vosotros habéis sido preciosos; pero en dulzura y atractivo ninguno habéis llegado a vuestra madre. Se parecía a su madre, que era una señora de verdad, cierta señorita Furnivall, nieta de lord Furnivall, de Northumberland.

Creo que no había tenido hermanos ni hermanas y se había educado con la familia de milord hasta que se casó con vuestro abuelo, que no era más que un vicario, hijo de un comerciante de Carlisle, pero el más cumplido y discreto caballero que ha existido, y una persona que trabajaba honradamente y de firme en su parroquia, que era muy extensa y estaba esparcida sobre los Páramos de Westmoreland.

Cuando vuestra madre, la pequeña Rosamunda, tenía unos cuatro o cinco años, sus adres murieron en quince días, uno tras otro. ¡Ah, fue una época triste! Mi linda y joven señora y yo esperábamos otro niñito, cuando el señor regresó de una de sus largas caminatas a caballo, mojado y cansado, con la enfermedad que le ocasionó la muerte; y ella ya no volvió a levantar cabeza y no vivió más que para ver a su hijito muerto y tenerlo sobre su pecho antes de morir también. Mi ama me pidió en su lecho de muerte que no abandonara nunca a la señorita Rosamunda; aunque no hubiera dicho ni una palabra, habría yo ido con la pequeña hasta el fin del mundo. En seguida, antes de que se hubieran aplacado nuestros sollozos, llegaron los testamentarios y tutores a poner las cosas en orden.

Eran éstos, el primo de mi pobre ama, lord Furnivall y el señor Esthwaite, hermano de mi amo, comerciante en Manchester, no en tan buena posición como lo estuvo después y con mucha familia. ¡Bien! No sé si ellos lo acordaron entre sí o si la cosa se debió a una carta que mi ama escribió a su primo en su lecho de muerte, pero lo cierto es que se acordó que la señorita Rosamunda y yo nos fuésemos a la casa solariega de los Furnivall, en Northumberland; y milord hablaba como si hubiera sido deseo de la madre que la niña viviera con su familia, y como si él no tuviera nada que objetar, pues una o dos personas más no se notarían en una casa tan grande. Así que aunque no era aquél el modo como a mí me hubiera gustado que se pensase en mi alegre y precioso cariñito (que era como un rayo de sol en cualquier familia, fuera lo grande que fuese), me complacía que las gentes de Dale se asombraran y se llenaran de admiración al enterarse de que yo iba a ser la niñera de mi amita en casa de lord Furnivall, en la casa solariega de los Furnivall.

Pero me equivoqué al pensar que íbamos a vivir con milord. Resultó que la familia había abandonado la casa solariega hacía cincuenta años o más. No oí que hubiera vivido allí mi pobre ama, a pesar de haberse educado en la familia, y ello me decepcionó, porque me hubiera gustado que la señorita Rosamunda pasara la juventud donde su madre. El acompañante de milord, a quien hice tantas preguntas como me atreví, dijo que la casa solariega estaba al pie de los Páramos de Cumberland, y era magnífica; que allí vivía, solamente con algunos criados, cierta anciana señorita Furnivall, tía abuela de milord; pero que era un lugar muy saludable y que milord había pensado que sería muy conveniente para la señorita Rosamunda por algunos años, y que su estancia allí tal vez serviría de distracción a su anciana tía.

Milord me encargó que tuviera preparadas las cosas de la señorita Rosamunda para un día determinado. Era un hombre serio y altivo, según es fama de todos los lores Furnivall, y no pronunciaba nunca ni una palabra más de las necesarias. Se decía que había estado enamorado de mi joven señora, pero que como ella sabía que el padre de él se hubiera opuesto, nunca quiso hacerle caso y se casó con el señor Esthwaite; pero yo no estoy enterada. De todos modos permaneció soltero. Pero nunca se preocupó mucho de la señorita Rosamunda, cosa que creo habría hecho, de haber tenido interés por su difunta madre. Nos mandó a la casa solariega con su acompañante, advirtiéndole que se le uniera en Newcastle aquella misma tarde; así que no tuvo este señor mucho tiempo para presentarnos a todos aquellos desconocidos antes de, a su vez, deshacerse de nosotras. Y allí quedamos, ¡pobrecitas solitarias! (yo no había cumplido los dieciocho años), en la gran casa solariega.

Parece que llegamos ayer. Habíamos abandonado muy temprano nuestra querida rectoría y llorábamos ambas como si el corazón fuera a rompérsenos, a pesar de viajar en el coche de milord, en el que tanto había yo pensado. Y, ya entrada la tarde, en un día de septiembre, nos detuvimos para cambiar de caballos por última vez en una pequeña ciudad llena de tratantes de carbón y mineros. La señorita Rosamunda se había quedado dormida, pero el señor Henry me dijo que la despertara para que pudiera ver, al llegar, el parque y la casa solariega. Era una pena, pero yo hice lo que me pedía por miedo a que se lo dijera a milord. Habíamos dejado atrás todo vestigio de ciudad, e incluso de pueblo, y franqueado las puertas de un parque grande e inculto, no como los parques del Sur, sino con rocas, y ruido de agua de corriente, y árboles retorcidos, y viejos robles, todos blancos y descortezados por los años.

El camino subía durante dos millas, y luego vimos una casa grande e imponente, rodeada de muchos árboles, tan cerca en algunas partes, que las ramas arañaban las paredes cuando soplaba el viento, y algunas colgaban tronchadas, pues nadie parecía ocuparse mucho de aquel lugar, podándolos y teniendo en condiciones el camino de coches cubierto de musgo. Sólo delante de la casa estaba despejado.

En el gran paseo no había ni una hierba, y ni un árbol ni una enredadera crecían sobre la larga fachada cubierta de ventanas. A cada lado salía un ala, remate a su vez de otra fachada, pues la casa, aunque tan desolada, era todavía mayor de lo que yo había esperado. Tras ella se elevaban los Páramos, interminables y desnudos. Y a mano izquierda de la casa estando de frente a ella, había un jardincito anticuado, según descubrí después, y al cual daba una puerta de la fachada occidental. El lugar había sido limpio del tupido boscaje por alguna antigua lady Furnivall, pero las ramas de los grandes árboles incultos habían vuelto a crecer ensombreciéndolo, y había muy pocas flores que vivieran allí entonces.

Cuando llegamos a la gran entrada principal y entramos en el vestíbulo, creí perderme; tan espacioso, amplio e imponente era. Una lámpara toda de bronce colgaba en medio del techo; y yo, que jamás había visto otra, la miré con asombro. Luego, a un lado del vestíbulo, había una gran chimenea, tan grande como todo el costado de una casa en mi tierra, con macizos morillos para sostener la leña, y junto a ella se hallaban colocados pesados sofás pasados de moda. Al otro extremo del vestíbulo, a la izquierda según se entraba, en el lado de poniente, había un órgano construido en el muro y tan grande que lo llenaba casi entero. Detrás de él, al mismo lado, había una puerta, y enfrente, a ambos lados de la chimenea, otras puertas se abrían a la parte este, pero nunca las crucé mientras estuve en la casa y no puedo deciros lo que había detrás. Moría la tarde, y el vestíbulo, en el que no había luces, aparecía oscuro y sombrío.

Pero no nos detuvimos allí ni un momento. El viejo criado que nos había abierto hizo una inclinación de cabeza al señor Henry y nos condujo a través de la puerta que había al otro extremo del órgano, haciéndonos atravesar varios pequeños vestíbulos y pasillos hasta llegar a la sala occidental, en la que, se hallaba la señorita Furnivall.

La señorita Rosamunda se agarraba a mí con fuerza, como sintiéndose asustada y perdida en aquel lugar tan grande, y en cuanto a mí, no estaba mucho mejor. La sala de mediodía tenía un aspecto muy acogedor, con su buen fuego, y agradablemente amueblada. La señorita Furnivall era una señora vieja, de cerca de ochenta años, según me pareció, aunque no lo sí. Era delgada y alta y tenía la cara tan llena de finas arrugas como si se las hubieran dibujado a punta de aguja. Tenía unos ojos vigilantes, para compensar, supongo, el ser tan sorda que se veía obligada a usar trompetilla. Sentada a su lado, trabajando en el mismo gran tapiz, estaba la señora Stark, su doncella y acompañante, casi tan vieja como ella. Había vivido con la señorita Furnivall desde que ambas eran muy jóvenes y por entonces más parecía amiga que criada; tenía un aspecto tan frío, duro e insensible como si nunca hubiera querido ni sentido afecto por nadie, excepto su ama, y debido a la gran sordera de esta última, la señora Stark la trataba en cierto modo como si fuera una niña.

El señor Henry trasmitió algún recado de parte de milord y luego nos dijo adiós a todos (sin hacer caso de la manecita extendida de mi dulce señorita Rosamunda) y allí nos dejó, en pie, con las dos ancianas mirándonos a través de sus anteojos. Me alegré cuando llamaron al viejo lacayo que nos había abierto y le dijeron que nos condujera a nuestras habitaciones. Salimos, pues, de aquella gran sala y entramos en otra, y salimos también de aquella y pasamos un gran tramo de escaleras y recorrimos una amplia galería (que era una especie de biblioteca, pues tenía a un lado libros y al otro ventanas y pupitres), hasta que llegamos a nuestras habitaciones, que por suerte supe que estaban justamente sobre las cocinas, pues empezaba a pensar que me perdería en aquel desierto de casa. Era un antiguo cuarto de niños que había sido utilizado por todos los pequeños lores y ladies hacía mucho, con un agradable fuego encendido, la marmita hirviendo sobre él y la mesa puesta para el té. Y aparte de aquella habitación, estaba el cuarto de dormir de los niños, con una camita para la señorita Rosamunda junto a mi cama.

Y el viejo Santiago llamó a Dorotea, su mujer, para que nos diera la bienvenida, y tanto él como ella se mostraron tan hospitalarios y cariñosos que, poco a poco, la señorita Rosamunda y yo fuimos sintiéndonos como en casa, y después del té estaba ella sentada sobre las rodillas de Dorotea y parloteando, todo lo aprisa de que su lengüecita era capaz. Pronto me enteré de que Dorotea era de Westmoreland, y eso nos unió como si dijéramos; y no pido tratar gente más cariñosa que lo eran el viejo Santiago y su mujer. Santiago había pasado casi toda su vida con la familia de milord y le parecía lo más ilustre del mundo; hasta miraba un poco por encima del hombro a su mujer porque antes de casarse no había vivido más que en una familia de granjeros. Pero la quería como era debido. Bajo ellos había una criada que hacía todo el trabajo duro; se llamaba Inés. Y ella y yo, Santiago y Dorotea, la señorita Furnivall y la señora Stark constituíamos toda la familia... ¡sin olvidar nunca a mi dulce señorita Rosamunda!

Me preguntaba muchas veces que harían antes de que la niña llegara allí, tanto se preocupaban ahora de ella. En la cocina o en la sala, era igual. La severa señorita Furnivall y la fría señora Stark parecían complacidas cuando ella aparecía, revoloteando como un pájaro, jugando y enredando de acá para allá, con un murmullo continuo y un lindo y alegre parloteo. Estoy segura de que muchas veces, cuando se marchaba a la cocina, se sentían contrariadas, pero eran demasiado orgullosas para pedirle que se quedase con ellas, y les resultaba un poco chocante aquel gusto de la niña; aunque a decir verdad, opinaba la señora Stark, no era de maravillar recordando de qué gente venía el padre de la pequeña. Aquella enorme y vieja casa era un gran lugar de exploración para la pequeña señorita Rosamunda.

Hacía expediciones por todas partes, llevándome a sus talones; por todas, excepto el ala de mediodía, que nunca estaba abierta y el ir a la cual no se nos pasaba por la imaginación. Pero en las zonas norte y poniente había muchos aposentos agradables, llenos de cosas extraordinarias para nosotras, aunque no lo resultasen a las gentes que hubieran visto más. Las ventanas estaban ensombrecidas por las ramas de los árboles que las rozaban y por la hiedra que las había cubierto, pero en la verde oscuridad podíamos distinguir antiguos jarrones de porcelana, cajas de marfil tallado, grandes y pesados libros y, ¡sobre todo, los antiguos retratos! Me acuerdo que una vez mi niña quiso que Dorotea fuera con nosotras a decirnos quiénes eran todos, pues todos eran retratos de personas de la familia de milord, aunque Dorotea no podía decirnos sus nombres.

Habíamos recorrido casi todas las habitaciones cuando llegamos a un antiguo salón situado sobre el vestíbulo en el que había un retrato de la señorita Furnivall o, como por entonces la llamaban, la señorita Gracia, pues era la hermana menor. ¡Debió ser una belleza!, pero tenía una mirada tan rígida y orgullosa y tal desprecio pintado en los ojos, con las cejas un poco levantadas, que parecía como si preguntara quién cometería la impertinencia de atreverte a mirarla, y fruncía los labios cuando la contemplábamos. Llevaba un truje enteramente nuevo para mí, pues era según la moda de cuando ella era joven: un sombrero blanco y suave, como de fieltro, un poco inclinado sobre las sienes, con un hermoso penacho de plumas a un lado, y un traje de ruso azul que se abría por delante sobre mi pechero blanco.

—¡Vaya! —dije luego de mirarla hasta hurtarme—. No hay nada como la juventud, según dicen, pero ¿quién que la viera ahora pensaría que la señorita Furnivall ha sido una belleza tan declarada?

—Sí —dijo Dorotea—. Las personas cambian tristemente. Pero si es verdad lo que el padre de mi señora solía decirnos, la señorita Furnivall, la hermana mayor, era más hermosa que la señorita Gracia. Su retrato está por ahí, en alguna parte, pero si te lo enseño no has de decírselo nunca a nadie, ni siquiera a Santiago. ¿Crees que la señorita sabrá callarse?

Yo no estaba muy segura de ello, tratándose de una niña tan dulce, decidida y franca, así que la hice esconderse y luego ayudé u Dorotea a dar la vuelta a un gran cuadro que estaba de cara a la pared, y no colgado como ¡os otros. A decir verdad, ganaba en belleza a la señorita Gracia, y me pareció que la ganaba también en altivo orgullo, aunque en este punto resultaría difícil decidirse. Hubiera estado contemplándola durante una hora, pero Dorotea parecía medio asustada por haberme enseñado el retrato y volvió a darle la vuelta apresuradamente, y me hizo ir corriendo en busca de la señorita Rosamunda, pues había en la casa algunos sitios desagradables a los que no quería que fuese la niña. Yo era una muchacha valiente y animosa y me importaba poco lo que la vieja decía, pues me gustaba jugar al escondite tanto como a cualquier niño de la parroquia; corrí, pues, en busca de mi pequeña.

Al acercarse el invierno y acortarse los días me parecía oír cierto ruido, como si alguien tocara el órgano en el vestíbulo. No lo oía todas las tardes, pero desde luego sonaba muy a menudo mientras yo estaba con la señorita Rosamunda, quieta y silenciosa en su dormitorio después de haberla acostado. Luego solía oírlo a lo lejos, rugiendo y aumentando. La primera noche, cuando bajé a cenar, pregunté a Dorotea quién había estado tocando, y Santiago dijo brevemente que yo era una tonta tomando por música el viento que suspiraba entre los árboles; pero vi que Dorotea le miraba muy asustada y que Bessy, la pincha, decía algo para sus adentros y se ponía muy pálida. Me di cuenta de que no les había gustado mi pregunta, así que me callé esperando encontrar sola a Dorotea, que era cuando sabía que podía sonsacarle.

Así que al día siguiente estuve al cuidado e insistí para que me dijera quién tocaba el órgano, pues sabía muy bien que era el órgano y no el viento, aunque me había callado en presencia de Santiago; pero aseguraría que Dorotea estaba aleccionada, y no pude sacarle ni una palabra. Entonces probé con Bessy, aunque siempre me había considerado por encima de ella, pues yo era una igual de Santiago y Dorotea y ella poco más que su criada. Así que me dijo que no debía decirlo nunca, y que si lo decía no tenía que declarar nunca que había sido ella quien me lo había comunicado, pero que era un ruido muy extraño y que ella lo había oído muchas veces, aunque casi todas en noches invernales y antes de haber tormenta, y que decían las gentes que se trataba del viejo lord que tocaba el gran órgano del vestíbulo, como solía hacer en vida. Pero quién fuese el viejo lord o qué tocaba, o por qué lo tocaba precisamente en víspera de tormenta invernal, no pudo o no quiso decírmelo.

¡Bien! Como ya os he dicho, yo tenía un corazón animoso y me pareció que resultaba muy agradable oír resonar por la casa aquella música, la tocase quien la tocase; pues tan pronto se elevaba sobre las fuertes ráfagas de viento, lamentándose o triunfal, exactamente igual que un ser viviente, como caía en un silencio casi absoluto; sólo que se trataba siempre de música y melodías, así que era una tontería decir que era el viento. Al principio pensé que la que tocaba fuera tal vez la señorita Furnivall sin que lo supiese Bessy. Pero un día, estando yo misma en el vestíbulo, abrí el órgano y miré en su interior y todo alrededor, como hice una vez en el órgano de la iglesia de Crosthwaite, y vi que por dentro estaba todo roto y estropeado a pesar de tener un aspecto tan lucido y hermoso. Y entonces, aunque era de día, sentí cierto hormiguillo y lo cerré, echando a correr a toda prisa hacia mi alegre cuarto de niños; y durante algún tiempo después de esto no me gustó escuchar la música, ni más ni menos que como les pasaba a Santiago y Dorotea. Mientras tanto, la señorita Rosamunda se iba haciendo querer más y más.

Las viejas señoras deseaban que cenara temprano con ellas; Santiago permanecía en pie detrás de la silla de la señorita Furnivall y yo detrás de la señorita Rosamunda, con toda etiqueta; y, después de cenar, la niña jugaba en un rincón de la gran sala, silenciosa como un ratón, mientras la señorita Furnivall se dormía y yo cenaba en la cocina. Pero se ponía muy contenta cuando volvía conmigo al cuarto de los niños, pues, según decía, la señorita Furnivall era tan triste y la señora Stark tan aburrida... Pero ella y yo éramos bien alegres y poco a poco me acostumbré a no preocuparme por aquella música sobrenatural que no hacía mal a nadie y que no sabíamos de dónde venía.

Aquel invierno fue muy frío. A mediados de octubre empezaron las heladas y duraron muchas, muchas semanas. Recuerdo que un día, durante la cena, la señorita Furnivall levantó sus tristes y cargados ojos y dijo a la señora Stark de una manera extrañamente significativa:

—Me temo que vamos a tener un invierno terrible.

Pero la señora Stark hizo como que no oía y se puso a hablar muy fuerte de otra cosa. A mi señorita y a mí no nos importaban las heladas, ¡nada de eso! Mientras el tiempo se mantuvo seco subíamos las pendientes que había detrás de la casa y recorríamos los Páramos, que eran muy yermos y pelados, corriendo bajo el aire fresco y cortante, y una vez bajamos por una nueva senda que nos llevó más allá de los dos viejos acebos nudosos que crecían a mitad de camino de la ciudad polla parte de saliente de la casa.

Pero los días se acortaban más y más y el viejo lord, si era él, tocaba el gran órgano cada vez más frenética y tristemente. Un domingo por la tarde (debió ser a fines de noviembre) pedí a Dorotea que se encargara del cuidado de la señorita cuando saliera de la sala después que la señorita Furnivall hubiera echado su sueñecito, pues hacía demasiado frío para llevarla conmigo a la iglesia y, sin embargo, no quería yo dejar de ir. Y Dorotea lo prometió con mucho gusto y quería tanto a la niña que todo parecía marchar bien, y Bessy y yo nos pusimos en camino muy aprisa, aunque el cielo se cernía opresivo y cargado sobre la blanca tierra, como si la noche no acabara de alejarse, y el aire, aunque sosegado, era muy cortante y afilado.

—Tendremos una nevada — me dijo Bessy.

Y efectivamente, aun estábamos en la iglesia cuando empezó a nevar espesamente, en grandes copos, tan espesamente, que casi se oscurecían las ventanas. Dejó de nevar antes de que saliéramos, pero la nieve se extendía, blanda, espesa y profunda bajo nuestros pies mientras nos encaminábamos a casa. Antes de entrar en el vestíbulo salió la luna y me parece que estaba entonces más claro (en parle por la luna y en parte por la blanca y deslumbradora nieve) que cuando partimos para la iglesia entre las dos y las tres. No os he dicho que la señorita Furnivall y la señora Stark no iban nunca a la iglesia; parecía como si el domingo se les hiciera muy largo, por no estar ocupadas con su tapiz.

Así que cuando fui a la cocina a reunirme con Dorotea pensando recoger a la señorita Rosamunda y subirla conmigo, no me sorprendió que me dijera que las señoras habían retenido a la niña y que ésta no había ido a la cocina, como yo le tenía dicho que hiciera cuando se cansase de portarse bien en la sala. Así que me quité mis cosas y fui a buscarla para llevarla a cenar a su cuarto. Pero cuando llegué a la sala, allí estaban sentadas las dos señoras, muy calladas y quietas, diciendo una palabra de cuando en cuando, pero con el aspecto de que una cosa tan esplendorosa y alegre como la señorita Rosamunda no hubiera pasado nunca junto a ellas. Creí que estaría escondida (era uno de sus juegos) y que las habría convencido para que hicieran como que no sabían nada, así me dirigí paso a paso a mirar debajo de este sofá y detrás de aquella silla, haciendo como si me asustara mucho al no encontrarla.

—¿Qué pasa, Ester? —me dijo con aspereza la señora Stark.

No sé si la señorita Furnivall me habría visto, pues según os he dicho, estaba muy sorda, y se hallaba sentada inmóvil contemplando ociosamente el fuego con desesperanzado rostro.

—Estoy buscando a mi pequeñita Rosy Posy —contesté siguiendo en la idea de que la niña estaba allí y cerca de mí, aunque yo no la viera.

—La señorita Rosamunda no está aquí —dijo la señora Stark—. Se marchó, hace más de una hora, en busca de Dorotea.

Y también ella se dio la vuelta y se puso a mirar al fuego. El corazón me dio un salto al oír aquello y empecé a desear no haber abandonado nunca a mi cielito. Volví junto a Dorotea y se lo dije.

Santiago había ido a pasar el día fuera, pero ella, Bessy y yo, tomamos luces y fuimos primero al cuarto de los niños, y luego recorrimos la inmensa casa, llamando y suplicando a la señorita Rosamunda que saliera de su escondite y no nos asustara mortalmente de aquel modo, pero no se oyó contestación alguna, no se oyó nada.

—¡Oh! —dije yo al fin—. ¿Se habrá ido al ala del mediodía y estará escondida allí?

Pero Dorotea aseguró que no era posible, que ni ella misma había estado allí nunca, que las puertas estaban siempre con cerrojo y que, según creía, el lacayo de milord tenía las llaves; que fuera lo que fuera, ni ella, ni Santiago las habían visto nunca. Así que yo dije que volvería a ver si después de lodo estaba escondida en la sala sin que las viejas señoras lo supiesen, y que si la encontraba allí le daría unos azotes por el susto que me había proporcionado; pero no pensaba hacerlo en absoluto. Bien; volví a la sala de poniente y dije a la señora Stark que no la encontrábamos por ninguna parte y le pedí que me dejara mirar allí, pues iba ya pensando que podía haberse quedado dormida en algún escondido rincón caliente. ¡Pero nada!

Miramos (y la señorita Furnivall se levantó y se puso a buscar, temblando toda), y no apareció en ningún sitio. Luego salimos otra vez todos los de la casa y miramos en todos los sitios en que habíamos buscado untes, pero no la encontramos. La señorita Furnivall tiritaba y temblaba de tal modo, que la señora Stark la volvió a llevar a la sala; pero no sin haberme hecho prometer que le llevaría a la niña cuando la encontráramos. ¡Ay de mí! Empezaba a pensar que no la encontraríamos nunca, cuando se me ocurrió mirar en el gran patio delantero, que estaba enteramente cubierto de nieve. Me asomé desde el piso de arriba, pero hacía una noche de luna tan clara, que pude ver, bien distintamente, dos pequeñas huellas de pisadas que se seguían desde la puerta del vestíbulo hasta dar la vuelta a la esquina del ala oriental.

No sé ni cómo bajé, pero abrí a empujones la grande y pesada puerta y, cubriéndome la cabeza con la falda del traje, eché a correr. Di la vuelta a la esquina de mediodía, y al llegar allí, una gran sombra caía sobre la nieve; pero cuando salí otra vez a la luz de la luna, volví a ver las pequeñas huellas que subían, subían a los Páramos. Hacía un frío terrible, tan terrible, que el aire casi me despellejaba la cara según iba corriendo; pero yo corría pensando lo acabada y amedrentada que estaría mi pobre cielito. Ya distinguía los acebos, cuando vi a un pastor que descendía de la colina, llevando algo en los brazos. Me dio voces, preguntándome si había perdido una niña, y mientras el llanto me impedía hablar, pude ver a mi niñita chiquita que yacía en sus brazos, inmóvil, blanca y rígida, como si estuviera muerta.

Me dijo que había subido a los Páramos para recoger sus ovejas antes de que llegara el gran frío nocturno, y que bajo los acebos (negras marcas en la ladera, desprovista de todo matojo en varias millas a la redonda), había encontrado a mi señorita, mi corderino, rígida y fría en el terrible sueño producido por la helada. ¡Ah, la alegría y las lágrimas de tenerla en mis brazos de nuevo! Pues no le dejé que la llevara, sino que la sostuve en mis propios brazos, sosteniéndola junto al calor de mi pecho y mi cuello, y sentí que la vida volvía lentamente a sus dulces miembrecitos. Pero aún estaba insensible cuando llegué al vestíbulo y yo me hallaba sin alientos para hablar. Entramos por la puerta de la cocina.

—Traed el calentador —dije.

Y subí con ella y empecé a desnudarla en el cuarto de los niños, junto al fuego que Bessy había mantenido encendido. Llamé a mi corderillo con todos los nombres cariñosos y juguetones que se me ocurrieron,, todavía con los ojos llenos de lágrimas. Y al fin, ¡oh, al fin!, abrió sus grandes ojos azules. Entonces la metí en su cama calentita y envié a Dorotea a decir a la señorita Furnivall que todo marchaba bien, decidida a permanecer toda la noche junto a la cama de mi corazoncito. En cuanto su preciosa cabeza tocó la almohada, cayó en un sueño apacible y yo estuve velándola hasta que se hizo de día, y entonces se despertó resplandeciente y despejada, según creí entonces... y, queridos míos, según creo ahora.

Dijo que había pensado que le apetecía irse con Dorotea, pues las dos señoras se habían dormido y se estaba muy aburrida en la sala, y que cuando pasaba por el pequeño vestíbulo de poniente, vio cómo caía la nieve a través de la alta ventana, cómo caía blandamente y sin interrupción, pero que queriendo ver lo bonita y blanca que estaría en el suelo, se dirigió al gran vestíbulo y allí, acercándose a la ventana, pudo contemplarla sobre el paseo, suave y brillante, y que estando en esto, vio una niña más pequeña que ella, «¡pero tan linda!», decía mi cielito, «y aquella niña me hizo señas para que saliera, y ¡oh!, era tan linda y tan dulce que no me quedaba más remedio que ir. Y que luego aquella otra niña la había tomado de la mano y, una junto a otra, habían dado la vuelta a la esquina de mediodía.

—Bueno, eres una niña mala que está contando cuentos —dije—. ¿Qué diría tu buena mamá, que está en el cielo y no dijo una mentira en su vida, qué diría a su pequeña Rosamunda si la oyera, ¡y de seguro que la oye!, contar cuentos?

—Pero Ester —sollozó mi niña—, ¡te digo la verdad! ¡De verdad que sí!

—¡No me digas! —contesté muy enfadada—. He seguido tus huellas en la nieve y no se veían más que las tuyas, y si hubiera habido una niña que hubiera subido la colina de tu mano, ¿no crees que sus pisadas estarían con las tuyas?

—Yo no tengo la culpa de que no estén querida Ester —dijo ella llorando—. Nunca miré a sus pies; pero ella sostenía mi mano en su manita, fuerte y apretada, y hacía mucho, mucho frío. Me llevó hacia arriba, por el camino de los Páramos, hasta los acebos, y allí encontré a una señora llorando y lamentándose, pero cuando me vio dejó de llorar y sonrió con mucho orgullo y majestad y me puso sobre sus rodillas y empezó a arrullarme para que me durmiera. Y esto es todo, Ester, pero es verdad ¡y mi querida mamá lo sabe! —añadió llorando.

Así que pensé que la niña tendría fiebre e hice como que la creía y ella volvió a repetir su historia una y otra vez, y siempre igual. Finalmente, Dorotea llamó a la puerta con el desayuno de la señorita Rosamunda, y me dijo que las viejas señoras estaban abajo, en el comedor, y que querían hablarme. Ambas habían estado en el dormitorio de la niña la noche anterior, pero cuando la señorita Rosamunda estaba ya dormida, así que no habían hecho más que mirarla sin preguntarme nada.

—Me espera una reprimenda —pensé mientras recorría la galería del Norte—. Y, sin embargo —me dije envalentonándome—, la dejé a su cuidado y son ellas las que merecen que se les reproche por haberla dejado escabullirse desapercibida y sin vigilancia.

Así que llegué valientemente y conté mi historia. Se la conté toda a la señorita Furnivall, gritándosela al oído; pero cuando hablé de la otra niña que había en la nieve y que engatusó a la nuestra para llevarla junto a la majestuosa y bella señora que estaba bajo el acebo, levantó los brazos, sus viejos y pálidos brazos, y gritó en voz alta:

—¡Perdonad, cielos! ¡Tened misericordia!

La señora Stark la tomó (me pareció que con bastante rudeza), pero ella se desasió y se dirigió a mí con una autoridad frenética y amonestadora:

—¡Ester, apártala de esa niña! ¡La llevará a la muerte! ¡Malvada niña! Dile que es una niña mala y perversa.

Luego la señora Stark me sacó apresuradamente de la habitación, de la que verdaderamente salí con mucho gusto. Pero la señorita Furnivall seguía gritando:

—¡Misericordia! ¿No perdonarás nunca? ¡Hace muchos años!

Después de aquello me sentía muy a disgusto. No me atrevía a dejar nunca a la señorita Rosamunda, ni de noche ni de día, temiendo que volviera a encaparse Iras alguna visión, y con más motivo porque me pareció haber descubierto que la señorita Furnivall estaba loca y temía que algo parecido (que podía ser cosa de familia) pudiera suceder a mi cielito. Y mientras tanto, el frío no amainaba y cada vez que la noche era desusadamente tormentosa, entre las ráfagas y a través del viento oíamos al viejo lord que tocaba el órgano. Pero viejo lord o no, donde iba la señorita Rosamunda, iba yo detrás, pues mi cariño por ella, preciosa huérfana sin amparo, era más fuerte que el miedo que me inspiraba el imponente y terrible sonido. Además a mí me tocaba procurar que ella estuviera alegre y contenta, como correspondía a su edad, así que jugábamos juntas y juntas vagábamos de acá para allá y por todas partes, no atreviéndome a perderla de vista en aquella casa enorme.

Y sucedió que una tarde, poco antes de Navidad, jugábamos juntas en la mesa de billar del gran vestíbulo (no porque supiéramos jugar, sino porque a ella le gustaba echar a rodar las pulidas bolas de marfil con sus lindas manos y a mi me gustaba hacer lo que hacía ella) y pronto, sin que nos diéramos cuenta, nos quedamos a oscuras dentro de casa, aunque todavía había claridad en el exterior, y estaba yo pensando en llevármela a su cuarto cuando de repente gritó:

—¡Mira, Ester, mira! Ahí fuera, sobre la nieve, está mi pobre niñita.

Me volví hacia las altas y estrechas ventanas y allí, con toda certeza, vi una niña más pequeña que la señorita Rosamunda, vestida de la manera menos a propósito para estar a la intemperie en una noche tan cruda, llorando y golpeando los cristales de la ventana, como si quisiera que la abrieran. Parecía gemir y lamentarse y cuando la señorita Rosamunda, no pudiendo resistir más, se precipitó sobre la puerta para abrirla, he aquí que, de repente, justo encima de nosotras, sonó el órgano con un estruendo tan fuerte y atronador, que me hizo temblar toda; y más aún cuando me di cuenta de que, incluso en el silencio de aquel frío invierno, no había oído ruido alguno de manos que golpeasen los cristales de la ventana, a pesar de que la niña-fantasma parecía hacerlo con todas sus fuerzas, y que aunque la había visto llorar y quejarse, ni el más ligero sonido había llegado a mis oídos.

Si en aquel preciso momento me di cuenta de todo aquello no lo sé —el sonido del gran órgano me tenía aturdida de terror—, pero lo que sí sé es que tomé a la señorita Rosamunda antes de que abriera la puerta del vestíbulo y, sujetándola fuertemente, me la llevé pataleando y chillando a la cocina grande y clara, donde Dorotea e Inés cataban ocupadas haciendo pasteles rellenos.

—¿Qué tiene mi vidita? —exclamó Dorotea cuando entré llevando a la señorita Rosamunda, que gemía como si el corazón fuera a rompérsele.

—No me ha querido dejar abrir la puerta para que entrase la niñita, y se morirá si está fuera, en los Páramos, toda la noche. ¡Eres mala y cruel, Ester! —dijo pegándome.

Pero podía haber pegado más fuerte, porque yo había sorprendido en los ojos de Dorotea una mirada de terror sobrenatural, que me heló la sangre.

—¡Cierra inmediatamente la puerta trasera de la cocina y echa bien el cerrojo! — dijo a Inés.

No dijo más. Me dio pasas y almendras para calmar a la señorita Rosamunda, pero ella seguía llorando, pensando en la niña que estaba en la nieve, y no quiso tocar ninguna de aquellas buenas cosas. Me alegré cuando se quedó dormida en la cama, a fuerza de llorar. Luego me escabullí a la cocina y comuniqué a Dorotea que había tomado una decisión: me llevaría a mi cielito a casa de mi padre a

Applethwaite, donde, aunque humildemente, vivíamos en paz. Dije que ya había pasado bastante miedo con el ruido del órgano del viejo lord, pero que después de haber visto con mis propios ojos a aquella niñita que se quejaba, vestida como no podía estarlo ninguna niña de la vecindad, dando golpes para que la abrieran y sin que pudiera oírse el menor ruido, con una oscura herida en el hombro derecho, y de que la señorita Rosamunda había vuelto a tener noticias del fantasma que casi la había arrastrado a la muerte (cosa que Dorotea sabía que era verdad), no aguantaría más.

Vi que Dorotea cambiaba de color una o dos veces. Cuando acabé, me dijo que no creía que pudiera llevarme conmigo a la señorita Rosamunda, pues era pupila de milord y yo no tenía derechos sobre ella, y me preguntó si iba a abandonar a la niña que tanto quería sólo por unos ruidos y apariciones que no podían hacerme daño y a los que todos habían ido acostumbrándose. Yo estaba emberrenchinada y trémula y contesté que ella podía decir todo aquello porque sabía qué significaban todas aquellas apariciones y ruidos, y tal vez había tenido algo que ver con la niña-espectro mientras vivió. Y tanto la llené de improperios, que acabó contándomelo todo. Y entonces deseé que no lo hubiera hecho, pues sólo sirvió para dejarme más atemorizada que nunca. Dijo que había oído contar aquella historia a varios vecinos viejos que vivían cuando ella se casó, cuando las gentes iban algunas veces al vestíbulo, antes de que adquiriera tan mala fama en el país, y que podía o no podía ser verdad lo que la habían contado.

El viejo lord fue el padre de la señorita Furnivall —la señorita Gracia, la llamaba Dorotea—, pues la mayor era la señorita Maude y señorita Furnivall por derecho. El viejo lord rebosaba orgullo, jamás se había visto un hombre tan orgulloso. Y sus hijas se le parecían. No había hombre digno de casarse con ellas, y eso que tenían dónde escoger, pues en su tiempo fueron notables bellezas, según podía verse por sus retratos mientras estuvieron colgados en la sala. Pero como dice el antiguo proverbio, «Dios abate al orgulloso», y aquellas dos bellezas altaneras se enamoraron del mismo hombre, y él no era más que un músico extranjero que su padre había traído de Londres para que tocase en la casa solariega. Pues sobre todas las cosas, después de su orgullo, lo que más amaba el viejo lord era la música. Sabía tocar casi todos los instrumentos conocidos y, aunque parezca extraño, esto no le suavizaba el carácter, sino que era un viejo cruel y duro, que, según decían, había destrozado el corazón de su pobre esposa. La música le volvía loco y daba por ella lo que le pidieran.

Y así fue como hizo venir a aquel extranjero cuya música era tan bella que, según decían, hasta los pájaros suspendían sus cantos en los árboles para escucharle. Y poco a poco aquel músico extranjero alcanzó tal ascendiente sobre el viejo lord, que éste llegó a no poder prescindir de que le visitara todos los años, y fue él quien hizo traer de Holanda el gran órgano y colocarlo en el vestíbulo, donde ahora está. Enseñó al viejo lord a tocarlo; pero muchas, muchísimas veces, mientras lord Furnivall no pensaba más que en su maravilloso órgano y en su aún más maravillosa música, el moreno extranjero paseaba por los bosques con una de las jóvenes: unas veces con la señorita Maude, otras con la señorita Gracia.

Venció la señorita Maude y se llevó el premio; y él y ella se casaron en secreto y antes de que él repitiera su visita anual, ella había dado a luz una niña en una granja de los Páramos, mientras su padre y la señorita Gracia la creían en las carreras de Doncaster. Pero, aunque esposa y madre, no se dulcificó lo más mínimo, sino que siguió tan altiva y violenta como siempre; o tal vez más, pues tenía celos de la señorita Gracia, a la que su extranjero esposo hacía la corte... para cegarla, según decía él a su esposa.

Pero la señorita Gracia triunfó sobre la señorita Maude, y la señorita Maude se volvió cada vez más áspera, tanto para con su esposo como para con su hermana, y el primero, que podía sacudirse fácilmente de lo que le desagradaba e irse a ocultar al extranjero, se marchó aquel verano un mes antes de lo acostumbrado y medio amenazó con que no volvería más. Mientras tanto, la niña quedó en la granja y su madre acostumbraba a hacerse ensillar el caballo y galopar desesperadamente sobre las colinas para verla, al menos una vez por semana, pues cuando quería, quería, y cuando odiaba, odiaba. Y el viejo lord seguía tocando y tocando el órgano y los criados creían que la dulce música que tocaba había amansado su terrible carácter, del cual (decía Dorotea) se podían contar historias terribles. Además se puso achacoso y tuvo que usar una muleta.

Y su hijo, es decir, el padre del actual lord Furnivall, estaba en América sirviendo en el ejército, y el otro hijo estaba en el mar, así que la señorita Maude podía hacer lo que quería, y ella y la señorita Gracia eran cada vez más frías y más hostiles una para la otra, hasta que acabaron por no hablarse más que cuando el viejo estaba presente. El músico extranjero volvió al verano siguiente, pero fue por última vez, pues tal vida le hicieron llevar con sus celos y pasiones que se cansó y se marchó y no volvió a saberse de él. Y la señorita Maude, que siempre había tenido intención de dar a conocer su matrimonio a la muerte de su padre, quedó entonces abandonada, sin que nadie supiera que se había casado, con una hija que no se atrevía a reconocer, aunque la amaba con locura, y viviendo con un padre que temía y una hermana que odiaba.

Cuando pasó el verano siguiente y el moreno extranjero no se presentó, tanto la señorita Maude como la señorita Gracia se pusieron sombrías y tristes; estaban ojerosas, pero más hermosas que nunca. Luego, poco a poco, la señorita Maude fue alegrándose, pues su padre estaba cada vez más achacoso y más ensimismado en su música, y ella y la señorita Gracia vivían casi aparte, en habitaciones separadas, una en la parte de poniente y otra, la señorita Maude, en la de mediodía, precisamente en las habitaciones que ahora están cerradas. Así que pensó que podía tener a su hija consigo y que nadie necesitaba saberlo más que aquellos que no se atreverían a hablar de ello y se verían obligados a creer que se trataba, como ella decía, de una niña de un campesino a la que había tomado afición.

Todo esto, decía Dorotea, se sabía muy bien. Pero lo que pasó después nadie lo sabía, excepto la señorita Gracia y la señora Stark, que era entonces su doncella y mucho más amiga suya que su hermana lo había sido nunca. Pero los criados suponían, por palabras sueltas, que la señorita Maude había derrotado a la señorita Gracia diciéndole que, mientras el moreno extranjero se había estado burlando de ella fingiendo amarla, había sido su propio esposo. A partir de aquel día, el color se retiró para siempre de las mejillas y los labios de la señorita Gracia y se le oyó decir muchas veces que, tarde o temprano, le llegaría la venganza. Y la señora Stark estaba siempre espiando las habitaciones del mediodía. Una noche pavorosa, justamente pasado Año Nuevo, mientras la nieve se extendía en una capa espesa y profunda y los copos seguían cayendo como para cegar a cualquiera que estuviera fuera de casa, se oyó un ruido grande y violento y, sobre él, la voz del viejo lord que maldecía y juraba de una manera espantosa, y el llanto de una niña, y el orgulloso reto de una mujer furiosa, y el ruido de un golpe, y un silencio de muerte, y gemidos y lamentos que morían en la ladera de la colina.

Luego, el viejo lord reunió a todos sus criados y les dijo, con terribles juramentos, que su hija se había deshonrado y que la había echado de casa y que así no entraran nunca en el cielo si le facilitaban ayuda o comida o abrigo. Y mientras tanto la señorita Gracia estuvo en pie a su lado, pálida y silenciosa como el mármol; y cuando él acabó, exhaló un gran suspiro, como significando que había dado cima a su obra y alcanzado su fin. Pero el viejo lord no volvió a tocar el órgano y murió en aquel año; ¡y no es de maravillar!, pues en la mañana que siguió a aquella noche feroz y espantosa, los pastores, al bajar la ladera de los Páramos, encontraron a la señorita Maude, perdida la razón y sonriendo, sentada bajo los acebos, acariciando a una niña muerta que tenía en el hombro derecho una señal terrible.

—Pero no fue el golpe lo que la mató —dijo Dorotea—. Fueron la helada y el frío. ¡Todos los animales del monte estaban en su agujero y todas las bestias en su aprisco, mientras la niña y su madre fueron arrojadas a vagar por los Páramos! ¡Y ya lo sabes todo! —y me preguntó si tenía menos miedo ahora.

Tenía más miedo que nunca, pero dije que no. Deseé hallarme con la señorita Rosamunda lejos para siempre de aquella horrible casa, pero ni quería dejarla ni me atrevía a llevármela, ahora que ¡cómo la cuidaba y vigilaba! Echábamos los cerrojos a las puertas y cerrábamos las contraventanas una hora o más antes de oscurecer, prefiriéndolo a dejarlas abiertas cinco minutos demasiado tarde. Pero mi señorita seguía oyendo llorar y lamentarse a la niña sobrenatural, y por más que hacíamos y le decíamos, no podíamos hacerla desistir en su deseo de abrir para protegerla contra el cruel viento y contra la nieve. Mientras tanto, me mantenía todo lo alejada que podía de la señorita Furnivall y la señora Stark, pues les tenía miedo... sabía que no podían tener nada bueno, con aquellos rostros macilentos y severos y aquellos ojos desvariados que miraban hacia los horribles años pasados. Pero incluso en mi miedo, sentía una especie de compasión, al menos por la señorita Furnivall. Los que se han hundido en el abismo no pueden tener una mirada más desesperada que la que se veía siempre en sus ojos. Finalmente, hasta llegué a apiadarme tanto de aquella mujer (que nunca pronunciaba una palabra más que cuando se veía obligada a hacerlo), que rezaba por ella, y enseñé a la señorita Rosamunda a pedir por una persona que había cometido un pecado mortal. Pero a menudo, al llegar a estas palabras, la niña, que estaba de rodillas, se quedaba escuchando y se levantaba diciendo:

—Oigo a mi niñita que llora y se lamenta muy tristemente. ¡Ay!, ¡ábrela o morirá!

Una noche, justamente pasado, por fin, Año Nuevo, oí tocar tres veces la campana de la sala, que era la señal convenida para llamarme. No quería dejar sola a la señorita Rosamunda, que estaba dormida, pues el viejo lord había estado tocando con más frenesí que nunca y temía que mi cielito se despertara oyendo a la niña espectro; en cuanto a verla, sabía que no podría, pues había cerrado muy bien las ventanas para ello. Así que la saqué de la cama, envolviéndola en las ropas que encontré más a mano, y me la llevé a la sala, donde las viejas señoras estaban sentadas trabajando en su tapiz, como de costumbre. Cuando llegué levantaron los ojos y la señora Stark preguntó, completamente asombrada, por qué había llevado allí a la señorita Rosamunda, sacándola de su cama caliente. Yo había empezado a musitar:

—Porque tenía miedo de que, en mi ausencia, fuera arrastrada por la niña salvaje de la nieve...

Cuando me detuvo (con una mirada a la señorita Furnivall) y dijo que la señorita Furnivall quería que deshiciera unas puntadas que habían hecho mal y que ellas no veían a deshacer. Así que dejé a mi precioso cielito en el sofá y me senté en un taburete al lado de las señoras, con el corazón hostil hacia ellas, mientras oía al viento que rugía y bramaba. La señorita Rosamunda dormía profundamente, a pesar de lo que soplaba el viento, y la señorita Furnivall no decía ni una palabra, ni miraba a su alrededor cuando las ráfagas sacudían las ventanas. De repente se puso de pie y levantó una mano, como indicándonos que escuchásemos.

—¡Oigo voces! —dijo—. ¡Oigo terribles gritos! ¡Oigo la voz de mi padre!

Justamente en aquel momento, mi cielito se despertó sobresaltada:

—¡Mi niñita está llorando! ¡Oh, cómo llora! —e intentó levantarse para reunirse con ella. Pero los pies se le engancharon en la manta y yo la detuve, porque se me abrían las carnes ante estos sonidos que ellas podían oír y nosotras no. Al cabo de uno o dos minutos, los ruidos se acercaron y se agruparon y llegaron a nuestros oídos: también nosotras distinguimos voces y gritos y dejamos de oír el viento invernal que bramaba afuera.

La señora Stark me miró y yo la miré a ella, pero no nos atrevimos a pronunciar palabra. De repente, la señorita Furnivall se dirigió a la puerta y atravesando el pequeño vestíbulo de poniente, abrió la puerta del gran vestíbulo. La señora Stark la siguió y yo no me atreví a quedarme atrás, aunque tenía el corazón casi paralizado de miedo. Tomé estrechamente a mi cielito en los brazos y las seguí. En el vestíbulo, los gritos eran más fuertes que nunca; parecían venir del ala de mediodía... cada vez más cerca... más cerca, al otro lado de las puertas cerradas... justo tras ellas. Luego me di cuenta de que la gran lámpara de bronce estaba toda encendida, aunque el vestíbulo permanecía oscuro, y que un fuego ardía en la gran chimenea, aunque no desprendía calor. Y me estremecí de terror y apreté más a mi cielito junto a mí. Pero al hacerlo, la puerta de mediodía se estremeció, y ella gritó fíe repente, luchando para desembarazarse de mí:

—¡Ester, tengo que ir! ¡Mi niñita está ahí!, ¡la oigo!, ¡viene! ¡Ester, tengo que ir!

La sostuve con todas mis fuerzas, la sostuve con voluntad resuelta. Aunque hubiera muerto, mis manos no la hubieran soltado, tan decidida estaba a sujetarla. La señorita Furnivall se mantenía en pie escuchando y sin hacer caso de mi cielito, que estaba en el suelo, y que yo sujetaba, puesta de rodillas, rodeándole el cuello con ambos brazos, mientras ella seguía forcejeando y llorando por desasirse. De repente, la puerta del mediodía se abrió con estrépito, como si la empujaran violentamente, y en aquella luz clara y misteriosa se destacó la figura de un hombre viejo y alto, de cabello gris y ojos relampagueantes. Empujaba ante sí, con implacables gestos de odio, a una mujer hermosa y altanera que llevaba a una niña que se pegaba a su traje.

—¡Oh Ester, Ester! —exclamó la señorita Rosamunda—. ¡Es la señora! ¡La señora de debajo de los acebos! y mi niñita está con ella. ¡Tiran de mí hacia ellas!... lo noto... ¡debo ir!

De nuevo casi se crispó en sus esfuerzos para soltarse, pero yo la sostenía más y más fuerte, hasta que temí hacerle daño, prefiriéndolo a dejarla correr hacia aquellos terribles fantasmas. Éstos se dirigieron a la puerta del gran vestíbulo, donde el viento aullaba reclamando su presa, pero antes de llegar a ella, la señora se volvió y pude ver que desafiaba al anciano con un reto fiero y orgulloso; y luego se acobardó, y levantó los brazos desesperada y lastimosamente para proteger a su hija —su hijita— del golpe de la muleta que él había levantado.

Y la señorita Rosamunda, como herida por una fuerza mayor que la mía, se retorció en mis brazos y sollozó (pues ya entonces mi pobre cielito iba desfalleciendo).

—¡Quieren que vaya con ellas a los Páramos! ¡Me arrastran hacia ellas! ¡Oh, niñita mía! ¡Iría, pero la cruel, la mala de Ester me tiene agarrada muy fuerte!

Pero cuando vio la muleta levantada se desmayó, y yo di gracias a Dios por ello. En aquel preciso momento, cuando el viejo alto, con el cabello flameante como la ráfaga de un horno, iba a pegar a la niña que temblaba, la señorita Furnivall, la mujer vieja que estaba a mi lado, gritó:

—¡Oh padre, padre! ¡Perdona a la niñita inocente!

Pero justamente entonces, vi —vimos todas— cómo tomaba forma otro fantasma, destacándose en la luz azulada y brumosa que llenaba el vestíbulo. No la habíamos visto hasta entonces, y era otra dama, que estaba de pie junto al viejo, con una mirada de odio inexorable y de triunfante desprecio. Aquella figura era muy agradable de mirar, con su sombrero blanco inclinado sobre las orgullosas sienes y sus labios rojos y fruncidos. Iba vestida con un traje de raso azul. Yo la había visto antes. Era el retrato de la señorita Furnivall en su juventud.

Y los terribles fantasmas avanzaron, sin hacer caso de la desesperada súplica de la señorita Furnivall, la vieja... y la levantada muleta cayó sobre el hombro derecho de la niña, mientras la hermana menor miraba, sin inmutarse y mortalmente serena.

Pero en aquel momento desaparecieron las oscuras luces y el fuego que no daba calor, y he aquí que la señorita Furnivall yacía a nuestros pies, herida de muerte.

¡Sí! Aquella noche fue llevada a su cama para no levantarse más. Yacía con el rostro hacia la pared, musitando por lo bajo, pero musitando siempre:

—¡Ay!, ¡ay! ¡Lo que se hace en la juventud, no puede deshacerse en la vejez! ¡Lo que se hace en la juventud, no puede deshacerse en la vejez!

LA VENTANA DE LA BIBLIOTECA.

Inicialmente no advertí las discusiones que había provocado la ventana. Estaba situada casi en frente de las ventanas del gran salón, amueblado a la antigua, de la casa en la cual yo estaba pasando el verano.

Nuestra casa y la biblioteca se hallaban en las aceras opuestas de la calle principal de St. Rule's, una calle muy hermosa, espaciosa y ancha, y muy tranquila, mucho más para una persona acostumbrada a vivir en lugares ruidosos; pero en un atardecer de verano hay muchas idas y venidas, y la misma quietud está llena de sonidos: pisadas y voces agradables, suavizadas por el aire veraniego. Hay momentos, incluso, en que la calle es de lo más ruidosa: en la época de la Feria y en algunas noches de los sábados, cuando sale algún tren cargado de excursionistas. Entonces, ni siquiera la brisa veraniega del atardecer consigue suavizar las voces chillonas y los pasos decididos.

En esos momentos cerramos.las ventanas e incluso yo, tan amiga de refugiarme en el salón para escapar a lo que ocurre en el interior de la casa y para contemplar la silenciosa calle, voy a encerrarme en mi torre de observación. A decir verdad, en el interior de la casa apenas ocurre nada. La casa es propiedad de mi tía a la cual no le ocurre nunca —ella dice afortunadamente— nada. Creo que en sus buenos tiempos le ocurrieron muchas cosas; pero en la época de la que estoy hablando, mi tía era una mujer anciana y llevaba una vida muy tranquila. Se levantaba todos los días a la misma hora; y hacía las mismas cosas minuto a minuto. Siempre lo mismo.

Ella dice que esta rutina es su mejor apoyo en el mundo y una especie de salvación. Tal vez sea cierto; pero es una salvación muy aburrida, y yo hubiese preferido que ocurriese algo, fuera lo que fuese, que rompiera aquella monotonía. Claro que entonces yo era una chica joven, y eso lo explica todo.

En la época a que me refiero, me gustaba mucho instalarme junto a la ventana del salón a que he aludido anteriormente. Aunque mi tía era una dama anciana —y tal vez debido a que era tan anciana—, se mostraba muy tolerante y creo que sentía una especie de afecto hacia mí. Nunca decía una palabra, pero con frecuencia me dirigía una sonrisa cuando me veía instalada allí, con mis libros y mi cesta de labor. Yo trabajaba muy poco, desde luego: unas puntadas de cuando en cuando, como acompañamiento a alguno de mis ensueños, más fáciles de seguir con la ayuda de la aguja que con la lectura de un libro.

Otras veces, si el libro era interesante, me embebía en la lectura, sin prestar atención a nadie. Y, sin embargo, prestaba una especie de atención. Las amigas de mi tía Mary venían a visitarla, y yo las oía hablar, aunque muy pocas veces escuchaba su conversación; pero, a pesar de todo, si se les ocurría decir algo interesante, resulta curioso cómo lo recordaba yo más tarde, como si el aire me trajese el sonido de las palabras que se habían pronunciado. Las ancianas llegaban a la casa y se marchaban, y de cuando en cuando tenía que estrechar la mano de alguna de ellas, que me preguntaba por mis padres. A continuación, tía Mary me dirigía una sonrisa y yo volvía a instalarme junto a la ventana. A ella no parecía importarle mi presencia. Mi madre no me lo hubiera permitido, desde luego.

Hubiese recordado docenas de cosas por hacer. Me hubiera mandado al piso superior en busca de algo que no necesitaba, o a la planta baja para hacer algún encargo innecesario al ama de llaves. A mi madre no le gustaba que me estuviera quieta en un sitio. Quizás por esto me sentía tan a gusto en el saloncito de la casa de tía Mary, junto a la ventana, con sus visillos que la cubrían a medias, enterándome de tantas cosas sin ser tachada de indiscreta. Desde que aprendí a hablar, todo el mundo había dicho que yo era fantasiosa y soñadora, y todos los demás adjetivos que se aplican, a las muchachas aficionadas a la poesía y a pensar.

Mi madre opinaba que yo debía estar siempre ocupada, para alejar los « pajaritos » de mi cabeza. Pero, en realidad, mi cabeza no estaba llena de pajaritos, como vulgarmente se dice. Era una muchacha seria. No molestaba a nadie si me dejaban a solas conmigo misma. Lo único que ocurría es que poseía una especie de sexto sentido y me daba cuenta de cosas a las que no prestaba atención. Incluso cuando leía el más interesante de los libros, captaba las palabras que se pronunciaban a mi alrededor; y oía lo que la gente hablaba en la calle al pasar por debajo de la ventana. Tía Mary decía siempre que yo podía hacer dos e incluso tres cosas a la vez: leer, escuchar y ver.

Estoy convencida de que no escucho demasiado, y en cuanto a mirar, miraba muy poco; pero no podía evitar el oír las cosas que oía, incluso cuando estaba leyendo, ni el ver toda clase de cosas, aunque a menudo pasaba media hora sin alzar los ojos de mi libro. Esto no concuerda con lo que dije al principio: que se produjeron muchas discusiones acerca de aquella ventana antes de que yo llegase a enterarme. Era, y es todavía, la última ventana de la fila de la biblioteca escolar que se encuentra en frente de la casa de mi tía, en la calle Mayor. Aunque no está exactamente enfrente, sino un poco hacia el oeste, de modo que puedo verla mucho mejor desde la parte izquierda de mi refugio. Para mi había sido una ventana como cualquier otra hasta que oí hablar de ella en el saloncito de mi tía.

—¿No se ha preguntado nunca, señora Balcarres —decía el viejo Mr. Pitmilly—, si aquella ventana de enfrente es verdaderamente una ventana?

—A decir verdad, nunca he estado segura de ello en todos estos años —respondió tía Mary.

—¿A qué ventana se refieren? —intervino una de de las damas de la reunión.

El señor Pitmilly tenía un modo de reír mientras hablaba que no me hacía ninguna gracia; aunque, la verdad sea dicha, él no se esforzaba por resultarme agradable.

—¡Oh! La ventana de enfrente —dijo Pitmilly, con su risa peculiar deslizándose entre las palabras—. Nuestra amiga no se ha fijado nunca detenidamente en ella, a pesar de vivir aquí desde...

—No necesita usted recordar la fecha —intervino otra de las damas— Es la ventana de la biblioteca. ¿Qué otra cosa podría ser sino una ventana, querida? A la altura en que está, no puede ser una puerta.

—Lo que me pregunto —dijo mi tía— es si se trata de una ventana de verdad, con cristal, o si está simplemente pintada, o si en otra época fue una ventana y ha sido tapiada. Cuanto más la miro, menos acierto a saberlo.

—Déjenme verla —dijo la anciana lady Carnbee—. A mí me parece que su aspecto es como el de cualquier otra ventana; aunque yo diría que no la han limpiado hace años.

—Desde luego —dijo otra de las damas—. Tiene un aspecto de cosa muerta, sin brillo; pero yo la he visto siempre igual.

—No me extraña —intervino otra contertulia—. Con las sirvientas que corren hoy en día.

—No puede hablarse tan mal de las actuales sirvientas —dijo la voz más suave de todas, que pertenecía a mi tía Mary—. Son peores los criados. Y, de todos modos, nunca he permitido que mis sirvientas arriesgaran sus vidas limpiando la parte exterior de las ventanas. Además, en la biblioteca no hay ninguna sirvienta.

Se apretujaron todas en mi ventana, empujándome, una hilera de viejos rostros contemplaron algo que no podían comprender. Ninguna de ellas me miró ni pensó en mí; pero noté de un modo inconsciente el contraste entre mi juventud y su vejez, y las miré mientras ellas miraban por encima de mi cabeza la ventana de la biblioteca, a la que yo no prestaba ninguna atención. Estaba más interesada en las viejas damas que en lo que estaban mirando.

—El marco, por lo menos, es completamente normal y está pintado de negro.

—Y los entrepaños también están pintados de negro. No es una ventana, señora Balcarres.

—La biblioteca es muy oscura. Si eso fuera una ventana, habría mucha más claridad en el interior.

—Una cosa es evidente —dijo una de las damas más jóvenes—. No se trata de una ventana a través de la cual pueda verse algo. Tal vez ha sido tapiada, pero lo cierto es que por ella no pasa luz.

—¿Quién oyó hablar nunca de una ventana a través de la cual no pudiera verse nada? —dijo lady Carnbee.

Yo estaba fascinada por la expresión de su rostro, una expresión burlona, como la de alguien que sabe mucho más de lo que está dispuesto a decir. Luego, mi fantasía se sintió atraída por su mano, que lady Carnbee agitaba en aquel momento ante mis ojos, surgiendo de un puño de encaje. Los encajes de lady Carnbee eran lo más notable en ella: encajes españoles, negros, con dibujos de flores. Todas las prendas que llevaba estaban adornadas con encaje. Un largo velo de encaje colgaba de su viejo sombrero. Pero su mano, surgiendo de aquella masa de encaje, era algo digno de verse.

Tenía unos dedos muy largos, afilados, que en su juventud habrían sido muy admirados; y su mano era muy blanca, más que blanca: pálida, exangüe, con grandes venas azules en el dorso; llevaba varios anillos de mucho precio, entre los que destacaba un gran diamante engastado en una horrible armazón en forma de garra. Los anillos le estaban demasiado grandes y había enrollado en ellos hilo de seda amarilla para que no cayesen de los dedos: y este diminuto almohadón de seda, sucio por el uso, era ahora más visible que las propias joyas, a excepción del gran diamante, que lucía peligrosamente. Aquella mano, con sus extraños adornos de encaje, me produjo una horrible impresión; me pareció un ser viviente y terrorífico, cuyo único ojo lanzara maléficos destellos.

De pronto, el círculo de viejos rostros se rompió, las viejas damas regresaron a sus asientos y Pitmilly, pequeño pero muy erguido, permaneció en pie en medio de ellas, hablando en tono suavemente autoritario, como un diminuto oráculo. La única que lo contradecía era lady Carnbee. Al hablar, gesticulaba, agitando vigorosamente aquella mano que tanto me había impresionado, con su adorno de encaje. Pensé que lady Carnbee parecía una bruja en medio del grupo de pacíficas damas que prestaban tanta atención a todo lo que decía Pitmilly.

—En mi opinión, no existe ninguna ventana —decía él—. Es lo que en lenguaje científico se llama una ilusión óptica. Generalmente, el motivo radica —si me es permitido utilizar la palabra en presencia de unas damas— en el hígado, que no se encuentra en las debidas condiciones de regularidad y equilibrio; en tal caso, se pueden ver cosas raras. Recuerdo que en cierta ocasión fue un perro azul, y en otra...

—Tonterías —le interrumpió desdeñosamente lady Carnbee—. Hasta donde alcanza mi recuerdo, tengo una idea clara de las ventanas de la biblioteca escolar. ¿Acaso la biblioteca escolar es también una ilusión óptica?

—¡No, no! —dijeron a coro las ancianas.

Y una de ellas añadió:

—Un perro azul es una extravagancia, pero la biblioteca ha estado siempre ahí.

—Recuerdo cuando se celebró en ella la Asamblea, antes de que fuera edificada la Town Hall —dijo otra.

—Es curioso —dijo tía Mary. Me extrañó que hablara en voz baja, como si lo hiciera consigo misma—. La existencia de esa ventana siempre ha provocado discusiones en mi casa. En cuanto a mí, personalmente, a veces creo que no es más que un adorno, como en las grandes casas que edifican ahora en Edimburgo, en las cuales las ventanas no son más que elementos decorativos. Pero en otras ocasiones estoy convencida de que veré brillar el sol en sus cristales por la tarde...

—No le costaría mucho convencerse, señora Balcarres, si fuera usted a...

—Denle un penique a un chiquillo para que tire una piedra contra ella y verán lo que ocurre —dijo lady Carnbee.

—Bueno, no estoy segura de que desee averiguarlo —dijo tía Mary.

A continuación se produjo el habitual revuelo que precedía a la marcha de los visitantes. Tuve que abandonar mi refugio, abrir la puerta y contemplarlos mientras bajaban las escaleras en fila india. Pitmilly daba su brazo a lady Carnbee, a pesar de que siempre lo estaba contradiciendo. Tía Mary se quedó en lo alto de la escalera, despidiendo graciosamente a sus huéspedes, mientras yo bajaba para asegurarme de que la doncella estaba en el vestíbulo. Cuando volví, tía Mary estaba junto a mi ventana, mirando hacia fuera. Ocupé mi asiento habitual y tía Mary me dijo, con expresión que me pareció bastante pensativa:

—Bien, querida: ¿cuál es tu opinión?

—No puedo opinar nada. Me pasé todo el tiempo leyendo un libro —respondí.

—Me di cuenta, y no fue muy cortés por tu parte, querida; pero, de todos modos, estoy convencida de que no te perdiste una sola palabra de las que se pronunciaron.

Era una noche de junio; hacía rato que habíamos cenado, y si hubiese sido invierno las sirvientas habrían cerrado y a puertas y ventanas y mi tía Mary se dispondría a encerrarse en su habitación. Pero era aún de día, a pesar de que el sol se había puesto y no quedaba en el cielo ningún reflejo rosado ni color naranja. La claridad tenía un tono neutro, es decir, ese tono crepuscular que adquiere el día cuando ha dejado de ser propiamente día. Después de cenar habíamos dado, un paseo por el jardín y ahora estábamos de vuelta a lo que llamábamos nuestras habituales ocupaciones.

Mi tía leía. En lo que a mí se refiere, también me dedicaba a mi habitual ocupación, que en aquella época consistía en no hacer nada. Tenía un libro entre las manos, como de costumbre, y estaba absorta en él; pero me daba cuenta de todo lo que ocurría a mi alrededor. La gente pasaba por debajo de la ventana, hablando en voz alta, y sus comentarios provocaban a veces mi risa. Hablaban con un acento cantarín, completamente nuevo para mí, que resultaba muy agradable porque mi mente lo asociaba con la idea de las vacaciones; y a veces decían cosas divertidas, y otras decían cosas que sugerían toda una historia; pero pronto los pasos se alejaban y las voces morían en la distancia.

A lo largo del atardecer, compuesto de interminables horas, que a pesar de su extensión no resultaban aburridas, miraba de cuando en cuando hacia la ventana misteriosa que había sido objeto de la conversación entre mi tía y sus amigas, pensando lo absurda que había sido aquella discusión, aunque no me hubiera atrevido a decírselo a nadie, ni siquiera a mí misma. Miraba hacia la ventana sin ninguna idea concreta, dejando vagar el pensamiento. Se me ocurrió, con una leve sensación de descubrimiento, que parecía estúpido que alguien pudiera decir que aquello no era una ventana, una ventana como todas las demás, una ventana a través de la cual pudiera verse. ¿Cómo no se habían dado cuenta hasta entonces aquellos vejestorios?

Repentinamente, descubrí un espacio visible detrás de la ventana —una habitación, indudablemente—, oscuro, casi indistinguible, como era lógico en una habitación situada al otro lado de la calle. Sin embargo, era tan evidente que se trataba de una habitación, que no me hubiera sorprendido lo más mínimo ver que alguien se acercaba a la ventana. De lo que no cabía duda era de que detrás de los entrepaños que habían provocado la discusión de las viejas damas había una sensación de espacio. Me parecía mentira que no se hubieran dado cuenta.

En aquel momento era un espacio grisáceo, sumido en la penumbra, como toda habitación que se contempla desde el otro lado de la calle. Pero no existía duda posible. No había cortinas que indicaran si estaba habitada o no; pero era una habitación, estaba absolutamente segura. Me sentí muy complacida conmigo misma, pero no dije nada; tía Mary seguía leyendo su periódico y yo esperé un momento favorable para anunciarle un descubrimiento que solucionaría definitivamente el problema de aquella ventana. Luego me dejé arrastrar de nuevo por la corriente de mis ensueños y me olvidé por completo del asunto, hasta que llegó a mis oídos una voz que parecía proceder del otro mundo:

—Me voy a acostar. Pronto será de noche. Empieza a oscurecer.

¡Oscurecer! ¿A quién podía ocurrírsele semejante tontería? Nunca oscurece si uno sabe mirar a través del suave aire veraniego por espacio de horas enteras; y mis ojos, habituados a mirar de ese modo, se posaron de nuevo en la ventana del otro lado de la calle.

Nadie se había acercado a la ventana; no había sido encendida ninguna luz, pero la habitación situada detrás de la ventana se había ensanchado. Pude distinguir el espacio gris, un poco más amplio, y una especie de visión, muy difuminada, de una pared y de algo apoyado contra ella; algo oscuro, con la negrura de un objeto sólido, claramente distinguible en la penumbra que lo rodeaba. Agucé la vista y adquirí la seguridad de que se trataba de un mueble, una mesa escritorio o quizás un gran armario para libros.

Seguramente se trataba de esto último, dado que el edificio era una biblioteca. Nunca había visitado la biblioteca escolar, pero había visto otros lugares parecidos y no me resultaba difícil imaginármela. Me pareció sumamente raro que las amigas de mi tía, después de tanto tiempo, no hubieran sido capaces de ver lo que yo acababa de descubrir. Continué sin hablar, y mis ojos, supongo, habíanse agrandado en su esfuerzo por penetrar la oscuridad de la misteriosa habitación. De repente, tía Mary dijo:

—¿Quieres hacer sonar la campanilla, preciosa? Necesito mi lámpara.

—¿Su lámpara, cuando aún es de día? —inquirí, extrañada.

Pero en aquel momento eché otra ojeada a mi ventana y comprobé con un sobresalto que la luz había cambiado: no podía ver absolutamente nada. Había aún algo de claridad, pero una claridad tan distinta, que la habitación, con el espacio gris y la amplia librería habían desaparecido y no me fue posible verlos de nuevo: incluso una noche escocesa de junio acaba por hacerse oscura, aunque el atardecer parezca prolongarse indefinidamente. Había estado a punto de gritar al oír las palabras de mi tía Mary, pero procuré dominarme y obedecí su orden, haciendo sonar la campanilla para avisar a la sirvienta. Decidí no decirle nada hasta la mañana siguiente, cuando las cosas, como es lógico, se verían mucho más claras.

A la mañana siguiente me olvidé de todo esto. O estuve muy ocupada, o muy ociosa, dos cosas que para mí venían a significar lo mismo. En todo caso, no pensé más en la ventana, aunque me senté en el lugar de costumbre, entretenida en alguna otra fantasía. Por la tarde, como siempre, llegaron los visitantes de tía Mary; pero su conversación no me recordó para nada el tema de la misteriosa ventana, y durante un par de días no ocurrió nada que llevara a mis pensamientos por aquel cauce.

Pasó casi una semana antes de que el tema volviera a plantearse, y de nuevo fue lady Carnbee la que me hizo pensar en él; y no porque hubiera dicho nada concreto sobre el asunto. Pero fue la última de las visitantes en marcharse aquella tarde, y cuando se levantó para irse agitó las manos, con aquellos gestos vivaces peculiares en muchas damas escocesas.

—¡Vaya! —exclamó—. Allí tenemos a la niña, tan inmóvil como un poste. ¿Acaso está embrujada, Mary Balcarres? ¿Está condenada a permanecer sentada ahí, de día y de noche, durante toda su vida?

De momento, no caí en la cuenta de que estaba refiriéndose a mí. La miraba a ella, precisamente, que era como una figurilla de un cuadro, con su pálido rostro de color ceniza y sus encajes españoles, y sus manos alargadas, con el enorme diamante brillando siniestramente. Por cierto que ahora lo llevaba al revés, y la piedra lucía en la parte interior de su mano. El efecto era sorprendente. Me quedé mirándola medio aterrorizada, medio furiosa. Entonces, la anciana se echó a reír y su mano recobró la posición normal.

—Acabo de despertarte a la vida y de romper el maleficio que pesaba sobre ti —me dijo, en tono festivo. Y a continuación me tomó del brazo para bajar las escaleras, apoyándose pesadamente en mí y sin dejar de reír—. A tu edad, las muchachas deben ser fuertes como una roca. Yo era como un arbolillo, ¿sabes? En mis buenos tiempos, fui un apoyo para la virtud, como Pamela.

Cuando volví junto a la tía Mary, le dije:

—¡Tía, lady Carnbee es una bruja!

—¿Qué es lo que te hace pensarlo, preciosa? Bueno, tal vez lo hay a sido en otros tiempos —dijo tía Mary, a la que nada conseguía desconcertar ni sorprender.

Fue aquella noche, después de cenar, cuando volví a fijarme en la ventana de la biblioteca. La había visto durante todo el día sin observar nada anormal; pero en aquel momento, agitada aún por la escena de lady Carnbee con su maldito diamante y sus extravagantes adornos de encaje, miré a través de la calle y vi la habitación existente detrás de la ventana de la biblioteca, mucho más claramente de lo que la había visto la vez anterior.

Pude observar que se trataba de una habitación espaciosa y que el mueble colocado contra la pared no era una librería, sino una mesa escritorio. Cuando mis ojos se posaron sobre ella, no me quedó ninguna duda: un gran escritorio de modelo antiguo, lleno de cajones, muy parecido al que tenía mi padre en su biblioteca. Quedé tan sorprendida al notar la semejanza, que cerré los ojos preguntándome cómo era posible que el escritorio de mi padre hubiese ido a parar allí. Pero cuando me recordé a mí misma que aquello era una tontería, y que existían muchísimas mesas escritorio parecidas a la de papá, abrí de nuevo los ojos, miré hacia la habitación, y... no pude ver más que la negra ventana, que tan intrigadas tenía a las amigas de mi tía, las cuales no dejaban de preguntarse si era una ventana tapiada o si había sido una verdadera ventana en alguna ocasión.

A pesar de lo intrigada que me quedé, no hablé de ello a tía Mary. Por alguna razón, no conseguía ver nada a primeras horas del día. Hasta cierto punto, me pareció natural: en pleno día no puede verse en un lugar situado en el exterior si se trata de una habitación vacía, o un espejo, o una ventana tapiada. Supongo que el hecho tiene algo que ver con la luz. La hora más apropiada para ver es la de un atardecer de junio escocés, y a que entonces la luz del día no es propiamente del día, y existe en ella algo que no puedo describir, algo que hace que todos los objetos sean como un reflejo de sí mismos.

A medida que pasaba el tiempo, podía ver más claramente la habitación. La gran mesa escritorio ocupaba un lugar más y más definido en aquel espacio gris: a veces había encima de él unos objetos blancos, brillantes, que parecían papeles: y en un par de ocasiones estuve segura de ver una pila.de libros en el suelo, muy cerca de la mesa escritorio. Los libros me parecieron muy viejos. Esto ocurría siempre a la hora en que los chiquillos se decían unos a otros, en la calle, que iban a regresar a sus casas; a la hora en que una voz estridente llamaba desde una de las puertas gritando a alguien que avisara a su chico para que acudiera a cenar. Esta era siempre la hora en que yo veía mejor, aunque era el momento en que el velo de la oscuridad estaba a punto de caer sobre todas las cosas, y la luz diurna empezaba a agonizar, y todos los sonidos de la calle se apagaban.

Un atardecer, cuando estaba sentada en el lugar de costumbre con un libro entre las manos, mirando hacia el otro lado de la calle, sin ser distraída por nada, observé un leve movimiento en el interior de la habitación. No fue nada visible, pero todo el mundo sabe lo que significa ver una leve agitación en el aire, una especie de ondulación, como la de las aguas de un lago: uno no puede decir lo que hay allí, pero sabe que hay algo, aunque no pueda verlo ni precisar su naturaleza. Tal vez sea una sombra posándose en un lugar tranquilo.

Uno puede mirar durante horas enteras una habitación vacía y de repente darse cuenta de que se ha producido un aleteo, y sin ver a nadie puede saber que alguien acaba de entrar en la habitación. Puede tratarse solamente de un perro o de un gato; puede ser un pájaro que ha cruzado volando; pero en todo caso es alguien, alguien vivo, muy distinto, completamente distinto de las cosas desprovistas de vida. La impresión que me causó el hecho me hizo proferir un pequeño grito. Tía Mary carraspeó, apartó el abultado periódico que casi la tapaba por completo y me preguntó:

—¿Qué te ocurre, preciosa?

—Nada—respondí rápidamente, temiendo que la intervención de mi tía me impidiera seguir mirando, en el preciso instante en que alguien acababa de entrar en la habitación misteriosa. Pero supongo que ella no quedó satisfecha con mi breve respuesta, y a que se levantó y se acercó al lugar donde yo estaba, mirando a través de la ventana para ver lo que me había llamado la atención. Apoyó una de sus manos en mi hombro, y aunque su movimiento fue suave y cariñoso, yo hubiera botado de rabia: todas las cosas habían vuelto a quedar inmóviles, la habitación no fue más que una mancha gris y no conseguí ver nada.

—Nada —repetí, pero me sentía tan defraudada que no me hubiese costado ningún trabajo echarme a llorar—. Ya te dije que no era nada, tía Mary. No me has creído, has querido convencerte por tus propios ojos... ¡y lo has echado todo a rodar!

Desde luego, no tenía la menor intención de pronunciar las últimas palabras: lo hice sin darme cuenta. Estaba completamente fuera de mí al ver que todo se había desvanecido como un sueño: y, sin embargo, no era un sueño, sino algo tan real como... como yo misma o cualquier cosa que pueda tocarse.

—Preciosa —dijo—, estabas mirando algo. ¿Qué era?

¿Qué era? , estuve a punto de inquirir a mi vez, pero no lo hice. No dije nada, y tía Mary volvió a su asiento. Supongo que debió hacer sonar la campanilla, y a que inmediatamente se encendió la luz detrás de mí y el exterior se oscureció del todo, como sucedía todas las noches, y no pude ver nada más. Creo que fue al día siguiente, por la tarde, cuando hablé del asunto. La cosa vino a raíz de una observación de mi tía acerca de su labor de ganchillo.

—Se me pone una especie de niebla delante de los ojos —expresó—. Tendrás que aprender a hacer este punto, preciosa, y a que tendré que renunciar muy pronto a esta clase de labores.

—¡Oh! Espero que no perderá usted la vista —respondí, sin pensar lo que estaba diciendo.

Desde luego, yo era muy joven entonces y la mitad de las veces soltaba las palabras al azar, sin pensar en el efecto que podían producir. A mi tía no le sentó nada bien mi observación, por la posibilidad que daba a entender.

—¡Perder la vista! —exclamó, dirigiéndome una mirada casi furiosa—. No se trata de eso, ¿te enteras? Mis ojos están tan bien como siempre. Puedo no distinguir los detalles de una labor de punto, pero a distancia veo como siempre... como puedas ver tú.

—No lo dije en mal sentido, tía Mary —me disculpé—. Pensé que te referías a... Pero ¿cómo puedes decir que tienes la vista tan buena como siempre, si estás en duda acerca de aquella ventana? Yo puedo ver la habitación tan claramente como… —Me callé de repente, pues acababa de mirar al otro lado de la calle y me di cuenta de que allí no había ninguna ventana, sino únicamente la falsa imagen de una ventana pintada en la pared.

—¡Ah! —exclamó tía Mary, en tono de sorpresa. Se incorporó, como si tuviera intención de acercarse al lugar donde yo me encontraba, pero al ver la aturdida expresión de mi rostro volvió a sentarse, murmurando—: ¿De veras has visto todo eso?

¿Todo eso? ¿Qué significaban aquellas palabras? Los giros que los escoceses suelen dar al lenguaje me desconcertaban en algunas ocasiones, y esta era una de ellas. Pregunté:

—¿Qué ha querido usted decir?

No pude conocer su respuesta, pues en aquel momento llegó una visita y mi tía se dirigió a atenderla, lanzándome una extraña mirada antes de salir de la habitación. Fue una mirada cariñosa, pero que reflejaba cierta ansiedad. La acompañó con un leve movimiento de cabeza, y aunque su rostro estaba sonriente, sus ojos habían adquirido una gravedad desacostumbrada. Salió de la habitación y no volvimos a hablar del asunto.

Pero el asunto continuó intrigándome, mucho más por cuanto atravesaba períodos de incertidumbre mezclados con otros de seguridad casi absoluta. A veces veía aquella habitación muy claramente… tan claramente, por ejemplo, como puedo ver la biblioteca de mi padre cuando cierro los ojos. La comparaba siempre con el estudio de mi padre debido a la forma de la mesa escritorio, la cual, como ya he dicho, era muy parecida a la de papá. A veces veía algunos papeles sobre la mesa, y la pila de libros junto a ella. Y otras veces no veía absolutamente nada, como les ocurría a las viejas damas que solían visitar a mi tía Mary, cosa que me enojaba muchísimo.

Las viejas damas acudían regularmente a visitar a tía Mary, mientras se deslizaba el mes de junio. Yo tenía que marcharme en julio, y me repugnaba la idea de abandonar aquel lugar sin haber aclarado el misterio de aquella ventana que cambiaba tan extrañamente de aspecto y que aparecía como algo completamente distinto, no sólo a diferentes personas, sino también a los mismos ojos en diferentes ocasiones. Me decía a mí misma que todo ello se debía simplemente a un efecto de la luz. Y, sin embargo, esta explicación no acababa de satisfacerme, como tampoco me satisfacía pensar que todo se debía a la superioridad de mis ojos juveniles sobre la cansada vista de unas ancianas.

Existía el hecho evidente de que yo había visto varias veces la habitación con toda claridad, una habitación amplia, con otros muebles además de la gran mesa escritorio, la cual había sido colocada más cerca de la ventana para que recibiese más luz. Todo fue haciéndose visible para mí, hasta que fui casi capaz de leer el título de uno de los grandes volúmenes que sobresalía un poco de la pila de libros y quedaba mejor iluminado; pero todo esto no habían sido más que preliminares del gran acontecimiento que ocurrió alrededor del día de San Juan, una fiesta muy sonada en otros tiempos en Escocia, pero que entonces era una festividad como otra cualquiera; cosa que siempre me ha parecido lamentable y una verdadera pérdida para Escocia, diga lo que diga mi tía Mary.

El día de San Juan estaba próximo, aunque no puedo precisar la fecha exacta, cuando se produjo el gran acontecimiento. Por entonces me había familiarizado bastante con la habitación situada detrás de la ventana de la biblioteca. Me eran ya familiares, no sólo el gran escritorio, con los papeles esparcidos sobre él, y la pila de libros junto a una de sus patas, sino también el cuadro de gran tamaño que colgaba de la pared más lejana y otros varios muebles, especialmente una silla, la cual cada noche veía que había sido movida en el espacio existente ante la mesa escritorio; un cambio casi imperceptible que hacía palpitar mi corazón, y a que indicaba a las claras que alguien se había sentado allí, alguien cuya presencia yo había intuido a través de la leve vibración del aire o de una sombra apenas visible.

Nunca me había asustado el pensar que la vibración o la sombra podían materializarse en una presencia humana; por el contrario, en aquellos momentos redoblaba mi atención y veía todas las cosas con más claridad que nunca; después, volvía mi atención al libro que estaba leyendo, y leía un par de capítulos de una apasionante historia que me alejaba de St. Rule's, y de su calle Mayor, y de la biblioteca escolar, trasladándome a una selva tropical, a punto de aplastar a un escorpión o una serpiente venenosa.

Aquel día, algo llamó mi atención repentinamente y, con un sobresalto, miré a mi alrededor, profiriendo un leve grito que dejó intrigados a todos los que se hallaban en la habitación, uno de los cuales era el viejo Pitmilly. Todos miraron a mi alrededor para ver qué era lo que me había sobresaltado. Y cuando yo di mi habitual respuesta: ¡Nada!, notando el rubor en mi rostro, Pitmilly se acercó a la ventana y miró hacia fuera, tratando de descubrir, probablemente, el motivo de mi excitación. No debió ver nada, y a que volvió a ocupar su asiento y pude oír cómo le decía a tía Mary que no había ningún motivo para alarmarse: la niña se había amodorrado con el calor y sobresaltado al despertarse de repente. Y todas las viejas damas se echaron a reír.

En otra ocasión cualquiera le hubiese matado por su impertinencia, pero aquel día mi mente estaba demasiado ocupada para prestar la menor atención al viejo charlatán. Mis sienes latían dolorosamente y el corazón, dentro de mi pecho, parecía un pajarillo asustado. Esperé hasta que se hubo calmado la agitación producida por las palabras de Mr. Pitmilly, y entonces miré hacia la ventana. ¡Sí, allí estaba él! No me había engañado. En aquel momento supe lo que había estado esperando ver todo aquel tiempo. Supe que yo había intuido que él estaba allí, y que lo había estado esperando, cada vez que se producía una vibración o que planeaba una sombra: lo había estado esperando a él y a nadie más que a él.

Y allí estaba, finalmente, tal como yo había esperado. No sabía que en realidad nunca había esperado, ni a él ni a ningún ser humano: pero eso fue lo que sentí cuando, al mirar repentinamente hacia la oscura habitación, lo vi allí. Estaba sentado en la silla, la cual debía haber colocado con sus propias manos, o alguien había colocado para él aprovechando el momento en que yo no miraba, en frente de la mesa escritorio. Estaba con la espalda vuelta hacia mí, escribiendo. La luz caía sobre él por la parte izquierda, y por tanto sobre sus hombros y un lado de su cabeza, que mantenía demasiado inclinada para que se pudieran distinguir las líneas de su rostro.

Resultaba muy extraño que alguien tan fijamente contemplado como él no volviera la cabeza ni una sola vez, ni hiciera ningún movimiento. Si alguien me hubiese mirado, de aquel modo, aunque estuviera durmiendo me hubiese despertado, sobresaltada, me daría cuenta de su contemplación a través de todas las cosas. Pero él estaba allí sentado, completamente inmóvil. No hay que suponer, aunque yo hay a dicho que la luz caía sobre él que fuera una luz muy intensa. Por lo general una habitación que se puede observar desde el otro lado de la calle no está brillantemente iluminada; pero había la luz suficiente para que pudiera verlo... para que pudiera distinguir claramente el oscuro perfil de su figura, sentado como estaba en la silla, y la mancha de su cabeza, algo más visible que la negrura que le rodeaba.

En circunstancias normales, ver a un estudiante a través de una ventana situada al otro lado de la calle me hubiera interesado de un modo muy relativo. Siempre atrae echar una ojeada a una existencia desconocida para nosotros, ver tanto y, sin embargo, saber tan poco, y preguntarse, quizás, qué está haciendo el hombre, y por qué no vuelve la cabeza. Una puede acercarse a la ventana —pero no demasiado, no sea que el hombre se dé cuenta y crea que se le está espiando—, y puede preguntarse: ¿Estará ahí todavía? ¿Estará escribiendo siempre? Yo me preguntaría además qué estaría escribiendo, y esto podría ser una distracción, pero nada más.

En el presente caso, mis sentimientos eran muy distintos. Era una especie de contemplación anhelante, una abstracción. No tenía ojos para nada más, ni en mi mente quedaba resquicio para ningún otro pensamiento. No oía ya, como solía sucederme, las historias y las observaciones, ingeniosas o estúpidas, de las viejas amigas de tía Mary o de Pitmilly. Percibía únicamente un murmullo detrás de mí, un intercambio de voces, unas suaves, otras agudas; pero no era como antes, cuando estaba sentada, leyendo. Pero ahora no me enteraba de nada. Y no porque hubiera algo más interesante que mirar, a excepción del hecho de que él estaba allí. Y él no hacía absolutamente nada para mantener tensa mi atención.

Se movía sólo lo imprescindible en un hombre que está muy ocupado escribiendo, sin pensar en nada más. Su cabeza se movía levemente de un lado a otro de la página en que se ocupaba; pero la página parecía interminable, y a que nunca necesitaba volverla. Sólo una leve inclinación cuando llegaba al final de la línea, y otra leve inclinación cuando empezaba la siguiente. Aquello era muy poco para mantener despierta la atención de alguien. Supongo que lo que mantenía tensa la mía era el gradual curso de los acontecimientos que me habían conducido a este instante: en primer lugar el descubrimiento de la habitación, luego la mesa escritorio, los otros muebles, y finalmente el ser humano que daba significado a todo. Resultaba tan interesante, en su conjunto, como un país nuevo que uno acaba de descubrir.

Y, por encima de todo, la extraordinaria ceguera de los que discutían entre sí la existencia de una ventana… No deseaba faltar al respeto a nadie, y sentía mucho cariño hacia mi tía Mary, y simpatizaba bastante con Pitmilly, y temía a lady Carnbee. Pero no podía evitar despreciarlos un poco a todos por su —no me atrevía a calificarlo de estupidez— ceguera, su necedad, su insensibilidad.

Todos estos pensamientos pasaron por mi cerebro mientras estaba sentada en mi refugio habitual, mirando hacia el otro lado de la calle. La escena en el interior de la habitación continuaba siendo la misma. Él estaba absorto en su escritura, sin alzar la mirada, sin detenerse ante una palabra difícil, sin volverse en redondo en la silla, sin levantarse a pasear por la habitación como solía hacer mi padre. Papá es un gran escritor, según dice todo el mundo: pero papá se hubiera asomado a la ventana para mirar al exterior, hubiera tabaleado con sus dedos en el antepecho, se hubiera detenido a contemplar el vuelo de una mosca, hubiera jugueteado con el fleco de los visillos, hubiera hecho una docena de cosas encantadoras, de cosas absurdas, mientras esperaba que le llegara la inspiración para la siguiente frase que debía escribir.

Querida, estoy esperando que acuda la inspiración, solía decirle a mi madre, cuando ella lo contemplaba, preguntándole con la mirada el motivo de que estuviera ocioso; y mi madre se echaba a reír, y mi padre se sentaba de nuevo ante la mesa escritorio. Pero el hombre que yo observaba no se detenía en absoluto. Era un espectáculo fascinante. No podía apartar la mirada de su espalda y del leve movimiento de su cabeza, apenas perceptible. Temblaba de impaciencia, esperando que volviera la página, o arrojara la cuartilla al suelo, como alguien que en cierta ocasión miraba por una ventana, como yo, vio hacer a Walter Scott. Me hubiera puesto a gritar si el desconocido hubiera hecho eso.

No hubiese sido capaz de contenerme, no me hubiese importado ante quién. Mientras esperaba, mi cabeza se iba calentando y mis manos se volvían frías como el hielo, a causa de la ansiedad que sentía. Y, entonces, precisamente entonces, en el instante en que el desconocido movía levemente su codo, como si se dispusiera a hacer lo que yo esperaba, tía Mary me llamó para decirme que lady Carnbee se marchaba. Creo que no la oí hasta que me hubo llamado por tercera vez, y entonces me puse en pie, temblando de excitación y casi llorando. Cuando me acerqué a lady Carnbee para ofrecerle mi brazo (Pitmilly se había marchado minutos antes), la anciana apoyó el dorso de su mano en mi mejilla y dijo:

—¿Qué le pasa a la niña? Tiene fiebre... no debería usted permitirle pasarse tantas horas ante la ventana, Mary Balcarres. Usted y yo sabemos muy bien las consecuencias de eso.

Sus viejas manos me produjeron una impresión muy extraña, como si acabara de tocarme una cosa fría e inerte; el maléfico diamante rozó mi mejilla. Clara que mi excitación no se debía a eso, como tampoco mi ansiedad. Aunque resulte casi cómico decirlo, toda mi excitación y toda mi ansiedad habían sido provocadas por un hombre desconocido que escribía en una habitación, al otro lado de la calle, sin llegar nunca al final de la cuartilla que estaba emborronando. Y lo peor de todo es que la anciana lady Carnbee sintió el apresurado latir de mi corazón contra su brazo, que había pasado por debajo del mío.

—Lo que te sucede no es más que un sueño —me dijo, mientras bajábamos las escaleras en dirección al vestíbulo—. Ignoro de quién se trata, pero estoy convencida de que es un hombre que no se lo merece. Si fueras una muchacha juiciosa, dejarías de pensar en él de una vez para siempre.

—¡No pienso en ningún hombre! —exclamé, a punto de echarme a llorar—. Es muy poco amable por su parte decir eso, lady Carnbee. ¡Nunca, en toda mi vida, he pensado en ningún hombre!

En mi voz vibraba la indignación. La anciana me oprimió cariñosamente el brazo.

—¡Pobre pajarillo! —murmuró—. No debes tomártelo así. Lo único que trato de decirte es que la cosa es mucho más peligrosa cuando no se trata más que de un sueño.

Me hablaba en tono cariñoso y amable; pero yo estaba tan furiosa, que a duras penas conseguí estrechar su mano cuando me la tendió, después de haber subido a su carruaje. Estaba furiosa con ella, y asustada de su diamante, el cual me miraba fijamente desde su mano como si pudiera ver en lo más profundo de mi ser; y, aunque cueste creerlo, estoy convencida de que me miraba. Lady Carnbee no llevaba nunca guantes, sino unos mitones de encaje a través de cuya malla brillaba el horrible diamante.

Corrí escaleras arriba. Lady Carnbee había sido la última en marcharse. Tía Mary no estaba ya en el salón: había ido a vestirse para la cena, pues ya era tarde. Me dirigí a mi observatorio de costumbre, mientras mi corazón palpitaba con más violencia que nunca dentro de mi pecho. Estaba completamente segura de ver en el suelo de la habitación la cuartilla terminada. Pero lo único que vi fue la negrura de aquella ventana que para las ancianas amigas de mi tía no era una ventana. La luz había cambiado extraordinariamente en los cinco minutos que había durado mi ausencia, y allí no había ya nada, absolutamente nada, ni un reflejo, ni un brillo.

Aquello fue demasiado para mí: me senté y me eché a llorar como si mi corazón estuviera a punto de romperse. Sentí que todo aquello no era natural, que los que me rodeaban tenían algo que ver en el asunto, que no podía soportar por más tiempo aquella situación… que no podía soportar siquiera a tía Mary. Todos creían que no era ningún bien para mí. ¡Ningún bien para mí! Y habían hecho algo —incluso mi tía Mary—. ¡Y aquel horrible diamante que brillaba en la mano de Lady Carnbee! Desde luego, me daba perfecta cuenta de que todas esas ideas no eran más que estupideces; pero en aquel momento estaba exasperada por la decepción y por la repentina desaparición de lo que daba motivo a mis excitadas sensaciones, y no podía soportarlo.

Tía Mary me miró cariñosamente y me dijo:

—¡Vaya! Mi pajarillo ha estado llorando… ¿Qué dirá tu madre cuando sepa que en mi casa te tratamos tan mal que no cesas de llorar?

—¡No he estado llorando! —exclamé; y a continuación, viendo que iba a estallar de nuevo en lágrimas, me eché a reír y dije—: Me he asustado del maldito diamante de lady Carnbee. ¡Muerde, estoy segura de que muerde! Tía Mary, mira aquí…

—¡Tu loca imaginación! —murmuró ella, aunque miró mi mejilla a la luz de la lámpara—. ¡Vaya! No veo ningún mordisco, chiquilla.

No veo más que una mejilla enrojecida y un ojo lleno de lágrimas. Anda, vamos a cenar, y por esta noche se han terminado los sueños.

—Sí, tía Mary —murmuré en tono obediente.

Pero sabía lo que sucedería. En efecto, apenas abrió el periódico, tan lleno de noticias de todo el mundo, de discursos y de cosas que le interesaban, aunque yo no sabía por qué, se olvidó de todo. Y me senté en mi lugar de costumbre, muy quieta, mientras las cortinillas de mi ventana se agitaban por encima de mi cabeza más que de costumbre. Y mi corazón dio un gran salto, como si fuera a salírseme del pecho: porque él estaba allí. Pero no como había estado antes.

Supongo que la luz no era quizás lo bastante buena para permitirle trabajar sin una lámpara o una vela, y a que estaba al otro lado de la mesa escritorio, reclinado hacia atrás en la silla y con la cabeza vuelta hacia mí. Bueno, no exactamente hacia mí: él no sabía nada acerca de mí. Pensé que no estaba mirando hacia ningún lugar determinado: pero su rostro estaba vuelto hacia el lugar donde me encontraba. Yo tenía el corazón en la boca. ¡Era algo tan inesperado, tan extraño!

Aunque, a decir verdad, no debía parecerme tan extraño, y a que no existía ninguna comunicación entre él y yo. Y resultaba muy lógico que aquel hombre, cansado de trabajar, pensando quizás que no había luz suficiente para continuar trabajando, y que era demasiado temprano para encender una lámpara, se reclinara hacia atrás en su silla para descansar un poco y pensara, tal vez en nada. Papá dice siempre que no piensa en nada concreto. Dice que las ideas penetran en su cerebro, como puertas que se abren, sin que él pueda impedirlo. ¿Qué clase de ideas penetraban en el cerebro de aquel hombre? Acaso pensaba en lo que había estado escribiendo y en cómo continuarlo. Lo que más me molestaba era que no conseguía distinguir su rostro.

La cosa resulta bastante difícil cuando el rostro que pretendemos ver está separado de nosotros por dos ventanas: la nuestra y la suya. Me hubiera gustado poder reconocerlo más tarde, si tenía la suerte de encontrarme con él por la calle. Si se hubiera puesto en pie y se hubiera paseado un poco por la habitación, hubiera podido apreciar qué tipo tenía y no me hubiese sido difícil reconocerlo en otra ocasión; o, si se hubiese asomado a la ventana (como hace papá), hubiera podido ver su rostro con bastante claridad. Pero, desde luego, él ignoraba que yo existiera; y, probablemente, si hubiese sabido que lo estaba observando, se hubiera enojado y desaparecido de mi vista; pero permanecía tan inmóvil allí, de cara a la ventana, como lo había estado antes, sentado a la mesa escritorio.

A veces movía ligeramente una mano o un pie, y yo contenía la respiración, creyendo que iba a levantarse de la silla... pero continuaba sentado. Y a pesar de todos mis esfuerzos no conseguía distinguir las líneas de su rostro. Entrecerré los ojos, como había visto hacer a Jeanie, que es corta de vista, y apoyé las manos contra mis sienes, haciendo pantalla, para concentrar el campo visual, pero todo fue inútil; tal vez la luz no era favorable, pero lo cierto es que no conseguía ver lo que me había propuesto. El pelo del desconocido me pareció claro: alrededor dé su cabeza no había ninguna línea oscura, como hubiera sucedido de tener el pelo muy negro; también me pareció que no llevaba barba. Es decir, estoy segura de que no llevaba barba, porque el perfil de su rostro era bastante preciso.

En aquel momento, vi en la acera opuesta a un muchacho, hijo de un panadero. Me fijé en él por una circunstancia muy curiosa. Había estado lanzando piedras contra algo o contra alguien. En St. Rule's, los chiquillos tienen la costumbre de luchar a pedradas, y supongo, que se había producido una de esas habituales batallas. Supongo, también, que la piedra que conservaba en la mano era un proyectil que no había tenido ocasión de disparar, y ahora observaba cuidadosamente la calle, en busca de un blanco sobre el cual ejercitar su puntería. Al parecer, no encontró nada que fuera de su gusto, y alzó la vista fijándola en la ventana de la biblioteca. La piedra salió de su mano y se estrelló contra la ventana.

Me di cuenta, sin prestar atención al hecho, de que la piedra produjo un sonido macizo y que no se produjo la rotura de ningún cristal; luego volvió a caer sobre la acera. Pero ya he dicho que no prestaba atención al hecho más que con una parte de mi capacidad de percepción, pues el resto de la misma estaba dedicado a la contemplación del hombre que se hallaba en la habitación y que no hizo el menor movimiento ni pareció haberse dado cuenta de nada, y permaneció tan inmóvil y tan indistinguible como antes. Y cuando la luz empezó a decrecer, decreció paralelamente la visibilidad que ofrecía su figura. En aquel momento, tía Mary apoyó una de sus manos en mi hombro, haciéndome dar un salto.

—Te he pedido dos veces que hicieras sonar la campanilla, preciosa —me dijo—. Pero no me has oído.

—¡Oh, tía Mary! —exclamé, sinceramente compungida, pero volviéndome otra vez hacia la ventana, a pesar de mí misma.

—No te conviene permanecer tanto tiempo aquí —observó mi tía—. No es que me importe que no hay as avisado para que me enciendan la lámpara —añadió—. Puedo hacerlo perfectamente yo misma. Pero no me gusta que te pases tantas horas soñando. Esto no puede hacer ningún bien a tu cabecita.

Por toda respuesta, y a que me había quedado sin hablar, agité levemente la mano en un gesto de saludo hacia la ventana del otro lado de la calle. Mi tía se quedó en pie a mi lado unos instantes, palmeándome cariñosamente el hombro y murmurando algo que sonaba como «debe irse, sí, debe irse…» Luego dijo en voz alta, sin apartar la mano de mi hombro:

—Como un sueño, cuando uno despierta…

Y cuando miré otra vez hacia el otro lado de la calle, vi la negrura de una superficie opaca y nada más. Tía Mary no me dirigió ninguna otra pregunta. La acompañé a su habitación y leí un rato en voz alta para ella. Pero no sabía lo que estaba leyendo, porque repentinamente acudió a mi recuerdo y se instaló en él, el ruido de la piedra contra la ventana y su descenso hasta caer de nuevo en la acera, como repelida por alguna substancia dura. ¡Y yo la había visto golpear contra los cristales de la ventana de la biblioteca escolar!

Permanecí durante mucho tiempo en un estado de gran excitación y de conmoción mental. Estaba impaciente todo el día, hasta que llegaba el atardecer y podía contemplar a mi vecino a través de nuestras respectivas ventanas. No hablaba con nadie y no participé tampoco a nadie mis preocupaciones de aquellos días. Me preguntaba quién sería, qué estaría haciendo, y por qué no llegaba nunca hasta el atardecer; y también me preguntaba a qué casa pertenecería la ventana de la habitación donde aparecía sentado. Parecía formar parte de la antigua biblioteca, como ya he dicho. La ventana estaba en línea con las del largo vestíbulo de aquella institución; pero ignoraba si la habitación pertenecía a la biblioteca, y por dónde entraba en ella su ocupante.

Me había hecho mi composición de lugar y creía que la habitación se abría al vestíbulo de la biblioteca, y que el caballero en cuestión debía ser el bibliotecario o uno de sus ayudantes, que tal vez pasaba el día ocupado en el desempeño de sus obligaciones oficiales, y sólo podía acudir a su despacho para entregarse a su trabajo particular al llegar el atardecer. Con frecuencia se oye hablar de cosas como esta… Un hombre que desempeña un cargo o tiene un empleo para mantenerse, y dedica sus horas libres a otro trabajo de su predilección; algún estudio especial o la redacción de algún libro, por ejemplo. Mi padre, sin ir más lejos, pasó una temporada en esas condiciones.

Trabajaba en el Ministerio de Hacienda durante el día, y por la noche escribía sus libros, que lo hicieron famoso. Su hija, aunque sabía muy poco de otras cosas, conocía perfectamente esta. Sin embargo, me sentí muy desalentada el día que en la calle alguien me señaló a un anciano caballero, diciéndome: Mira: ahí va el bibliotecario de la biblioteca escolar… De momento, me sentí muy impresionada; pero inmediatamente me dije que un bibliotecario de edad tan avanzada debía tener forzosamente algún ayudante, y que mi desconocido debía ser uno de esos ayudantes.

Paulatinamente, empecé a estar convencida de que esta era la verdad. Encima de la ventana de mis preocupaciones había otra más pequeña, y me imaginé que correspondería a la otra habitación ocupada por mi desconocido. Y me imaginé también que sería un lugar muy apropiado para que él lo habitara, tan cerca de sus libros, tan retirado y tranquilo. Y desde luego, hacía un uso muy juicioso de su buena suerte al disponer de aquel retiro, pasándose horas enteras en una de las habitaciones. ¿De qué trataría el libro que estaba escribiendo? ¿Serían poesías?

Esta idea hizo latir aceleradamente mi corazón; pero terminé por decidir, con gran sentimiento por mi parte, que no podía tratarse de un libro de poesías, y a que resultaba imposible escribirlas como él lo hacía sin detenerse a buscar una palabra o una rima. De haber escrito poesías, se hubiera levantado de cuando en cuando, para dar unos paseos por la habitación, como hace papá. Y no es que papá escriba poesías; siempre dice: La Poesía es una cosa misteriosa, de la cual no me atrevo ni siquiera a hablar.

Y lo dice sacudiendo la cabeza, lo cual me hace sentir unos inmensos deseos de conocer a un poeta, que, por lo visto, es un personaje mucho más importante que papá. Pero no puedo creer que un poeta se pase horas y horas inmóvil en una silla, como mi desconocido. ¿Qué es lo que puede escribir, entonces? Tal vez Historia. Es también una labor de mucha importancia, que quizás no requiera moverse arriba y abajo, ni contemplar el cielo, ni asomarse a la maravillosa luz del atardecer.

Sin embargo, mi desconocido se movía de cuando en cuando, aunque nunca se acercara a la ventana. A veces, como y a he dicho, se volvía en redondo en su silla y se quedaba de cara a la ventana, y permanecía sentado en esa posición durante largo rato, hasta que la claridad empezaba a difuminarse, y el mundo quedaba lleno de aquel extraño día que no era día, y la luz perdía su color, y todas las cosas eran claramente visibles, y no habían sombras. Era entre el día y la noche cuando el mundo de las hadas adquiría su poder. Esto quería decir el atardecer de un largo, larguísimo día de verano, la luz sin sombras.

Había pensado muchas veces en las palabras que acabo de citar, y a veces sentía algo de temor y me imaginaba que si los seres humanos tuviéramos un poco más de vista en nuestros ojos, podríamos contemplar cosas maravillosas, que no pertenecen a nuestro mundo. Y pensé que tal vez mi desconocido viera alguna de aquellas cosas, por el modo que tenía de sentarse y quedarse absorto en la contemplación de algo que por fuerza debía ser maravilloso, para reclamar hasta tal punto su atención. Y esta idea me producía una sensación indefinible, porque iba acompañada de la impresión de que yo podía ver alguna de aquellas cosas a través de sus ojos, sin que él tuviera la más leve sospecha.

Estaba tan absorta en esas ideas y en contemplarle cada noche —y a que ahora acudía casi todas las noches—, que la gente empezó a darse cuenta de que me estaba quedando muy pálida y que algo debía ocurrirme, pues no prestaba atención alguna cuando me hablaban, y había dejado de reunirme con las demás muchachas para ir a jugar al tenis; y alguien le dijo a tía Mary que yo había perdido todo el peso que gané al principio de mi estancia en St. Rule's, y que sería desastroso mandarme de regreso a mi hogar con una cara tan pálida como la que tenía. Mi madre recibiría un gran disgusto. Antes de esto, tía Mary había empezado y a a observarme con la ansiedad reflejada en sus ojos, y estoy segura de que había consultado acerca de mí al doctor y a sus ancianas amigas, que creían saber más que los propios médicos acerca de las muchachas de mi edad.

Y pude oír cómo le decían que yo necesitaba divertirme, y salir más de casa, y asistir a alguna fiesta. Cuando llegaran los veraneantes se organizaría algún baile, y tía Mary, por su parte, podría organizar una merienda campestre o algo por el estilo.

—Y, además, no tardará en llegar mi joven lord —dijo una anciana a quien todo el mundo llamaba miss Jeanie—. Y no he visto aún a ninguna jovencita que no se anime a la vista de un joven lord.

Pero tía Mary sacudió la cabeza.

—Ni hablar del joven lord —dijo—. Su madre lo tiene en un puño, y mi sobrina no es lo bastante rica para codearse con esa gente. No, nosotros no podemos volar tan alto; pero me la llevaré a dar una vuelta por la región, para que vea los antiguos castillos y torres. Tal vez esto la anime un poco.

—Y si eso no da resultado, pensaremos alguna otra cosa —dijo otra anciana.

Aquel día oí su charla debido a que hablaban de mí, lo cual es siempre un modo muy eficaz de hacerle escuchar a uno. En los últimos tiempos no había prestado la menor atención a sus conversaciones; y pensé en lo poco que sabían ellas de mí, y en lo poco que me importaban los castillos antiguos, teniendo como tenía otra cosa en que ocupar mis pensamientos. Pero en aquel preciso instante llegó Pitmilly, que siempre había sido un amigo para mí, y cuando se enteró del tema de la conversación se las arregló para hacerla derivar por otros cauces. Y al cabo de un rato, cuando las damas se hubieron marchado, se acercó al lugar donde yo estaba y miró a través de la ventana por encima de mi cabeza. Luego preguntó a tía Mary si había puesto y a en claro el asunto de la ventana.

—... aquella que usted opina a veces que es una ventana, y luego que no es una ventana, y así sucesivamente.

Tía Mary me dirigió una mirada anhelante y a continuación dijo:

—Ni mucho menos, señor Pitmilly. Estoy donde estaba, es decir, tan despistada como siempre en lo que se refiere a ese asunto. Y creo que mi sobrina también se ha estado interrogando acerca de él, pues la veo muchas veces contemplándola fijamente con expresión pensativa, aunque no sé cuál es su opinión.

—¡Mi opinión! —exclamé—. Tía Mary —no pude evitar el mostrarme algo burlona, como les sucede con frecuencia a los jóvenes—, no tengo ninguna opinión; estoy convencida de que allí hay no sólo una ventana, sino también una habitación. Y podría mostrarle... describirle, todos los muebles que hay en ella —continué. Y entonces sentí que algo parecido a una llama subía a mis mejillas y que estas empezaban a arder. Creo que se miraron el uno al otro, pero no estoy segura—. Hay un gran cuadro, en la pared opuesta a la ventana.

—¿De veras? —dijo Pitmilly, sonriendo—. Y añadió: Ahora les diré a ustedes lo que vamos a hacer. Esta noche se celebra un coloquio, o como diablos llamen a eso, en uno de los salones de la biblioteca. Es un salón muy hermoso y digno de verse. Después de cenar pasaré a recogerlas y las llevaré a esa reunión. ¿De acuerdo?

—¡Desde luego! —exclamó tía Mary—. Hace años que no he asistido a una reunión… y nunca he estado en la biblioteca escolar. Se estremeció ligeramente y añadió, en voz más baja: —No podía ir allí.

—Entonces, de acuerdo —dijo Pitmilly, sin tener en cuenta las últimas palabras pronunciadas por tía Mary—. Me sentiré muy orgulloso de llevar del brazo a la señora Balcarres, que en su tiempo fue la sensación de todas las reuniones.

—¡Oh, hace mucho de eso! —dijo ella, sonriendo agradablemente al recuerdo—. Acepto su invitación y espero que no se avergonzará usted de nosotras. Pero ¿por qué no se queda a cenar aquí?

Así fue como quedó decidido, y el caballero se marchó a vestirse, más contento que unas pascuas. Pero, en cuanto se hubo ido, le dije a mi tía que no me llevara con ellos.

—Prefiero quedarme aquí —le dije—. No puedo soportar el tener que vestirme para ir a perder el tiempo a una estúpida reunión. ¡Odio las reuniones, tía Mary ! —exclamé.

—Mira, preciosa —me respondió, tomándome ambas manos—. Sé que será un golpe para ti, pero es mejor que vayamos a esa reunión.

—¿Por qué habría de ser un golpe para mí? —grité—. Pero prefiero no ir.

—Hazlo por mí, preciosa, sólo esta vez. Ya sabes que casi nunca salgo de casa. ¿No quieres acompañarme esta noche, sólo esta noche, querida mía?

Estoy segura de que habían lágrimas en sus ojos; me besó mientras pronunciaba aquellas palabras. No podía negarme a acompañarla, pero ¡con cuánto sentimiento accedí a hacerlo! Sin embargo, cuando me estaba vistiendo se me ocurrió la idea —aunque estaba segura de que él prefería su soledad a todas las cosas— de que posiblemente mi desconocido asistiera a la reunión. Y cuando pensé en esa posibilidad, saqué mi vestido amarillo —a pesar de que Janet me había preparado y a el azul— y mi pequeño collar de perlas, que al principio había decidido que era demasiado valioso para llevarlo a aquella reunión.

No eran unas perlas muy grandes pero eran perlas auténticas y muy brillantes, a pesar de su tamaño reducido. Y aunque en aquella época no me preocupaba demasiado por mi aspecto personal, no dejó de complacerme la mirada de admiración que me dirigió Pitmilly, admiración a la que tal vez iba mezclada un poco de sorpresa: no es improbable que esperara hallarme en un estado de ánimo decaído, pero seguramente pensó que las muchachas de mi edad son muy veleidosas y que cambian de humor con una rapidez desconcertante. En cuanto a tía Mary, sonrió alegremente al verme. También ella tenía muy buen aspecto.

Lo que más me llamó la atención en él fue una aguja de corbata con un diamante que lucía tanto como el del anillo de lady Carnbee. Pero este era una gema muy bien labrada, y su reflejo no era maléfico como el de la anciana: era, por el contrario, como un ojo benévolo que se posaba cariñosamente en una, como complacido del aspecto que ofrecía. Lucía, además, en el pecho de un hombre fiel a sus sentimientos: Pitmilly, en efecto, había sido uno de los más fervientes adoradores de tía Mary, en los días de su juventud, y seguía creyendo que no había otra mujer como ella en el mundo.

Cuando cruzamos la calle, a la suave luz del atardecer, yo iba pensando en la posibilidad de que mi desconocido estuviera presente en la reunión. Tal vez, después de todo, pudiera verlo, y ver su habitación, y enterarme del motivo de que se sentara siempre allí sin salir nunca a la calle. Y pensé que podía enterarme incluso de la clase de trabajo que estaba realizando, lo cual podría ser un motivo de alegría para mi padre cuando yo regresara a casa. Le hablaría de mi amigo de St. Rule's, siempre tan ocupado —y no como tú, papá, que te pasas horas enteras viendo volar las moscas» —. Y papá se echaría a reír de buena gana.

El salón de la biblioteca estaba brillantemente iluminado y lleno de flores. Los libros se alineaban en hileras interminables a lo largo de las paredes, pero a mí no me interesaban los libros. Empecé a curiosear a mi alrededor por si veía a mi desconocido. No esperaba encontrarle entre los grupos de damas. No estaría entre ellas; era demasiado estudioso, demasiado callado. Quizás en aquel círculo de cabezas grises, en uno de los rincones del salón… quizás… No estoy segura de que no fuera una especie de placer para mí el comprobar que allí no había nadie a quien yo pudiera tomar por él, alguien que correspondiera a la imagen que yo tenía de él. No: era absurdo pensar que él pudiera estar allí, en medio de aquella babel de voces, bajo aquella intensa luz.

Me sentí un poco orgullosa al pensar que estaba en su habitación como de costumbre, entregado a su trabajo, o meditando profundamente en su labor, como cuando se volvía en redondo en su silla y se colocaba de cara a la ventana. De modo que el no encontrarlo, aunque era para mí decepcionante, constituía también una especie de satisfacción. Estaba pensando en eso, cuando Pitmilly me tomó del brazo.

—Ahora —me dijo, con una amable sonrisa—, voy a mostrarle las cosas que hay aquí dignas de verse.

Me dije a mí misma que cuando hubiera visto lo que Pitmilly iba a mostrarme, y hubiera saludado a todas las personas conocidas, tía Mary me dejaría regresar a casa, de modo que acepté de buena gana la sugerencia del anciano, aunque no me importaban en absoluto las cosas dignas de verse de la biblioteca escolar. Hubo algo, no obstante, que me intrigó profundamente mientras dábamos la vuelta al salón.

Era una corriente de aire fresco, que procedía de una ventana abierta al extremo este del vestíbulo. ¿Cómo era posible que hubiera allí una ventana? De momento no me di cuenta de lo que significaba este hecho, pero me asaltó el convencimiento de que tenía algún significado, y de repente me sentí muy molesta, sin saber por qué.

Luego me di cuenta de otra cosa que me intrigó sobremanera. En el lado de la pared que daba a la calle había una larga hilera de estanterías de libros que la cubría de extremo a extremo. No comprendí tampoco el significado de esto, pero me llenó de confusión. Me sentí como si estuviera en un país extraño, sin saber adónde iba, sin saber lo que iba a encontrar a continuación. Si en la pared correspondiente a la calle no había ventanas, ¿dónde estaba mi ventana? Mi corazón, que hasta entonces había permanecido relativamente tranquilo, empezó a dar grandes saltos, como si quisiera salírseme del pecho, pero no comprendí lo que podía significar.

Nos detuvimos ante una vitrina, y Pitmilly me señaló algunas cosas expuestas en ella. No pude prestarles mucha atención. Mi cabeza se volvía sin cesar de un lado a otro. Oía la voz de Pitmilly y luego la mía propia hablando con un extraño sonido, pero no sabía lo que él me había dicho ni lo que yo le había contestado. Luego, me llevó al extremo del salón —al extremo este—, diciéndome que estaba muy pálida y que un poco de aire me sentaría bien. El aire me azotaba el rostro y hacía ondear mi pelo. Pitmilly seguía hablando, pero yo no comprendía ninguna de sus palabras. De pronto oí mi propia voz, aunque no me pareció ser yo la que hablaba. Quiero decir que las palabras salían de mis labios como pronunciadas por otra persona.

—¿Dónde está mi ventana? ¿Dónde, pues, está mi ventana?

Y en aquel momento, vi una cosa que me desconcertó completamente: un gran cuadro colgado en la pared del fondo; un cuadro que conocía perfectamente.

¿Qué significaba aquello? ¡Oh! ¿Qué significaba aquello? Me volví en redondo hacia la ventana abierta en el extremo este, y hacia la luz del día, la extraña luz sin sombras que rodeaba el iluminado vestíbulo dándole apariencia irreal. El lugar real era la habitación que yo conocía, en la cual estaba colgado aquel cuadro, y había aquella mesa escritorio, y él se sentaba de cara a la ventana. Pero ¿dónde estaba la ventana? Me acerqué al cuadro y arrastré a Pitmilly al lugar donde estaba la ventana... donde no estaba la ventana: donde no había ni rastro de ella.

—¿Dónde está mi ventana? ¿Dónde está mi ventana? —inquirí desesperadamente.

Estaba convencida de que vivía un sueño, de que las luces del salón no eran más que una sensación ilusoria, lo mismo que la gente que estaba hablando a mi alrededor. Lo único real era la pálida luz del exterior, aquella luz del día que no era día.

—¡Querida! —dijo Pitmilly en aquel momento—. Recuerde que está usted en público. Cálmase. Su tía Mary tendría un gran disgusto si hiciera usted una escena. ¡Venga conmigo! La llevaré a un lugar donde pueda sentarse un rato y tranquilizarse. Le traeré un helado o una copa de vino. —Palmeaba cariñosamente mi mano, que yo mantenía apoyada en su brazo, y me miraba con una expresión de ansiedad en los ojos—. ¡Dios, mío! ¡Dios mío! —exclamó a continuación—. No pensé que pudiera producirle este efecto.

Pero no le permití que me llevara en la dirección que él quería. Por el contrario, fui yo quien le arrastró de nuevo hacia el gran cuadro colgado de la pared: tenía la absurda idea de que si buscaba bien acabaría por encontrar lo que deseaba.

—¡Mi ventana! ¡Mi ventana! —exclamé.

Uno de los profesores se hallaba cerca de nosotros y oyó mis palabras.

—¿La ventana? —inquirió— ¡Ah, sí! Se refiere usted a la que se ve desde el exterior. Fue puesta allí para que hiciera juego con la que se abre sobre el último rellano de la escalera. Pero no se trata de una ventana de verdad, aunque a mucha gente se lo parece. Está ahí, detrás de esa estantería.

Su voz parecía llegar desde muy lejos; todo el salón empezó a danzar ante mis ojos, en una zarabanda de luces y de sonidos; y la claridad del atardecer que penetraba a través de la ventana abierta se hizo repentinamente gris.

Pitmilly me llevó a casa; mejor dicho, fui yo quien lo llevó a él, tirando de su brazo, sin esperar a tía Mary ni a nadie. Salimos de nuevo a la luz del atardecer del exterior, precipitadamente, sin echarme siquiera un chal sobre mis brazos desnudos, con el collar de perlas alrededor de mi garganta. La calle estaba llena de gente, y el hijo del panadero, aquel hijo del panadero, se detuvo ante mí, gritando:

—¡Mirad lo que viene por aquí!

Las palabras chocaron contra mí, como había chocado contra la ventana la piedra que el mismo muchacho lanzó. Sin preocuparme de la gente que se había detenido a mirarme, seguí corriendo, arrastrando detrás de mí al anciano Pitmilly. Crucé la calle. La puerta de la casa de tía Mary estaba abierta y Janet curioseaba desde el umbral. Cuando me vio cruzar la calle corriendo lanzó un pequeño grito; pero yo pasé por delante de ella sin detenerme y sin soltar a Pitmilly, y subí las escaleras en dirección a mi refugio. Una vez en el salón me acerqué a la ventana y me dejé caer en mi asiento, completamente agotada, pero aún me quedaron fuerzas para agitar la mano hacia la otra ventana.

—¡Allí! ¡Allí! —grité.

¡Y allí estaba él! En todos aquellos días, ni una sola vez había visto la habitación con tanta claridad como la estaba viendo ahora. Él estaba sentado, inmóvil, sumergido en sus pensamientos, con el rostro vuelto hacia la ventana.

—¡Mire! ¡Allí está! —grité de nuevo a Pitmilly.

El anciano me dirigió una mirada de extrañeza. ¡No había visto nada! Quedé convencida de ello al mirar sus ojos. Pero no era más que un anciano, y sus facultades estaban muy disminuidas. Seguramente Janet hubiese podido verle.

—¡Querida! —murmuró Mr. Pitmilly—. Tranquilícese.

—Ha estado allí todas estas noches —insistí—. Y yo pensé que usted podría decirme quién era y lo que está haciendo; y que él me llevaría a ver su habitación, para que yo pudiera contárselo a papá. A papá le gustaría oírlo, lo comprendería. ¡Oh! ¿No puede usted decirme en qué clase de trabajo se ocupa, señor Pitmilly ? Nunca levanta la cabeza de lo que escribe, y luego se vuelve de cara a la ventana y se pone a pensar, mientras descansa.

—¡Mi querida señorita! —empezó a murmurar, pero se interrumpió y me miró como si estuviera a punto de echarse a llorar. Luego continuó—: ¡Es lamentable, verdaderamente lamentable! —Y en otro tono, añadió—: Voy a regresar a la biblioteca para acompañar a su tía Mary hasta aquí. ¿Comprende, querida? Cuando su tía esté aquí, se sentirá usted mucho mejor.

Me alegré de que se marchara, y a que no podía ver nada. Y permanecí sentada a solas en la oscuridad, que no era oscuridad, sino una luz como yo no había visto nunca. ¡Cuán claramente se veía ahora la habitación! Oí un leve ruido detrás de mí y al volverme vi a Janet, que me estaba contemplando con los ojos abiertos como platos. Janet era solamente un poco mayor que yo. La llamé.

—Ven aquí, Janet, acércate y podrás verlo. Sí, podrás verlo como yo lo veo.

—¡Oh, señorita! —exclamó, y se echó a llorar.

De buena gana le hubiera arrojado cualquier trasto a la cabeza, por estúpida. Janet debió comprenderlo así, porque salió corriendo del salón, con expresión asustada. ¡Nadie! ¡Nadie! Ni siquiera una muchacha de mi edad, con unos ojos tan jóvenes como los míos, podía comprender. Me apoyé en el antepecho de la ventana del salón y tendí las manos hacia él, que continuaba allí sentado y que era el único a quien podía acudir en busca de comprensión.

—¡Oh! —exclamé— ¡Dime algo! ¡No sé quién eres, pero sé que sólo tú comprendes! ¡Dime algo, te lo ruego!

No esperaba que él me oyera, ni esperaba ninguna respuesta. ¿Cómo podía oírme, separados como estábamos por la calle, y con su ventana cerrada, y el murmullo de las voces resonando ininterrumpidamente? Pero, por un instante, me pareció que sólo él y yo estábamos en el mundo. Y, en aquel momento, se movió.

Me había oído, aunque yo no sabía cómo. Se puso en pie, y yo me puse también en pie, sin hablar, incapaz de otra cosa que no fuera ese movimiento maquinal. El desconocido parecía atraerme como si yo fuera una marioneta movida por su voluntad. Se acercó a la ventana y se quedó allí en pie, mirándome. Estoy segura de que me miraba. Por fin me había visto: por fin se había dado cuenta de que alguien, aunque sólo fuera una muchacha, lo miraba, se preocupaba por él, creía en él. Yo estaba temblando, hasta el punto de que apenas podía tenerme en pie. No puedo describir su rostro. Creo que estaba sonriendo, pero no puedo asegurarlo; y me miraba tan fijamente como yo le miraba a él. Era rubio, y sus labios temblaban ligeramente.

Colocó las manos en la ventana para abrirla. No le resultó fácil, pero finalmente lo consiguió, con un ruido que resonó en toda la calle. Vi que la gente que circulaba por las aceras lo había oído, y a que algunos de los viandantes alzaron la cabeza. Abrió la ventana con un ruido que debió percibirse desde el puerto a la Abadía. ¿Podía nadie seguir dudando?

Y entonces se inclinó hacia delante en la ventana, mirando al exterior. No había nadie en la calle en aquel momento, pues le hubieran visto. Me miró y agitó levemente su mano en un gesto de saludo; y luego miró arriba y abajo en la luz difuminada del atardecer, primero hacia el este, hacia las viejas torres de la Abadía, y después hacia el oeste, a lo largo de la ancha línea de la calle donde tanta gente iba y venía, pero en silencio, como personajes encantados en un lugar encantado. Yo lo contemplaba sumida en un alud de sensaciones que las palabras no podrían describir; ahora, nadie se atrevería a decirme que él no estaba allí, nadie podía decirme y a que estaba soñando. Lo contemplaba como si no pudiera respirar, con el corazón en la garganta.

Él miró arriba y abajo y luego volvió a mirarme. Yo había sido la primera en recibir su mirada, y era la última, aunque no para siempre. Él me había conocido, sabía y a quien lo observaba, quien simpatizaba con él. Yo estaba sumida en una especie de rapto, más bien de estupefacción; mi mirada seguía a la suya, como si fuera su sombra. Y de repente se había ido, y ya no lo vi más.

Me dejé caer de nuevo sobre mi asiento, buscando desesperadamente algo en que apoyarme, algo que pudiera sostenerme. No podía decir cómo se había marchado, ni a dónde se había marchado, pero tras agitar levemente su mano en dirección a mí había desaparecido. No sentía ningún dolor por su desaparición, porque ahora nadie podría decir que yo estaba bajo el influjo de un sueño. Me recliné en mi asiento, en el instante en que hacía su aparición tía Mary. Se acercó a mí velozmente, como si llevara alas en los pies, me estrechó entre sus brazos y yo apoyé mi cabeza contra su pecho. Empecé a llorar suavemente, como una chiquilla.

—¡Lo ha visto usted! ¡Lo ha visto usted! —grité.

—¡Tranquilízate, preciosa! —dijo tía Mary ; sus ojos estaban muy brillantes, llenos de lágrimas—. ¡Oh, tranquilízate! Trata de olvidarlo todo.

Pero yo la había rodeado con mis brazos y acerqué mi boca a su oído.

—¿Quién es el hombre que está allí? Dígamelo, y no le dirigiré nunca más ninguna pregunta sobre él.

—¡Oh, preciosa! Descansa. Todo eso no es más que... ¿cómo te diría yo?, un sueño, sí, un sueño.

—¡No, tía Mary, no! Yo sé que no ha sido un sueño. ¡Lo sé!

—¿Qué puedo decirte? ¿Qué puedo decirte, si sé lo mismo que sabes tú? Tienes toda la vida para olvidarlo, querida mía. Los sueños terminan por olvidarse.

—¡No es un sueño! —insistí tercamente—. ¡Lo que he visto con mis ojos, lo he visto!

Tía Mary me besó, y sus húmedas mejillas se apoyaron en las mías.

—Preciosa, ahora debes tratar de dormir un poco. Vamos, te acompañaré a tu cuarto. Me quedaré contigo y veremos lo que nos trae el día de mañana.

—No tengo miedo —repliqué.

Pero dejé que me acompañara a mi habitación y, por extraño que pueda parecer, me dormí inmediatamente: estaba agotada, era una chica joven y no estaba acostumbrada a permanecer despierta en la cama. De cuando en cuando abría los ojos, y a veces me sobresaltaba recordando algo; pero tía Mary estaba siempre a mi lado para tranquilizarme, y yo volvía a quedarme dormida en su seno como un pajarillo en su nido.

Al día siguiente no quise quedarme en la cama. Me sentía poseída por una especie de fiebre y no sabía qué hacer. La ventana aparecía completamente opaca, sin el menor reflejo, lisa y negra como un trozo de madera. Hasta entonces, nunca había tenido para mí menos aspecto de ventana. No me extraña —me dije a mí misma—, viéndola como ahora la veo, que unos ojos menos agudos que los míos tengan la opinión que tienen de ella. Y a continuación sonreí para mis adentros, pensando en el atardecer y en su luz especial y preguntándome si el desconocido volvería a asomarse y a agitar la mano, saludándome.

Aunque no era necesario que se tomase la molestia de asomarse: me bastaría con que moviera levemente la cabeza y me saludara con un gesto de su mano. Resultaría más amistoso.

A la hora del té se presentaron, las amigas de mi tía. Desde mi asiento habitual las oí charlar y reír en voz alta; seguramente comentaban lo tonta que era yo. ¡Podían reírse cuanto quisieran! No me importaba en absoluto. Después de la cena, tía Mary y yo nos instalamos en el salón, aunque creo que ella no prestaba mucha atención a su Times. Lo desplegó ante sus ojos, pero me di cuenta de que no atendía al periódico. Permanecí sentada en mi refugio desde las siete y media hasta las diez: y la luz del día se fue debilitando más y más, hasta que oscureció por completo. Pero la ventana permaneció tan negra como la noche y no vi nada, absolutamente nada.

Bueno: otras veces me había ocurrido lo mismo; el desconocido no tenía la obligación de acudir todos los días a la habitación, sólo por complacerme. En la vida de un hombre hay muchas cosas, especialmente en la de un hombre estudioso como el desconocido. Me dije a mí misma que no estaba decepcionada. ¿Por qué habría de estarlo? No era el primer día que dejaba de verlo... Tía Mary me observaba; tomaba nota mentalmente de cada uno de mis movimientos, y sus ojos brillaban, con el brillo de las lágrimas, llenos de una compasión que me hacía sentir deseos de llorar; pero me pareció que tía Mary se sentía más triste por ella que por mí misma. Y de repente corrí hacia ella, y me refugié entre sus brazos, preguntándole, una y otra vez, quién era el desconocido, y por qué estaba allí. Estaba convencida de que tía Mary lo sabía. ¿Por qué no quería contarme todo lo referente a él? ¿Cuándo lo había conocido? ¿Qué había ocurrido?

Vencida por mis súplicas, tía Mary pareció dispuesta a descorrer el velo del misterio.

—Dicen... —empezó, pero se interrumpió repentinamente—. ¡Oh, preciosa! Trata de olvidar todo esto...

Ahora, yo sabía que había algo, algo que tía Mary conocía, y no estaba dispuesta a permitir que me lo ocultara. Redoblé mi súplica hasta que tía Mary dijo:

—Dicen que en cierta época vivía allí un estudiante, que prefería sus libros al amor de una mujer. No me mires así, preciosa.

—¿Un estudiante? —inquirí con avidez.

—Sí. Y una muchacha, algo ligera de cascos, se enamoró de él. Y empezó a hacerle señas desde su ventana, mostrándole un anillo con un gran diamante para que pudiera reconocerla. Pero él no le hacía ningún caso. Y ella insistió e insistió… hasta que sus hermanos oyeron las habladurías de la gente. La muchacha pertenecía a una familia rica y el estudiante era pobre. Y los hermanos de la muchacha tenían un genio como la pólvora. Y sucedió que… ¡Oh, preciosa! ¡No hablemos más de ello!

—¡Y lo mataron! —grité—. Lo mataron, pero todas las noches acude a su habitación, tan joven como era entonces.

—¡Querida mía! —murmuró tía Mary. Me abrazó estrechamente, mirándome con una expresión compasiva.

Aquella noche no hablamos más del asunto. Pero la noche siguiente fue lo mismo: y la tercera noche. Pensé que no podía soportar por más tiempo aquella situación. Tenía que hacer algo… pero ¿qué podía hacer? Al cuarto día se presentó mi madre para llevarme de nueve a casa. Su llegada me tomó de sorpresa; y mamá dijo que debíamos marcharnos inmediatamente, pues papá debía de emprender un viaje al extranjero y al día siguiente debíamos estar en Londres. Al principio pensé negarme en redondo a acompañar a mi madre, pero yo no era más que una chiquilla y no podía resistirme a las órdenes de mis padres. Además, ¿con qué hubiese justificado mi deseo de permanecer en casa de tía Mary? De modo que tuve que marcharme.

Tía Mary me abrazó cariñosamente al despedirse, y sus ojos estaban llenos de lágrimas. Murmuró a mi oído:

—Esto es lo mejor para ti, preciosa… es lo mejor para ti.

¡Cuán odioso resultaba oír decir que aquello era lo mejor, como si hubiera mejor o peor para mí, como si algo importara, como si no fuese lo mismo una cosa que otra! Lady Carnbee estaba presente en la despedida, con sus encajes negros y el maléfico diamante luciendo en su mano. Palmeó cariñosamente mi hombro y me deseó un buen viaje.

—Y no hables nunca de lo que has visto en la ventana —me recomendó—. Los ojos engañan tanto como el corazón.

En aquel momento recordé lo que tía Mary me había contado: la muchacha de la historia le mostraba al estudiante, para que pudiera reconocerla, un anillo con un gran diamante. Y me pareció que el diamante de lady Carnbee dejaba una marca en mi hombro. Pero ¿cómo podía saber si se trataba del mismo diamante?

No he vuelto nunca más a St. Rule's, y durante muchos años no miré a través de una ventana si había otra ventana a la vista. Alguien se preguntará, tal vez, si volví a ver al desconocido. No podría decirlo: la imaginación suele engañar, como decía lady Carnbee. Y si el desconocido permanecía tanto tiempo en St. Rule's sólo para castigar a la familia que lo había aniquilado por un mal entendido orgullo de estirpe, ¿por qué tenía yo que verlo otra vez? Sin embargo, en cierta ocasión me pareció reconocerlo. Fue cuando regresaba de la India, convertida en una viuda, muy triste, con mi hijito: estoy segura de haberlo visto entre la muchedumbre agrupada en el muelle para dar la bienvenida a sus amigos. A mí no me esperaba nadie… y a que nadie conocía mi llegada: Y el no ver ningún rostro amigo me hacía sentirme mucho más triste.

Y de repente lo vi, a él, a mi desconocido de la ventana, y él agitó su mano, saludándome.

Mi corazón empezó a latir fuertemente: había olvidado quién era, pero su rostro me resultaba familiar y pensé que mi llegada a Inglaterra no sería tan deprimente como había imaginado. Pero, cuando desembarqué, mi desconocido había desaparecido. Desapareció después de agitar la mano en un gesto de saludo, tal como había desaparecido en otra ocasión de la ventana.

Más tarde volví a recordar todo lo sucedido. Fue a raíz de la muerte de la anciana lady Carnbee. En su testamento, dejó un legado para mí: el anillo con el gran diamante que yo había visto lucir en su mano. La piedra preciosa sigue inspirándome miedo. La guardo en una cajita de madera de sándalo, en la trastera de una pequeña casa de campo de mi propiedad que no habito nunca. Si alguien se decidiera a robármelo, me haría un gran favor. Sin embargo, nunca he podido saber a ciencia cierta si el anillo de lady Carnbee era, en realidad, el anillo a que se refería mi tía Mary cuando me contó la historia de la muchacha y del estudiante.

CONTENIDO